陕西师范大学史学丛书

丛书主编／何志龙

为君之道
——先秦诸子领导理论研究

柴永昌／著

科学出版社

北京

内 容 简 介

本书以先秦诸子对"为君之道"的论述为切入点,围绕领导起源与作用、领导职能、领导价值、领导体制、领导素养等一系列有关领导的根本问题,对老子、孔子、墨子、慎到、商鞅、孟子、荀子、韩非子、申不害以及《孙子兵法》、《吕氏春秋》、《大学》、《管子》"君臣篇"等的领导理论进行了较为细致、全面的梳理和分析,深入揭示了先秦诸子对领导本质以及领导规律的认识。通过对先秦诸子领导理论的分析阐释,对进一步深入解读先秦诸子思想具有重要意义,能够帮助一般读者和管理者增进对领导现象和领导活动的思考与理解。

图书在版编目(CIP)数据

为君之道:先秦诸子领导理论研究 / 柴永昌著. —北京:科学出版社,2016.9
(陕西师范大学史学丛书)
ISBN 978-7-03-049887-8

Ⅰ.①为… Ⅱ.①柴… Ⅲ.①领导思想-思想评论-中国-先秦时代 Ⅳ.①C933.2-092

中国版本图书馆 CIP 数据核字(2016)第 217506 号

责任编辑:陈 亮 范鹏伟/责任校对:张小霞
责任印制:张 伟/封面设计:黄华斌
编辑部电话:010-64026975
E-mail:chenliang@mail.sciencep.com

科学出版社 出版
北京东黄城根北街 16 号
邮政编码:100717
http://www.sciencep.com

北京建宏印刷有限公司 印刷
科学出版社发行 各地新华书店经销
*
2016 年 9 月第 一 版 开本:720×1000 1/16
2022 年 1 月第二次印刷 印张:19 3/4
字数:310 000
定价:98.00 元
(如有印装质量问题,我社负责调换)

丛书总序

在高等院校,教学与科研是一般教师关注的主要对象,教师们不仅关注自身的教学与科研,也关注他人的教学与科研,但对于学校和学院,高度关注的则是学科,即我们通常讲的学科建设。所谓学科建设,一般包含学科平台建设、师资队伍建设、科学研究和人才培养四个方面。学科平台建设,主要指硕士学位授权点和博士学位授权点的设置和建设,博士后科研流动站的设置和建设,另外也包括教育部人文社会科学重点研究基地的设置和建设,以及其他各类研究平台的设置和建设。师资队伍建设,主要指师资队伍的规模、职称结构、学历结构、年龄结构、学缘结构等方面。科学研究,主要指师资队伍成员从事学术研究所产出并公开发表和出版的学术论文、著作以及研究报告等。人才培养,主要指硕士学位授权点和博士学位授权点所培养的硕士研究生和博士研究生的数量、质量及其在学术界的影响和社会各行业的影响。学科建设的四个方面相互依托,相互促进,相辅相成,共同构成了学科建设的有机整体。其中,学科平台是基础,有了学科平台,有利于引进人才和加强队伍建设,有了学科平台,才能招收研究生,进行人才培养。队伍建设是核心,拥有一支合理的师资队伍,才能支撑和维持学科平台,才能有进行科学研究和人才培养的主体。科学研究是关键,科学研究的成果体现学科平台的力量,也是培养人才的前提和基础,没有较强的科学研究能力,不可能培养出合格的人才。人才培养是目标,人才培养必须依托学科平台,同时,人才培养不仅必须要有师资队伍,而且必须要有具备科学研究能力的师资队伍,才能完成合格的人才培养。

与国内大多数高校的历史学科一样,陕西师范大学的历史学科建设,在2012年之前,主要进行的是学科的外延建设。所谓外延建设,就是指增加学科的数量和规模,如拥有几个一级博士学位授权点,几个国家重点学科以及几个教育部人文社会科学重点研究基地等。随着我国改革开放的深化和综合国力的增强，民众对高等教育有更高期待，党的"十八大"明确提出推动高等教育的内涵发展，走以质量提升为核心的内涵发展道路，高校学科建设进入了一个新的时期，学科建设的重点由外延建设转向内涵建设。外延建设主要强调量，而内涵建设则更加注重质，外延建设为内涵建设奠定了坚实的基础。也就是说，在已有学科平台的基础上，凝练高水平的队伍，产出高水平的成果，培养高质量的人才，将成为学科发展的关键所在，而统领这三方面的正是学科特色。凡大学都应该有自己的特色，大学的特色集中体现在学科特色上。所谓学科特色，主要指在某一学科的某一领域，凝练一支高水平的研究团队，产出一系列有影响的研究成果，同时培养出一批在学术界和相关行业有影响的人才。为什么说学科特色是学科内涵建设的灵魂，原因有三：一是从人力资源配置看，很难有一个高校有能力支撑一个学科（一级学科）所包含的所有学科领域。二是从财物资源配置看，很难有一个高校有能力支持一个学科（一级学科）所包含的所有学科领域发展所需要的财力和物力。支持学科建设不仅要有研究团队，而且要有为研究团队提供从事科学研究所必需的财力和物力，如从事历史学研究所必需的场所设施、网络环境和图书资料等，只有满足人、财、物的合理配置，才能进行科学研究。三是只有发展学科特色，资源配置才能实现成本最低，效率最高。如果学科领域广泛，需要配置的文献资源也必然广泛，相应地如果学科领域相对集中，需要配置的文献资源也相对集中，成本低而利用率高。另外，发展学科特色，易于承传学术传统，易于形成内部合作，易于产出系列成果，易于团队培养人才，易于形成学术影响，也易于保持学术影响。

发展学科特色需要考虑诸多因素。作为历史学科建设，要充分考虑地方历史文化，形成自己的学科优势，这种优势既能更好地服务地方，也能充分彰显自己的学科特色。要注重已有学术传统，顺应国家长期发展的重大战略目标，着眼未来，长远规划学科特色。要充分考虑学校的实力地位，谋划学校能够实现的规划，因为学科建设规划只有在人、财、物的可持续投入基础上才能实现。

陕西师范大学的历史学科，依托地处周秦汉唐历史文化中心，考古资源丰富，出土文物规格高和数量大的优势，经过几代历史人70多年的不懈努力，逐步形成了以周秦汉唐历史为主要研究领域的学科特色，中国古代史国家重点学科的获批，也是对这一学科特色的充分肯定。随着国家对历史学科精细化分类管理，原来既是门类也是一级学科的历史学一分为三，调整为中国史、世界史、考古学三个一级学科。根据学校地位的变化和学校对历史学科人、财、物的持续投入状况，面对三个一级学科的评估和建设，在国家一流大学和一流学科建设中，我们面临着前所未有的巨大挑战。在严峻的挑战面前，思路必须明确，决策必须正确，行动必须快捷。环顾国内外高等院校学科建设成功者，无不具有显著特色。我们在学科内涵建设中，特色发展是唯一选择。作为中国史一级学科，其统属的中国古代史和历史地理学两个国家重点学科，是我校的特色学科，也是我校的优势学科，在国内学科建设的激烈竞争中，只有加大建设力度，才能保持优势地位。而要保持传统优势学科的地位，除了加大已有建设的力度，还必须不断探索新的学科增长点，才能进一步强化学科优势，彰显学科特色。中央提出的"一带一路"建设，是我国发展的大战略，为地处丝绸之路起点的我校历史学科发展迎来了难得的发展机遇，学院"丝绸之路历史文化研究中心"的建立，不仅顺应了国家重大战略需求，同时也是我院探索新的学科增长点的体现。中国史升格为一级学科后，发展中国近现代史学科势在必行，而从时间和空间上看，中国近现代史学科的研究领域同样极为广泛，我们也必须选择某一领域，重点建设，特色发展。西北地区的近现代史研究是中国近现代史研究的重要组成部分，把西北地区的近现代史作为我校中国近现代史学科的发展方向，同样具有明显的地域优势，也必将成为我校的学科特色和新亮点。

此外，文物与博物馆学也是学院谋求学科建设发展特色的一大发力点。2008年1月23日，中宣部、财政部、文化部和国家文物局联合下发《关于全国博物馆、纪念馆免费开放的通知》，根据该通知，全国各级文化文物部门归口管理的公共博物馆、纪念馆，全国爱国主义教育示范基地将全部实行免费开放，博物馆已成为国民素质教育的重要基地。在全国范围内，博物馆如雨后春笋，发展迅猛，但博物馆学的专业人才却明显不足，这就为高等院校博物馆学人才培养提出了新的要求。陕西是考古大省、文物大省，更是博物馆大省，博物馆的人才需求也相对较大。基于地缘优势和省内学科建设差异化发展的思路，我校在考古学学科下重点发展博物馆学，经过十多年的发展，取得了一定成就，陕西省文物局与我校签订战略合作框架协议，国家文物局在我校设立文博人才培训示范基地，充分说明我校重点发展博物馆学符合陕西省和国家对博物馆人才培养的需求，特色建设博物馆学的思路得到了肯定和支持。我们将在国内博物馆学研究的基础上，学习、借鉴、吸收国外博物馆学的理论和方法，深入探索努力构建我国博物馆学的学科理论体系，彰显我校博物馆学的学科特色。

彰显学科特色的要素很多，但产出颇具影响的系列研究成果尤为重要。为此，学院设计出版《陕西师范大学史学丛书》。本丛书首批17本，均为学院教师近年新作，每本书的内容不少于三编，作者自序。丛书的内容广泛，涉及中国古代史、中国近现代史、世界史等。希望通过出版本套丛书，集中展现学院教师近年来学术关注的领域和成就。鉴于本丛书是在我校大力推进一流学科建设的开启之年规划完成的，故以一流学科建设的思路代为本套丛书之总序。

何志龙

陕西师范大学长安校区文汇楼C段209室

2015年12月25日

前　言

一

在人类最开始的集体活动中，群体要完成一定的共同目标，就必须有承担解决分歧、决定战略和时机、维持各种行为和关系的组织工作的角色①。马克思说："一切规模较大的直接社会劳动或共同劳动，都或多或少地需要指挥，以协调个人的活动，并执行生产总体的运动……一个单独的提琴手是自己指挥自己，一个乐队就需要一个乐队指挥。"②恩格斯在《论权威》一文说，铁路运转的首要条件是"要有一个能处理一切所管辖问题的起支配作用的意志"，"一方面是一定的权威，不管它是怎样形成的，另一方面是一定的服从，这两者都是我们不得不接受的，而不管社会组织以及生产和产品流动赖以进行的物质条件是怎样的"③。马克思、恩格斯强调：社会群体劳动和社会群体的各类活动都必然产生指挥协调的领导活动，领导者的一定领导权威对任何形态下的任何群体活动都是必要的、普遍的、永恒的。……领导产生和领导权威的存在是人类社会发

---

① 著名的管理思想史家丹尼尔·A. 雷恩说："在最早出现的组织中，其主要轮廓基本上体现了在整个历史发展过程中的共同元素。第一，必须存在一个目标，或者需要完成的某件事情。……第二，人们必须受该目标或共同意愿吸引，愿意参与进来。……第三，组织成员需要使用某些东西来进行工作或战斗。……第四，组织成员的各种活动必须是有组织的，他们相互作用、协调一致以实现共同的目标。……最后，这个群体发现，如果能让某个人专门负责带领整个群体朝向既定目标前进，效果会更好。为了实现目标，必须有人来承担这样的工作：解决意见分歧，决定战略和时机，维持各种行为和关系的组织工作。在这里出现的管理活动与具体工作活动相分离的局面，成为各种类型的合作努力中至关重要的部分。管理作为一种活动一直存在，其目的是使人们的愿望通过有组织的活动得以实现。管理能够促进成员的努力水平，当人们通过寻求合作来实现目标时，管理便会出现。"（美）丹尼尔·A. 雷恩、阿瑟·G. 贝德安等：《管理思想史》（第六版），孙建敏等译，北京：中国人民大学出版社，2014年，第12—13页。
② 《马克思恩格斯全集》（第四十四卷），北京：人民出版社，2001年，第384页。
③ 《马克思恩格斯文集》（第三卷），北京：人民出版社，2009年，第337页。

展的要求①。在政治学研究领域这几乎是一种共识。莫里斯·迪韦尔热说:"即使自称最平等的集体也总是有一位或几位事实上的领袖。"② 罗素也说:"大多数的集体事业,只有在某种管理机构的指导下才有实现的可能。……集体事业如果要取得成功,就必须有一些人发号施令,另一些人服从命令。"③ 现代领导学一般认为,领导现象伴随着人类的始终,领导活动(而非一般的管理活动)是人类社会最重要的活动。在任何组织中,领导活动都是驾驭组织的活动,它对各种组织(大到国家、小到微型企业)的成败兴衰起着决定性的作用④。可以说,领导活动是随着人类社会产生即存在的社会实践活动,是人类的重要文化现象。在我国,很早就有关于人类领导现象和领导活动的思考和记录。田广清等著《中国领导思想史》说:"中国在领导与管理理论方面发轫之早、造诣之深、贡献之卓越,世界各国罕有其匹者。现代领导科学和管理科学的许多基本原理,都可以从中国领导思想史找到源头。它不仅在理论上达到了很高的成就,在实践上也达到了很高的水平。中国至少从有文字的时代起,就有了领导思想。中国至少从先秦起,就已经把领导作为一门学问来进行研究了。"⑤ 先秦诸子对领导现象和领导活动形成了系统、深刻的看法,先秦诸子时期是中国古代领导理论繁荣发展的关键时期。

二

先秦诸子领导理论的繁荣发展有着深厚的文化土壤,是在一定的社会政治、经济、文化背景下产生和发展起来的。

首先,传统关于构建社会秩序的思路是先秦诸子领导理论发达的历史文化根源。刘泽华在论述商代的王权专制思想时说"王的确拥有至上的权力","'余一人'处于承天继祖救民的位置","事业成功和功德在'余一人',那里治理不好,自然也应由'一人'承当。所以又说:'邦之不臧,惟予一人有佚罚'。"⑥

---

① 何孝瑛主编:《马克思主义领导理论概论》,北京:人民出版社,2008年,第4页。
② (法)莫里斯·迪韦尔热:《政治社会学:政治学要素》,杨祖功等译,北京:华夏出版社,1987年,第107页。
③ (英)勃兰特·罗素,《权力论》,吴友三译,北京:商务印书馆,2012年,第9页。
④ 王雪峰:《领导学学科体系·前言》,北京:人民出版社,2013年,第1页。
⑤ 田广清等:《中国领导思想史》,上海:上海交通大学出版社,2007年,第2页。
⑥ 刘泽华:《中国政治思想史集》(第一卷),北京:人民出版社,2008年,第13—14页。

在"小邦周"取代商王的统治以后，统治者对夏、商之兴亡进行了系统的反思和总结，提出"天命靡常"的观点，认为君主只有"敬德"、"明德"才能得到上天的眷顾，才能为民之"主"。春秋时期生产力迅速发展，社会政治发生剧烈变化，"臣弑君"、"子弑父"的事情时有发生，有识之士仍旧把国家乱亡的原因归结于君主自身①。既然天下、国家兴亡的根本在于君主（天子、王、诸侯国君），那么，解决社会治乱问题，恢复国家天下秩序，围绕君主进行探讨就成为很自然的事情。这种对社会治乱的认识和解决社会治乱问题的思路就成为后来诸子思考这一问题的基点。先秦诸子普遍认为有统一的最高的权力中心——"君主"的存在是建立良好社会秩序的内在需要。张分田在总结先秦诸子关于立君的各种理论时说："尽管不同学派的思想家论证方式与强调点有所不同，而君主为秩序而设则是人们的共识。简言之，无君无以为治。"② 刘泽华同样说："中国古代各家各派，从不同角度出发，几乎一致认为君主在国家治乱中有决定性的作用。"③ 先秦诸子关于君主是治乱的根本的论述，非常之多④。君主既然在社会治乱中发挥关键作用，那么，要解决社会秩序问题，即"治道"问题，势必会集中在对"为君之道"问题的讨论上。徐复观说："中国圣贤一追溯到政治的根本问题，便首先不能不把作为'权原'的人君加以合理的安顿，而中国过去所谈的治道，归根到底便是君道。"⑤ 可以说，君王在治乱兴衰中具有根本性的作用，这一很早就形成的有关社会治乱问题的"共识"在先秦诸子身上得到延续，通过讲"为君之道"进而为社会秩序重建提供理论支撑就成为先秦思想发展的重要逻辑！而先秦诸子对领导现象和领导活动的思考就主要包含在对"为君之道"的阐发中。

其次，社会巨变强化人们对领导现象和领导活动的思考。西周末期王权逐渐衰微，周初建立的宗法封建秩序遭到破坏。至春秋战国时期，随着诸侯争霸，王权进一步衰微，中国社会开始进入一次大变动时期，社会政治结构发生剧烈变

---

① 柴永昌：《先秦儒家、道家、法家君道论研究》，西北大学博士学位论文，2014年，第34、35页。
② 张分田：《民本思想与中国古代统治思想》，天津：南开大学出版社，2009年，第393页。
③ 刘泽华：《中国政治思想史集》（第三卷），北京：人民出版社，2008年，第14页。
④ 柴永昌：《先秦儒家、道家、法家君道论研究》，西北大学博士学位论文，2014年，第7、8页脚注。
⑤ 徐复观：《中国的治道》，《学术与政治之间》，上海：华东师范大学出版社，2009年，第44页。

动,西周建立的宗法封建制度进一步遭到严重破坏,郡县制、官僚制逐渐兴起,世官制度逐渐解体,原来靠宗法血缘维系的政治关系,不完全起作用了,有些靠不住了!同时,随着诸侯之间常年征伐,"大鱼吃小鱼",诸侯国越来越少,诸侯国君统治的疆域越来越大,对君王而言,领导环境发生了巨大变化,如何实施对臣下、对社会的有效控制成为摆在君主面前的严重问题。在诸侯兼并战争过程中,小国如何生存,大国如何在兼并战争中进一步取得并巩固优势地位,进而实现"王天下"的目标,不仅仅是经济、军事实力问题,也需要领导体制、领导方法等的革新与适应。总之,社会变革一方面在冲破旧的制度基础,另一方面开始产生与社会变革相适应的新制度。君主面临新形势、新挑战,构建政治秩序、社会秩序需要有适应新情况的必备领导"技能"[①]。先秦诸子领导理论就是在君主为维护自身统治、实现更大统治目标的社会大变革背景下发展起来的。可以说君主领导环境的变化,需要与之相适应的领导理论为之服务,是领导理论得以发展繁荣的现实动因。

最后,"百家争鸣"的出现为先秦诸子领导理论繁荣提供了条件。春秋时期以来社会大变动,"官学"逐渐流向民间,思想异常活跃,"士"阶层出现,他们游走各方,宣扬自己的主张和学说,无形中促进了理论活动的繁荣。士人宣扬给国君的思想理论形形色色,其中不乏投机取巧者,但严肃的学者总是从自己信奉的学理出发,把帮助君主适应新形势、重建社会秩序、解民于倒悬作为其著作立说、游说进言的崇高而终极的目标。而由于传统的惯性,他们把治乱问题的根本归结于君主自身,探讨"为君之道"、为君主出谋划策就成为历史的必然!在"为君之道"的探讨中涉及一系列严肃的话题,比如为什么要有君主、君主怎样有效控制臣下,等等。一句话,怎样当领导的问题,成为诸子学说的重要内容。

总之,先秦诸子时期,领导问题受到特别关注,领导理论繁荣发展,既有着深厚的历史文化根源,也受到来自社会客观环境的影响。

三

先秦诸子领导理论是在特殊的社会历史文化背景中产生发展的,因此研究

---

① 《韩非子·功名》:"明君之所以立功成名者四:一曰天时,二曰人心,三曰技能,四曰势位。非天时,虽十尧不能冬生一穗;逆人心,虽贲、育不能尽人力。故得天时,则不务而自生;得人心,则不趣而自劝;因技能,则不急而自疾;得势位,则不进而名成。"君主立功成名是由天时、人心、技能、势位等综合性因素造成的。

先秦诸子领导理论是深入解读当时社会思想的内在需要。当然，也因为先秦诸子思想理论在中国历史上的特殊地位。刘泽华《先秦诸子与统治者在政治上的自我认识》说："从老子孔子开始，到秦统一，是中国历史上认识的一个全面飞跃时期。在二百多年的时间内，出现了数以百计的思想家，犹如山峰争高一样，随着一个大师的出现，都把认识推向一个新的高度。这一场认识运动是空前的，在长达两千年的封建社会中，又是绝后的。这场认识运动的总结果，开拓了认识新领域，打开了新思路；把历史长期积累所形成的思维方式上升为理论，为古代华夏族提供了思维模式；……这个时期的认识的总合奠定了封建时代文化的基础。"[①] 先秦诸子时期无疑是中国思想发展的"轴心时代"，这一时期的思想家创造的思想理论成为后世思想发展与革新必定要回望、汲取营养的重要源头。研究先秦诸子的大家罗根泽曾说他特别喜欢周秦诸子是"爱其各明一义，不相沿袭"[②]。先秦诸子不同派别展现出来的迥异理论风貌暂且不论，即使在同一派别内部如儒家之孟、荀，法家之商、韩，其各自理论也展现出相对丰富的独特内涵。如果从领导理论角度看，先秦诸子在领导问题思考论说上既有共识，也有区别，具有独特性、丰富性、原创性等特点，为后世所不及。特别是作为某一派别的奠基者，他所提出的观点和命题，为我们提供了考察领导现象和领导活动的理论范型。先秦诸子领导理论集中地展现了中国古代领导思想的智慧，从中我们不仅能够领略到中国古代领导理论的思想魅力，而且对于当前管理思想和领导理论的发展和创新也是有重要意义的。当然，对从事领导工作和要想锻炼提高领导力的人来说也是值得借鉴和学习的。

改革开放以来，中国古代的管理智慧越来越受到重视，运用现代管理学知识、理论透视、研究中国古代思想成为中国古代思想史研究的重要方式和重要内容。自 20 世纪 80 年代[③]以来中国古代管理思想、特别是先秦诸子的管理思想受到广泛关注，已有大量论著问世。在众多的中国管理思想通史和先秦诸子管理思想研究中，或多或少都会涉及先秦诸子领导思想相关问题。中国古代领导

---

① 刘泽华：《中国政治思想史集》（第三卷），北京：人民出版社，2008 年，第 470 页。
② 罗根泽：《管子探源》，长沙：岳麓书社，2010 年，第 7 页。
③ 路宁的《近 20 年来中国管理思想史研究述评》（《高校社科动态》2006 年第 4 期，第 17—25 页）一文将中国管理思想史的研究发展历程分为三个时期。他认为"20 世纪 80 年代以前，是零散性研究占主导地位和中国管理思想史学科逐渐萌芽的时期"，"20 世纪 80—90 年代，是系统性研究逐渐兴起和中国管理思想史学科正式创建时期"，"近 5 年来，是中国管理思想研究向纵深发展并日益走向成熟的时期"。

思想史作为中国古代管理思想史的一个分支,在中国古代管理思想史研究起步之初就有专文问世。就笔者目力所及,到目前为止出版的中国古代领导思想研究专著已有多部,如王海粟的《中国古代的领导艺术》、萧少秋主编的《中国领导思想史简编》、田广清主编的《中国领导思想史》、李锡炎主编的《中国古代、近代领导思想述评》、黄书光主编的《中国领导教育的历史探索》等,也出现了研究先秦诸子领导思想的专著,如曾宪年的《老子领导思想研究》、王成的《先秦诸子领导思想的现代解析》等,2000年后还出现了一些先秦诸子领导思想个案研究的硕士学位论文,包括先秦诸子领导思想在内的管理思想的研究呈现出进一步细化和繁荣的态势。

但是,目前的中国古代管理思想史研究,包括中国古代领导思想研究在内,还存在一定的问题,有学者指出:

> 在目前的中国管理思想史研究中绝少上述考证。已出版的大多数著作或论文都是资料的堆砌,几乎没有考证,更谈不上梳理,研究根本没有区分各种资料的类型,资料的运用也成问题。……
>
> 当前一些中国管理思想史的研究先假定一个总观点的存在,……然后再来搜集材料佐证之;或者不结合当时的背景,对一些中国古代管理思想任意解释,得出绝大多数西方管理理论实际上中国早已有之的武断结论。

作者进而指出:

> 管理思想史研究者必须首先认识到我们的时代与所有以前的时代在时代背景上的巨大差别……离开时代条件和背景,就很难对中国古代管理思想进行客观、合理的解释。……
>
> 管理思想史尽管记录的不是事件而是思想,但也应该力求做到恢复历史的本来面目,重视考证,更不能以主观价值来裁剪史料。①

这些言论体现着中国古代管理思想史研究的方法论自觉。笔者在阅读中国古代管理思想史研究论著的过程中时常感到:不少论著在撰写过程中不太注重第一手资料的鉴别,不少名为"管理思想史"或"领导思想史"的著作与一般

---

① 吕力:《中国管理思想史研究:对象、原则及存在的问题》,《管理学报》2010年第7期,第956—962页。

的政治思想史差不多，一些论著把古代思想资料当作素材着力发挥所谓的"现代启示"，一些论著明显存在胡乱引申发挥的倾向①。总体来看，时下的中国古代管理、领导思想史研究现状与中国古代丰富而深刻的管理、领导思想实际是不相称的。在继承前人的研究成果基础上，进一步深化中国古代管理思想、领导思想研究，深入发掘中国古代管理思想的丰富内涵，仍是摆在我们面前的重大课题。

四

为尽可能避免目前中国古代管理思想史研究领域存在的"任意解释"问题，本书并不企图直接从先秦诸子思想中寻找对当今领导实践的启示。笔者认为，如果仅想通过先秦诸子的思想材料发掘其对当今领导活动启示，就完全没有必要阅读、研究那些生活背景与我们迥异且深奥枯燥的诸子著作。因为，我们完全可从一部小说，比如从《红楼梦》就能挖掘对领导者的启示②。甚至，对于一个领导者来说，他完全可以因为读了一首诗进而领悟到对领导工作具有启发性的道理。也就是说，即使对领导活动没有任何明确论述的任何著述，不管是作为读者还是研究者，都可能从中获得指导自身领导活动的现实意义，也可能从中抽象出对于现代领导的诸多启示。比如葛荣晋从《韩非子》讲的"织者徙越"故事讲出"开发潜在市场"的道理，从"齐桓公服紫"故事讲出"名人效应"的道理，从《孙子兵法》讲的"避实击虚"讲出"寻求买点"的道理，从儒家讲的"为政以德"讲出"形象管理"的道理③，等等，不一而足。这种讲法自有其价值和意义，但显然不是笔者所追求的思想史研究方法！

本书的研究对象是先秦诸子对于领导现象、领导活动的认识和思考。先秦

---

① 例如，刘明非的《〈孙子兵法〉中的领导思想探微》（吉林财经大学硕士学位论文，2014年）。该文第三部分讲《孙子兵法》的领导方法。作者将《孙子兵法》的领导方法其中之一概括为"选人用人方法"。但观察该部内容，并未援引《孙子兵法》中的相关材料，而是大量举例子，其中所讲选人用人之法，事实上在《孙子兵法》中并没有明确的"证据"。

② 鲁迅说："《红楼梦》是中国许多人所知道，至少，是知道这名目的书。谁是作者和续者姑且勿论，单是命意，就因读者的眼光而有种种：经学家看见《易》，道学家看见淫，才子看见缠绵，革命家看见排满，流言家看见宫闱秘事。"（见鲁迅：《集外集拾遗·〈绛洞花主〉小引》，北京：人民文学出版社，1973年，第177页）我们据此可以补充说：领导者看见领导的艺术。这是完全有可能的！

③ 葛荣晋：《中国管理哲学导论》（第二版），第十五、十六、十七等章，北京：中国人民大学出版社，2013年。

诸子对领导现象、领导活动的认识和思考则体现于他们对领导活动的具体论述中，这些关于领导现象、领导活动论述的命题就是先秦诸子的领导理论。笔者认为，如果要谈某家的领导理论，他就应当对领导问题提出了相应的命题，对领导问题有了比较明确的论述，这是进行领导理论研究的前提条件。每个人都有思想，但并不是所有的人都能提出理论。这正是笔者将本书名为"领导理论研究"的原因所在。一旦我们能够找到诸子对领导活动的论述，分析其内涵，势必就会对理解和认识当下的领导活动有重要的实践意义和理论参考价值。

从领导学角度讲，领导者、被领导者、领导环境、领导目标等构成领导活动主要要素。领导者是整个领导活动的核心要素，是整个领导活动的设计者、指导者、推动者。没有领导者，就无所谓领导活动。先秦诸子普遍认为君主是国家、天下治乱的关键，显然是将领导者作为国家、天下治理的核心要素来考虑的。因此，从君道论角度探索诸子领导理论不仅符合先秦诸子思想实际，也符合现代领导学内在要求。有学者指出"领导理论是人类为了有效地实现改造自然和推进社会发展需要而产生的。它是围绕着解决人与自然的矛盾和社会矛盾，解决领导者与被领导者矛盾，解决人群内部种种矛盾而展开的，进而形成领导思想的诸多内容。"① 笔者所理解的"领导理论"是指：对领导产生、领导职能、领导价值、领导体制、领导激励、领导素养等一系列围绕领导者展开的带有根本性问题所作的理论说明。先秦诸子在对"为君之道"进行不同程度的系统论述过程中触及了这些根本问题，提出了一系列有关领导问题的命题，形成了内涵丰富、意蕴深刻的领导理论。以先秦诸子对领导活动的根本思考、论述为基础，以先秦诸子君道论为主要取材对象②，是本书在研究方法和内容上不同于以往领导思想史研究著作的重要方面。

目前，管理思想史在学科划分上属于管理学的二级学科，但从性质上来说管理思想史属于思想史研究范畴，是历史学科研究的天然内容。但历史学科方面的学者往往不屑于从事这方面研究，或者说，由于学科不断分化，管理思想史这块领地被"管理学"抢占了。笔者认为，对先秦诸子领导思想史的研究，必须打通学科壁垒，充分借鉴中国思想史（包括政治思想史）、哲学史、文献学

---

① 何孝瑛主编：《马克思主义领导理论概论》，北京：人民出版社，2008年，第1页。
② 在这方面，《孙子兵法》是个例外，它主要讲的是"为将之道"而非"为君之道"。不过，从领导学角度审视，二者虽名义上有别，但精神上是相通的。

等领域的研究成果。现在不少论著之所以缺少科学性,一个重要的问题就是自说自话,不太重视,或不能有效地借鉴其他学科的研究成果,对一些在思想史、哲学史上有争论的问题往往视而不见,完全按照己意进行阐释,这是有违历史研究的精神和原则的。笔者把对先秦诸子领导理论的研究定位为思想史研究。既然是历史研究,就必须对诸子文本中有关领导的命题和材料进行全面、细致的分析,只有如此才可能避免断章取义、歪曲文本、过度诠释等问题,也只有如此才可能达到"恢复历史的本来面目"的领导思想史研究目的。

领导活动作为一项重要的社会实践活动,过去有,现在也有。先秦诸子文本反映的思想内容距今两千多年,其言论思想背景与我们今天有很大差别。与两千多年前相比,社会结构、经济发展方式、技术水平、思想观念都有了非常大的变化,领导价值取向和领导活动所依托的组织制度也发生了巨大变化。对先秦诸子领导理论的研究,一方面要靠"史料"自身说话,另一方面要借用现代话语阐释。如果不用现代观点和理论去看它,不用现代的语言去阐释它,先秦诸子说的很多话与我们现代生活对接不上,我们就无法读懂!因此,运用现代理论知识、语言分析先秦诸子的话语体系,既是先秦诸子思想研究的重要方法,也是我们认识、理解先秦诸子思想的内在需要。有学者指出,弘扬中华优秀传统文化的核心是弘扬传承它的观念,弘扬它的思想方法和理论观点。如果不用现代思想观念与它对接,就很难做到这一点。因此,用我们现在话语系统、语言框架分析过去的思想观念,既是研究思想史的一个重要方法,也是弘扬优秀传统思想文化的重要路径。

五

先秦诸子提出的有关领导问题的理论观点,一些与现代领导学理念、精神是一致的,一些是不一致的。其中一些理论观点即使到今天也没有失去其审视现实领导活动的理论解释力。笔者相信,通过对先秦诸子领导理论的分析阐释,能够帮助更多的人理解先秦诸子的思想观念,能够帮助一般读者和管理者增进对领导活动的思考与理解,能够帮助学者进一步理清中国古代领导理论发展变化的脉络!

在努力阐释先秦诸子有关领导问题的众多观点命题的时候,笔者越来越意识到任何历史人物的思想都有其历史性,先秦诸子也不能例外。先秦诸子普遍将君主（领导者）的地位和作用看得非常重，这与他们主张、拥护、论证君主独裁制度的思想是内在一致的，而这一点则是不符合现代社会追求民主领导的根本价值取向的。

笔者曾设想对先秦诸子的领导理论进行逐一梳理，一网打尽，但随着研究的逐渐深入，越来越觉得不现实。以自己有限的学力要将现存诸子著作从"领导理论"角度梳理一遍难度太大，力不从心！笔者也曾设想写一本先秦领导思想史，没有多久就打消了这个念头。写"史"何其难也！要对先秦领导思想史的发生、发展进行系统的发掘阐释，首先遇到的问题就是要对先秦诸子著作的年代进行定位，这一点就很困难。所以最后还是选择"个案"研究，以期在某一方面有所突破。在对某一家领导理论进行研究、撰写的时候，希望既能比较全面，又能凸显其特点。当然，这一点是否做到需要读者和时间来检验！

目 录

丛书总序 ··· i
前 言 ··· v

第一章 老子以"为无为"为核心的领导理论 ············· 1
一、"为无为"是老子领导理论的核心 ······················· 2
二、"用弱"的领导策略 ··· 5
三、"不言之教":强调领导者的"身教"作用 ············ 10
四、"始制有名":实施领导活动要凭借制度媒介 ····· 13
五、"虚"、"明"、"慈"为主的领导素养 ···················· 15
小 结 ··· 21

第二章 孔子以"导之以德"为核心的领导理论 ········ 23
一、领导活动从根本上说是领导者"正身"的过程 ··· 23
二、"道之以德":通过道德价值来领导 ···················· 26
三、"齐之以礼":通过践"礼"来维系领导秩序 ········ 30
四、"举直错诸枉":领导者用人的原则和方法 ········· 35
五、"使民以德礼":领导激励的原理与方法 ············· 38
六、"仁"是领导者素养的核心 ································· 42
小 结 ··· 45

第三章 《孙子兵法》"以利动"为根本价值取向的领导理论 …… 46

- 一、"以利动"的领导价值取向 …… 46
- 二、"庙算"是领导者的重要职能 …… 49
- 三、建立"若使一人"组织指挥系统 …… 52
- 四、领导激励的原理与方法 …… 56
- 五、以"智"为核心的领导者素养 …… 62
- 小　结 …… 65

第四章 墨子以"兼爱尚同"为核心的领导理论 …… 66

- 一、"天意"是领导者行为的根本价值标尺 …… 66
- 二、"一同天下之义"是领导者的根本功能 …… 70
- 三、建立"若使一夫"的领导体制 …… 73
- 四、"尚贤论"所体现的领导用人思想 …… 77
- 五、"上以正下"体现领导者的监督控制职能 …… 82
- 六、领导者要具备"兼爱"、"强为"的素养 …… 85
- 小　结 …… 87

第五章 慎子以"势位足以屈贤"为特点的领导理论 …… 88

- 一、领导者的作用是"止争通理" …… 88
- 二、"权势"是领导控制的根本 …… 90
- 三、"无事"是领导者的行为特点 …… 92
- 四、"用人"是领导者的重要职能 …… 95
- 五、"明法"是实现领导控制的方法 …… 97
- 六、领导者要成为"无知之物" …… 99
- 小　结 …… 100

第六章　商鞅以"刑生德"为核心的领导理论 ……………… 101

- 一、"贤者型"与"司禁型"的领导形态 ……………………… 101
- 二、"刑生德"：领导控制的根本原理 ……………………… 104
- 三、领导者实现社会控制的心理依据 ……………………… 106
- 四、明法治官：领导者实施社会控制的基本途径 …………… 109
- 五、"赏罚"：领导激励的方法 ……………………………… 111
- 六、领导者要有一定的素养 ………………………………… 113
- 小　结 ………………………………………………………… 113

第七章　孟子以"仁者无敌"为最高境界的领导理论 …… 115

- 一、"君有君道"：领导者有自己的工作 …………………… 115
- 二、领导过程是领导者"仁心"的扩充 …………………… 117
- 三、"仁义"是领导者的根本价值取向 …………………… 119
- 四、推行"仁政"是领导者的要务 ………………………… 122
- 五、"尊贤使能"是领导者的重要职能 …………………… 124
- 六、领导者要修炼以"仁"为核心的道德素养 …………… 127
- 小　结 ………………………………………………………… 130

第八章　荀子以"明分使群"为基础的领导理论 ………… 132

- 一、"势齐则不壹"：为什么要有"领导者"？ …………… 132
- 二、"治之源"：领导者的地位及其作用 …………………… 136
- 三、领导者的行为特点 ……………………………………… 138
- 四、"以义为本"：领导者的价值取向 …………………… 141
- 五、"人主之职"：领导者的主要职能 …………………… 144
- 六、领导者要采取综合性方法激励控制人的行为 ………… 153
- 七、"积善"与"解蔽"：领导者的素养 ………………… 159
- 小　结 ………………………………………………………… 162

第九章 韩非子以"循名责实"为核心的领导理论 … 163

- 一、"道不同于万物":凸显领导权威的重要性 … 163
- 二、领导者的行为特点 … 168
- 三、"循名责实":领导活动的基本原理 … 174
- 四、"治吏不治民":体现领导者的用人职能 … 180
- 五、"决策"是领导者的重要职能 … 189
- 六、"二柄"加"毁誉"的领导激励原理与方法 … 197
- 七、以"虚静"为本的领导者素养 … 206
- 小 结 … 210

第十章 《吕氏春秋》以"兼收并蓄"为特色的领导理论 … 212

- 一、领导者是人类社会存在和发展的内在需要 … 212
- 二、"养生"、"为公"、"行理"是领导活动的价值取向 … 214
- 三、"无处"、"无为"是领导者的行为特点 … 216
- 四、"论人"体现领导者的用人职能 … 220
- 五、"制令"体现领导者的决策职能 … 225
- 六、"托爱利以行威":领导激励的原理与方法 … 229
- 七、"反诸己":领导者的素养 … 237
- 小 结 … 242

附录一:《大学》的领导理论 … 243

- 一、《大学》强调领导者的道德"示范"作用 … 243
- 二、"立德得众"是领导者的首要任务 … 246
- 三、《大学》推崇以血缘关系为纽带的组织理念 … 248
- 四、领导要以"修身"为本 … 251
- 小 结 … 253

附录二：申不害的领导理论 …… 255

一、申子领导思想的理论出发点 …… 256
二、建立有效的领导体制 …… 257
三、掌握领导行为的特点和领导职责 …… 258
四、修炼"示无为"的领导素养功夫 …… 261

附录三：《管子》"君臣篇"的领导理论 …… 264

一、"独立无稽"：领导活动的重要性与特殊性 …… 264
二、领导者的决策、用人、控制职能 …… 267
三、建立以"君"为首的领导体制 …… 271
四、"赏罚"与"德教"并重的领导激励思想 …… 275
五、"上之人务德"：领导者的素养 …… 278
小 结 …… 278

参考文献 …… 280

后 记 …… 291

第一章　老子以"为无为"为核心的领导理论

老子是先秦道家学派的创始人，曾为"周守藏室之史"（《史记·老子韩非列传》），对国家之治乱兴衰洞若观火。由《老子》①可见，他留意的仍是"治道"问题，并把对"治道"问题的解决集中在对"君道"问题的论说上。如陈鼓应所说："老子思想主要关心的是治道，我们熟悉的自然无为等观念主要是作为社会政治原则而提出的，但由于政治的关键在侯王、国君，因此，这些原则之可行与否，又与侯王个人之品质有密切关系，故治国亦须以修身为依据。"②正因此，笔者认为《老子》一书蕴含着深刻的领导理论③。"为无为"是老子领导理论的核心，是贯穿老子领导理论的一条红线，体现在领导思想的各个方面。

---

① 关于老子、《老子》以及二者的关系，20世纪以来有众多讨论，20世纪90年代郭店楚墓简本《老子》的出土，使我们更加确信《老子》是由孔子时代的老聃所著。参见张岂之主编：《中国思想学说史》（先秦卷），桂林：广西师范大学出版社，2007年，第493页。
② 陈鼓应：《道家的人文精神》，北京：中华书局，2012年，第5页。
③ 王成说："《道德经》是一部具有领导学特质的著作。"（王成：《先秦诸子领导思想的现代解析》，北京：大百科全书出版社，2006年，第5页）许抗生说："如果我们从管理学的角度看待问题的话，治理国家就是管理好国家，从这一意义上讲，'君人南面之术'，讲的是国家的最高领导人如何管理好国家的道理。"（许抗生：《老子道家的管理思想及其现代价值》，赵保佑、高秀昌主编：《老子思想与现代管理》，北京：社会科学文献出版社，2013年，第23页）还说："老子道家的'君人南面之术'，实就是效法'道'的法则而建立起来的领导术（或称领导艺术）或管理术（管理艺术）而已。"（许抗生：《老子道家的管理思想及其现代价值》，赵保佑、高秀昌主编：《老子思想与现代管理》，北京：社会科学文献出版社，2013年，第24页）笔者赞同上述学者的观点，这也是笔者从领导理论角度解读老子思想的原因所在。

一、"为无为"是老子领导理论的核心

"为无为,则无不治"这一命题集中体现着老子对"治道"问题的思考。老子说:"不尚贤,使民不争;不贵难得之货,使民不为盗;不见可欲,使民心不乱。是以圣人之治,虚其心,实其腹,弱其志,强其骨。常使民无知无欲,使夫智者不敢为也。为无为,则无不治。"(《老子·三章》)① 范应元认为此章"前后文皆有正己化民之意"②。吴澄说:"此章言圣人治天下之道。"③"为无为"即"正己"之事,"无不治"即"化民"之效。"圣人治天下之道"的根本就是"为无为"。老子还讲"爱民治国,能无为乎?"(《十章》),"圣人无为,故无败,故无失"(《二十九章》),"我无为,而民自化;我好静,而民自正;我无事,而民自富;我无欲,而民自朴"(《五十七章》)。这些言论均体现着一个意思:要治国平天下,最根本在于"我无为",这是老子提出的一条关于"为治"的根本思路。而《老子》第三章则集中地体现了这一点。这一章的"不尚贤"、"不贵难得之货"、"不见可欲"就是"为无为",与第五十七章的"好静"、"无事"、"无欲"意思是一致的。在老子看来,在上者做到"无为",即能收到民"不争"、"不为盗"、"心不乱"的治理效果。这正是范应元讲的"正己化民"之意。注家对此认知比较一致。而对第三章四"其"字句的理解则分歧比较大。分歧的根本在于一派认为四"其"字指民④,一派则认为四"其"字指君⑤。从第三章整体来看,把"其"字理解为"君"比较好。也就是说,在上者若能"虚其心,实其腹,弱其志,强其骨",就能到达"常使民无知无欲,使夫智者不敢为也"的良好状态,这也正是第三章结论"为无为则无不治"的更进一步说明。总结起来,领导者要达到"无不治"的领导目标,要做的就是"为无为"!"为无为"就成为领导工作的核心。

推天道以明人事,是老子建构其思想体系的基本方式。老子将"为无为"

---

① 以下引《老子》语只写章节。
② (宋)范应元撰,黄曙辉点校:《老子道德经古本集注》,上海:华东师范大学出版社,2010年,第8页。
③ (元)吴澄撰,黄曙辉点校:《道德真经吴澄注》,上海:华东师范大学出版社,2010年,第6页。
④ 吴澄、高亨均明确认为四"其"字皆指民。见(元)吴澄撰,黄曙辉点校:《道德真经吴澄注》,上海:华东师范大学出版社,2010年,第5页。高亨:《老子正诂》,北京:古籍出版社,1956年,第10页。
⑤ 张舜徽明确指出"四'其'字,皆指人君自己"。见张舜徽:《周秦道论发微》,北京:中华书局,1982年,第165页。

作为领导工作的核心有着坚实的"道"论基础。

老子认为"道"体"虚无"而生万物。老子说:"道生一,一生二,二生三,三生万物。"(《四十二章》)还说:"道生之,德畜之。长之育之,亭之毒之,养之覆之。"(《五十一章》)不难看出,"道"是万物的根源,它功能强大,生养万物,没有事物能不依赖它而存在。"道"虽生万物,但其自身却是"虚无"的。老子说:"天下万物生于有,有生于无。"(《四十章》)河上公解释说:"道无形,故言生于无。"① 显然,道若有形,其用必有限,则其自身也必为派生之物,而非能生万物,故必以"无"言"道",明其无形之象。老子还说:"道冲而用之或不盈。"(《四章》)林希逸:"冲,虚也。"② 陈鼓应解释"道冲"一句时说:"道体为虚而作用无穷。"③ 老子还说"道""湛兮似或存"(《四章》)。吴澄:"湛,澄寂之意。道之体虚,故其存于此也似或存,而非实有一物存于此也。此一句言道之体虚也。"④ 老子还说:"寂兮寥兮,独立而不改,周行而不殆,可以为天地母。"(《二十五章》)河上公:"寂者无音声,寥者空无形。"⑤ 显然"虚"是"道"体的另一说法。在老子看来"道"因体"虚",故能"虚而不屈,动而愈出"(《五章》)。也就是说:"道"之所以能作为"天地之始"(《一章》)、"万物之宗"(《四章》),就是因为它体"虚无"。"道"体"虚无"是说"道"是无形的,是看不见摸不着的。可以想见,如果"道"自身是有形的,是"可道"的,那么,它势必不可能具有生养万物的能力。老子说"道常无为而无不为"(《三十七章》)就集中体现了"道"体虚无特点与其生产万物之间的关系。"无为"即本于道体之虚无,"无不为"即因道体虚无而达成的结果。"道"体虚无、无为而能"无不为",则在于"道法自然"(《二十五章》)。"道法自然"命题从道论的层面肯定了"事物本身就具有存在和发展的一切潜在的可能性"⑥意涵,其理论用意在于:一方面为"万物自化"说提供理论基础,另一方面为"道"作用万物的方式提供理论说明。正因为万物有"自化"的潜能,那么,"道"生成万物的过程实际上就是顺其"自然"的过程。

---

① 王卡点校:《老子道德经河上公章句》,北京:中华书局,1993年,第162页。
② (宋)林希逸撰,黄曙辉点校:《老子鬳斋口义》,上海:华东师范大学出版社,2010年,第6页。
③ 陈鼓应:《老子注译及评介》,北京:中华书局,2009年,第71页。
④ (元)吴澄撰,黄曙辉点校:《道德真经吴澄注》,上海:华东师范大学出版社,2010年,第7页。
⑤ 王卡点校:《老子道德经河上公章句》,北京:中华书局,1993年,第101页。
⑥ 陈鼓应、白溪:《老子评传》,南京:南京大学出版社,2001年,第89页。

老子的道论突出了"道"生成万物的本源性特点和强大功能,"道常无为而无不为"的道论就成为君主"为无为则无不治"的理论基石。从老子"为无为则无不治"的治道思考来看,他把"无不治"的领导目标是否能够实现的问题归导于领导者的"为无为"上。老子的道论也为领导者能做到"为无为"提供了理论支撑和说明。

透过《老子》,"道"的形象就是理想的"君"(领导者)的形象,君主"为无为"实际就是学"道"、模仿"道"、得"道"的过程。老子说:"执大象,天下往。"(《三十五章》)河上公注:"执,守也。象,道也。圣人守大道,则天下万民移心归往之也。"[①] 在老子眼里,现实社会不够理想,就是因为侯王们不懂得"守道""得一",没有在政治实践中修"道"、得"道"。理想的君主就是抱道守一的圣人,君主有道,顺其自然,天下就会有秩序。这是老子对领导问题的根本思考。

老子"为无为"(《三章》)、"事无事"(《六十三章》)的领导观点就成为道家黄老学派,甚至法家"君无为"观念的滥觞,对战国时期乃至后世的领导理论产生了极为深远的影响。这里需要补充说明的是,老子对"道"所作的描述和论证,在很多方面可以成为后来领导理论的依据。

首先,道生万物,领导者"守道"就是抓住根本。"道"生万物,处在万"有"之"前"或之"上"。如果"道"没有这样的"地位",它是不可能"生养"万物的。从推天道以明人事的思路出发,"道"是万物的根源,说明"君主"在人群中的位置,犹如"道"在万物中的位置。作为治国理政的君主或领导者,就应该处在如"道"般的位置,也只有如此,他才可能发挥其应有的积极作用。"道"的地位和作用就决定了君主或领导者以"道"的带有源头性、本源性、全局性的角度审视问题的应有立场。"道"作为万物根源,把握住"道",就把握住了群生的总开关。因此,领导者"守道",守住根源,抓住根本,才能维系社会的统一性、和谐性。老子说:"执古之道,以御今之有。"(《十四章》)"执道"就具有如后来的思想家所说的抓住根本的领导行为特点论的意味。

其次,物有两面,"执一"就是要把握全局。老子讲"反者道之动"(《四十章》),这是老子对"道"运行规律的概括。按陈鼓应的解释,"反"字其中一个

---

① 王卡点校:《老子道德经河上公章句》,北京:中华书局,1993年,第139页。

重要内涵就是"相反","反者道之动"就蕴含着:"任何事物都在相反对立的状态下形成的;任何事物都有它的对立面,也因它的对立面而显现。"①《老子》书中讲了很多相反相成的事情。如他说"有无相生,难易相成,长短相形,高下相盈,音声相和,前后相随"(《二章》),"曲则全,枉则直,洼则盈,敝则新,少则得,多则惑"(《二十二章》),"信言不美,美言不信。善者不辩,辩者不善。知者不博,博者不知"(《八十一章》)等。这些说法我们可以有很多不同的理解和解释,但是,至少有一点是非常明确的,即:老子肯定任何事物都有不同的两个方面,你不能看到一个方面而忘记另一个方面,而且,两个方面还是经常变化的。从这个角度看,它就明确地指示人们看问题当有一种"全面"的视角,对于"守道"的领导者来说,应着眼全局、放眼长远。这就是领导者所应具备的战略思维或战略眼光!②

二、"用弱"的领导策略

所谓领导策略,就是领导者为达到领导目标而采取的手段③。"用弱"是老子领导策略论的核心观念之一,是老子领导思想非常突出的一个特点。"用弱"就是用"弱"的方式或手段达到保全领导地位,达到预期领导目的。"用弱"的领导策略论是老子"为无为"领导思想的重要体现。

"反者道之动,弱者道之用"是老子"用弱"的领导策略思想的理论基础④。按陈鼓应的解释,"反"字的另一个重要内涵就是"返回","反者道之动"就蕴涵着"事物向相反的方向运动发展"的意思⑤。老子说:"物壮则老,谓之不道,不道早已。"(《五十五章》)事物发展到"盈满"、"壮盛"的地步就必然要走下

---

① 陈鼓应:《老子注译及评介》,北京:中华书局,2009年,第219—220页。
② 当然,从老子的"道论"还可以引申出很多对领导者来说积极有用的原则和方法。比如,曾宪年就从老子思想中蕴含的"事物既对立又统一相互转化的辩证思维",进而认为"领导者的辩证思维就应该善于掌握和把握对立双方各自向其对立一方发展的时机和极限,抓住机会,及时采取相应的对策。"曾宪年:《老子的领导思想》,长沙:湖南师范大学出版社,2005年,第28页。
③ 何孝瑛:"策略是为实现战略任务而采取的手段。"何孝瑛主编:《马克思主义领导理论概论》,北京:人民出版社,2008年,第123页。
④ 陈鼓应:"老子治国及治身的方法,其特异处是在'以退为进'或'损之而益'。其理论基础则是对道的运动('反')及作用('弱')的理解,其实质则是长时期历史经验的总结。"(陈鼓应:《道家的人文精神》,北京:中华书局,2012年,第6页)陈鼓应所谓的"以退为进"和"损之而益"正是老子"用弱"思想的体现,在他看来,这个思想的道论基础就是"反者道之动,弱者道之用"。
⑤ 陈鼓应:《老子注译及评介》,北京:中华书局,2009年,第219—220页。

坡路，向相反的方向运动发展。老子还说："将欲歙之，必固张之；将欲弱之，必固强之；将欲废之，必固兴之；将欲取之，必固与之。是谓微明。柔弱胜刚强。"（《三十六章》）范应元："张之、强之、兴之、与之之时，已有歙之、弱之、废之、取之之机伏在其中矣。几虽幽微，而事已显明也，故曰'是谓微明'。或者以此数句为权谋之术，非也。圣人见造化消息盈虚之运如此，乃知常胜之道是柔弱也，盖物至壮则老矣。"①按照这个解释，这一章实际上蕴涵的是物极必反的道理，即事物发展到一定程度就会向自身相反的方向发展。由此就可得出：只有守"柔弱"，才能长久而不败。老子讲："保此道者不欲盈，夫唯不盈，故能蔽而新成。"（《十五章》）老子还说："大成若缺，其用不弊。大盈若冲，其用不穷。"（《四十五章》）"不盈"、"若缺"都是由"反者道之动"这一道论基础上得出的必然结论。正因"物极必反"，所以必须"用弱"。

另外，苏辙解释"弱者道之用"说："道无形无声，天下至弱者莫若道，然而天下至强莫加焉。此其所以能用万物也。"②魏源《老子本义》说："道之静本无"，"无之体虚，故其用常以弱为事。"③这都说明"道"虽体虚无，但是却能生养万物，这就体现出"道"是"常以弱为事"的。"道"作用万物的"柔弱"特点，正是本于"道"体"虚无"的特点。老子说："大道汜兮，其可左右。万物恃之以生而不辞，功成而不有。衣养万物而不为主，可名于小；万物归焉而不为主，可名为大。以其终不自为大，故能成其大。"（《三十四章》）"道"衣养万物，但其护养万物的方式是顺其自然，所以从道的角度说，它不自以为万物之"主"，从万物角度讲，万物也感受不到"主"之所在，这就是"道"之"小"所在。但是，从万物都归附于"道"的角度看，这正是"道"之"大"所在。"道"无为而生养万物，从未想着要"大"，但最终却成就了它的"大"。在一定程度上讲，这正是对"弱者道之用"的一种诠释。由此，从道论的角度看，"用弱"是"道"生养万物的外在表现方式，它的理论基础是"无生有"、"道法自然"。或者说，正是由于"道"是"无"，"无"才能生"有"；而所谓的"无"生"有"只不过是顺万物之"自然"而已，并不需要"道"有什么另外的作用。

---

① （宋）范应元撰，黄曙辉点校：《老子道德经古本集注》，上海：华东师范大学出版社，2010年，第63页。
② （宋）苏辙撰，黄曙辉点校：《道德真经注》，上海：华东师范大学出版社，2010年，第51页。
③ （清）魏源撰，黄曙辉点校：《老子本义》，上海：华东师范大学出版社，2010年，第85页。

所以，"道"生养万物，只是"用弱"而已。

陈鼓应在引述"弱者道之用"（《四十章》）句意时说："道创生万物辅助万物时，万物自身并没有外力降临的感觉，'柔弱'即是形容道在运作时并不带有压力感的意思。"① 这是把"道""弱用"万物进一步具体化了，有一定道理。由此，所谓"用弱"只是不给外物强加自己的力量而已，这正是"道无为"的体现。"道"不给万物强加外力，就能收到"万物归焉"的良好效果，那么，作为君主或领导者，在管理民众的过程中也应效法"道"作用万物的这种方式，体现"道"作用万物的这一特点。老子说："天下神器，不可为也，不可执也。为者败之，执者失之。是以圣人无为，故无败，无执故无失。"（《二十九章》）还说："以圣人为而不恃，功成而不处。"（《七十七章》）这是圣人效法"道"所应持的基本态度和方式，这是"用弱"的总表现。也就是说，作为领导者不要想着去抓住不放，把对方牢牢控制在自己手里；如果这样做，必定是要失败的。领导应当"用弱"在《老子》中有很多论述，对领导者来说，"用弱"主要表现在如下方面：

第一，"善下"：虽在高位却能以低的姿态对待臣民。在上者处在上面不可避免地会对在下者产生威压之感。在老子看来，好的领导者应该让人感受不到这种威压之感，领导者要像"水"一样"善下"。老子说："水善利万物而不争，处众人之所恶，故几于道。"（《八章》）还说："江海之所以能为百谷王者，以其善下之，故能为百谷王。"（《六十六章》）我们都知道，在上位的人有权有势，常常以威势凌人，对人构成很大的压力，这在老子看来足以引起在下者的背离。他主张领导者虽在上位，应该如水一样谦卑，他说"是以圣人欲上民，必以言下之"（《六十六章》），还说"圣人处上而民不重"（《六十六章》）。只有这样，民众才不会感到来自在上者的强力的压迫，这才能真正赢得民众的归附。

老子还说："贵以贱为本，高以下为基。是以侯王自称孤、寡、不谷。此非以贱为本邪？非乎？"（《三十九章》）焦竑《老子翼》引吕注说："贵以贱为本，则未有贵者乃贵之所自而立也；高以下为基，则未有高者乃高之所自而起也，然则贵而无其贵，高而无其高，乃侯王之所以为天下贞而不蹶者邪？是以孤寡不谷，人之所恶而贱也，而贵高以为称者，以其所本为在此也。"② 在老子看来，

---

① 陈鼓应：《老子注译及评介》，北京：中华书局，2009年，第220页。
② （明）焦竑撰，黄曙辉点校：《老子翼》，上海：华东师范大学出版社，2011年，第102页。

侯王之所以用孤、寡、不谷这些人所恶而贱的称谓称自己,就是要贵者不自贵,高者不自高。只有善处下,才能真正维护其所谓的高位与尊贵。

老子还从国际关系的角度论证"善下"的好处。他说:"大邦以下小邦,则取小邦;小邦以下大邦,则取大邦。故或下以取,或下而取。大邦不过欲兼畜人,小邦不过欲入事人。夫两者各得其所欲,大者宜为下。"(《六十一章》)大国如果善下,居于"下流",那么,小国自然就归附了。小国如果善下,自然会赢得大国的信赖。这岂不是两全其美的事情?

老子说:"善用人者为之下。是谓不争之德,是谓用人之力。"(《六十八章》)王弼注释:"用人而不为之下,则力不为用也。"① 这无疑是领导用人的重要规律之一。

第二,"处后":把在下者的利益放在前面。老子说:"是以圣人后其身而身先,外其身而身存。"(《七章》)陈鼓应说:"在其位的人,机会来得最方便,往往情不自禁地伸展一己的占有欲。老子理想中的治者却能'后其身'、'外其身',不把自己的意欲摆在前头,不以自己的利害作优先考虑。"② 老子说:"不敢为天下先,故能成器长。"(《六十七章》)老子还说"欲先民,必以身后之",这样才能"处前而民不害"。(《六十六章》)在利益面前,把自己放在后面,就能得到大家的爱戴,这才是真正的领导,这样的领导才能坐得稳。

第三,"柔弱":保持柔韧性、耐性。在"竞于气力"的时代,一般的看法是:君主要臣服下属或他国,都要靠硬实力说话。但老子却与此相反,强调"柔弱"。老子说"坚强者死之徒,柔弱者生之徒"(《七十六章》),蕴含着"强悍的东西易失去生机,柔韧的东西则充满着生机"③。他说"强大处下,柔弱处上"(《七十六章》),认为"凡是强大的,反而居于下位,凡是柔弱的,反而占在上面"④。老子说:"天下之至柔,驰骋天下之至坚。"(《四十三章》)还说:"天下莫柔弱于水,而攻坚强者莫之能胜,以其无以易之。弱之胜强,柔之胜刚,天下莫不知,莫能行。是以圣人云:'受国之垢,是谓社稷主;受国不祥,是为天下王。'正言若反。"(《七十八章》)天下最为柔弱的东西莫过于水,但是

---

① (魏)王弼撰,楼宇烈校释:《王弼集校释》,北京:中华书局,1980年,第172页。
② 陈鼓应:《老子注译及评介》,北京:中华书局,2009年,第84—85页。
③ 陈鼓应:《老子注译及评介》,北京:中华书局,2009年,第333页。
④ 陈鼓应:《老子注译及评介》,北京:中华书局,2009年,第332页。

坚强的东西没有能够胜过它的。老子因此认为，弱能胜过强，柔能胜过刚。老子讲这些话，无疑是给在上的侯王说要柔弱而戒刚强。在他看来，"承担全国的屈辱，才能配称国家的君主；承担全国的祸难，才配做天下的君主"①。老子还说："飘风不终朝，骤雨不终日。"（《二十三章》）威力强悍的暴风骤雨实际上总是不能长久的。总的来看，"柔弱"是坚韧、韧性的象征。刚强的东西之所以脆弱，就在于其不能持久，没有耐性！"柔弱"之所以是生命力的象征，就在于其有耐性，有韧性。刚强的东西只能强其一时，但不可能强其一世。那种逞强的做法更不值得效法。领导者只有具备足够的韧性耐力，才能承担起作为领导者的责任。

第四，"善予"：善于给予而不是索取。人一般的情况是只知道索取，但老子却主张"给予"。老子说："民之饥，以其上食税之多，是以饥。……民之轻死，以其上求生之厚，是以轻死。"（《七十五章》）在老子看来，人民的饥饿、人民的轻死，根本上是由于在上者的贪欲和求索。他从"天道"运行的规律出发，认为理想的领导者应该是"善予"的。他说"天之道，利而不害"（《八十一章》），还说"天地所以能长且久者，以其不自生，故能长生"（《七章》）。这都是强调，天道是利万物而不害万物，是不自营己生，所以才能天长地久。由此，老子提出："圣人不积，既以为人己愈有，既以与人己愈多。天之道，利而不害，圣人之道，为而不争。"（《八十一章》）圣人（理想的领导者）应该效法天道，不私自积藏。他越是能帮助别人，越是能给予别人，他就更为充足，更为富有。圣人"非以其无私邪，故能成其私"（《七章》），只有无私，善于给予，才能最终成其私。如果领导者总想着伸展自己的私欲，向下索取，民众当然不会信服，领导目标当然不能实现。

最后，老子的领导"用弱"策略思想多少会带一点阴谋论的色彩。他讲"夫唯弗居，是以不去"（《二章》），"夫唯不争，故无尤"（《八章》），"以其不争，故天下莫能与之争"（《六十六章》），"非以其无私邪，故能成其私"（《七章》）、"圣人终不为大，故能成其大"（《六十三章》）。"不居"、"不争"、"无私"，都好像只是达成"不去"、"无尤"、"莫能与之争"、"成其私"的手段。"用弱"好像仅仅是个达到目的所做的"姿态"，似乎是专门做出来给人看的，

---

① 陈鼓应：《老子注译及评介》，北京：中华书局，2009 年，第 338 页。

目的是为了成就自身的"大私"。若果从这个角度去看，无疑就是阴谋了。特别是第三十六章"将欲"、"必固"之类的话，最易被理解为"欲擒故纵"之类权谋。老子："知其雄，守其雌……知其白，守其黑。"（《二十八章》）明明雄强，却要守着雌弱；明明心里明白，却要守着暗昧。老子此类领导策略论，多少让人觉得领导者为善之事似乎并不是出于"诚"，而是为了做出样子进而达到目的。钱穆说："老子乃一实际家，彼乃一切从人事形势利害得失上作实际的打算。然他深知，谁想支配人，指导人，到头谁就该吃亏。但他心下似乎仍不忘要支配人，指导人。老子实于人类社会抱有大野心，彼似未能游心于淡漠。"①衡诸《老子》文本，这话是有道理的。

但是，老子又讲"圣人不积，既以为人己愈有，既以与人己愈多"（《八十一章》），"圣人常善救人，故无弃人"（《二十七章》）。如果从这个角度出发，老子是希望领导者保持如"天道"般的大公无私的。按照老子的思维逻辑，领导者自然应效法天道的"不积"原则或精神。由此，领导者给予群体的，就不见得仅仅是为了做个姿态，弄个迷人的假象而已，而是真的应该如此。这是《老子》的复杂性所在。不过，老子讲的"曲则全，枉则直"（《二十二章》），讲的"不自伐，故有功；不自矜，故长"（《二十二章》），他所主张的"处下"、"守柔"、"居后"等观点，与后来法家特别重"势"的观点形成强烈反差，一定程度上看，它是对人类领导经验的总结，时至今日仍不失为有用的领导原则。

三、"不言之教"：强调领导者的"身教"作用

领导者"为无为"不是什么也不做，而是强调领导者的"身教"作用。

首先，老子不主张以威逼利诱的方式引导民众。一种较为普遍的观点认为，人是好利恶害的，领导者应当利用利益杠杆来引导、控制人的行为。老子的看法则与之不同。老子说："不尚贤，使民不争。不贵难得之货，使民不为盗。不见可欲，使民心不乱。"（《三章》）河上公解释说"不尚贤，不贵之以禄，不尊之以官也"，"不贵难得之货""言人君不御好珍宝"②。苏辙说："尚贤，则民耻于不若而至于争。贵难得之货，则民病于无有而至于盗。见可欲，则民患于不

---

① 钱穆：《庄老通辨》（第二版），北京：生活·读书·新知三联书店，2005年，第128页。
② 王卡点校：《老子道德经河上公章句》，北京：中华书局，1993年，第10页。

第一章 老子以"为无为"为核心的领导理论

得而至于乱。虽然,天下知三者之为患,而欲举而废之,则惑矣。圣人不然,未尝不用贤也,独不尚贤耳。未尝弃难得之货也,独不贵之耳。未尝去可欲也,独不见之耳。"①"尚贤"、"贵难得之货"会导致人趋于利,进而引起争夺、偷盗。因此,老子反对君主"尚贤"、"贵难得之货",而主张"不见可欲"。吴澄说:"见,犹示也。""不见可欲"即"不示之以可欲"②。说到底,就是不用禄位、官爵、珍宝等可欲之物来引导、控制人的行为。可见,老子不主张利用民"好利"之心以为治,而主张"为天下浑其心"(《四十九章》)。这一点和儒家、墨家、法家都不一样。

老子还说:"民不畏死,奈何以死惧之?若使民常畏死,而为奇者,吾将执而杀之,孰敢?"(《七十四章》)河上公解"民不畏死"时说:"治国者刑罚酷深,民不聊生,故不畏死也。"③君主如果滥用刑罚,刑罚就会渐失功效,民众就会铤而走险不惜犯死。如果将老子"民不畏死"之说与法家"以刑去刑"的观点进行对照,就会明白,老子与法家强调刑杀功用不同,他认为刑杀的作用是有限的。而"若使民常畏死"的说法更为意味深长!实际上,在老子看来,刑杀的真正有效性在于使民"常畏死"。民之所以会"常畏死"在于社会正义是普遍的,民众普遍地没有侥幸心理。因为,他知道犯法就会受到惩处。如果这个防线没有了,人就会铤而走险,不怕死的人就多。可见,老子并不完全反对运用刑杀的手段,而主张君主应慎用民"畏惧"之心。这一点与法家异,而与儒家同。

老子说:"太上不知有之,其次亲而誉之,其次畏之,其次侮之。"(《十七章》)老子把民对君主之态度和感受划分成四个等次,认为统治最好的君主是民感受不到他的存在,而使民"畏"而服之,是较为低级的统治状态。这一看法与上述"民不畏死"的意思一致。结合上述老子"不见可欲"的看法,我们大致可以得出结论:老子既不主张以利害导民,也不主张威势刑罚制民,既与儒家、墨家主张以利益杠杆导民的观点不同,也与法家以刑罚使人畏服的观点有别。

其次,老子对失去主体道德自觉的"礼"持批判态度。老子说:"失道而后

---

① (宋)苏辙撰,黄曙辉点校:《道德真经注》,上海:华东师范大学出版社,2010年,第4页。
② (元)吴澄撰,黄曙辉点校:《道德真经吴澄注》,上海:华东师范大学出版社,2010年,第5页。
③ 王卡点校:《老子道德经河上公章句》,北京:中华书局,1993年,第285页。

德，失德而后仁，失仁而后义，失义而后礼。夫礼者，忠信之薄而乱之首。"《三十八章》从表面看，老子似乎完全否定"礼"，实则不然！陈鼓应说老子并不"笼统地反对礼，他反对的只是失去实质内涵而流于形式的礼"①。在老子看来，不能完全否认制度化的"礼"的社会功能，认为人类社会后起之"礼"有其存在的必然性。但毕竟它是君主"失道"、"失德"的后果，要摆脱因繁文缛节、虚伪造作而渐失控制力而又加速人类异化之"礼"，最好的办法或许是"处其厚而不处其薄"，以守持淳朴为本。同时，在老子看来"事物本身就具有潜在性和可能性，不必由外附加的"②。即，老子肯定万物有自化、自为的功能。既然如此，礼作为一种外在的制度规范就成了多余的东西。对于君主来说，要做的是"辅万物之自然而不敢为"（《六十四章》）。

最后，我们不禁要问，老子主张以何种方式导制其民？老子说："信不足焉，有不信焉。悠兮，其贵言。功成事遂，百姓皆谓我自然。"（《十七章》）在老子看来，君主导制其民最为根本的方式是要有"信"。苏辙说："吾诚自信，则以道御天下足矣。唯不自信，而加以仁义，重以刑政，而民始不信矣。"③ 取信于民最好的方式或许是"做"比"说"更重要、更直接。所以，他主张君主"贵言"。所谓"贵言"不仅是"重宝其言，不轻易出口"④，更是"不轻于发号施令"⑤，这即是其所谓的"不言之教"（《二章》）。而所谓"不言之教"根本上即"以身帅道之也"⑥。老子讲君主当"为无为，事无事"（《六十三章》），其所谓"无为"、"无事"即以"不为"为"为"，以"不事"为"事"，从君德修养来说，即是"体道"、"守虚"，从君德实现来说，即是以"不言"为教。而"不言之教"说到底又是"身教"⑦。因此，从领导者引导民众的方式来看，老子对于势位、刑罚、礼制皆采取"不用主义"。这种强调"身教"的领导方式，说它容易，只在体道守虚而已，说它难，似又不具备任何现实操作性。

---

① 陈鼓应、白奚：《老子评传》，南京：南京大学出版社，2001年，第216页。
② 陈鼓应：《老子注译及评介》，北京：中华书局，2009年，第30页。
③ （宋）苏辙撰，黄曙辉点校：《道德真经注》，上海：华东师范大学出版社，2010年，第21页。
④ （元）吴澄撰，黄曙辉点校：《道德真经吴澄注》，上海：华东师范大学出版社，2010年，第22页。
⑤ 陈鼓应：《老子注译及评介》，北京：中华书局，2009年，第130页。
⑥ 王卡点校：《老子道德经河上公章句》，北京：中华书局，1993年，第7页。
⑦ 常金仓说："老子非常推重'不言之教'，所谓'不言之教'就是身教。就是用自己的模范行为影响别人、感化别人，实际上仍未脱离开礼乐文明的精神。"常金仓：《穷变通久——文化史学的理论与实践》，北京：人民出版社，2014年，第115页。

四、"始制有名":实施领导活动要凭借制度媒介

老子虽崇尚"甘其食,美其服,安其居,乐其俗。邻国相望,鸡犬之声相闻,民至老死不相往来"(《八十章》)的"小国寡民"社会,但我们从《老子》中很难看出其对政治的拒绝,即使他讲"小国寡民",与庄子相比,其乌托邦主义性质也非常淡薄①。从整个《老子》来看,他并非是如胡适所言主张"毁坏一切文物制度"、"主张极端放任无为的政策"②的无政府主义者。老子虽讲"法令滋彰,盗贼多有"(《五十七章》),还讲"礼者,忠信之薄而乱之首",但观其"大邦以下小邦"、"小邦以下大邦"(《六十一章》)之说和"欲上民"、"欲先民"、"为器长"之语,不仅可见他承认国家之存在,而且肯定人群上下、先后之分。诚如刘泽华所说,《老子》"不是无国家论者,而是有国家论者","他不是要统治者放弃权力,而是如何更好地、更巧妙地运用自己的权力"③。因此,老子虽对当时的"有为"政治多所非毁,但其政治思想仍植根于以君主为首的政治框架内④。

在笔者看来,君主"无为"到"无不为"之所以能实现,不仅在于他能体道守虚行不言之教,而且在于能遵循万物之自化、自为。由此出发,老子认为以刑法使人畏服是下等的统治手法,并明确反对形式主义的"礼"。他似乎认为外在的制度对于君道实现不仅无益而且有害。但只要有一点管理经验的人都知道,领导者不借助任何制度规矩而想要领导群体实现目标几乎是不可能的。老子"始制有名"命题的提出则似乎又为肯定外在制度规范提供了依据。

古代注家在解《老子》三十七章"道常无为而无不为"时说:"道之所以为常者,以其体无名故无为,用有名故无不为。"⑤道体无名无为,但之所以能做到"无不为"则在于"用有名"。"用有名"实现"无不为"的说法是受到战国

---

① (日)池田知久:《道家思想的新研究——以〈庄子〉为中心》(下册),王启发等译,郑州:中州古籍出版社,2009年,第493页。
② 胡适:《中国哲学史大纲》,上海:上海古籍出版社,1997年,第46页。
③ 刘泽华:《中国政治思想史集》(第一卷),北京:人民出版社,2008年,第338页。
④ 有学者说:"道家对于君主主宰的政治是极为鄙视的。"(梅珍生:《道家政治哲学研究》,北京:中国社会科学出版社,2010年,第49页)在笔者看来,老子固然讲"长而不宰",认为侯王应"守一"、"无为"才能真正收到"长生久视"、"后其身而身先"的效果。因此说老子反对君主"主宰"可,但要说老子反对"君主制"则不可。
⑤ (明)焦竑撰,黄曙辉点校:《老子翼》,上海:华东师范大学出版社,2011年,第91页。

中后期黄老道家形名论的影响而提出的呢？还是《老子》中本来就有？老子说："始制有名。名亦既有，夫亦将知止，知止可以不殆。"（《三十二章》）对老子此句的理解，需将之置于其所在的历史文化大背景之下。

何谓"名亦既有，夫亦将知止"？注家往往把"止"理解为"适可而止"，未能注意到"止"这一概念所反映出来的深层次历史内涵。"止"是与主体之"分位"及其相应的"德性"联系在一起。《大学》讲"为人君，止于仁"，君臣父子在社会中所处分位不同，也各自有其相应的"德性"要求和规范。主体言行符合其分位，就叫"知止"。同时，"知止"是一个动态过程，真正的"知止"应在一动态过程中把握行为的内容及分寸。《周易·艮卦》"象辞"："艮，止也。时止则止，时行则行，动静不失其时，其道光明。艮其止，止其所也。"这即是儒家所特别强调的"时中"观念。《左传·桓公二年》："夫名以制义，义以出礼。"所谓"名以制义"就是说一定的"名"指示一定的"义"，一定的"义"就指示着行为之所"宜"。"名"在一定程度指示着主体行为的价值取向。所谓"义以出礼"就是说行为合"宜"即是"礼"。因此，在礼乐文化背景下，"名"指示行为之所"宜"，而行为"止"于其所"宜"即是有"礼"。《孟子·尽心下》："动容周旋中礼者，盛德之至也。"主体行为若时刻恰当中"礼"，实际就意味着他真正"知止"。老子所谓"名亦既有，夫亦将知止"，意思就是：有了名号，主体就知道什么时候站在什么位置。主体知道其行为之所"止"就没有什么危险，这即是"知止所以不殆"。显然，老子这一论述无疑是对传统礼治观念的继承。

何谓"始制有名"？河上公："始，道也。有名，万物也。"① 蒋锡昌："'始'即万物之始，指道而言。《说文》：'制，裁也。''始制有名'，言大道裁割以后，即有名号。"② 道生万物是老子的一个基本观念。"始制有名"是说，道生了万物，也就有了与万物相应之名号。老子将"名"纳入"道论"框架中来理解，这一点不能不说是一理论创新。在老子看来，万物生后有其自性和特性，它会按照其内在规律运行，这即其所谓的"自化"、"自为"。同时，他认为，万物始生后，就有了与之相应的"名"。"名亦既有"，物就会依照名所指示之"宜"来运行，最终就会止其所当止。在此，老子的"万物自化"说与"始制

---

① 王卡点校：《老子道德经河上公章句》，北京：中华书局，1993年，第131页。
② 蒋锡昌：《老子校诂》，成都：成都古籍书店，1988年，第218页。

有名"论有机结合起来。老子以后出现的"名自命"命题的理论源头就在于此。

在笔者看来,《老子》三十二章主要仍在阐释"无为"何以能"无不为"的问题,但却引入了"名"的问题,"名"观念的引入无疑受到传统礼治文化的影响,也为后来黄老思想和申韩法家重视"形名"问题开辟了发展道路。老子还说:"朴散则为器,圣人用之,则为官长。"(《二十八章》)王弼注说:"朴,真也。真散则百行出,殊类生,若器也。圣人因其分散,故为之立官长。"① 从"朴散"到"为器",是一个必然的过程。即"官长"的产生也是一个不可避免的历史过程。实际上,在老子看来,从"无为"到"无不为"并非一"直通"过程,它隐含着在政治实践中重视"名位"、"礼法"的理论可能性。陈鼓应说"老子并不主刑名说"②,但黄老、申韩刑名说无疑有着来自老子的影响。

五、"虚"、"明"、"慈"为主的领导素养

既然老子将"无不治"的治道问题归结于君主的"为无为"上,那么,讨论君德修养问题就成为其理论自我实现的必然要求。同时,老子说:"吾所以有大患者,为吾有身,及吾无身,吾有何患? 故贵以身为天下,若可寄天下;爱以身为天下,若可托天下。"(《十三章》)在老子看来,人君若能爱其身,天下才能托付于他。而现实的情况则是:人君往往被自身的无知与情欲障蔽做出种种"妄为"。如何解除君"身"之患,也必然引起老子对于君德修养之讨论。关于君德之修养在《老子》短短五千言中有着深入的讨论,提出了虚、静、柔、慈、明、智等一系列概念,围绕君主应当具备什么样的内在精神品质和外在行为方式形成了关于君德修养的系统看法,对黄老、申韩君道修养论产生深远影响③。

第一,"虚"为君德之根本。

老子道论有着很强的针对性,"道"体"虚无"的理论预设是现实君主德性修养的理论基础。道体虽虚无,却"虚而不屈,动而愈出"(《五章》),具有生

---

① (魏)王弼撰,楼宇烈校释:《王弼集校释》(上册),北京:中华书局,1980年,第75页。
② 陈鼓应:《黄帝四经今注今译——马王堆汉墓出土帛书》,北京:商务印书馆,2007年,第12页。
③ 曾宪年指出:老子认为领导者应该具有独特的品质和素养,概括起来就是"愚"和"柔"(曾宪年:《老子领导思想研究》,长沙:湖南师范大学出版社,2005年,第73—78页)。笔者认为这种看法有失偏颇。

养万物的强大功能。无疑,在老子的思想体系中,"道"本身即是理想君主的模型,是君主学习的对象。因此,"虚"作为"道"的本体,自然应是君德之根本,是君主的理想德性境界。

老子说:"致虚极,守静笃。万物并作,吾以观复。夫物芸芸,各复归其根。归根曰静,静曰复命。复命曰常,知常曰明。不知常,妄作凶。知常容,容乃公,公乃全,全乃天,天乃道,道乃久,没身不殆。"(《十六章》)学者对于"观复"以及"夫物芸芸"等句的理解或有不同,但不可否认的是"自知常曰明以下,乃言学道者观复之明,以明致虚守静之效也"①。在老子看来,主体致虚守静便能"明"、"容"、"公",进而"王"。河上公解释"知常曰明"、"知常容"时说"能知道之所常行,则为明","能知道之所常行,则去情忘欲,无所不包容也"②。显然,君主德性之"明"与"容"是虚静心体的呈现。

此章"虚"、"静"连言,但应注意它们在理论层次上的不同。老子说"重为轻根,静为躁君。……轻则失根,躁则失君"(《二十六章》),"我好静,而民自正"(《五十七章》),"天下之牝,牝常以静胜牡,以静为下"(《六十一章》)。显然,对于君主来说"静"非常重要。老子还说:"不欲以静,天下将自正。"(《三十七章》)还说:"躁胜寒,静胜热。清静为天下正。"(《四十五章》)"静"与"欲"连言,"静"与"躁"相对待,可以说,"静"更多地指主体外在行为而言,"静"是主体体貌和行为的样态。魏源注《老子》十六章时说:"学道者至于虚,虚而至其极,则其守静也笃矣。"③ 老子说"虚其心"(《三章》),"虚"可以说是心之本体,"静"是"虚"的派生物,"静"只能是内在心体之"虚"的外在表象。

"虚"则能"容",实即《周易·咸卦·大象》"君子以虚受人"之意。"容德"(如《尚书·秦誓》)被普遍认为是为君者应具备的重要德性,老子的特点在于追认"容德"实本于"虚"。老子认为"容乃公",河上公注说"无所不包容,则公正无私,众邪莫当"④。显然,"公"是"容"的派生物,其本仍在"虚"。

---

① (清)魏源撰,黄曙辉点校:《老子本义》,上海:华东师范大学出版社,2010年,第40页。
② 王卡点校:《老子道德河上公经章句》,北京:中华书局,1993年,第63页。
③ (清)魏源撰,黄曙辉点校:《老子本义》,上海:华东师范大学出版社,2010年,第40页。
④ 王卡点校:《老子道德经河上公章句》,北京:中华书局,1993年,第63页。

第一章 老子以"为无为"为核心的领导理论

"虚"不仅为"明"、"公"、"容"之本,也是柔弱、善下、为后之所本。老子说"弱者道之用"(《四十章》),"天下之至柔,驰骋天下之至坚"(《四十三章》)。还说"不敢为天下先,故能成器长"(《六十七章》),"江海之所以能为百谷王者,以其善下之"(《六十六章》),"圣人后其身而身先"(《七章》)。此种主张柔弱、善下、为后的观念在《老子》中非常普遍,与儒家主张"刚健"的观念形成强烈反差。《庄子·天下》篇说老子"以濡弱谦下为表,以空虚不毁万物为实"。成玄英疏说:"表,外也。以柔弱谦和为权智外行,以空惠圆明为实智内德。"① 外表之"濡弱谦下"是以"空虚"之内德为本。老子:"夫唯不争,故天下莫能与之争。"(《二十二章》)"不争"的观念在《老子》亦多次出现。劳思光:"'守柔'就自处而言,'不争'乃接世之原则。"② 实际上,老子主张之"不争"即"守柔"的另一种说法,只是其表现对象不一样而已。总的来说,老子主张的"柔弱"、"善下"、"为后"、"不争"主要是从主体的行为方式方面立言,主体柔弱谦下之德实仍本于内在心体的"虚"。

因为道体虚无,从逻辑上讲"虚"是"静""容"之根本,也是"柔弱""谦下"之所本,即柔弱、谦下、静、容乃"虚"体之用。从这个意义上可说"生命的源头,是以虚静为根基的"③。若问主体"虚"的内涵以及"虚"的程度如何,那么,只能是以用显体。如果从现实的修养功夫来说,主体外在行为方式的静、容、柔弱、谦下,实乃通达心体之"虚"的功夫或途径。在老子看来,君主只有具备这些"表德",才能"以静胜躁","以下上人",做个"长生久视"之主。

第二,"明"是君德之总要求。

老子:"以智治国,国之贼。"(《六十五章》)从表面看,似乎老子是"反智论"④ 者,但并不能因此否定老子对主体之"明"的追求。可以说,君主应当

---

① (晋)郭象注,(唐)成玄英疏,曹基础等点校:《南华真经注疏》,北京:中华书局,1998年,第615页。
② 劳思光:《新编中国哲学史》(第一卷),桂林:广西师范大学出版社,2005年,第182页。
③ 张岂之主编:《中国思想学说史》(先秦卷),桂林:广西师范大学出版社,2007年,第527页。
④ 余英时认为老子是道家的反智论影响及于政治的始作俑者(余英时:《反智论与中国政治传统》,《文史传统与文化重建》,北京:生活·读书·新知三联书店,2004年,第160页)。在他看来"反智论"的一个重要内涵就是"认为'智性'及由'智性'而来的知识学问对人生皆有害而无益"。(余英时:《反智论与中国政治传统》,《文史传统与文化重建》,北京:生活·读书·新知三联书店,2004年,第150页)这种观点是值得商榷的。

"明",是先秦诸子的共识,但对于如何达到主体之"明",各家的观点却并不完全一致,而老子对"明"讨论比较多且有一定代表性。老子讲的"明"到底是什么?

"明"是通过感官对经验知识的积累。侯外庐认为老子"反对经验以至感觉"①。劳思光也认为老子对"认知我"持否定态度②。按常理,通过感观获取知识是达到主体之"明"重要途径。老子却说"绝学无忧"(《十九章》),认为"不出户,知天下;不窥牖,见天道。其出弥远,其知弥少"(《四十七章》),认为"圣人不行而知,不见而明"(《四十七章》)。老子似乎反对通过感观获取知识,主张"无知"。但是,老子又讲"见小曰明"(《五十二章》),"为学日益"(《四十八章》)。陈鼓应解释"见小曰明"时说:"能察见细微的,才是'明'。"③冯友兰在解"为学日益"时说:"知识要积累,越多越好,所以要'日益'。"④可见,老子在一定程度上是肯定知识积累的,同时,认为通过感观进而认识事物细微的变化对达到主体"明"是重要的。我们知道,感觉器官,包括身体在内,它是获取经验知识的管道,老子不可能违反常识完全反对通过感观获取知识,因此,并不能因为老子讲"其出弥远,其知弥少"就认为他完全否定"感官"及"知识"对于主体之"明"的贡献。

"明"是超越经验知识的理智状态。老子虽对感官获取经验知识有所肯定,但若将老子所谓"明"完全定位在通过感官对经验的认知上则是不对的。老子非常警惕因获取经验知识而容易产生的"我执",即因片面之"知"而导致的对主体之"明"的障蔽。在他看来"知"本身也意味着"无知"。他说"知不知,尚矣"(《七十一章》),还说"自知者明"(《三十三章》),"不自见,故明"(《二十二章》)。只有知道你知道的,也知道你不知道的,主体才能从因有"知"而产生的"无知"中解脱出来,这就叫"自知者明"。相反,如果自逞己见,以为有知,这就叫"自见者不明,自是者不彰"(《二十四章》)。因此,老子所谓的"明"是主体超越经验认知基础上的"明"。老子还说:"天下皆知美之为美,斯恶已;皆知善之为善,斯不善已。"(《二章》)在他看来,有美则有恶,有善则

---

① 侯外庐等:《中国思想通史》(第一卷),北京:人民出版社,1957年,第276页。
② 劳思光:《新编中国哲学史》(第一卷),桂林:广西师范大学出版社,2005年,第186页。
③ 陈鼓应:《老子注译及评介》,北京:中华书局,2009年,第260页。
④ 冯友兰:《中国哲学史新编》(上册),北京:人民出版社,2007年,第246页。

有不善，而"至善无善，至美无美"①。如果固执于有所对待之"善"与"美"则永远不能达到"至善"、"至美"。因此，老子主张君主所应具备的"明"一定是超越世俗所谓善与不善、美与不美等关系的认知状态。

"明"是借助意志消除情欲对感官认知的障蔽。老子对情欲对感官认知的障蔽亦非常警觉。感觉器官，包括身体在内，是接取外物进而引发内在情欲的媒介。老子："五色令人目盲，五音令人耳聋，五味令人口爽，驰骋田猎令人心发狂。"（《十二章》）目、耳、口等感官是一把双刃剑，如果所用不慎，被情欲牵着鼻子走，就会"目盲"、"耳聋"、"口爽"，甚至"心发狂"。也就是说，如果感觉器官（包括身）一味地追逐外在的物欲刺激，目、耳、口等感官的认知功能就会失灵。因此，老子主张"为腹不为目"，主张"知足之足"，只有如此，才能避免情欲对于心灵之明的障蔽。也正是基于此种认识，他主张"爱身"，反对以身追求外在荣誉和利益。正如他说："吾所以有大患者，为吾有身，及吾无身，吾有何患？"（《十三章》）也正是基于此，他主张塞闭感官，堵住嗜欲的门户，如他说"塞其兑，闭其门，终身不勤。开其兑，济其事，终身不救"（《五十二章》）。当然，并不能因此认为老子对"形躯我"采取完全否定的态度②。老子说"咎莫大于欲得，祸莫大于不知足"（《四十六章》），主张"少私寡欲"（《十九章》），但他并未要将其绝而弃之。老子说："保此道者不欲盈，夫唯不盈，故能蔽而新成。"（《十五章》）还说："是以圣人去甚、去奢、去泰。"（《二十九章》）显然，老子反对"盈"，主张"去甚"、"去奢"、"去泰"。老子说："自伐者无功，自矜者不长。"（《二十四章》）还说："果而勿矜，果而勿伐，果而勿骄，果而不得已，果而勿强。物壮则老，是谓不道，不道早已。"（《三十章》）伐、矜、骄皆消极情绪，老子认为都是不当有的。这实际上说明，老子认为主体的欲望和情绪应该保持在"适中"的状态，采取任何极端的形式，都会有损身心。相反，只有知足而不贪欲，知其所止，才是长生久视之道，正如老子说："知足不辱，知止不殆，可以长久。"（《四十四章》）在老子看来，要做到这一点，应该发挥意志的自持作用，他说"自胜者强。……强行者有志"（《三十三章》）。"强行"、"自胜"无非是强调主体自我克制的紧要。老子说"为道日

---

① （清）魏源撰，黄曙辉点校：《老子本义》，上海：华东师范大学出版社，2010年，第18页。
② 劳思光持此观点。见劳思光：《新编中国哲学史》（第一卷），桂林：广西师范大学出版社，2005年，第187页。

损",冯友兰解释说:"日损,指的是欲望、情感之类。"① 要做到"日损"便不能不发挥"意志"的作用。总之,在老子看来若要保持主体"明"就应充分发挥意志的自持作用,减损欲望和情感冲动,使之保持于适当水平。

老子说:"知常曰明。"(《十六章》)劳思光:"'常'即指'道','知常'即对'道'之观照,即老子所谓之'明'。"② "知常曰明"的命题显然是顺着十六章"致虚"、"守静"的思路而来。"明"是主体"致虚"、"守静"的结果。《大学》说:"静而后能安,安而后能虑。"应当说,"静"则能克服感情冲动对"理智之碍"。亦当注意,"虚"则能"受",就不会"自见"、"自彰",逞己所知,即能克服经验知识对主观的障蔽。陈鼓应:"'致虚极'即是心智作用的消解。"③ 因此,老子所谓的"明"从根本上来说是对"道""虚体"之把握所呈现出来的明慧,它是克服了情欲困扰和知识障蔽所表现出来的一种精神状态。虚静则能排除情感欲望干扰,排除主观偏见,使心智清明。

第三,"慈"是君主必备之德。

劳思光:"老子虽在另一特殊意义下言'德',但实否定'德性我'。"④ 此种观点应当说有一定的代表性。老子讲"大道废,有仁义"(《十八章》),讲"天地不仁"(《五章》),还讲"圣人不仁"(《五章》),从表面看,不免给人以否定"德性我"的印象。陈鼓应在对《老子》十八章的"引述"中说:"大道兴隆,仁义行于其中,自然不觉得有倡导仁义的必要。"⑤ 很显然,老子不是一般地反对"仁"德。老子讲"圣人无常心,以百姓心为心"(《四十九章》),还讲"以圣人常善救人,故无弃人;常善救物,故无弃物"(《二十七章》),还讲"爱民治国"(《十章》),这无疑体现者"圣人"极为包容的仁者境界。因此,便不能简单地认为老子反对君主要有"道德"的内在品性。老子对"慈"的强调亦可支持这一点。

老子说:"我有三宝,持而保之:一曰慈,二曰俭,三曰不敢为天下先。慈故能勇,俭故能广,不敢为天下先,故能成器长。"(《六十七章》)"俭"与"不敢为天下先"两"宝"可由老子对"道"体的"虚无"预设引申出来,而"慈"

---

① 冯友兰:《中国哲学史新编》(上册),北京:人民出版社,2007年,第248页。
② 劳思光:《新编中国哲学史》(第一卷),桂林:广西师范大学出版社,2005年,第179页。
③ 陈鼓应、白溪:《老子评传》,南京:南京大学出版社,2001年,第164页。
④ 劳思光:《新编中国哲学史》(第一卷),桂林:广西师范大学出版社,2005年,第186页。
⑤ 陈鼓应:《老子注译及评介》,北京:中华书局,2009年,第133页。

之为"德"则需格外注意。河上公解释"慈故能勇"说:"以慈仁,故能勇于忠孝也。"① 在上者若能以"慈"待下,则在下者就会勇于为之卖命。可以看出,老子对"慈"的肯定,似乎也透露出对人伦血缘脉脉温情的肯定。

老子对"慈"的重视应该放在其所处的文化背景中来考察。《左传·隐公三年》:"君义,臣行,父慈,子孝,兄爱,弟敬,所谓六顺也。"《左传·僖公三十三年》:"《康诰》曰:'父不慈,子不祗,兄不友,弟不共,不相及也。'"《左传·文公十八年》:"父义、母慈、兄友、弟共、子孝,内平外成。"显然,在春秋时期,"慈"字运用的范围是比较明确的,是专就"父母"之德而言的。《管子·形势解》:"慈者,父母之高行也。"这正是对此种文化传统的确认。《说文解字》:"慈,爱也。"② 老子"慈故能勇"的命题隐含着这样一层意思:在上者若能像父母一样对待在下者,即做到"慈",在下者就能"勇"。老子对"慈"的强调在一定程度上是对血缘宗法制度下"父慈子孝"观念的继承与发展③,是对领导者"仁爱"道德的强调。老子讲"慈故能勇",希望在上者能"慈",君主应该有道德的素养,不能让人总觉得冷冰冰。

小 结

刘泽华《先秦政治思想史》:"他们(指《老子》的作者)为统治者出谋划策,却不正面陈言、更不阿谀。常常在嬉笑怒骂中奉上权谋治术。"④ 老子讲"国之利器不可示人",讲"将欲必固",讲"不敢"、"不示",确有在一切"人事形势利害得失上作实际的打算"的"算计心",在申韩手里它很容易变成"以静制动"、"以暗见疵"的权谋,但并不能因此认为老子所讲的"君人南面之术"完全是为统治者奉上的"权谋治术"。诚如李泽厚所言:"《老子》是一部非常复杂、异义极多的书。"⑤ 表面上对社会文明采取消极的评判态度,但在骨子里却或多或少地继承着他所无法摆脱的文化传统。徐复观:"老子的政治思想,简单

---

① 王卡点校:《老子道德经河上公章句》,北京:中华书局,1993年,第263页。
② (汉)许慎:《说文解字》,北京:中华书局,1963年,第218页。
③ 陈鼓应《老子与孔子思想比较研究》:"孔子的'仁',虽然由于它局限于礼制与'亲亲'之义内,而不及老子的'慈'与墨子的'兼爱'思想之博大。"显然忽视了老子强调"慈"的文化背景。见陈鼓应:《老庄新论》(修订版),北京:商务印书馆,2008年,第59页。
④ 刘泽华:《中国政治思想史集》(第1册),北京:人民出版社,2008年,第325页。
⑤ 李泽厚:《中国古代思想史论》,北京:读书·生活·新知三联书店,2008年,第83页。

地说，是体虚无之道，以为人君之道。……虽然思想的内容与儒家不同，但在思想构成的形式上，也并与儒家无异。"① 这一点很正确。老子主张的"为无为，则无不治"的治世思路，从根本上说与儒家并没有什么差别。但是，不可否认，老子创造了与儒家很不相同的一套领导理论话语系统。孔子极力主张"为政以德"，强调领导者道德表率和示范作用，这在老子眼里就是"有为"。老子敏锐地看到了领导"有为"的危害性，会让领导者更为清醒，使领导者能够时刻检视自己的"有为"活动，这无疑是老子的领导理论非常独特的而又智慧的方面。老子认为民众有"自化"的能力，在一定程度上正如有学者指出的那样，老子为"管理者提供了一整套相信人、依靠人、发挥人的主观能动性、施展人的聪明才智的管理哲学"，体现出"柔性管理"的特点②。

---

① 徐复观：《中国人性论史》（先秦篇），上海：上海三联书店，2001年，第310页。
② 赵保佑：《无为而治：老子管理思想的现代阐释》，赵保佑、高秀昌主编：《老子思想与现代管理》，北京：社会科学文献出版社，2013年，第79页。

第二章 孔子以"导之以德"为核心的领导理论

鲁迅《在现代中国的孔子》一文认为孔子是"权势者或想做权势者们的圣人",还说孔子死后"总是当着'敲门砖'的差事"。鲁迅认为孔子虽"计划过出色的治国的方法",但都是为了"治理民众"的。这个看法是有道理的。中国古代的统治者推崇孔子,推崇儒学,一个重要的原因是:孔子的不少话是给"权势者或想做权势者"说的。因此可以说孔子的思想理论是一种"为官之学"。孔子曾说:"学也,禄在其中矣。"(《卫灵公》)孔子教导学生,让他们好好学习,一个重要的目的就是让他们去当官。连孔子的学生也说"学而优则仕"(子夏语见《子张》)、"不仕无义"(子路语见《微子》)。一定程度上说,孔学就是培养行政领导者的学问。因此,从领导思想角度解读孔子,并非是迎合当代人的需要,而是理解孔子思想的内在要求。《论语》一书有很多关于"为政"的论述,体现着孔子对领导问题的见解。孔子强调领导者当以"德"为先,在各项活动中都要体现这一点。"导之以德"可以说是孔子领导理论的个性标签。

一、领导活动从根本上说是领导者"正身"的过程

领导学一般认为领导活动包括领导者、被领导者、领导环境、领导目标等要素,它是一个相当复杂的过程。孔子对于领导活动复杂性不能说没有一点认识,但是,他明确提出"政者,正也"的命题,把复杂的领导活动过程根本上看作是领导者"正身"的过程。

孔子认为君主（领导者）在政治中起着非常关键的作用。梁启超认为儒家主张："政治命脉殆专系君主一人之身。"① 杨幼炯《中国政治思想史》："孔子以为天下治平之基本，在于人君一人之身。"② 冯友兰说："孔子以为政治上社会上各种阶级之破坏皆自上始。"③ 他还说："孔子以为当时名之不正皆自上始。故'反正'亦须自上始。"④ 这些看法是正确的，这是我们讨论孔子领导思想的一个关键。孔子说："天下有道，则礼乐征伐自天子出；天下无道，则礼乐征伐自诸侯出。"（《季氏》）从天下角度讲，孔子认为天子有权威即是天下有秩序之时，天子在天下秩序中扮演着不可替代的作用。《子路》载：定公问孔子："一言而可以兴邦，有诸？"从孔子的答语可以看出，君主一言不仅可以兴邦，也可以丧邦，亦突显出君主一言一行事关邦国之治乱兴衰。

以下几点亦可证明孔子对君主在为政以及治乱中的关键作用的认识。第一，政令是否能够得到施行、民众是否顺从在于权力主体自身。如孔子说："其身正，不令而行；其身不正，虽令不从。"（《子路》）第二，民众是否听从指挥在于权力主体自身。如孔子说："上好礼，则民易使也。"（《宪问》）第三，解决"盗"的问题（社会治安问题）也在于权力主体自身。《颜渊》载："季康子患盗，问于孔子。孔子对曰：'苟子之不欲，虽赏之不窃。'"实际上仍是把民众偷盗不偷盗的问题归结在为君者身上。第四，臣下是否能够尽职尽责履行臣道，也在于君主自身。齐景公问政于孔子，孔子说："君君，臣臣，父父，子子。"（《颜渊》）《论语注疏》说："若君不失君道，乃至子不失子道，尊卑有序，上下不失，而后国家正也。"⑤ 朱熹认为孔子答齐景公语是"政事之根本"，并说："是时景公失政，而大夫陈氏厚施其国。景公又多内嬖，而不立太子。其君臣父子之间，皆失其道，故夫子告之以此。"⑥ 孔子此句是针对齐国君臣父子不道而发，颇有针对性，但以孔子"其身正，不令而行"逻辑推之，在齐国政治失序中，臣、子自然要承担相应的责任，但君、父不道则是政治失序的主因。正如

---

① 梁启超：《先秦政治思想史》，北京：东方出版社，1996年，第96页。
② 杨幼炯：《中国政治思想史》，上海：上海书店，1984年，第71页。
③ 冯友兰：《中国哲学史》（上册），上海：华东师范大学出版社，2000年，第53页。
④ 冯友兰：《中国哲学史》（上册），上海：华东师范大学出版社，2000年，第54页。
⑤ （清）阮元校刻：《十三经注疏（嘉庆刊本）》（五），北京：中华书局，2009年，第5438页。
⑥ （宋）朱熹：《四书章句集注》，北京：中华书局，1983年，第136页。

刘泽华说："在政治诸种因素中，孔子最注重执政者的作用。"① 在一定程度上可以说，臣不臣、子不子，恰是由于君不君、父不父引起的，即是说，臣下是否能履行好其责任，关键在于君主；子是否能履行好子的责任，关键在于父。在君与臣、父与子的对待关系中，君、父始终应该处于主导地位。

既然君主（领导者）在天下国家治乱和政治活动中起到如此大的作用，那么，复杂的为政活动说到底不过是"做好自己"罢了！这样，把实现领导目标的根本放在领导者是否有"德"就顺理成章！

孔子说："为政以德，譬如北辰，居其所而众星共之。"（《为政》）此句乃《为政》篇之首章，往往被看作是孔子主张德治的典型材料之一，它体现着孔子对重建政治秩序的思考。"包注"说："德者无为，犹北辰之不移而众星共之。"《论语注疏》还说："北辰常居其所而不移，故众星共尊之，以况人君为政以德，无为清静，亦众人共尊之也。"② 刘宝楠《论语正义》引用《中庸》"君子笃恭而天下平"阐明此句之意时说："笃恭者，德也，所谓恭己正南面也。恭己以作之则，则百工尽职，庶务孔修，若上无所为者然，故称舜无为而治也。"③ 朱熹："德之为言得也，得于心而不失也。"还说："为政以德，则无为而天下归之，其象如此。"④《注疏》以"无为清静"释"德"，《正义》以"笃恭"释"德"，其于"德"之内容理解或有不同，但有一点是共同的，即都认为：为政者具备某种"德性"，即能达到众人共尊、无为而治之效。《集注》以"得于心而不失"言"德"，不具体说"德"之内容，颇有理学特点，但其意仍是：君主为政若得于心而不失，则无为而天下化之。《为政》此章的基本思路是将"北辰"比作"君"，把"众星"比作"臣下"，认为君主若能具备"北辰"之德就能收到"众星共之"的有序政治局面。此章之重要性在于，它暗含了一种为治的思路：君主既然是通往社会秩序（或政治秩序）的原点，政治秩序建立之根本在于为政者（领导者）之"德"。

总结起来，孔子认为领导者的一言一行，事关国家的治乱兴衰。领导者既然是国家治乱的枢纽，那么，要解决"邦有道"、"天下有道"的治道问题，就

---

① 刘泽华：《中国政治思想史集》（第一卷），北京：人民出版社，2008年，第238页。
② （清）阮元校刻：《十三经注疏（嘉庆刊本）》，北京：中华书局，2009年，第5436页。
③ （清）刘宝楠：《论语正义》，《诸子集成》（第1册），上海书店，1986年，第21页。
④ （宋）朱熹：《四书章句集注》，北京：中华书局，1983年，第53页。

不能不把解决领导者自身问题作为出发点。所以，孔子说"政者，正也。子帅以正，孰敢不正"（《颜渊》），还说"苟正其身矣，于从政乎何有？不能正其身，如正人何？"（《子路》）显然，君主为政之根本在于"正身"，君主为政的复杂过程在一定程度上是"正身"的过程①。"正身"的过程不管怎么讲都是有关领导者主体的修养之事。领导过程是由领导者的"内圣"通往"外王"的过程。可以说，"政者，正也"是孔子对领导活动的根本性认识与概括。

二、"道之以德"：通过道德价值来领导

孔子讲"道之以德"（《为政》），认为领导者在实施领导活动的过程中要以"德"为导向，把"德"作为一面旗帜，以道德价值引领民众，强烈地体现着一种道德领导的观念！领导的目的是实现被领导群体的道德自觉，涵养其道德心、道德感；领导者自身的道德自觉是实现领导目标的根本途径，这是由孔子开创的儒家领导理论的突出特点②。孔子的道德领导思想主要包括以下几个方面：

第一，"道"是领导者的根本价值取向。孔子认为领导者应该是"谋道者"（《卫灵公》）。领导者实施领导活动要有强烈的价值支撑。领导者把追求一种崇高的价值目标作为自身领导行为和实施领导活动的根本导向。这个根本价值支撑、价值目标就是"道"。"道"不仅是秩序的象征，也是正义的象征。孔子讲"君子谋道不谋食。耕也，馁在其中矣；学也，禄在其中矣。君子忧道不忧贫。"（《卫灵公》）"耕"与"学"对举，它们是两重不同的职业路向。"学"是"做官"之途，通过为官不仅能获得必要的满足自身发展的物质需要，更为重要

---

① 刘泽华认为孔子"认为政治关系与政治过程是由己及人的关系和过程。"刘泽华：《中国政治思想史集》（第一卷），北京：人民出版社，2008年，第239页。
② 蔡怡说："作为领导者，需要帮助他的追随者澄清他们在学校角色以及他们身上潜藏的价值，将个人价值与学校目标结合起来，使他们工作有激情、生活的意义。"还认为："道德领导更愿意把领导价值与领导行为融为一体，也就是说，它主张领导行为背后都有强烈的价值支持，而且教育领导者应当具有符合教育本质的价值观，并有意识地向下属输出这些价值观。"（蔡怡：《道德领导——新型的教育领导者》，北京：教育科学出版社，2009年，第41页）刘建军说："领导是依靠价值的力量为人们创造理想并使之付诸现实的活动，是一种借助于集体组织行动以显示一种崇高价值的行动。"（刘建军：《领导学原理：科学与艺术》，上海：复旦大学出版社，2003年，第36页）从这个意义上说，领导活动一定程度上是道德领导。蔡怡先生还把萨乔万尼的道德领导观点概况为：人的情感、价值观、人与人之间的相互关系是重要的激励资源，除行政权威外还有道德权威和专业权威，道德权威是神圣权威，它常与人的情感、理想，共同体成员的价值规范相关联，道德领导实践目标，是使校长和教师成为学生发展和学校价值目的的服务者（蔡怡：《道德领导——新型的教育领导者》，北京：教育科学出版社，2009年，第31—32页）。

第二章 孔子以"导之以德"为核心的领导理论

是,"学"以为官,才能担当起社会的责任。"谋道"、"忧道"才是一个社会管理者,或者说一个社会领导者最需要做的事情,所当真正"忧虑"的事情。从这个角度说,领导者就是社会之"道"的担当者,要发挥"先觉觉后觉"的社会责任。孔子讲的"君子不器"也应放在这个视域中来理解。一个人,成为"器"无可厚非,但是,如果仅仅成为"器",谁来担当领导社会的责任?"君子不器"并非不主张领导者不应成为某方面的专家,只是说,作为领导者,成为某方面的专家是不够的,他必须有对"道"的担当。这个"道"可理解为道义、正义。也就是说,作为领导者,作为潜在的社会领导者,要用自己的努力,宣传、实施这个"道",这是领导者应尽的职责。

孔子还认为"义"是判断领导行为的根本标尺。孔子说:"君子之于天下也,无适也,无莫也,义之与比。"(《里仁》)孔子还说:"见义不为,无勇也"(《为政》),"上好义,则民莫敢不服"(《子路》),"君子义以为上"(《阳货》)。领导者始终要坚持"义",把"义"作为对领导者的根本道德要求。同时,孔子讲"见利思义"(《宪问》)、"见得思义"(《子张》)。主张物质利益的得失取舍,应该以"义"为准则。"义"则相当于精神价值或道德价值①。孔子讲"行义以达其道"(《季氏》),以"义"作为行为标尺就是为了"达道"。可见,领导者应当是道义的承载者,在实施领导活动的过程中要以道义为旗帜,向下属、民众传递、弘扬道义,这是顺利实施领导活动、实现领导目标的前提和基础。

第二,领导的目的是实现人自身。孔子曾提出"富之"、"教之"(《子路》)的为政目标主张,成为后来儒家主张"仁政"的滥觞。孔子领导目标论的特点则在于,领导者实施领导活动的根本目的是使人成为道德的人,帮助人的自我实现。

孔子认为领导的重要目的是涵养人的道德。孔子主张"道之以德,齐之以礼",而不是"道之以政,齐之以刑",其原因就在于前者使人"有耻且格"而后者使人"免而无耻"。在朱熹看来,以政、刑导民,民"虽不敢为恶,而为恶之心未尝忘",而以德、礼导民,"则民耻于不善,而又有以至于善也。"② 可见,以"德"导民的好处是能够激发人的道德感、道德心。曾子说:"慎终追远,民德归厚矣。"(《学而》)朱熹解释说:"慎终者,丧尽其礼。追远者,祭尽其诚。

---

① 黎红雷:《儒家管理哲学》(第三版),广州:广东高等教育出版社,2010年,第106页。
② (宋)朱熹:《四书章句集注》,北京:中华书局,1983年,第54页。

民德归厚,谓下民化之,其德亦归于厚。"① 曾子的看法和孔子是一致的。通过朱注可知,领导者在认真践行丧礼和祭礼的过程实际上是要给民众传达一种孝悌的理念,进而达到"民德归厚"的目的。孔子说:"君子笃于亲,则民兴于仁。"(《泰伯》)领导通过自身的表率行为,其结果不是为了达到某种功利目的,而在于使民"兴于仁"。可以看出,领导的目的是帮助人实现自身的道德,或者说培养人的道德。这是完全不同于法家的主张。

孔子认为领导者的根本目标是"安人"。孔子曾说:"修己以安百姓。修己以安百姓,尧舜其犹病诸?"(《宪问》)在他看来像尧舜那样的圣王要做到"安人"都是很困难的。一个"安"字意味深长,包括物质和精神、身与心两个方面。食不果腹不是"安",时刻感到自身处在危机当中不是"安",有钱有势并不一定能"安"。为生活奔波而仍担心是否能够吃饱穿暖,这更不可能是"安"心。"安"代表一种物质上的无忧,心态上的平和,"安"有似于今天讲的"幸福"。老百姓担心退休了,没人养,这肯定不能说是"安";老百姓总害怕吃的东西不安全,这不能说是"安"。母亲总担心孩子大学毕业找不上工作,这不能说是"安"。总担心家里的东西会被偷,肯定不算"安"。"百姓""安"确实是个很高尚,值得欣赏和为之奋斗的社会目标。在"安"的状态下,物质富裕,治安良好,人与人相互信任②。在这种状态下社会个体的生命得到真正的安顿,人人性命得遂!所以黎红雷说:"孔子所倡导的'安人'理想,是儒家管理哲学的根本目标。"③

孔子着眼于建构道德的社会,领导的根本目的是"天下归仁"(《颜渊》)。社会是道德的社会,人是道德人,在这个社会,人与人是有温情的,人在这种社会能感受到活着的尊严,人在这个社会感觉自己不是被作为实现某种目标的工具。孔子曾讲:"仁者,己欲立而立人,己欲达而达人。"(《雍也》)领导者的目的在一定程度上是为了让下属和领导对象得到自我实现。这是儒家领导理论的一个重要发明,也是儒家领导理论的精华所在。

---

① (宋)朱熹:《四书章句集注》,北京:中华书局,1983年,第50页。
② 子贡问政,子曰:"足食,足兵,民信之矣。"子贡曰:"必不得已而去,于斯三者何先?"曰:"去食。自古皆有死,民无信不立。"(《颜渊》)领导的结果不能是让大家相互不信任,让大家你争我斗。而应该是有道德的,互相体谅的,相互激励的,这样一种社会状态。领导的目的不仅是吃饱穿暖,社会稳定、有序,而且,人应是有道德的。领导者与被领导者是互信的,社会是深度凝结与和谐的。
③ 黎红雷:《儒家的管理哲学》(第三版),广州:广东高等教育出版社,2010年,第273页。

总之，在孔子眼里，人不只是经济人，而且是社会人，他需要尊重，需要自我的实现。领导的目标应该是实现"仁爱的社会"。这个社会可以贫穷，但不可没有道德，没有仁爱。这个社会虽然等级分明、各有其分，但这个社会更应该是温情脉脉的，而不是冷酷无情的。领导的目的是为了实现人，这就肯定了被领导者具有自我管理、调适的机能，领导者的工作就是要激发这种自我管理调适的机能，即创造环境、充分发挥被领导者的自我领导能力。这里面就蕴含着尊重被领导者主体性的因素。被领导者是和领导者一样的人，不是一个可以任人摆布的物件。孔子的伟大即在于他眼中有人。"天下有道"是最高领导者天子的最高目标。只有国有道，还不够。天下有道之时，家国天下，包括个人，所有生命才有安顿的地方，万物才能遂其性。"天下归仁"的社会是个人价值得以实现的社会。

第三，领导者要充分发挥自身道德对领导对象的影响作用。孔子说："君子笃于亲，则民兴于仁。"（《泰伯》）《论语注疏》明确说"君子，人君也。……君能厚于亲属，则民化之起为仁，行相亲友也。"[①] 领导者孝敬父母，老百姓就会孝敬父母。季康子问："使民敬忠以劝，如之何？"孔子说："临之以庄，则敬；孝慈，则忠；举善而教不能，则劝。"（《为政》）《论语注疏》"正义"说"君临民以严则民敬其上"，还说"君能上孝于亲，下慈于民，则民作忠"，还说："君能举用善人置之禄位，教诲不能之人使之材，能如此则民相劝勉为善也"[②]。领导者认真待民众，就能赢得民众的尊敬；领导者对上孝顺于亲，对待下属及百姓如对待自己的孩子一样慈爱，就能赢得民众的忠心；领导者表彰善人善举，对无能不材者给予帮助教育，就能使民众劝勉为善。可见，领导者要达到领导目的，自身要有高度的道德自觉，领导者不"德"，就不可能使社会"兴于仁"。

刘建军说道德型领导者"应该通过对下属的关心而不是对他们的强制和忽视来展现其领导魅力。……道德型领导者是把建立普遍的善作为自己的最终使命的"[③]。孔子所谓"道之以德"就是以道义为旗帜引导民众，以实现道德的人和社会为领导目标，以发挥自身道德影响力作为实现领导目标的根本方法。这是孔子的道德领导思想核心。这种领导方式让领导对象时刻感受到价值的激励

---

① （清）阮元校刻：《十三经注疏（清嘉庆刊本）》，北京：中华书局，2009年，第5400页。
② （清）阮元校刻：《十三经注疏（清嘉庆刊本）》，北京：中华书局，2009年，第5349页。
③ 刘建军：《领导学原理：科学与艺术》（第二版），上海：复旦大学出版社，2003年，第52页。

和意义的存在。也就是说,领导对象在落实领导者意图的过程中并不仅仅是为了某种私利甚至低级趣味,而是要实现某种高尚的理想。从这个角度说,领导对象采取行动是出于对道德担当和自我实现的需要。领导者目的的实现与领导对象的目的的实现是完全一致的、同时的。

三、"齐之以礼":通过践"礼"来维系领导秩序

领导活动从根本上看是领导者修德的过程,但并不特别意味着君主要有良好的"私德",而更为重要的是领导者能够采取正确的政治行动。孔子讲"齐之以礼"(《为政》)、"为国以礼"(《先进》),强调领导者要在践"礼"的过程中实现对社会的领导。也就是说领导者要实现对社会的领导并不仅意味着提高自身的道德素养,而且要借助一种组织形式,这个组织形式就是"礼"。领导者能够充分发挥道德影响力量,要借助"礼"这个形式,通过"礼"才能把领导者所谓的"德"推展开来。

第一,"礼"作为一种组织形式,规定了领导与被领导的关系。孔子非常重视"礼"在君主治国中的作用。他说:"能以礼让为国乎?何有?不能以礼让为国,如礼何?"(《里仁》)还说:"上好礼,则民易使也。"(《宪问》)还说:"上好礼,则民莫敢不敬。"(《子路》)还说:"君使臣以礼。"(《八佾》)"礼"之所以在使民、使臣的为政活动中发挥着不可替代的作用,在于它有着重要的社会功能。蔡尚思说孔子那样强调"礼让"、"好礼","只是因为礼体现着奴隶制的宗法血缘关系的纽带作用。纽带不断,由它所维系的奴隶主阶级的宝塔形统治关系,自然不会离散。"[1] 孔子讲"为国以礼"是对西周以来把"礼"作为治国经纬的传统思想的继承,所谓"礼"是社会关系的准则,是维护上下等级秩序的工具[2]。孔子说:"非礼,无以辨君臣上下长幼之位也;非礼,无以别男女父子兄弟之亲,婚姻疏数之交也。"(《礼记·哀公问》)"礼"正是通过辨、别"君臣上下长幼之位"、"男女父子兄弟之亲"、"婚姻疏数之交",从而为整个社会的组织形式、等级关系、人际关系、个体行为等确定了基本规范和行为方式。有学者指出:"在礼的规定下,每个人都有自己独特的位置,都有不同的名分存在

---

[1] 蔡尚思:《孔子的思想体系·孔子哲学之真面目》,上海:上海古籍出版社,2013年,第69页。
[2] 刘泽华:《中国政治思想史集》(第1册),北京:人民出版社,2008年,第224页。

第二章 孔子以"导之以德"为核心的领导理论

于社会。"① 孔子说:"唯器与名,不可以假人,君之所司也。名以出信,信以守器,器以藏礼,礼以行义,义以生利,利以平民,政之大节也。若以假人,与人政也。"②(《左传·成公二年》)在《八佾》篇,孔子对季氏等的僭礼行为给予严厉批评,实际上就是强调:礼是名器,在上者不能把名器假借与人,在下者也不能僭越它。孔子说:"天下有道,则礼乐征伐自天子出;天下无道,则礼乐征伐自诸侯出。"(《季氏》)可以说,"礼"就是规定领导与被领导关系的符号,领导者自觉践礼是维护领导者自身权威的需要,而且通过践行礼,使下属明确自己的分位,从而维护领导者与下属的良好关系,进而实现领导目标。《子路》篇载:在回答子路问"卫君待子而为政,子将奚先"时,孔子明确提出"正名"。"正名"是"齐之以礼"、"为国以礼"的内在要求。应该说,一定的名分,即意味着一定的职分,意味着在一定环境下的义务和责任。孔子认为"名不正,则言不顺;言不顺,则事不成。"(《子路》)为政先要正名,就在于君之"名"赋予了君特定的权力和责任,臣之"名"赋予臣特定的权力和责任。君主通过"正名"不仅能够明确父子、夫妇、兄弟等家族成员的伦理关系,也能够明确君臣上下的权力关系。在君臣名分关系下,君拥有制臣的权力,而臣下则获得的是服从君上的义务。只有当君臣的权力关系明确无误以后,君主发布的政令才能通顺无阻③。名不正,君臣势位颠倒混乱,即意味着君权不振,其所言当然没有人会遵从。名分包含着分位、权势。"礼"则是对各自名分所赋予的分位和权势的确认和装饰。君臣父子名分所赋予的权势和分位如果得不到真正的践行,"礼"本身也没有意义,成了空架子,所以才会有"事不成则礼乐不兴"的逻辑。孔子强调"为国以礼",肯定名分的重要性,也就肯定了君主控制臣下所需要的权力。

"礼"是身份地位的象征,不同层级的人物享用不同的"礼"。孔子强调"正名",强调"君君臣臣父父子子",不可否认,这里面主要强调的是"等级秩

---

① 张岂之主编:《中国思想学说史》(先秦卷),桂林:广西师范大学出版社,2007年,第239页。
② 沈玉成翻译:"惟有器物和名号,不能假借给别人,这是国君所掌握的。名号用来赋予威信,威信用来保持器物,器物用来体现礼制,礼制用来推行道义,道义用来产生利益,利益用来治理百姓,这是政权中的大节。如果假借给别人,这就是把政权给了别人。"沈玉成:《左传译文》,北京:中华书局,1981年,第202页。
③ 刘宝楠:"言者,所以出令布治也。"(清)刘宝楠:《论语正义》,《诸子集成》(第1册),上海:上海书店,1986年,第284页。

序"。王成说:"孔子'正名'思想的实质乃是,从事领导活动的前提是区分上下尊卑关系,或曰确立领导者与被领导者在组织中的地位以及责、权、利,建立层次分明、宝塔结构的领导体制。"① 这个解释颇有新意。但在笔者看来,孔子强调正名确实是要区分等级名分,但并不意味着孔子已经有了明确的"建立层次分明,宝塔结构的领导体制"思想。他只是说,等级名分的确定,实际上就保证了领导者与被领导者的关系,仅此而已。

在孔子这里,作为规范、确定等级明分的"礼"起的是"组织"的作用。"礼"是把一群人和合在一起的一种形式。"礼"主"别",区分人的等级位置,区分人的身份。"分"本身又不是目的,而是为了"和"。这就是其所谓的"礼之用和为贵"。"礼"既然区分上下贵贱,强调名分,势必隐含着强制的意思。但这种强制性只因领导者的道德自觉而存在。一旦领导者不以为然,不够重视,"礼"作为一种组织形式就不会发生应有的积极作用。

第二,领导者要在践"礼"的仪式中发挥表率和示范作用,实现领导目的。赵靖说:"孔子是最强调领导的表率作用的。……认为这种表率作用起得怎样,是国家管理成败的关键,这成了儒家政治思想的一个最有特征性的内容。"② 黎红雷甚至认为说:"在儒家看来,领导者只要搞好个人的道德修养和对下属的道德教化,就可以一以驭百,坐以待劳,'垂衣裳而天下治'。"③ 这些看法很有代表性,但并不准确。孔子固然强调领导者的表率作用,但这种道德表率是在"践礼"的过程中实现的。孔子强调领导者"正身",强调"道之以德",在一定程度上讲的是领导者在礼制框架下作出表率,即在践"礼"的过程中呈现"德",进而实现对下属和民众的领导。

《八佾》记载:"或问禘之说。子曰:'不知也;知其说者之于天下也,其如示诸斯乎!'指其掌。""禘礼"是天子在宗庙举行的祭祀先祖的非常重要的典礼。在孔子看来,懂得禘礼,治理天下就很容易。为什么会这么说?《中庸》说:"武王、周公,其达孝矣乎!夫孝者:善继人之志,善述人之事者也。春秋修其祖庙,陈其宗器,设其裳衣,荐其时食。宗庙之礼,所以序昭穆也;序爵,所以辨贵贱也;序事,所以辨贤也;旅酬下为上,所以逮贱也;燕毛,所以序

---

① 王成:《先秦诸子领导思想的现代解析》,北京:中国大百科全书出版社,2006年,第36页。
② 赵靖:《谈孔子的管理艺术》,《孔子研究》1998年第4期,第112—119页。
③ 黎红雷:《儒家的管理哲学》(第三版),广州:广东高等教育出版社,2010年,第215页。

齿也。践其位，行其礼，奏其乐，敬其所尊，爱其所亲，事死如事生，事亡如事存，孝之至也。郊社之礼，所以事上帝也，宗庙之礼，所以祀乎其先也。明乎郊社之礼、禘尝之义，治国其如示诸掌乎。"朱熹说："此与《论语》文意大同小异，记有详略耳。"① 可以看出，宗庙之礼具有辨别贵贱、上下、长幼等功能，或者说，通过举行宗庙之礼仪大典是要传递尊卑、上下、长幼的观念的。禘礼仅是在宗庙中举行的众多的礼仪活动的一种。这种礼仪活动作为一种仪式具有非常重要的社会功能。赵维森说："仪式的社会功能很多，但其最基本的功能在于：表达、确认和巩固一个群体的共有价值观和信仰，从而建立或强化社群间的认同感和归属感。"还说："仪式对于个体社会成员而言，又体现出对个体成员社会角色的定位，帮助人们确认或重新找到自己的社会位置，明确特定社会角色享有的权利和承担的义务。"② 包括禘礼在内的名目繁多的宗庙之礼，作为重大的典礼，有繁琐的仪式，君臣参与其中，并且各自都有相应的位次和动作，并伴随一定的音乐等。君主通过举行这样的典礼，表达慎终追远的敬祖之意。同时，通过举办这样的典礼，实际上是对参与其中的每个人的身份、地位、职责的强化过程。对于君主来说，如果知道该项典礼的内涵，并能组织臣下认真参与其中，实际上是通过礼仪的形式强化领导者与被领导者关系（或者领导秩序）的有效方式。领导者认真举办这种仪式，参与这种仪式，就达到了领导目标。孔子之所以认为懂得禘礼治理天下就很容易，其道理就在这里。重视礼义形式在领导实施过程中的作用是孔子及其开创的儒家领导理论的一个特点。

孔子说："君子笃于亲，则民兴于仁。"（《泰伯》）"笃于亲"不是嘴上说说而已。《为政》载：孟懿子问孝。子曰："无违。"樊迟御，子告之曰："孟孙问孝于我，我对曰，无违。"樊迟曰："何谓也？"子曰："生，事之以礼，死，葬之以礼，祭之以礼。"可见，"笃于亲"，对亲之所谓"孝"是要体现在亲人生前死后对待亲人的礼节上。不是在践行孝亲之"礼"的所谓"孝"是很难想象的！曾子说："慎终追远，民德归厚矣。"（《学而》）朱熹解释说："慎终者，丧尽其

---

① （宋）朱熹：《四书章句集注》，北京：中华书局，1983年，第27—28页。
② 赵维森：《孔子的精神世界——〈论语〉思想的体系化解读》，北京：中国社会科学出版社，2014年，第150页。

礼。追远者，祭尽其诚。民德归厚，谓下民化之，其德亦归于厚。"① "慎终追远"自然是就在上者而言的。通过朱注可以清楚地看到，所谓"慎终追远"也并非嘴上说说而已，而是体现在具体的丧、祭等礼义形式当中。领导者只有认真参与到丧礼和祭礼当中，并认真践行相关仪节，才能称得上是"慎终追远"，才能达到"民德归厚"的领导目的。因此，孔子讲的领导表率作用，强调的是领导者要在践行礼义的过程中来发挥表率作用。也可见，领导者所要发挥的道德表率，并不是一般的道德表率，而主要是孝悌方面的表率。孔子讲的"齐之以礼"的内涵就是：领导者要通过践行礼仪作出孝悌的表率实现对社会的领导。这也是后世以孝治天下观念的来源，后来的《大学》等著作将孔子这方面观念进一步强化了。

孔子还说"恭而无礼则劳，慎而无礼则葸，勇而无礼则乱，直而无礼则绞"（《泰伯》）。事实上，恭、慎、勇、直等品质在不同个体身上有不同程度的表现，同一品质在不同时候在同一个体身上也会有不同表现。比如"恭"表现的少一点会被认为是不敬，表现的多一点会被人说成是阿谀。一种品质表现得是否恰当，是否恰到好处，在孔子看来，需要"礼"来调节。一定程度上讲，行为要通过"礼"才能达到"中庸"的理想状态。作为领导者，处在众多关系网络中的领导者，从处理人际关系的一般要求出发，更应该注意通过践礼使自我行为在复杂的人际关系网络中做到恰到好处！因为，在处处讲"礼"的社会，作为一定层面的领导者，一旦在某一环节应对不当都会产生比一般人更大的消极影响。

孔子还说："人而不仁，如礼何？人而不仁，如乐何？"（《八佾》）领导者践行礼，说到底要有高度的道德自觉。不管是作为规范领导者和被领导者关系的"礼"，还是作为对参与其中的每个成员可能产生教化的"礼"，它们最终是否能发挥应有的积极作用，取决于参与其中的领导者自身的道德自觉性。因此，在孔子心中，领导者一方面应该"为国以礼"，积极发挥"礼"作为制度和仪式的重要作用，但最终仍要"道之以德"，领导者自身的德行仍是治国的根本，实施领导活动的根本。这是孔子领导思想的特殊性所在。

要之，领导者通过"践礼"让参与其中的每个人找到自己的位置，强化等

---

① （宋）朱熹：《四书章句集注》，北京：中华书局，1983年，第50页。

级观念，进而理顺领导与被领导的关系，是有道理的。同时，孔子强调"笃于亲则民兴仁"，肯定了民众有向善的道德自觉，领导者以身作则，在践礼过程中诚心诚意地孝敬亲人，就会给民众作出良好的榜样，就能激发在下者从善的意愿，这是孔子"齐之以礼"领导思想的重要观念!

四、"举直错诸枉"：领导者用人的原则和方法

孔子虽没有明确提出"领导的职能是用人"的命题①，但他对领导用人重要性则有清晰的认识。孔子说："无为而治者，其舜也与？夫何为哉。恭己正南面而已矣。"(《卫灵公》)"舜"是孔子心目中的圣王，在他看来，舜实现"无为而治"靠的是"恭己正南面"。结合《论语》对"舜"的论说，我们发现，"舜"作为领导者之所被认为是"无为"的，一个重要的原因是他善于用人。《泰伯》载：舜有臣五人而天下治。武王曰："予有乱臣十人。"孔子由此感叹："才难，不其然乎？"舜之所以能无为而治，与"有臣五人而天下治"是有内在联系的。《宪问》还载：子言卫灵公之无道也，康子曰："夫如是，奚而不丧？"孔子曰："仲叔圉治宾客，祝鮀治宗庙，王孙贾治军旅。夫如是，奚其丧？"朱熹说："三人皆卫臣，虽未必贤，而其才可用。灵公用之，又各当其才。"② 《论语注疏》说："此章言治国在于任材也。"③ 卫灵公虽然无道，但却不至于灭亡，在孔子看来一个重要的原因就是他用人得当。鲁哀公问政，孔子答以"政在选人"(《史记·孔子世家》)，仲弓为季氏宰问政于孔子，他答以"举贤才"(《子路》)。这都体现着孔子对于领导用人重要性的认识。孔子强调为政在选人、举贤才的思想对于冲破宗法制度任人唯亲的禁锢有着积极的意义④。除此之外，孔子对领导用人的原则和方法也有一些很好的论述。

第一，领导用人直接关系到民心向背和政治风气的好坏。孔子说："举直错

---

① 赵靖曾对孔子"君子不器"的思想有深刻的分析。他认为，孔子提出的"君子不器"、"及其使人也，器之"的命题，其重大的意义在于指明了"领导者和管理助手以及管理对象之间，应有明确的分工"，并指出领导的职责是"领导全局"，"把自己的主要精力放在决策和用人上"，"凡属管理助手或管理对象职守范围之内的事，应放手让他们自己去做，领导者不应自为"(赵靖：《谈孔子的管理艺术》，《孔子研究》1998年第4期，第112—119页)。事实上，孔子虽对领导用人问题非常重视，但还没有提出领导的职责是"领导全局"、领导应"把主要精力放在决策和用人上"的明确观念。
② (宋)朱熹：《四书章句集注》，北京：中华书局，1983年，第154页。
③ (清)阮元校刻：《十三经注疏(清嘉庆刊本)》，北京：中华书局，2009年，第5457页。
④ 匡亚明：《孔子评传》，南京：南京大学出版社，1990年，第258页。

诸枉,则民服;举枉错诸直,则民不服。"(《为政》)《论语正义》引"包注"说:"举正直之人用之,废置邪枉之人,则民服其上。"① 可见,君主用人是否得当是关乎民心向背的大问题。孔子还说:"举直错诸枉,能使枉者直。"子夏进一步阐释说:"富哉言乎!舜有天下,选于众,举皋陶,不仁者远矣。汤有天下,选于众,举伊尹,不仁者远矣。"(《颜渊》)通过子夏的解释可以看出:领导者所举为贤,创造了正义向上的领导环境,那些正直且期望得到任用的人就会聚拢过来,而那些"不仁者"就不敢来。领导者创造正义的政治环境在孔子看来并不那么困难,只要能把"正直"的人用上,就能实现这一点。同时,通过举用"正直"的人,进而创造了良好的政治环境,"不仁"的人在这种环境下也会迫于"形势"而变好。可以说,领导者创造正义的环境是领导用人的重要原则或方法。孔子意识到了在正义的环境下人就愿意尽心尽力。如果人觉得政治不公平,他就不愿为之效劳,甚或随顺大流,为虎作伥,助纣为虐!

第二,举贤人靠"己知"。对于君主而言这个问题至关重要。颜渊问为邦,孔子答语中有一条就是"远佞人"(《卫灵公》)。怎样"远佞人"是君主制下长期困扰君主的一个大问题。"远佞人"和"举贤才"是一个问题的两面。领导者怎样才能得到贤才?仲弓问:"焉知贤才而举之?"孔子说:"举尔所知,尔所不知,人其舍诸?"(《子路》)意思很明白:为政者把自己知道的"贤才"举上来,其他人看到所举之人的样子,就会自动找上门来。问题又来了,怎样才能保证为政者所举的人是"贤才"呢?对于这个问题只能靠为政者之"知"了。孔子讲君主应该"远不仁"(《颜渊》)、"远佞人"(《卫灵公》),问题是:佞人嬖幸在侧,怎样才能做到"举直错诸枉"?最终取决于君主的"知"。这就把君主用人的问题归结到为政者的认知上去了。谁能保证自己认为的贤者一定就是贤者?显然,孔子对此没有深究!

第三,知人要听言观行。知人,即考察人。孔子说:"视其所以,观其所由,察其所安,人焉廋哉?人焉廋哉?"(《为政》)《论语注疏》说"此章言知人之法",还说"观其所由"即"观其所经从","察其所安"即"察其所安处"。还说:"知人之法,但观其终始,则人安所隐匿其情哉?"② 对于君主来说怎样识别臣下是个大问题,后来学者如韩非子于此颇为留意。孔子的方法是否实用我

---

① (清)刘宝楠:《论语正义》,《诸子集成》(第1册),上海:上海书店,1986年,第35页。
② (清)阮元校刻:《十三经注疏(清嘉庆刊本)》,北京:中华书局,2009年,第5347页。

们暂不考虑，但提出的问题则很重要。孔子还说："始吾于人也，听其言而信其行；今吾于人也，听其言而观其行。"(《公冶长》)还说："君子不以言举人，不以人废言。"(《卫灵公》)君主不以言举人，是要观其行。君主不以人废言，是要以当理为准。孔子说："众恶之，必察焉；众好之，必察焉。"(《卫灵公》)臣下之所好所恶，不可不察，不察就会蔽于私。总结起来，"知人"无非就是"听言观行"，要看他的实际表现，而不能仅仅听他本人说了什么，或者其他人说了什么。

第四，用人不能求全责备。孔子说："君子易事而难说也。说之不以其道，不说也；及其使人也，器之。小人难事而易说也。说之虽不以道，说也；及其使人也，求备焉。"(《子路》)从下属的角度讲，领导者之所以"易事"就在于不责备于一人；从领导者的角度讲，领导者"易事"是因为他能"度才器而官之"①。君子"难说"之论也体现着孔子对领导者"听言"的基本看法，即下属"妄说"就不听，耳根子要硬，有主见。《子路》篇孔子答仲弓问政的第二条是"赦小过"。朱熹："过，失误也。大者于事或有所害，不得不惩；小者赦之，则刑不滥而人心悦矣。"②《论语注疏》认为"赦小过"即"宽则得众也"③。在孔子看来，领导者用人不能认为属下有点过失就不放过，甚至不予重用。这既不利于团结，也会让属下唯恐有失而陷于不敢作为的境地。这是领导者用人过程中经常遇到的问题，说明要信任属下，即使有些失误，也不能一棒子打死，求全责备。

第五，领导者用要自处"责成"的位置。据《子路》记载，仲弓为季氏宰问政于孔子，孔子答的第一条是"先有司"。《论语注疏》："言为政当先委任属吏，各有所司，而后责其成事。"④刘宝楠在解释"先有司"时强调："观此，是凡为政者，宜先任有司治之，不独邑宰然矣。"⑤朱熹说："凡为政随其大小各自有有司。须先责他理会，自家方可要其成。"⑥从诸家的解释来看，领导者为政

---

① （清）阮元校刻：《十三经注疏（清嘉庆刊本）》，北京：中华书局，2009年，第5449页。
② （宋）朱熹：《四书章句集注》，北京：中华书局，1983年，第141页。
③ （清）阮元校刻：《十三经注疏（清嘉庆刊本）》，北京：中华书局，2009年，第5445页。
④ （清）阮元校刻：《十三经注疏（清嘉庆刊本）》，北京：中华书局，2009年，第5445页。
⑤ （清）刘宝楠：《论语正义》，《诸子集成》（第1册），上海：上海书店，1986年，第280页。
⑥ （宋）黄士毅编，徐时仪、杨艳汇校：《朱子语类汇校》，上海：上海古籍出版社，2014年，第1158页。

首先要留意"有司"做工作的具体情况,领导者应处于"责成"的地位。隐含的意思就是:领导者不要轻易插手下属的工作,要让下属干具体工作,自己时刻做好监督。同时,也意味着,领导者要做好"任人"的工作,然后做好监督,而不是忙于其他。"任人"和"责成"既可看作是领导者的职能,也可以说是领导工作的重要方法。

最后,孔子还说:"不戒视成谓之暴,慢令致期谓之贼。"(《尧曰》)意思是说"不加申诫便要成绩叫做暴;起先懈怠,突然限期叫做贼"①。这实际上也是我们今天能看到的领导安排工作中经常遇到的问题。可以看出,在孔子心里,领导者对下属的工作要有所体谅,不能自己任性而对下属极为苛刻,对下属的工作应当关心,有意识地去引导!

五、"使民以德礼":领导激励的原理与方法

在《论语》中孔子讲了很多使民"服"、"劝"、"用情"的话,也讲了许多让民"易使"、"不偷"、"敬"的话。"服"是服从,"劝"是得到激励、劝导,"用情"是卖力、尽忠,"易使"是容易指挥,"不偷"是不偷懒,不图奸耍滑,也是卖力,"敬"是对在上者敬重。领导者怎样才能赢得民众的拥护支持并使下属卖力?这是领导激励的永恒话题。孔子强调"使民以德礼",认为激励、控制人的行为的根本方法是通过领导者自身的道德影响力来调动人的内在主动性、积极性。孔子认为,良好的领导状态应该是:下属对领导者信赖、尊敬、尽心尽力。下属如果总想着偷奸耍滑、欺骗领导,这样的领导者一定是失败的。这是孔子创立的儒家领导理论的一个重要特点。

第一,孔子肯定领导者自身的"势位"在使下属和领导对象臣服方面发挥着重要作用,但并不认为使用"强制"手段是让人服从的最好方法。

春秋末期,针对晋国铸刑鼎,孔子讲了一番话,明确反对公布刑罚条文。他说:"晋其亡乎!失其度矣。夫晋国将守唐叔之所受法度,以经纬其民,卿大夫以序守之。民是以能尊其贵,贵是以能守其业。贵贱不愆,所谓度也。文公是以作执秩之官,为被庐之法,以为盟主。今弃是度也,而为刑鼎,民在鼎矣,何以尊贵?贵何业之守?贵贱无序,何以为国?"(《左传·昭公二十九年》)《正

---

① 杨伯峻:《论语译注》(第三版),北京:中华书局,2009年,第209页。

义》说:"今弃贵贱常度而为刑书之鼎,民知罪之轻重在于鼎矣。贵者断狱不敢加增,犯罪者取验于书,更复何以尊贵?威权在鼎,民不忌上,贵复何业之守?贵之所以为贵,只为权势在焉,势不足畏,故业无司守,贵无可守,则贱不畏威,贵贱既无次序,何以得成为国?"①孔子对晋国铸刑鼎以示百姓的做法给予批评,认为一旦公布刑罚条文,民众就会依据条文来选择自己的行为,如此"民在鼎",尊贵者就会失其尊贵而无业可守。可见,孔子反对公布刑罚条文,但并不反对用刑罚。根据《正义》的诠释,孔子是肯定尊贵者靠权势制民的,靠权势制民一定程度上靠的是民"畏威"之心,由此推断,他肯定刑罚的作用也是无疑的。孔子说"道之以政,齐之以刑,民免而无耻。"(《为政》)"齐之以刑"肯定是会发生作用的,但在孔子看来这能杜绝人的恶行,但却不能杜绝人的为恶之心。这说明,在控制人的行为方面,使用"刑罚"是下等的手段,或者说是不值得提倡的手段。孔子讲"不教而杀谓之虐"。刑杀可以用,但教育、教化应该先行。如果没有做到这一点而一味地刑杀,这叫暴虐。可以看出,在人的行为控制方面,孔子更为强调领导者自身的德教作用。

第二,孔子肯定利益在赢得民心方面的重要作用,但并不主张完全用利益来引导民众行为。孔子一方面主张在"惠民",给予民众恩惠,讲"君子惠而不费"、"因民之所利而利之"(《尧曰》)。在他看来"小人怀惠"、"小人喻于利"(《里仁》),因此,他认为"惠则足以使人"(《阳货》)。既然小人关心的是恩惠,看重的是利益,那么,领导者就要通过给予恩惠的方式来引导人的行为。由此可见,孔子看到了通过给予被领导者一定限度的现实利益在赢得其支持方面的积极作用。但是他更说"放于利而行,多怨"(《里仁》)。《论语注疏》说:"人每事依于财利而行则是取怨之道。"②领导者如果把"利"作为调动下属积极性的根本,人人逐利,就会导致人怨恨增多。这说明,在调动人的工作积极性方面,他并不主张使用"利诱"的方式。《颜渊》载:季康子患盗,问于孔子。孔子对曰:"苟子之不欲,虽赏之不窃。"盗贼显然是为了追求自己的个人利益而去盗窃的。在孔子看来,如果领导者自己不贪求,即使赏他盗窃他也不愿意盗窃。我们知道,"盗"现象的存在有着多方面原因。盗贼之所以行盗,可能主要是外在环境的逼迫,并不完全是因为盗窃者的贪欲。孔子的看法并不完全符

---

① (清)阮元校刻:《十三经注疏(清嘉庆刊本)》,北京:中华书局,2009年,第4614页。
② (清)阮元校刻:《十三经注疏(清嘉庆刊本)》,北京:中华书局,2009年,第5367页。

合实际。但是，由此可见，在孔子眼里，即使是盗贼，他内心的善性并未完全泯灭。作为领导者，自然不能为民众创造激励贪欲的环境。这和"放于利多怨"的观念是内在一致的。

第三，孔子认为强制性服从的有效性基于社会的正义。孔子说："名不正，则言不顺；言不顺，则事不成；事不成，则礼乐不兴；礼乐不兴，则刑罚不中；刑罚不中，则民无所措手足。"（《子路》）由"礼乐不兴则刑罚不中"可以推断，刑罚是否有效一定程度上取决于礼乐制度的落实。礼乐制度的落实根本在于君臣父子名分的正定。名分正定，各当其位，即意味着社会普遍的正义是存在的。只有在此基础上的刑罚民众才会心悦诚服地领受。如果君主的合法性受到质疑，他施行刑罚的正义性就会受到质疑；民众的价值取向紊乱，即使用刑也不会阻止人为恶。孔子于此揭示了一个很深刻道理，即：普遍性社会正义的存在是刑罚得民心的基础，只有在此基础上的刑罚才会真正为人所接受，才会真正发挥预期的积极效果。孔子说："举直错诸枉，则民服。"（《为政》）可见，领导者应当是道、义的承载者，领导行为要符合"义"。如果做不到这一点，老百姓就没有办法真心服从。这就是肯定：下属、领导对象在根本上是服从于"义"的，即使贵为君主，如果行为失当，违反道义，人就不会真正服从。孔子说："上好义，则民莫敢不服。"（《子路》）这都说明，人心是向善的，追求正义的，领导者只有行为符合道义，才能赢得人的支持。领导者苟且从事，只能培养一群小人，营造利于小人成长的氛围。领导者胡作非为，是非颠倒，不辨黑白，下属和领导对象自然不会心服。

第四，孔子认为尊敬下属是领导者赢得下属支持、尽心尽力的根本方法。在实施领导活动中要尊重下属。孔子讲"敬事而信"（《学而》），还讲"事思敬"（《季氏》）。"敬"是主一无适之意，用现在的话说就是认真对待。"敬"的核心是领导者心里有"人"，把下属、领导对象当人看，而且是当作和自己一样有情有义的人看。领导者如果觉得下属贪得无厌，就是一帮禽兽，怎能想象他会以"尊敬"的态度对待之？

"敬"就是要以"礼"待人，即把对下属和民众的尊重体现在礼节当中，重视自己的言行仪表。这是赢得下属信赖的重要条件。但需要注意的是，重视礼节并不是让领导者装出一副彬彬有礼的样子，而应是内在感情的自然流露。孔子讲"君使臣以礼"，"上好礼，则民易使"，"上好礼，则民莫不敬"。之所以强

第二章 孔子以"导之以德"为核心的领导理论

调"礼",除了"礼"规定名分外,也是强调对待臣民要有个"敬",不能亵渎,这样才能赢得臣的忠心。孔子还说:"使民如承大祭。"(《颜渊》)杨伯俊翻译说:"役使百姓好像去承当大祀典,[都得严肃认真,小心谨慎]。"① 这是孔子答仲弓问仁之语,强调"敬","敬"要体现在践行礼的过程中。只有在践礼中体现"敬",才能赢得人的信赖。

"敬"还要体现在对人的颜色词气上。"敬"体现在颜色词气上就是要有"威严"。孔子讲:"君子不重则不威。"(《学而》)朱熹:"不厚重则无威严。"② 孔子还讲:"威而不猛",并解释说:"君子正其衣冠,尊其瞻视,俨然人望而畏之,斯不亦威尔不猛?"(《尧曰》)孔子还说:"色思温,貌思恭。"(《季氏》)领导者不庄重,为人所轻忽,会被人玩弄。曾子说:"君子所贵乎道者三:动容貌,斯远暴慢矣;正颜色,斯近信矣;出辞气,斯远鄙倍矣。"(《泰伯》)杨伯俊翻译说:"在上位的人待人接物有三个方面应该注重:严肃自己的容貌,就可以避免别人的粗暴和懈怠;端正自己的脸色,就容易使人相信;说话的时候,多考虑言辞和声调,就可以避免鄙陋粗野和错误。"③ 这就是说,领导者在对待下属民众的时候,既庄重威严,又要亲和力,而这种威严与亲和就体现在"礼容"上。这些教义,至今仍为我国领导者所信奉践行。

第五,孔子认为领导者讲信用才能赢得人的信赖。激发被领导者能动性地开展工作的前提是领导者要赢得被领导者的"信任"、"信赖"。所谓"信"就是说到做到,而不是嘴上这样说,在行动上又不这样做。孔子说:"上好信,则民莫敢不用其情。"(《子路》)《颜渊》载:子贡问政,子曰:"足食,足兵,民信之矣。"子贡曰:"必不得已而去,于斯三者何先?"曰:"去食。自古皆有死,民无信不立。"在孔子看来,粮食不够吃不可怕,军事实力不强也不可怕,最可怕的人民对领导者失去信任。如果领导者不讲信用,使人们失去信任,领导者干什么都干不成。像子夏所说:"君子信而后劳其民;未信,则以为厉己也。"(《子张》)领导者得到民众的信赖才去动员百姓,否则百姓会以为你在折磨他。也就是说,领导者在推动一件事情之前必须赢得下属的同情、理解和支持,做不到这一点,即使出于好心,做的是好事,百姓也不一定领情,甚至认为你是

---

① 杨伯峻:《论语译注》(第三版),北京:中华书局,2009 年,第 122 页。
② (宋)朱熹:《四书章句集注》,北京:中华书局,1983 年,第 50 页。
③ 杨伯峻:《论语译注》(第三版),北京:中华书局,2009 年,第 78 页。

在害他。

最后，孔子说："君子之德风，小人之德草。草上之风，必偃。"（《颜渊》）领导者赢得下属的忠心和拥护，主要靠"德"。说到底就是要心里有人、尊重人，注意调动下属内在主动性和积极性，而不是把人当作工具随便使唤。可以看出，在孔子看来，人与人之间是可以相感的，是可以以心交心的。孔子对领导者自身的道德力量充满信心。对领导者的道德影响力充满信心实际上是对被领导对象的道德自觉能力充满信心。赵靖说："孔子用众艺术的核心思想是：尽量不要使管理对象感到是强制或被迫，而是使其乐为我用。这也就是说：使管理对象对实现管理目标具有主动性。主动性越大，完成管理目标越容易，过程中的摩擦、阻力越小，越能符合管理艺术的要求。"① 葛荣晋说："根据儒家的'为政以德'的人文精神，要求管理者必须尊重人的价值，推行'人格化管理'。所谓'人格化管理'，既包括管理者高尚人格的感化力，也包括对被管理者人格的尊重。"② 人在工作过程中的精神状态直接影响工作的效能。影响人的精神状态影响因素很多，其中一个重要的影响来源就是领导者。领导者以什么方式、什么态度实施领导活动，就会直接影响被领导者的精神状态。这是儒家领导思想的可贵独到之处！

六、"仁"是领导者素养的核心

既然领导者为政从根本上说是"正身"的过程，不管是"齐之以礼"，还是要赢得追随者的忠心、拥护，都要领导者具有高度的道德自觉。按照这一逻辑，领导者正身修己问题就必然成为孔子领导理论的重要内容。

孔子认为"仁"是领导者所应具备的根本德性。孔子说："不仁者不可以久处约，不可以长处乐。"（《里仁》）一个人如果没有"仁"的品质作为支撑，就不可能长久处于"约"与"乐"的状态，要么没有定力，要么奢侈放纵。孔子还说："唯仁者能好人，能恶人。"（《里仁》）一个人没有"仁"的品质，就会有私心，就不可能有正确的是非标准，也不可能是非分明，爱憎分明。孔子还说："苟志于仁矣，无恶也。"（《里仁》）一个人如果有志于为"仁"，即使有过错，但不会做恶事。由此，可以看出"仁"是一个人道德品质的核心，领导者作为

---

① 赵靖：《谈孔子的管理艺术》，《孔子研究》1998年第4期，第112—119页。
② 葛荣晋：《中国管理哲学导论》（第三版），北京：中国人民大学出版社，2013年，第286页。

第二章 孔子以"导之以德"为核心的领导理论

人,自然也应该把为"仁"作为自己修养的目标。有学者曾指出,"仁"是"统摄诸德完成人格之名"①,是"全德之代名词",它包括孝、忠、智、信等②。孔子论"仁"并非完全直接针对君德而发,但由于关于仁的讨论具有普遍性,由此我们可以认为"仁"也是领导者最为根本的德性。孔子说"一日克己复礼天下归仁",这恐怕不是对普通人说的。《周易·系辞下》说:"圣人之大宝曰位,何以守位曰仁。"这种看法不能不说是植根于孔子的思想。强调君德之"仁",是孔子领导素养论的显著特点,成为后来儒家学者对这一问题的普遍共识。

"仁"德最基本的内容是孝悌。有子说:"孝弟也者,其为仁之本与?"(《学而》)孔子说:"君子笃于亲,则民兴于仁。"(《泰伯》)笃于亲,乃为孝之事,为孝即能收到"民兴于仁"的效果。为何"孝"乃德之根基呢?蔡元培说:"仁之基本为爱,爱之原泉,在亲子之间,而尤以爱亲之情发于孩提者为最早。"③冯友兰也说:"人的最真实的情感是对于其父母的情感。……孔丘认为,这是'仁'的根本。"④强调"孝"乃是对最为原始的基于血缘关系的情感的肯定,这既有着自然的依据,也与孔子肯定宗法封建制度有关,因为"齐家"是治国的关键环节,而"齐家"靠君主能给大家树立孝悌的模范。因此,孝悌是君主最为基本的德性。这是孔子领导素养论的特色,这也成为后来儒家学者领导素养论的传统。

"仁"德的核心是爱人。随着"礼坏乐崩",宗法封建制度的解体,基于血缘亲情之"爱"对于君主治民来说是远远不够的,孔子提出了"恕"的观念。朱熹说"推己之谓恕",并引程子语说"推己及物,恕也"⑤。"恕道"根植于血缘亲情,但却超越了血缘亲情。孔子讲:"夫仁者,己欲立而立人,己欲达而达人。能近取譬,可谓仁之方也已。"(《雍也》)朱熹说:"近取诸身,以己之所欲譬之他人,知其所欲亦犹是也。然后推其所欲以及于人,则恕之事而仁之术也。"⑥他还讲:"其恕乎!己所不欲,勿施于人。"(《卫灵公》)孔子讲"恕",

---

① 蔡元培:《中国伦理学史》,高平叔编:《蔡元培全集》(第二卷),北京:中华书局,1984年,第15页。
② 冯友兰:《中国哲学史》(上册),上海:华东师范大学出版社,2000年,第62—63页。
③ 蔡元培:《中国伦理学史》,高平叔编:《蔡元培全集》(第二卷),北京:中华书局,1984年,第15页。
④ 冯友兰:《中国哲学史新编》(上册),北京:人民出版社,2007年,第85页。
⑤ (宋)朱熹:《四书章句集注》,北京:中华书局,1983年,第72页。
⑥ (宋)朱熹:《四书章句集注》,北京:中华书局,1983年,第92页。

使"爱人"超越了血缘情亲之爱,为君主能"德化"于民提供了新的理论基础。

当然,对于领导者来说,"仁"并不是仅仅存于主体的意识世界,而是要体现在具体的行为中。《阳货》载:子张问仁于孔子,孔子曰:"能行五者于天下为仁矣。"请问之。曰:"恭宽信敏惠。恭则不侮,宽则得众,信则人任焉,敏则有功,惠则足以使人。"显然,"仁"体现在具体的施政行为中。从这个角度出发,领导者个人品德良好并不一定就是"仁"。

领导者如何才能获得应具备的"仁"德呢?

首先,孔子非常重视"学"。他认为领导者的内在德性的养成要靠学习。孔子说:"学则不固。"(《学而》)还说:"好仁不好学,其蔽也愚;好知不好学,其蔽也荡;好信不好学,其蔽也贼;好直不好学,其蔽也绞;好勇不好学,其蔽也乱;好刚不好学,其蔽也狂。"(《阳货》)"学"是克服自身固执、偏蔽的重要途径。他还说:"学而不思则罔,思而不学则殆。"(《为政》)主张学与思不可偏废。子夏:"博学而笃志,切问而近思,仁在其中矣。"(《子张》)朱熹说:"四者皆学问思辨之事耳,未及乎力行而为仁也。然从事于此,则心不外驰,而所存自熟,故曰仁在其中也。"[①] 可见,学、思之事在一定程度上说就是致仁之途径。学习对于君主修德来说无疑是现实且可靠的路径。

其次,要注意以礼约束行为、涵养精神。孔子说:"不知礼,无以立。"(《尧曰》)礼作为一系列仪节规范,在孔子看来,人只有在这些仪节中悠游自在,才能立得起来。可见,礼于修养身心不可或缺。孔子说:"恭而无礼则劳,慎而无礼则葸,勇而无礼则乱,直而无礼则绞。"(《泰伯》)还说:"君子博学于文,约之于礼,亦可以弗畔矣夫。"(《颜渊》)还说:"非礼勿视,非礼勿听,非礼勿言,非礼勿动。"(《颜渊》)应当说,以礼"节"自身之言行是孔子的基本主张。需要注意的是,以礼节制行为的目的实际上在于"行义",即让自己言行的每一环节都是符合一定的道理的。所以他说:"君子义以为质,礼以行之。"(《卫灵公》)如果行为不遵循"义",那么"礼"对他来说要么是越外的负担,要么就是欺人的工具。对于君主来说,遵循礼,就能使自己久处于"约"而不至于淫佚放荡,就会比较庄重而不至于轻慢懈怠,也会比较文质彬彬。

在孔子眼里,领导者的形象大概是这样的:有威严,也亲和,有崇高的道

---

① (宋)朱熹:《四书章句集注》,北京:中华书局,1983年,第189页。

德，身先士卒，富有同情心，而且在作风上很勤勉。《子路》载：子路问政。子曰："先之劳之。"请益。子曰："无倦。"朱熹引用苏氏说："凡民之行，以身先之，则不令而行。凡民之事，以身劳之，则虽勤不怨。"① 朱熹还说："凡是以劳苦之事役使人，自家须一方面与它做方可率得它。"②《颜渊》载：子张问政。孔子说："居之无倦，行至以忠。"领导者在作风上应当身先士卒勤勉不懈怠。孔子说："道千乘之国，敬事而信，节用而爱人，使民以时。"（《学而》）朱熹："言治国之要，在此五者，亦务本之意也。"③ "敬事"与上述讲"忠"一致，强调工作认真，尽心尽力。孔子还讲"泰而不骄，威而不猛"，主张"无众寡、无小大、无敢慢"，"正其衣冠，尊其瞻视，俨然人望而畏之"（《尧曰》）。待人恭敬，仪表威严，这都是领导者应该具有的品质。

小　结

孔子曾讲"天下有道礼乐征伐自天子出"，强调"尊王"、"尊君"，强调"名分"，强调最高领导者的绝对权威性④。他理想的社会是等级分明的社会，若以现代观念为标准，无疑都是不合时宜的。但是，孔子以"导之以德"为核心的领导理论的最大特点是：他眼里有"人"。在孔子的领导理论中，人是目的，不是手段，强烈地体现着一种道德领导倾向。这一点不仅使孔子所创立的儒家领导理论体现出与先秦其他学派不太一样的个性特点，也使其有着重要的现代意义。成中英认为儒家的管理哲学"代表了一种对人性普遍潜能的自觉"，它的一个重要特色"可以简述为对人生价值和社会价值的'目标管理'。所谓'管理'即为自觉的自内而外、自外而内的同时约制及激发行为以达到价值目标"⑤。也正是因为孔子对人的自我完善可能的自信，因此他强调"为政以德"、"导之以德"，把领导者提升自身道德水平和道德自觉作为实施领导活动的根基和关键，为后来的追随者的领导理论奠定了理论基石。

---

① （宋）朱熹：《四书章句集注》，北京：中华书局，1983年，第141页。
② （宋）黄士毅编，徐时仪、杨艳汇校：《朱子语类汇校》，上海：上海古籍出版社，2014年，第1157页。
③ （宋）朱熹：《四书章句集注》，北京：中华书局，1983年，第49页。
④ 这在当时，不能不说是一种建设性的、重要的关于解决治乱问题的思路。其实，这也是孔子重视对君道问题进行阐发的重要原因。也正因此，他才会留下很多关于领导问题的言论。
⑤ 黎红雷：《儒家管理哲学》（第三版），广州：广东高等教育出版社，2010年，第120页。

第三章 《孙子兵法》"以利动"为根本价值取向的领导理论

《孙子兵法》是中国古代最负盛名的军事理论著作。据司马迁《史记·孙子吴起列传》记载《孙子兵法》是春秋末孙武的著作，不少学者支持这一观点，但也有学者表示怀疑，认为《孙子兵法》中有显著的战国时代的特点①。《孙子兵法》是管理思想史研究的热点之一，一般的《中国管理思想史》著作都会论及，而且从领导思想角度研究《孙子兵法》论文也较先秦其他诸子为多。但对《孙子兵法》领导思想的研究仍有值得进一步深入探讨的必要。《孙子兵法》的言说对象往往不是君主，而是指挥军队的将帅。它把将帅的作用看得很重，说："知兵之将，民之司命，国家安危之主也。"（《作战》）还说："夫将者，国之辅也，辅周则国必强，辅隙则国必弱。"（《谋攻》）孙子的领导理论主要是围绕将帅展开的。"以利动"是其领导理论的核心观念，体现着孙子领导理论极端务实的特点。

一、"以利动"的领导价值取向

"利"字在《孙子兵法》共计出现50余次。如与孙子大概同时期的老、孔和稍晚的墨子思想相比，《孙子兵法》大讲"以利动"就格外显眼。《孙子兵

---

① 李零认为《孙子兵法》并非孙武"亲著"，"其酝酿形成是在春秋末期的吴国，但结集成书却是在战国时期的齐国"。（李零：《关于〈孙子兵法〉研究整理的新认识》，见《吴孙子发微》典藏本，北京：中华书局，2014年，第402—403页）从这一结论出发，即使认为《孙子兵法》成书于战国时期，其思想理论的源头也还是在春秋末期。这也是本文将《孙子兵法》至于春秋末期重要原因。

第三章 《孙子兵法》"以利动"为根本价值取向的领导理论

法》主张领导者应该把"利"作为领导活动的根本出发点,"非利不动"是军事领导者的根本价值取向①。

《计》:计利以听,乃为之势,以佐其外。势者,因利而制权也。

《作战》:不尽知用兵之害者,则不能尽知用兵之利也。

《势》:以利动之。

《军争》:兵以诈立,以利动,以分合为变者也。

《九变》:智者之虑,必杂于利害,杂于利而务可信也,杂于害而患可解也。

《九地》:合于利而动,不合于利而止。

"以利动"作为军事领导者的根本价值取向是由战争的残酷性和对国家的重要影响决定的。孙子说:"兵者,国之大事,死生之地,存亡之道,不可不察也。"(《计》)认为军事是国家的大事,事关国家生死存亡。《作战》:"凡用兵之法,驰车千驷,革车千乘,带甲十万,千里馈粮;则内外之费,宾客之用,胶漆之材,车甲之奉,日费千金,然后十万之师举矣。……夫钝兵挫锐、屈力殚货,则诸侯乘其弊而起,虽有智者,不能善其后矣。"很清楚,用兵打仗是要有强大的财力作为后盾的,如果作战靠持久取胜,就会消耗国家的财力,挫伤士兵的锐气,弄不好还会引来诸侯国的侵袭。《谋攻》:"攻城之法为不得已。修橹轒辒,具器械,三月而后成,距堙,又三月而后已。将不胜其忿而蚁附之,杀士三分之一而城不拔者,此攻之灾也。"孙子认为"上兵伐谋"(《谋攻》),迫不得已才是短兵相接的"攻城","攻城"要消耗很大的人力和财力,攻城的准备本身就非常困难。而且,将帅如果指挥不当,"攻城"还将造成士兵死伤惨烈的灾难,战争的残酷性于此可见一斑。因此,发动战争,领导军队,必须谨慎行事,考虑利害问题。毛泽东说:"战争的经验是特殊的。一切参加战争的人们,必须脱出寻常的习惯。"② 还说:"保存自己消灭敌人这个战争的目的,就是战争的本

---

① 李贵生:"兵家认为,仁义道德是经与本,利害成败是纬与末,兵家实际上是以儒为里,以兵为表。"(李贵生:《兵家管理哲学》,上海:上海古籍出版社,2011年,第67页)在讲到"兵家的管理价值论"时还说:"兵家既讲利,也讲义,利义并重。这是由兵家管理哲学具有很强的实践意义所决定的。"(李贵生:《兵家管理哲学》,上海:上海古籍出版社,2011年,第134页)还说:"兵家对义利关系表述得最为全面与深刻。"(李贵生:《兵家管理哲学》,上海:上海古籍出版社,2011年,第137页)还说:"兵家看到了利是兵家管理活动中的核心问题,一切管理都要以利为出发点,有利则行,无利则止。"(李贵生:《兵家管理哲学》,上海:上海古籍出版社,2011年,第138页)按:李先生的观点未免前后矛盾!

② 毛泽东:《毛泽东选集》(第二卷),北京:人民出版社,1991年,第480页。

质，就是一切战争行动的根据，从技术行动起，到战略行动止，都是贯彻这个本质的。"① 在毛泽东看来，战争、军事活动，不同于其他社会活动，有其特殊性，人们不能把用在其他社会活动上的思想观念完全搬到战争指挥上。同时，战争的本质是你死我活的残酷争斗，那么，战争行动不管是技术行动，还是战略行动，都是在贯彻保存自己、消灭敌人的战争目的。从这个角度说，战争、军事活动的领导者的根本价值取向就得服从战争的目的或者本质。

孙子所谓"以利动"说到底就是：不管是在战略上，还是在战术上，兴兵打仗的每个环节都应以对我方是否有"利"为原则。从战略决策层面来说，采取军事行动之前，必须考虑敌我双方的情况，考虑各种行动方案，掌握每种方案的利害得失，然后权衡利害得失，最终实施对自己最有利的决策。孙子在《计》中讲"五事七计"，就是说，领导者在发动战争之前，要考虑道、天、地、将、法五个方面的情况，同时还要问"主孰有道？将孰有能？天地孰得？法令孰行？兵众孰强？士卒孰练？赏罚孰明？"等问题。只有将敌我双方上述情况比较分析清楚，认为对我有利，能打胜仗，才可以出兵打仗。如果不考虑这些情况，冒失出兵，即使取得胜利也属侥幸。从战术层面的军事行动来看，每一个环节都要考虑利害问题，计较敌我双方各自情况，选择最有利的作战时机、作战地点、作战方式。这方面在《地形》、《九变》等讲得很多。

"利"在《孙子兵法》中有着明确的内涵。第一，所谓"利"一定是以最小的代价换取的最大的"利"。《谋攻》："夫用兵之法，全国为上，破国次之……不战而屈人之兵，善之善者也。"在孙子看来，聪明的军事领导者要以最小的消耗换取最大的胜利。聪明的军事领导者，不应是蛮干的家伙，动不动就主张攻城，动不动就短兵相接，而是把实现利益最大化，作为领导决策的最高原则②。第二，所谓"利"一定是对长远和整体的"利"。《九变》："途有所不由，军有所不击，城有所不攻，地有所不争。""军有所不击"，曹操注说"军虽可击，以地险难久，留之失前利，若得之利薄，困穷之兵，必死战也"③。"城有所不攻"，梅尧臣注说"有所害也"④，"地有所不争"，曹操注说"小利之地，方争得而失

---

① 毛泽东：《毛泽东选集》（第二卷），北京：人民出版社，1991年，第483页。
② 王成：《先秦诸子领导思想的现代解析》，北京：中国大百科全书出版社，2006年，第82页。
③ （汉）曹操等注，黄朴民等点校：《孙子兵法集注》，长沙：岳麓书社，1996年，第187—188页。
④ （汉）曹操等注，黄朴民等点校：《孙子兵法集注》，长沙：岳麓书社，1996年，第189页。

第三章 《孙子兵法》"以利动"为根本价值取向的领导理论

之,则不争也",梅尧臣注说"得之无益者"①。显然,将帅所争之利绝非一时一地之小利,而要综合考虑、全局考虑是否有利。《军争》篇:"迂其途,而诱之以利,后人发,先人至,此知迂直之计者也。"以迂为直,看似笨拙,实则最为有利。因此,对于将帅而言,要从长远、全局角度考虑到底采取哪种行动对我方最为有利。第三,所谓"利"是利、害相权基础上的"利"。《孙子兵法》充斥着辩证思维。它认为利、害往往相伴,绝对有利或有害的事情少有,现实的情况经常是利、害相参。军事活动领导者所争之"利",一定是经过权衡利害基础上的"利",而不是不计后果、不计损失、不计祸害的"利"。《军争》:"军争为利,军争为危。"在孙子看来,军争有利有危,到底是"举军"而争,还是"委军"而争,就应利害相权,作出对我方有利的决定。

总之,孙子所谓"利"是经过深思熟虑,权衡利害,对国家和战事而言最大的利。把有利还是没利,利多还是利少,作为军事领导者的根本价值取向,体现着一种高度务实态度和精神。"非利不动"的领导价值取向要求领导者在领导军事活动过程中所采用的军事策略和方法,包括仁义道德在内,都是手段,都要服务于对战事是否有"利"这个目的。孙子说"兵者,诡道也","兵以诈立"。用李零的话说就是"什么招都能使,什么道德都不管了"②。他在谈到孙子这一思想时说:"'兵不厌诈',是军事学上的大革命。"③ 这在一定程度上揭示了孙子"以利动"为领导军事活动出发点的观点在军事思想史上的价值和意义。如果把孙子的这一思想放在春秋末期,与老子、孔子,以及稍后的墨子思想相比,其显著的功利主义倾向是非常突出的,反映出军事领导活动的特殊性!

二、"庙算"是领导者的重要职能

现代管理学、领导学认为决策是领导者的重要职能。孙子在先秦诸子中率先提出"庙算"概念。李零说:"庙算是出兵之前的决策,先于野战和攻城。古人认为,一国君将必先操握胜算,然后才能出兵,这是兵略的第一要义。"④ 战前的"庙算"是领导决策的一种,属于战略决策。事实上,"决策"贯穿军事活

---

① (汉)曹操等注,黄朴民等点校:《孙子兵法集注》,长沙:岳麓书社,1996年,第190页。
② 李零:《兵以诈立:我读〈孙子〉》(增订典藏本),北京:中华书局,2012年,第66页。
③ 李零:《兵以诈立:我读〈孙子〉》(增订典藏本),北京:中华书局,2012年,第68页。
④ 李零:《吴孙子发微》(典藏本),北京:中华书局,2014年,第7页。

动始终，对此孙子有明确而深刻的认识。

第一，决策是领导者的基本职能。孙子认为出兵打仗是国家的大事，事关国家生死存亡，事前必须进行细致的"庙算"。他把"庙算"的情况看作是战争胜负的先决因素。《计》篇说："夫未战而庙算胜者，得算多也；未战而庙算不胜者，得算少也。"他认为"多算胜，少算不胜"，强调领导者应该在战前进行周密计算，只有在胜利条件多的情况下才可着手打仗。可见，在战争发动之前的"庙算"是领导者的重要工作。事实上，决策活动不仅存在于战前的准备阶段，还贯穿于整个军事活动过程。《谋攻》："知可以战与不可以战者胜；识众寡之用者胜。"意即"知道什么情况下可以打，什么情况下不可以打的，会胜利；懂得根据兵力多少而采取不同战法的，会胜利。"① 这就说明，在战争过程中，什么时候打，怎么打，领导者都要根据实际情况作出判断和决策。总的来说，不管是战前，还是战争过程中，决策是领导活动的重要内容，是领导者基本职能，甚至可以说是领导工作的中心环节。

第二，战略决策要把握五大要素。梁仲明说："制定战略是领导者的首要职责。"② 孙子在"计篇"首先讲"五事七计"就体现着这方面的思想。决策贯穿领导活动始终，作为领导者要着眼宏观战略态势进行战略决策，这是领导者决策的重要内容。要进行战略决策，领导者要把握住决策的五大要素，对战争环境进行全面的分析和衡量。这五大要素就是《计》所谓的"五事"，包括"道"、"天"、"地"、"将"、"法"。"道"是"人和"问题，包括老百姓和统治者是否一条心，是不是上下能够同生死共患难。"天"是讲时令、气候等自然环境。"地"主要指地形地貌等地理环境。"将"是指军事指挥官的素质和才能。"法"主要指军队组织管理的制度及其执行情况。军事活动的领导者在进行战略决策过程中要综合分析五个方面的情况，把握战争活动的全局，这是正确、有效进行战略决策的基础。毛泽东说："战略问题是研究战争全局规律的东西。"③ 他还说："指挥全局的人，最要紧的，是把自己的注意力摆在照顾战争的全局上面。"还说："任何一级的首长，应当把自己注意的重心，放在那些对于所指挥的全局说

---

① 中国人民解放军军事科学院战争理论研究部《孙子》注释小组：《孙子兵法新注》（第二版），北京：中华书局，2005年，第23页。
② 梁仲明：《领导学通论：理论与实践》，北京：北京大学出版社，2007年，第95页。
③ 毛泽东：《毛泽东选集》（第一卷），北京：人民出版社，1991年，第175页。

第三章 《孙子兵法》"以利动"为根本价值取向的领导理论

来最重要最有决定意义的问题或动作上,而不应当放在其他的问题或动作上。"①在孙子看来,抓住"五事"才能抓住全局。

第三,掌握信息是有效决策的根本。决策的成效取决于对信息的掌握。刘建军说:"从信息的角度来说,领导决策的过程就是获取、加工、传递和利用信息的过程。信息是决策科学化的前提。领导者在决策过程中时刻都离不开信息。信息是决策的基础,是控制决策实施的依据,又是检验决策正确与否的尺度。"②"知"、"察"这样的词汇在《孙子兵法》中使用非常频繁,凸显出领导者在掌握考察情况方面的重要性。《谋攻》:"知己知彼,百战不殆。"《虚实》:"知战之地,知战之日,则可千里而会战。"《地形》:"知天知地,胜乃不穷。"《九地》:"九地之变,屈伸之利,人情之理,不可不察也。"对将帅而言,敌我情况、战争时机、天时地利、人情之理等各方面的信息和情况都要充分掌握,只有这样才能保证决策有效,牢牢掌握军事活动的主动权!

第四,制定多种方案择优选取是决策的重要方法。刘建军认为:"现代决策体制发展到今天,已经突破了'单方案决策'的时代。……决策者必须把这一优劣标准注入自己的思维空间之中,使其成为决策者选择决策方案的一条重要的准绳。"③ 所谓"优劣标准,就存在着一个相对的限度,即没有一个绝对的标准,它仅仅是在比较中显示决策方案科学化的程度。"④ 在决策过程中纳入优劣标准事实上在《孙子兵法》中已有所体现。《谋攻》:"夫用兵之法,全国为上,破国次之;全军为上,破军次之;全旅为上,破旅次之;全卒为上,破卒次之;全伍为上,破伍次之。"可见,在战略目标的选择确定上,就有不同的层次,领导者应该从全局、长远角度出发选择最佳方案。《谋攻》:"上兵伐谋,其次伐交,其次伐兵,其下攻城。"可见,对敌作战有伐谋、伐交、攻城等不同策略和办法,领导者应该根据实际情况使用最佳方法。这都说明,在领导作决定之前是有着不同层次的备选方案的,领导决策当然要从"非利不动"的价值标准出发选择最方案,然后作出决定。

第五,"因利制权"是战争决策的显著特点。由于军事活动变化多端,"兵

---

① 毛泽东:《毛泽东选集》(第一卷),北京:人民出版社,1991年,第176页。
② 刘建军:《领导学原理:科学与艺术》(第二版),上海:复旦大学出版社,2003年,第243页。
③ 刘建军:《领导学原理:科学与艺术》(第二版),上海:复旦大学出版社,2003年,第222—223页。
④ 刘建军:《领导学原理:科学与艺术》(第二版),上海:复旦大学出版社,2003年,第216页。

者诡道也",一方面要经常制造假象迷惑对方,一方面随时了解时空状况,还要随时了解己方的情况,要根据这些实际情况灵活机动排兵布阵,进行攻守,这就决定了战争决策随时机动的特点。所谓"因利制权"就是时刻要从于我有利的角度出发,根据实际情况把握时机,作出相应决策和举动。

孙子强调领导决策在军事领导活动中重要作用,他关于决策的诸多见解卓识在先秦领导思想史具有重要地位。

三、建立"若使一人"组织指挥系统

对于将帅而言,要能集中千军万马打击一个目标,完成预定军事行动任务,一个重要的基础就是要建立行之有效的组织指挥系统。建立严密、稳固的组织指挥系统是确保军事领导效能的基础。梁仲明说:"组织管理是把人群有效组织起来,协调一致地实现一定目标和任务。……对于领导工作来说,搞好组织管理,是实施领导决策的组织保障。"① 对此,《孙子兵法》有深刻论述和分析,是其领导理论的重要组成部分。

第一,建立明确的组织结构。组织建设被《孙子兵法》列为"五事"之一的战略高度受到重视。"五事"的一个重要内容是"法"。《计》:"法者,曲制、官道、主用也。"李零认为"曲制"指"军队编制"②,"官道""可能指设官分职之道","主用""可能是指掌管军需用度"③。《孙子校释》认为"曲制"是"军队的组织、编制等制度","官道"是"各级将吏的职责区分、统辖管理制度","主用"是"军备物资、军事费用的供应管理制度"④。可见,"法"的两个重要内容是"曲制"和"官道",都是为了建立明确的组织框架体系而应具备的相关制度。在孙在看来,这是军事领导者必须考虑的问题。军队组织建设的核心归纳起来,就是:明确人员的编制,建立各个层级的领导机关,明确各自的权责,明确上下级隶属关系,形成统一指挥的组织系统,这是有效领导指挥的基础。《势》篇:"凡治众如治寡,分数是也。"李零说:"分数:指军队编制。"⑤ 在孙子看来,领导指挥大量士兵与领导指挥少量士兵一样,就在于军队有严密的组

---

① 梁仲明:《领导学通论:理论与实践》,北京:北京大学出版社,2007年,第115页。
② 李零:《吴孙子发微》(典藏本),北京:中华书局,2014年,第9页。
③ 李零:《吴孙子发微》(典藏本),北京:中华书局,2014年,第10页。
④ 吴九龙主编:《孙子校释》(无外文本,第二版),北京:军事科学出版社,1991年,第9页。
⑤ 李零:《吴孙子发微》(典藏本),北京:中华书局,2014年,第35页。

第三章 《孙子兵法》"以利动"为根本价值取向的领导理论

织编制。可见,军事领导者之所以能有效指挥军队,其根基就在于军队建立起了严密的组织编制系统。李零在进一步解释"分数"时说:"'分'是指编制的层级划分,如军、师、旅、卒、两、什、伍,'数'是指各级编制的定员,如五人为伍,十人为什,二十五人为两,百人为卒,等等。"① 古注家解释此句时说:"若聚兵既众,即须多为部伍,部伍之内,各有小吏以主之;故分其人数,使之训齐决断,遇敌临阵,授以方略,则我统之虽众,治之益寡。"② 因此,"分数"这个概念,还不能简单地理解为"军队编制",或如曹操所谓"部曲为分,什伍为数"③,它还包括人员的隶属关系。军队中的个人隶属于一个组织,每个组织实际上都有相应的领导者,小的组织编制成大的组织,形成从下到上的隶属关系,一级听从一级。这样人数众多的军队才能指挥自如,就如同指挥少量人员一样。军队组织的严密性和下级服从上级特点,是指挥军队的根基,是确保军队灵活性和战斗力的基础。

第二,建立明确的指挥信息、信号系统。标识系统和信号系统是军队指挥系统的重要组成部分。《势》篇:"斗众如斗寡,形名是也。"郭化若解释此句说:"具备了指挥通信工具并规定好指挥信号,用以指挥军队。这样,指挥大军同指挥小部队都一样,都能步调一致,听从指挥了。"④ 李零说:"这里'形名'是指军队的指挥号令系统,即所谓金鼓旌旗之制。"⑤ 军队最基本的指挥系统是通过组织建设形成的,即军队上下隶属关系所形成的号令系统。这里的"形名"指的是军队的通讯系统和信号系统,甚至还包括部队的标识系统(比如,不同军阶、职位的人穿不同的衣服)。《军争》篇:"《军政》曰:言不相闻,故为之金鼓;视不相见,故为之旌旗。夫金鼓旌旗者,所以一人之耳目也;人既专一,则勇者不得独进,怯者不得独退,此用众之法也。"可见,"金鼓旌旗"是克服人自身有限性、满足军事指挥需要而设立的信息传递工具,它作为信号,还是军队动止的规则。这一套信息系统和信号系统只有在组织系统完善有效的基础上才能发挥作用,同时,组织的信息系统和信号系统,也可看作是组织建设的内容之一,没有它们的存在和发挥作用,整个组织的灵活性就没有办法保证。

---

① 李零:《吴孙子发微》(典藏本),北京:中华书局,2014年,第35页。
② (汉)曹操等注,黄朴民等点校:《孙子兵法集注》,长沙:岳麓书社,1996年,第92页。
③ (汉)曹操等注,黄朴民等点校:《孙子兵法集注》,长沙:岳麓书社,1996年,第92页。
④ 郭化若:《孙子译注》,上海:上海古籍出版社,1984年,第121页。
⑤ 李零:《吴孙子发微》(典藏本),北京:中华书局,2014年,第35页。

第三，组织建设的核心是形成"上下同欲"的领导团队。梁仲明说："领导班子是由担负一定领导职务的人为实现共同的目标而组成的领导集体，这种领导集体在国外也称领导团队。"① 一般的理解中，把处在组织同一级的负责组织领导的领导集体称作领导团队或领导班子，在《孙子兵法》中基本看不到对这种类型的领导团队的论说。但是，如果把领导团队理解为由处在组织不同层级的领导者所组成的领导集体，在《孙子兵法》中则有相应论述。孙子认为不同层级的领导者所组成的领导团队的内部凝结是战争胜负的重要因素。《计》篇讲的"五事"第一条就是"道"，"道者，令民与上同意，可与之死，可与之生，而不危也。"一般认为"上"即君主，"民"即人民，所谓"道"，就是君民一心，可以共患难。在笔者看来"令民与上同意"，如果细说，包括上下级将领之间的相互信任、团结一致。也就是说，"五事"之一的"道"事实上包含着对组织上下级领导之间相互信任、相互团结的重要性的强调。《谋攻》中说的"知胜有五"，其中之一就是"上下同欲者胜"。古注解释此句说："百将一心，三军同力，人人欲战，则所向无前矣。"② 可以说，"上下同欲"仍包含着作为不同层级的将帅们的团结一致。"上下同欲"要求上下是一条心，这是团队建设中的应有之义。从这两条材料，我们尚不能完全看到《孙子兵法》对领导团队建设在组织建设中的特殊关照与重视。但是，如下一段材料，则较为明确地反映了这方面的观念。《地形》："卒强吏弱，曰弛。吏强卒弱，曰陷。大吏怒而不服，遇敌怼而自战，将不知其能，曰崩。将弱不严，教道不明，吏卒无常，陈兵纵横，曰乱。"所谓"卒强吏弱"就是士兵强，而军官的统御力不够，士兵不听管束，纪律松弛。所谓"吏强卒弱"按李零的说法是"军官太强，士兵太弱，管得太死，让他们手足无措"③。所谓"大吏怒而不服"，就是高级军官不听从调遣，逞一时之愤。所谓"将弱不严"是将军不威重，管束不住下属，以至下面的人敢胡来。可以看出，卒、吏、大吏、将，从下到上应该有一严格的管束系统，大小军官，以至于将帅，相互隶属，应当形成一个领导力强的凝结的团队，如果上下脱节，失其统御，纪律松散，这支部队就不会有战斗力。通过卒强吏弱、吏强卒弱、大吏怒而不服、将弱不严等表述来看，将帅指挥失误或过错，反映

---

① 梁仲明：《领导学通论：理论与实践》，北京：北京大学出版社，2007年，第83页。
② （汉）曹操等注，黄朴民等点校：《孙子兵法集注》，长沙：岳麓书社，1996年，第69—70页。
③ 李零：《兵以诈立：我读〈孙子〉》（增订典藏本），北京：中华书局，2012年，第278页。

第三章 《孙子兵法》"以利动"为根本价值取向的领导理论

的是从"吏"到"大吏"再到"将",没有形成坚强的领导团队,有时候是上级的问题,有时候是下级的问题,有时候中层领导的问题,并不仅仅是某个将帅个人的问题,而是团队的问题,即团队没有有效地凝结起来,没有形成从"卒"到"将"均强的凝结状态。由此可见,从下到上,整个组织体系中的领导所形成的领导团队对战局的影响是多么的重大!指挥的军队要强大,有战斗力,从将帅、到将帅所带领的领导团队,再到普通士卒,都要协同凝结起来。从卒到将,不管是哪个层面比较弱,或领导力不足,都会影响战争的成败。对于最高层级的领导者来说,要努力营建上下协同、强强共振的领导团队。

第四,组织建设的最终目标是使庞大的组织"若使一人"。一支军队,不管人数有多少,都应该是统一的整体,由众多的个体组成的整个组织,其运作行动犹如一人,这是作为军事领导者组织建设的理想目标。《九地》篇:"善用兵者,譬如率然;率然者,常山之蛇也。击其首则尾至,击其尾则首至,击其中则首尾俱至。……故善用兵者,携手若使一人,不得已也。"军队的组织机体犹如一条蛇,是个统一体,高度灵活反应灵敏,首尾协调一致,这是组织建设的目标,也是组织凝练的最高境界。庞大的军队人员虽然有一定的组织编制,不同的战斗部队应有不同的分工,不同职位的领导者也有相应的分工与职责,但在打仗的过程之中,"分"绝对不是目的,而是达到组织高度灵活性的手段。"分"基础上的协作、合作才是目的,这是组织建设的精髓和要义。事实上在《孙子兵法》中讲"奇正","出奇制胜"之所以能够实现,就是基于组织的高度一体性、凝聚性、机动性、灵活性!

第五,保证组织的高效运作要有严明的法纪。组织的编制,上下级的隶属关系,不同组织的职责功能,都应有明确的制度规定,这是"五事"所谓"法"的应有之义。当然,"法"既可以是成文的,也可以是习惯的。组织高效运转除了如上所说要建立严密的组织结构、指挥系统等外,还要有明确的严明的军纪。《计》讲"法度执行"、"赏罚孰明",这是"七计"中的两条,这说明,组织要运作得有一定法度的"执行",法度的执行,其中一个重要的方面就是赏罚是否严明。这在一定程度上决定着组织是否听话、是否灵活的问题。

要之,形式上的人员编制的确定,上下隶属关系的确定,各个岗位上的人的职责的确定,是远远不够的。组织的灵活,组织的强韧,既要靠领导者团队,即以将帅为核心的军队的主要领导者,还要靠公正制度的切实落实,还要靠上下一心的组织精神。可见，孙子并不特别强调领导者的道德示范在统御臣众方面的作用，而是着眼于组织建设，这在先秦诸子领导思想中属首创。

四、领导激励的原理与方法

俞文钊认为："领导的职责是把职工们的动机有效地引向组织的目标，将职工当作资源加以开发，通过激励，了解动机，留住员工，激发创造性。"① 领导者应该重视对下属的激励，领导者的职责在一定程度上就是激励下属的潜能进而实现领导目标。《孙子兵法》中对领导激励问题就有深刻的见解，其中主要包括以下三种激励原理与方法。

第一，基于人性趋利避害的"赏罚"原理与方法。

"赏罚"有似于管理学上讲的正强化和负强化。所谓"正强化"是指"对人的某种行为给予肯定和奖赏，使这个行为巩固、保持、加强"。所谓"负强化"就是"对于某种行为给予否定和惩罚，使之减弱、消退"②。可以说，"赏"是对个体行为进行正强化的重要方式，"罚"是对行为进行负强化的重要方式。赏、罚是领导者对下属进行激励的惯用的、重要的方式。孙子将"赏罚孰明"作为"七计"之一，认为赏罚是否严明是影响战争胜负的重要因素。其对赏、罚激励作用的重视由此可见一斑。《作战》："取敌之利者，货也。故车战得车十乘以上，赏其先得者。"意思是说，"要想夺取敌人资材，就要用财货奖赏士卒。所以在车战中，凡缴获战车十辆以上的，要奖赏最先夺得战车的士卒。"③ 这条材料充分体现出孙子对用财货奖赏激励士卒的重要性的认识。在作战过程中，要想让士卒夺得更多的财物，获得更多战利品，就得对在作战过程中表现优异的士卒给予奖赏，对少数士卒作出的这种奖赏，不仅会强化获得奖赏者本人的行为，更为重要的是会对获得奖赏者所在群体产生重要激励作用。也就说，通过赏赐表现优秀者，就能激发更多的人争夺财货的积极性。《用间》提出"赏莫厚于间"，强调对于对情报人员应给予有优厚的待遇，也体现着对"赏"的重视。《史记·孙子吴起列传》中，司马迁讲述了孙武在吴王阖庐前演兵的经过，起初

---

① 俞文钊：《管理心理学》（第三版），大连：东北财经大学出版社，2008年，第93页。
② 俞文钊：《管理心理学》（第三版），大连：东北财经大学出版社，2008年，第96页。
③ 中国人民解放军军事科学院战争理论研究部《孙子》注释小组：《孙子兵法新注》（第二版），北京：中华书局，2005年，第15页。

第三章 《孙子兵法》"以利动"为根本价值取向的领导理论

孙子虽三令五申,妇人们毫不在意,等到孙子按军法处死两队队长,"妇人左右前后跪起皆中规矩绳墨,无敢出声"。这个故事内涵丰富,从中可以看出孙子对"罚"这一激励方式运用之坚决和娴熟。这与"计篇"讲的"赏罚孰明"的思想是一致的。

总的来说,孙子重视赏、罚领导激励,认为这是一支军队是否有战斗力的重要标志,也是领导者组织军队达到战斗目标的重要方式。《孙子兵法》对赏罚的激励作用的肯定和重视基于其对人性趋利避害特性的认识。既然人是趋利避害的,那么就可以拿利害来影响、控制人的行为。在孙子眼里,人是计较利害的理性动物。但是,孙子赏罚激励思想并没有这么简单,他并没有认为赏罚是领导激励的唯一有效手段,他并不认为赏罚的领导激励作用是全能的。在他看来,赏罚的有效性是非常有限的。

孙子认为赏罚的效用不仅取决于赏罚是否得当(即公平性),也取决于对赏罚频次的适度把握。《行军》:"数赏者,窘也;数罚者,困也。"李零翻译说:"频繁地赏赐,是因为一筹莫展。频繁地惩罚,是因为陷入困境。"① 《孙子兵法新注》翻译说:"再三犒赏士卒的,说明敌军已没有别的办法;一再重罚部属的,是敌军陷于困境。"② 可见,"数赏"、"数罚"往往是团队处于困境,内部有分歧、不凝结的表现。赏罚利用人对利害的计较的理性,赏罚的目的是凝练队伍,即让整个队伍凝结起来,如果赏罚导致离心离德,这样的赏罚就是坏的赏罚,这样的赏罚就起不到激励的应有作用。可以说,"数赏"、"数罚"与"窘"、"困"是互为因果的关系。从《孙子兵法集注》各家的注释可以看出这一点。

孙子还认为赏罚的有效性还取决于其他因素。《行军》:"卒未亲附而罚之,则不服,不服则难用也。"杜牧解释说:"恩信未洽,不可以刑罚齐之。"③ 可见,罚的激励作用能发挥出来,发挥得好,还取决于下属对领导者的信任程度。下属对领导者的信任是长期积累的结果,与领导者平时对下属的关怀爱护是分不开的。如果士卒不信任,上下亲和度不高,即使罚当其罪,受罚者也不见得服气。

---

① 李零:《吴孙子发微》(典藏本),北京:中华书局,2014年,第66页。
② 中国人民解放军军事科学院战争理论研究部《孙子》注释小组:《孙子兵法新注》(第二版),北京:中华书局,2005年,第73页。
③ (汉)曹操等注,黄朴民等点校:《孙子兵法集注》,长沙:岳麓书社,1996年,第231页。

一般情况下，赏罚要依据一定的大家知道的规则制度来实行，这叫"有法之赏罚"。能严格按照赏罚的制度进行赏罚，这就是赏罚之"明"。但《九地》篇还讲"施无法之赏"。梅尧臣："瞻功行赏，法不预设；临敌作誓，政不先悬。"张预："法不先施，政不预告，皆临事立制，以励士心。"① 所谓"无法之赏"就是没有事先声明的奖赏。按理说，行军打仗为了约束部队事先就有相应的赏罚制度，领导者对下属的赏罚理应遵循这一事先预告过的赏罚制度，这是赏罚是否严明的体现。但"无法之赏"这一命题的提出告诉我们，不依据事先预告的赏罚制度进行赏罚是存在的，而且是有着积极的作用的。领导者应该充分认识到这一点，体现着孙子对集体心理的洞察！

第二，基于人非理性的激励原理与方法。

如果说趋利避害是人"理性"的表现，那么，人也有非理性的一面。在《孙子兵法》中，我们能看到孙子对人非理性特点的把握。《九地》讲："吾士无余财，非恶货也；无余命，非恶寿也。"人虽喜欢财货，都想长寿，但是在一定环境之下，财货和生命都可不顾。人在鼓动之下可以不计生命，不计利害，有豁出性命的决心，这与人的非理性情感是密不可分的。应当说，人往往会受到环境的刺激采取非理性的行为。因此，对于军事领导者来说，要善于捕捉士卒情感容易受到控制、感染的机会，进而激发人的斗志。《作战》说："杀敌者，怒也。"这是一个重要命题。李零翻译："杀敌是靠激发士兵对敌人的仇恨。"② 要使士兵勇猛杀敌，就要激起士卒对敌人的仇恨！这显然是利用士卒非理性的情感因素进行有效激励的方法之一。

现代管理学认为"表达你对员工的关怀"是激励员工的重要方法③。在《孙子兵法》中对这一激励原则也有一定认识。《地形》说："视卒如婴儿，故可以与之赴深溪；视卒如爱子，故可与之俱死。"在这里，人被看作是情感动物，在上者对在下者有仁恩，在下者就愿意为其效力。领导者视卒如"婴儿"，如"爱子"，这实际上是一种情感上的关怀，士卒如果感受到来自将帅的这种关怀，在孙子看来，士卒就会奋不顾身。

---

① （汉）曹操等注，黄朴民等点校：《孙子兵法集注》，长沙：岳麓书社，1996年，第294页。
② 李零：《吴孙子发微》（典藏本），北京：中华书局，2014年，第21页。
③ （美）斯蒂芬·P. 罗宾斯等：《管理学》（第九版），孙健敏等译，北京：中国人民大学出版社，2008年，第460页。

第三,造势、用势的激励原理与方法。

怎样将成千上万的个体凝结为一个整体,凝结为一个有战斗力的团队,让这个团队不仅能听从指挥,而且敢拼敢打,这是将帅必须考虑的问题。孙子对这个问题有深入的研究。造势、用势是孙子群体激励思想的核心。孙子认为一个勇敢人的并不是任何时候、任何地点都勇敢,一个怯懦的人并不是任何时候、任何地点都怯懦。将帅通过造势或利用有利形势,能够达到群体的高度凝聚,从而激励士卒群体的作战勇气或士气,这是群体士气激励的重要方法。孙子《势》篇提出"勇怯,势也"命题集中体现着这一点。李筌说:"夫兵得其势,则怯者勇;失其势,则勇者怯。兵法无定,惟因势而成也。"① 郭化若说"勇和怯是属于气势的事","要使军队保持勇猛必须造成有利的态势"②。显然,士兵勇怯的状态和程度是由"势"造成的。《势》篇还讲"择人而任势",李零认为"择人"应读为"释人",句意是"放弃人而依赖'势'。"③ 李零说:"勇怯取决于战势,即人为的态势和作战环境。"④ 按照李零的说法,"势"包括人为制造的态势和客观环境。孙子这一命题的重要意义在于,士卒群体的斗志与将帅有意识地制造作战态势和行军环境是密切相关的。因此,对于将帅而言,一方面要制造有利于激发士兵作战勇气的作战态势,同时要充分利用客观环境对士卒心理施加积极影响,从而使士卒在行军作战中保持高度的斗志。这是孙子在激励方面的一个创见。孙子强调用"势"激发士气,主要如下几种思路。

首先,要充分利用外部陌生环境。《九地》篇:"凡为客之道,深入则专。""为客之道"讲的是进入敌境的作战原则。杜牧说:"若深入敌人之境,士卒有必死之志,其心专一,主人不能胜我也。"梅尧臣、张预解"深入则专"分别说"入人之地深,则士卒专精"、"深涉敌境,士卒心专"⑤。俞文钊认为"增强群体凝聚性"的一个重要途径就是注意"群体与外部的关系",他说:"群体面临外来的威胁会增强群体成员相互间合作的需要。在外部竞争对手面前,群体只有

---

① (汉)曹操等注,黄朴民等点校:《孙子兵法集注》,长沙:岳麓书社,1996年,第106页。
② 郭化若:《孙子译注》,上海:上海古籍出版社,1984年,第126页。
③ 李零:《吴孙子发微》(典藏本),北京:中华书局,2014年,第38页。
④ 李零:《兵以诈立:我读〈孙子〉》(增订典藏本),北京:中华书局,2012年,第193页。
⑤ (汉)曹操等注,黄朴民等点校:《孙子兵法集注》,长沙:岳麓书社,1996年,第272页。

加强内部团结，增强凝聚性，才能取胜。"① 孙子"深入则专"的命题就揭示了群体凝聚性的这一规律。试想，军队开到一个陌生环境，实际上意味着威胁增强，外部威胁的增强在一定程度上就能够促进士卒群体的内部凝结。对于将帅来说，激励士兵作战的勇气，就要充分利用外部环境对士兵群体凝聚性的积极影响作用。《九地》还讲："投之亡地然后存，陷之死地然后生。"制造危险的环境，会使人增强求生的欲望，树立外部的敌人，能增强内部的凝聚，与"深入则专"的意思内在一致的。

其次，要制造形势使群体处于利害共同体中。俞文钊认为"增强群体凝聚性"的另一个重要途径就是注意"群体成员的共同性"，他说："成员间要有共同的利益和目标，这是增强凝聚性的关键因素。"②《九地》篇讲："投之无所往，死且不北，死焉不得，士人尽力。兵士甚陷则不惧，无所往则固，深入则拘，不得已则斗。"所谓"投之无所往"、"士兵甚陷"，就是有意或无意造成一种态势，让士兵群体处在一个生死共同体当中，大家的依赖程度就会增强，进而就会增强群体的凝聚性。所以《九地》篇还说："夫吴人与越人相恶也，当其同舟而济，遇风，其相救，也如左右手。"大家都是一条绳子上的蚂蚱，即使平日内斗不断，在这种特殊状态下，就能团结一致。孙子讲的"投之无所往"、"投之亡地"、"示之以不活"都是强调将帅应极力制造能够激发士卒凝聚性的利害共同体，进而提升士卒的作战主动性和积极性。

再次，制造形势使士兵群体感到处在一种优势状态。《孙子》讲要制造优势兵力对敌人形成包围态势，进而让士兵群体感觉胜券在握。《势》篇："任势者，其战人也，如转木石。木石之性，安则静，危则动，方则止，圆则行。故善战人之势，如转圆石于千仞之山者，势也。"杜牧说《势》篇"大抵言兵贵任势，以险迅疾速为本，故能用力少而得功多也。"③ 诸家古注都从防守的角度强调"一夫守之，千人不过"这种"势"。实际上，还有一种情况没有讲到。比如，指挥军队对敌方形成包围之势，我方兵力处于绝对优势，对敌人的打击就如"转圆石于千仞之山"一样。这也是"任势"！对于士卒群体来说，对敌形成绝对优势的态势之下，士卒的作战勇气就会达到一个高点。《形》篇："胜者之战

---

① 俞文钊：《管理心理学》（第三版），大连：东北财经大学出版社，2008年，第179页。
② 俞文钊：《管理心理学》（第三版），大连：东北财经大学出版社，2008年，第179页。
③ （汉）曹操等注，黄朴民等点校：《孙子兵法集注》，长沙：岳麓书社，1996年，第113页。

人也,若决积水于千仞之溪者,形也。"士卒勇猛作战,是实力、形势所致。若对敌形成摧枯拉朽之势,士卒的战斗意志就坚决、勇猛。总之,将帅通过对敌造成兵力上的绝对优势,就能达到对士兵群体的作战勇气的有效调动。可以看出,人的精神状态与所处的环境关系密切。士兵深入客地作战就容易凝结,在绝望的处境之下最容易听从指挥,处在利益共同体中就会更加团结,在优势兵力态势下作战会更勇猛。作为军队的领导者必须掌握环境与士卒心理之间的关系,并加以充分运用!

总体来看,上述三种激励原理在《孙子兵法》中是相互为用的。兵法之所以是兵法,它的目的是帮助学它的人能够克敌制胜,并不过分追求理论上的一贯性。兵法所竭力揭示的是人的复杂性。有的人大义凛然,有的人猥琐小气,有的人充满仁爱,有的人狠刚残忍;即使是同一人,在不同时候、不同环境下,也有着相当不同的表现。更为重要的是,作为现实的多数人,并不刻意追求思想的深度,并不刻意要求在更深层次上保持思想与行动的高度一致。兵家对"人是什么"的问题所持的就是这种务实的态度!因此,对军事领导者来说,不能因人一时的可以感化,就认为用仁爱"德化"是唯一的原则……他要"因利制权",根据实际情况需要采取对人的相应看法,采取对战事有利的策略。这是兵法不同于其他诸子的重要方面。有学者说:"率先垂范、忧国忘身,是古代将帅留下的优良传统,也是先秦兵书的一贯主张。"① 如果说兵家和其他诸子一样强调领导者素质的重要性,这无疑是正确的。但根据我们的分析,强调领导者"率先垂范"在《孙子》中体现得并不明显。因为它特别强调"造势"在激励士兵精神方面的作用,它并不会如儒家那样特别强调"身正则不令而行"的效果。在孙子眼里,人是复杂的,领导者要根据实际情况考虑激励的方式和方法,他并不认为任何一种激励方法就能一用到底,他强调激励方法相互配合使用的重要性。如《行军》说"令之以文,齐之以武",强调文武兼用的重要性。而且为了达到士兵群体的凝聚性,即使用"愚"人耳目的方法也没有什么不可以的②。总归一点,只要对战事有利的方法都可以用,都要想尽办法用,这是由孙子"以利动"的根本领导价值取向决定的。

---

① 解文超:《先秦兵书研究》,上海:上海古籍出版社,2007年,第208页。
② 例如《孙子兵法·九地》说:"能愚士卒之耳目,使之无知。易其事,革其谋,使人无识;易其居,迂其途,使民不得虑。"还说:"犯之以事,勿告以言;犯之以利,勿告以害。"

五、以"智"为核心的领导者素养

将帅的素养被孙子列为"五事"之一,是战争胜负的重要因素。《计》篇说:"将者,智、信、仁、勇、严也。"智、信、仁、勇、严在孙子看来是将帅的必备素养。孙子把"智"放在第一位是有深意的。儒家讲"三达德",把"仁"排在第一位,是以"仁"统领其他诸德,孙子则是以"智"统领其他诸德,显示其与儒家基本立场的不同。杜牧在注释此句时说:"先王之道,以仁为首;兵家者流,用智为先。盖智者,能机权,识变通也。"① 杜牧所谓"兵家者流,用智为先"是很准确的,对将帅而言,智、信、仁、勇、严诸德都是重要而必需的,但"智"是领导者素养的核心。

孙子一面讲"视卒如婴儿"、"视卒如爱子"(《地形》),认为将帅为换取士卒的效力施以仁爱是必要的,但是他又说"爱民,可烦也"(《九变》),认为将帅如果"仁人爱人,唯恐杀伤"就会"不度远近,不量事力"②,就会被敌人利用而处于被动。显然,对将帅来说,"仁爱"是应该有的,但面对战事必须考虑利害,权衡得失,"仁爱"是激励手段,有利于军事行动就应当用,不利于军事行动就不能有,妇人之仁对将帅来说是要不得的!"信"是一种美德,也是一种有效的管理手段③,杜牧说"信者,使人不惑于行赏"④,法令能不能得到贯彻,一个重要的条件就是领导者是否有"信",领导者如果没有信用,说话不算数,就不可能得到下属的信任,团队就不可能凝结起来。但孙子又讲"兵者,诡道也"(《计》),强调"示形"的必要性和重要性,可见领导者"信"德的施加对象是有一定范围的。同时,他讲"愚"士卒之耳目的必要性和重要性,可见,即使在我方内部也并不是什么事都要讲"信"。再说"勇",对将帅而言冲锋陷阵当然要勇敢,但孙子又说"必死,可杀"(《九变》),显然,有勇无谋的"勇"也是要不得的。再说"严",杜牧说"严者,以威刑肃三军也"⑤,将帅严明军纪、严明法令都要有"严"的素养,但他又讲"令之以文,齐之以武"(《行军》),显然,带兵打仗只有"严"、"武"的一面是不够的。

---

① (汉)曹操等注,黄朴民等点校:《孙子兵法集注》,长沙:岳麓书社,1996年,第9—10页。
② (汉)曹操等注,黄朴民等点校:《孙子兵法集注》,长沙:岳麓书社,1996年,第9—10页。
③ 葛荣晋:《中国管理哲学》(第二版),北京:中国人民大学出版社,2013年,第101页。
④ (汉)曹操等注,黄朴民等点校:《孙子兵法集注》,长沙:岳麓书社,1996年,第10页。
⑤ (汉)曹操等注,黄朴民等点校:《孙子兵法集注》,长沙:岳麓书社,1996年,第10页。

第三章 《孙子兵法》"以利动"为根本价值取向的领导理论

总的来说,面对战争活动的复杂性、残酷性,将帅必须以"杂于利害"的心思考虑问题,"信"应该是智信,"仁"应该是智仁,"勇"应该是智勇,"严"应该是智严,"智"德是其他诸德在战争活动中得以施展积极作用的润滑剂,如果没有"智"德的调节和指挥,其他诸德在某一方面的偏胜都可能对我方的战事活动造成不利影响。"智"之所以是领导者的核心素养实际上是由战争活动的特殊性决定的。战争形势瞬息万变,对敌我双方形势的判断,既要把握时机,也要根据实际情况;兵力配备要根据地形以及敌方的情况随时调配;士卒的激励既能做到"有法之赏罚",也要能做到"无法之赏罚";对士卒的管理要有"文"的一面,也要有"武"的一面……这些都不是僵化的,要根据实际情况来进行。只有做到"因利制权",领导军队的将帅才能在复杂的瞬息万变的军事活动中掌握先机,牢固掌握主动权,这就是对将帅"智"的根本要求。没有"智",最终就会掉到自己设置的陷阱里面去。所以,"智"是军事领导者最根本的素质要求。李泽厚认为《孙子兵法》中体现着突出的"理性态度",这种"理性的态度"在他看来主要包括:"一切以现实利害为依据,反对用任何感情上的喜怒爱憎和任何观念上的鬼神'天意',来替代或影响理智的判断和谋划",[①]"必须非常具体地观察、了解和分析各种现实现象,重视经验"[②],"在这种对现实经验和具体情况的观察、了解、分析中,要迅速地从纷繁复杂的错综现象中发现和抓住与战争有关的本质或关键"[③]。如果把这种概括用在对军事领导者身上是再合适不过了。

对孙子而言,怎样才能称得上是"智"?

首先,"智"是对相关问题和知识的系统全面把握。这一点在《孙子兵法》中体现得非常明显。比如《地形》认为"地之道"乃"将之至任,不可不察"。《九地》中讲"九地之变,屈伸之利,人情之理,不可不察"。这些都说明,将帅的"智"最基本地体现在对地理、人情等常识的把握上。领导者没有对军事活动相关知识的系统把握,就不可能有效指挥军队,根本谈不上"智"。其次,

---

① 李泽厚:《孙老韩合说》,《中国古代思想史论》,北京:生活·读书·新知三联书店,2008年,第77页。
② 李泽厚:《孙老韩合说》,《中国古代思想史论》,北京:生活·读书·新知三联书店,2008年,第78页。
③ 李泽厚:《孙老韩合说》,《中国古代思想史论》,北京:生活·读书·新知三联书店,2008年,第79页。

"智"是权变、应变的机智和能力。因地制宜、因利制权的机智和能力叫"智"。这种能力是先天就有的，还是后天习得的，孙子没讲，但他认为它对将帅很重要。孙子讲"示形"，讲"奇正"，讲"势"，都要求将帅有根据实际情况的应变机智和能力。再次，"智"是辩证思维的能力和智慧。所谓辩证思维就是要能看到事物的两面，而不是一面。看到利，也要看到害①；看到我方，也要看到敌方。孙子还认为，"智"者能见到别人见不到的东西，能观察到事物的内部规律②。他还认为"智"是不受情感或外部因素左右的冷静明慧和主见。《地形》说："战道必胜，主曰无战，必战可也；战道不胜，主曰必战，无战可也。故进不求名，退不避罪，唯人是保，而利合于主，国之宝也。"这是强调将帅要有相当的担当精神，不能畏首畏尾，失了战机，在孙子看来这是军事领导者维护大局利益所必备的素质。

孙子认为由冷静的智慧支撑起来的"不执着"是将帅"智"的最高表现。《虚实》说："善攻者，敌不知其所守；善守者，敌不知其所攻。微乎微乎，至于无形；神乎神乎，至于无声，故能为敌之司命。"还说："形兵之极，至于无形；无形则深间不能窥，智者不能谋。"还说："兵无常势，水无常形；能因敌变化而取胜者，谓之神。"《虚实》篇这几段话主要说的是排兵布阵问题。孙子认为排兵布阵的最高境界是"无形"，即：使敌方始终摸不着头脑，使己方时刻处于高度灵活、机动、自主的状态。将帅指挥军队的"无形"境界正是其"智"的反映，也势必成为将帅素养的最高要求。《九变》："将有五危：必死，可杀；必生，可虏也；忿速，可侮也；廉洁，可辱也；爱民，可烦也。凡此五者，将之过也，用兵之灾也。覆军杀将，必以五危，不可不察也。"③对将帅而言，一旦形成某种行事风格，即使是社会普遍认同或尊崇的优良品质，也会成为自我的累赘，成为资敌利用的弱点。因此，军事领导者始终应该以"大利"为行为指归，心若明镜，若流水，不受任何外在假象的迷惑，不受外在任何虚荣的诱

---

① 如《孙子兵法·九变》说："智者之虑，必杂于利害，杂于利而务可信也，杂于害而患可解也。"
② 《孙子兵法·形》："见胜不过众人之所知，非善之善者也；战胜而天下曰善，非善之善者也。故举秋毫不为多力，见日月不为明目，闻雷霆不为聪耳。古之所谓善战者，胜于易胜者也。故善战者之胜也，无智名，无勇功，故其战胜不忒，不忒者，其所措必胜，胜已败者也。"
③ 有学者将之称作"领导的性格戒律"(刘明非：《〈孙子兵法〉中的领导思想探微》，吉林财经大学硕士学位论文，2014年，第18页)。笔者认为这是为将者失去"主动性"在情绪上的反映，被敌人或外在环境牵着鼻子走了；廉洁、爱民，这些都是为将者"仁"的表现，是人的长处，但如果使用不当，也会被敌人利用，成为短处。

感，时刻要根据实际情况选择最有利的行动方案，当爱则爱，当勇则勇。面对复杂残酷的战事活动，领导者时刻应该保持主体的灵活性、主动性这就是"形圆"的特点。在一定程度上说，"智"犹如道家讲的"虚无"的品质，将帅不能有成见，不能受名利束缚，不能受生死制约，不能为情感支配。《九地》篇中又说："将军之事，静以幽，正以治"。"静以幽"就是"无形"。一旦有形，即使是符合社会普遍认同的道德品质，也会成为缺点，成为被敌人利用的把柄！

最后，《孙子兵法》中多次讲"察"，讲"知"，强调观察和调查分析，可见，将帅"智"的素养是要在战争的经验中不断磨炼才能真正具备并熟练运用的。

小 结

对指挥战争的领导者来说，"以利动"既是领导者的根本价值标尺，也是决策的根本原则，它强调军事领导者始终要根据实际情况采取对我有利的决策、行动。《孙子兵法》在领导决策、组织建设、领导激励等方面都提出了重要见解，在先秦诸子领导理论中是非常突出的！

第四章 墨子以"兼爱尚同"为核心的领导理论

墨子是战国初期鲁国人,曾"学儒者之业,受孔子之术"(《淮南子·要略训》),但他并未以儒者自居,而是对之提出批评,创立了墨家学派。墨学是先秦的"显学"之一,在当时产生了广泛的影响。学界对墨子及墨家管理思想研究相对较少,这与其"显学"地位是很不相称的。事实上,墨家巨子作为学派领袖不仅有领导经验①,而且也有可能有着来自墨家领导理论的支撑。墨子以"兼爱尚同"为核心,提出了一系列重要的领导理论命题。

一、"天意"是领导者行为的根本价值标尺

在墨子的思想中"天"是有意志的。墨子认为"天子"必须顺"天意"。《天志上》说"天之为政于天子","天"管着"天子"。《天志上》还说:"天子者,天下之穷②贵也,天下之穷富也,故于富且贵者,当天意而不可不顺,顺天意者,兼相爱,交相利,必得赏。反天意者,别相恶,交相贼,必得罚。""天子"是天下最贵、最富的人,"天子"必须顺天意,顺天意得"赏",反天意就要得"罚"。墨子还认为"天子"为"义"是"天志"使然。《天志上》说"天

---

① 孙广德《墨子政治思想之研究》说:"先秦诸子中,各家俱无组织,唯墨家有之。……巨子领导所有墨者,地位极高,权威甚大,凡墨者均应服从之。"(任继愈主编:《墨子大全》第 51 册,北京:北京图书馆出版社,2004 年,第 58 页)还说:"墨家组织中,除以巨子为领袖,统一领导外,尚有极严格之纪律。"(任继愈主编:《墨子大全》第 51 册,北京:北京图书馆出版社,2004 年,第 58 页)可见,墨家学派是有着严密的组织系统的,墨家"巨子"有着相当丰富的领导经验是可以肯定的。

② "穷"是"极"的意思。参见吴毓江:《墨子校注》(第二版),北京:中华书局,2006 年,第 294 页。

第四章 墨子以"兼爱尚同"为核心的领导理论

欲义而恶不义"。《天志中》说"天为贵,天为知",认为"义果出自天"。《天志下》说:"天之志,义之经。"结合这些讲法,可以认为,天是"义"的根源,是判断什么是"义"的根本尺度,或者说,"天"本身就是"义","天"之意欲就是"义"。从墨子设想的领导体制来看(见《天志》篇),"天"管着天子,"义"从"天"出,天子就必须执行"天"之"义"。《天志中》说:"然有所不为天之所欲,而为天之所不欲,则夫天亦且不为人之所欲,而为人之所不欲矣。"在墨子看来,"天子"应当为"天"之所欲,这样"天"就会"为人之所欲",对人做出相应的回报。由此,墨子认为天子、领导者应当为天之所欲、不为天之所不欲。《天志中》认为"天"不仅创造自然万物,而且"为王公侯伯,使之赏贤而罚暴"。就是说,"王公侯伯"之设置是出于天意"赏贤而罚暴"的安排,那么,王公侯伯自然也要执行天意了。在《天志中》墨子认为顺天之"行"、"谈"、"刑政"叫作"善行"、"善言谈"、"善刑政",反天之"行"、"谈"、"刑政"叫作"不善行"、"不善言谈"、"不善刑政",可见,"天意"是判断领导者行为"仁与不仁"的标尺。因此,领导者的领导活动应当遵循"天意",以"天意"为行为标准,把"天意"作为其行为的根本价值取向。

萧公权在讨论墨子"天志"观念时说:"天为全体人类之唯一主宰,其赏罚严明普及而不可逃……故人之对天,不可不取绝对服从的态度。"① 墨子认为任何人都不能逃过"天"的监督,不能得罪于"天",因此,他认为领导者"必为天之所欲,而去天之所恶"(《天志下》),领导者要顺天意、执行天之义之说,体现着墨子宗教思想,与其他诸子相比显得有些落后。但不可否认的是,他对领导者终极使命给予了界定,把领导者的功能定位在执行"天义"上,说明领导者是承担着高尚使命的载体,是"义"的执行者,他应以"义"为根本行为准则。《兼爱上》:"圣人以治天下为事者也。"在墨子看来,理想的领导者应当以公共事业为事业,应当对公共事业作出贡献。墨子在一定程度上揭示了"领导就是服务"的领导本质②。

---

① 萧公权:《中国政治思想史》,刘梦溪主编:《中国现代学术经典·萧公权卷》,石家庄:河北教育出版社,1999年,第120页。

② 刘建军:"领导活动的本原体现为公共使命的承担,领导者把自己的身心投放到公共使命中,不仅有助于巩固其权威,而且也是展示其人生价值的必然选择。公共就是一种聚合,一种对个人私利所不能涵盖之领域的包容。因此,服务是领导本质之所在。"刘建军:《领导学原理:科学与艺术》(第二版),上海:复旦大学出版社,2003年,第45页。

在《天志》篇，墨子对"天志"的内容还作了许多说明和规定。从根本上讲，"天志"的内容就是"兼爱"①。刘泽华说："兼相爱是一种精神，落实在实际则是交相利。"②《天志中》："天之意，不欲大国之攻小国也，大家之乱小家也，强之暴寡，诈之谋愚，贵之傲贱，此天之所不欲也。不止此而已，欲人之有力相营，有道相教，有财相分也。又欲上之强听治也，下之强从事也。"只有"交相利"，才算是"义政"，才能"上利于天，中利于鬼，下利于人"。领导者做到"三利无所不利"就达到了"圣王"的境界（《天志上》）。由此可见，与其说判断领导者行为的根本价值标尺是"天志"，还不如说是"利"。对此，不少学者做过论述和说明。梁启超认为墨家主张："道德和实利不能相离，利不利即善不善的标准。"③冯友兰说："墨翟把'利'作为衡量一切事物的价值的标准。"④还说："墨翟认为'利'是衡量善恶的标准。"⑤杨幼炯："利为墨子中心学说全体之纲领。"⑥而且，大家几乎一致认为墨家"所谓利，实指一社会或人类全体之利益而言"⑦，"墨子之所谓利，乃大多数人之利，即社会全体之利也"⑧。既如此，墨家以"利"作为领导者根本价值是没有问题的。具体来说：

领导者要维护社会的整体利益。墨子："仁人之所以为事者，必兴天下之利，除去天下之害，以此为事者也。"（《兼爱中》）"兴利除害"是领导的目的。《非乐上》说："仁之事者，必务求兴天下之利，除天下之害，将以为法乎天下。利人乎即为，不利人乎即止。""兴利除害"要最终落实在对"人"是否有"利"上。在墨子看来"凡事利余于害者谓之利，害余于利者谓之不利"⑨，"凡事利于最大多数者谓之利，利于少数者谓之不利"，"少数人格外占便宜得利益，从这少数人方面看，诚然是有利了，却是大多数人受了他的害。从墨子爱利天下的眼光来看，这绝然是害，并不是利。反之，若是少数人吃亏，多数人得好处，

---

① 冯友兰：《中国哲学史新编》（上册），北京：人民出版社，2007年，第165页。
② 刘泽华：《先秦政治思想史》，《中国政治思想史集》，北京：人民出版社，2008年，第404页。
③ 梁启超：《先秦政治思想史》，北京：东方出版社，1996年，第150页。
④ 冯友兰：《中国哲学史新编》（上册），北京：人民出版社，2007年，第151页。
⑤ 冯友兰：《中国哲学史新编》（上册），北京：人民出版社，2007年，第156页。
⑥ 杨幼炯：《中国政治思想史》，上海：上海书店，1984年，第118页。
⑦ 梁启超：《先秦政治思想史》，北京：东方出版社，1996年，第150页。
⑧ 杨幼炯：《中国政治思想史》，上海：上海书店，1984年，第118页。
⑨ 梁启超：《墨子学案》，蔡尚思主编：《十家论墨》，上海：上海人民出版社，2008年，第12页。

墨子说他是利。"① 领导者不能看表面的利,而应权衡利害,以相对的有利为依归。同时,领导者要明确对多数人有"利"的才是"利"。因此,墨子所讲的"兴天下之利"的"利"是社会整体的利益。作为某一层面的领导者,"同天下之义"的依据就是这个层面的整体利益。墨子的"交相利"就指"社会的总体之利"②。这个"利"也就是社会的"公利",即整体的利益,大多数人的利益。陶希圣:"墨子对于一切社会制度及政治设施,都是以是否'中国家百姓人民之利'为评定标准。"③ 作为社会各层级领导者即当以"中国家百姓人民之利"为根本的价值取向!

领导者要满足人的物质需要。《天志上》:"天欲其生而恶其死,欲其富而恶其贫。"既然"天"欲人生、富,领导者自当以之为行为目的。《非乐上》认为"饥者不得食,寒者不得衣,老者不得息"是人的三大患,领导者要做的是"利人",对人不利的就不能做。《节葬下》:"衣食者,人之生利也。"墨子讲"兴天下之利,除天下之害",体现着强烈民本观念,把是否对民有利作为领导者的价值取向,但不同于儒家的是,墨子更看中民众是否吃饱穿暖,是否能以休息,他更重视的是人基本的物质需要的满足。刘泽华:"在中国思想史上把衣食视为人的生利,墨子是最早的倡导者之一。"④ 可以看出,同样是讲"利民"、"为民",墨家的特殊性在于把人的吃饭穿衣这些最基本的物质需要看得很重,领导者以"利"为价值标准,最基本的是要考虑到民众的基本物质需要。任继愈认为,这与墨子出身劳苦阶层、亲身感受过民众的痛苦有关⑤。

墨子把"天志"作为最高价值标准,从"天欲义而恶不义"(《天志下》)、"天兼天下而爱之"(《天志中》)等观念出发,领导者当有高尚的价值追求是毫无疑问的!但是落到实际,墨子仍是以是否对社会整体利益为标准。而在讲是否有利于民时,墨子又特别重视满足民最基本的物质需要。从根本上看,墨子强调的是"公利",认为领导者当以"天下"为念。他基于满足民众的最物质需

---

① 梁启超:《墨子学案》,蔡尚思主编:《十家论墨》,上海:上海人民出版社,2008年,第13页。
② 梁启超:《先秦政治思想史》,北京:东方出版社,1996年,第151页。
③ 陶希圣:《中国政治思想史》,北京:中国大百科全书出版社,2011年,第76页。
④ 刘泽华:《先秦政治思想史》,《中国政治思想史集》,北京:人民出版社,2008年,第404页。
⑤ 任继愈:"墨子是个手工业劳动者,他的门徒也大都是小手工业劳动者,他们长期劳动、生活在普通民众当中,认为天下之大患,在于'饥者不得食,寒者不得衣,劳者不得息'。只有亲身受过劳作之苦的人,才能有这样的感受。"任继愈:《墨子与墨家》,北京:北京出版社,2012年,第16页。

要角度出发,认为其他诸如音乐之类的东西,"加费不加利于民",体现出"功利主义"的思想特点,显示出与儒家的不同。

二、"一同天下之义"是领导者的根本功能

墨子和先秦其他诸子一样,认为领导者在社会治乱中起着非常重要的作用。比如《非命下》说:"存乎桀纣而天下乱,存乎汤武而天下治。"领导者的好坏决定着政治局面的好坏。墨子认为领导者的根本功能是"一同天下之义",用现在的话说就是"凝聚共识"。

墨子认为"同义"是各级领导者的重要功能和作用。这一观念主要体现在《尚同》诸篇。胡适曾认为:"'尚同'并不是推尚大同,乃是'取法乎上'的意思。"① "尚同"除具有"取法乎上"的意思外,还有"一同天下之义"的意思。《尚同上》:"乡长唯能一同乡之义,是以乡治。"还说:"国君唯能一同国之义,是以国治也。"还说:"天子唯能一同天下之义,是以天下治也。"《尚同下》:"天下之欲同一天下之义也,是故选择贤者,立为天子。"而在"尚同"三篇中,讲"一同天下之义"最突出的是《尚同中》。它说:

> 明乎民之无正长以一同天下之义,而天下乱也,是故选择天下贤良、圣知、辩慧之人,立以为天子,使从事乎一同天下之义。天子既以立矣,以为唯其耳目之请,不能独一同天下之义,是故选择天下赞阅、贤良、圣知、辩慧之人,置以为三公,与从事乎一同天下之义。天子三公既已立矣,以为天下博大,山林远土之民,不可得而一也,是故靡分天下,设以为万诸侯国君,使从事乎一同其国之义。国君既已立矣,又以为唯其耳目之请,不能一同其国之义,是故择其国之贤者,置以为左右将军大夫,以远至乎乡里之长,与从事乎一同其国之义。

墨子认为,天下之乱是由于没有天子,要天子就是"一同天下之义"的。天子选拔三公、国君选拔"将军大夫"、"乡里之长",其目的都在于帮助自己"一同天下之义"。同时,三公、国君在各自的权限范围内,其主要的功能也是"一同"相应范围内的"义"。显然,"一同天下之义"是领导者重要功能,甚至可以说是最根本的功能。

---

① 胡适:《中国哲学史大纲》,上海:上海古籍出版社,1997年,第123页。

第四章 墨子以"兼爱尚同"为核心的领导理论

为什么领导者功能是"一同天下之义"?《尚同上》说:

> 古者民始生,未有刑政之时,盖其语,人异义。是以一人则一义,二人则二义,十人则十义,其人兹众,其所谓义者亦兹众。是以人是其义,以非人之义,故交相非也。是以内者父子兄弟作怨恶,离散不能相和合。天下之百姓,皆以水火毒药相亏害,至有余力,不能以相劳;腐朽余财不以相分,隐匿良道,不以相教,天下之乱,若禽兽然。

墨子"一人一义"的理论预设在先秦是非常特殊的。他认为社会混乱不能"和合",最初是由于"人异义"造成的,"人是其义,以非人之义,故交相非也",不仅造成家庭内部不和,也造成天下人群之间的不和。基于此,墨家才认为"民之无正长以一同天下之义而天下乱"的结论。即是说,人"是其义"而"非人之义"的乱局是由于没有"正长",有了"正长""以一同天下之义"就能克服"人相非"的局面。因此,领导者的功能和作用就是"合"天下之义,或者说"同"天下之义。

所谓"同义"就是把不同个体和不同组织的共同价值取向凝聚起来。用现在的话讲,就是消减分歧、凝聚共识。"同义"就是在一人一义的背景下,寻找、创建人与人之间的"公义",这个过程也可以叫作"兼"天下之义。概括起来,墨子认为领导就是化解分歧、凝聚天下人的共识。《尚同》诸篇屡次讲不同层级的领导者应"发政于天下之百姓",布告如下理念:"闻善而不善,皆以告其上。上之所是,必皆是之,所非,必皆非之。上有过则规谏之,下有善则傍荐之。上同而不下比者,此上之所赏,而下之所誉也。意若闻善而不善,不以告其上,上之所是弗能是,上之所非弗能非,上有过弗规谏,下有善弗傍荐,下比不能上同者,此上之所罚,而百姓所毁也。"从"闻善而不善,皆以告其上"句可见:对于什么善,什么是不善,在下者(包括下级组织和群众个体)是有着不同的认识的可能的,这与"一人一义"的理论预设是一致的。在上者发此布告的目的是要在下者把自己所知道的善与不善"上报"上来,在上者再对上报上来的善与不善进行鉴别、梳理,然后形成统一明确的关于善与不善的"结论",这个"结论"就成为在下者必须遵行的善与不善的标准。也就是,在"正长"宣布其所谓的"善"与"非善"之前,他的一项重要的工作就是对上报上来的善与非善进行分析梳理,进而形成统一的善与非善的标准,这是领导者"一同天下之义"的过程。在墨子看来,各级"正长"经过"同义"的过程,取得关于"是非"的最终标准(即统一的价值取向）之后，在下者必须遵行，对不尊行而"下比"的给予处罚。通过此种控制手段，最终实现"取法乎上"的统一效果，就可避免天下之乱。可以看出，领导者的"同义"功能是要通过发布类似于征询意见的命令，把不同组织和个人的价值取向经过了解、分析后，求得最大共识。

所谓的"同义"就是以上级组织的"公义"化解、统合下级的"义"。《尚同下》认为"上之为政，得下之情则治，不得下之情则乱"，还说"上之为政，得下之情，则是明于民之善非也"。谭家健认为："所谓'下之情'，就是属下的实际情况"[①]。所谓"得下之情"在很大程度上是要明"民之善非"。在墨子看来，一国有很多"家"，家之间也存在"是其家而非人家"的情况，要避免这种情况就得有国君，国君应从"国"层面以"国利"为标准来化解众"家"之间的分歧与矛盾。相应地，要避免众"国"之间的分歧与矛盾，就得有天子，天子应从"天下"层面以"天下之利"为标准化解众"国"之分歧与矛盾。作为国君，如果以某一家之"义"施行赏罚，赏罚就不可能发挥其预期的作用。因此，国君必须从国的层面树立国之"义"。显然，"同义"就是在个体、不同组织之上寻求"公义"，用更高层面的"公义"化解、统一下层的矛盾和分歧，最终形成某一层面的共同价值取向，这是领导者的功能所在。由此也可看出，领导者就是把握全局、协调各方的。

亨利·明茨伯格在《经理工作的性质》一书中把企业经理的角色归纳为十种，认为经理的一个重要的角色即是"领导者"。他说："经理通过领导者的角色把各种分散的因素结合起来形成一个协作的企业。"[②] 观墨家"一人一义"的理论预设就可明白，天下的乱局或分裂在于"一人一义"，作为领导者实际上就是通过自己的方式在不同之"义"中求取"公义"，这样才能把分散的个人、分散的组织协作起来。

最后需要说明的是：和儒家一致的是，墨子认为领导者的示范作用非常重大。给被领导者树立效法榜样是领导者的另一重要功能。领导者是否能够为被领导者做出"示范"事关其"尚同论"的成立。《尚同上》说："乡长之所是，

---

① 谭家健：《墨子研究》，任继愈主编：《墨子大全》（第80册），北京：北京图书馆出版社，2004年，第114页。
② （加）亨利·明茨伯格：《经理工作的性质》，孙耀君等译，北京：中国社会科学出版社，1986年，第84页。

必皆是之；乡长之所非，必皆非之。去若不善言，学乡长之善言；去若不善行，学乡长之善行。"① 墨子认为在下者之所以应该"上同"，一个重要的原因是各级的"正长"是由"贤能者"、"仁者"担任的，在上者是在下者的榜样。因此，在下者必须向在上者学习，把在上者的是非当作己之是非。在上者的"示范"作用发挥得怎样是民众是否愿意"上同"重要因素。"正长"是否能够充分发挥示范榜样作用，直接关涉到"尚同"理论的实现问题。可见，领导者在一定程度上是"模范者"，即给人作出个样子，成为民众效仿的对象。

领导者是否能够做出"示范"事关兼爱理想的实现。在《兼爱》篇，有人说"兼爱"是好，但难于实行。墨子不以为然。他说，攻城野战够难了吧，但是君主如果喜欢干，士众就能干。墨子认为"君说之，故臣为之"、"君说之，故臣能之"、"君说之，则众能为之"（《兼爱中》）。这强调的是领导者上行下效的作用和功能。墨子还举"晋文公好士之恶衣"、"楚灵王好士细要"、"越王句践好士之勇"等事例说明领导者如果有所好，在下者必"甚之"的道理。"兼爱"之所以可能，除了坚信"爱人者人必爱之"的道理外，还在于领导者如果能作出"兼爱"的榜样，其他人就会跟风效仿，形成一种是势不可挡的潮流。这都说明，领导者的"示范"作用是非常强大的，领导者应该是在下者的榜样。从这个角度讲，领导者的功能就是给被领导者做出可效法的榜样！

孔子强调"政者，正也"，要让领导者在践行"礼"的过程中凸显自身之"正"，强化在下者对领导与被领导关系的认同，最终实现领导目的。从这个角度讲，孔子讲"示范"要求领导者有高度践"礼"的自觉。墨子的领导者"示范"说强调在上者是什么样子，在下者就会学什么样子，这是与孔子一致的地方。但是，在墨子这里，领导者应该发挥对在下者的"示范"功能，仅仅是说领导者应该是好的，并不意味着要在践行礼乐制度中树立对在下者的示范和榜样。

三、建立"若使一夫"的领导体制

墨子认为天下之"乱"是由两方面的原因造成的：一是没有"正长"，缺少尚同的体制；一是社会不能兼相爱、交相利。针对天下之"乱"，墨子提出"尚

---

① 《墨子·尚同上》还说："国君之所是，必皆是之；国君之所非，必皆非之。去若不善言，学国君之善言，去若不善行，学国君之善行。"还说："天子之所是，皆是之；天子之所非，皆非之。去若不善言，学天子之善言；去若不善行，学天子之善行。"

同"与"兼爱"两条重要主张。从领导思想的角度看,讲"尚同"旨在建立自上而下的有效领导体制,讲"兼爱"旨在社会组织中培养兼爱的精神。《尚同下》:"治天下之国若治一家,使天下之民若使一夫。"总体看,墨子希望建立其一个高度凝聚和灵活的领导体制。

墨子认为领导者自身的能力是"不足"的,天子、国君要管理整个天下、整个国家就必须设官分职,建立有效的组织体系①。萧公权说:"墨子所想象之全部政治机构,颇似一宝塔式之层垒系统。"② 据《尚同》篇,社会最高领导者"天子"的下属人员和下级组织的领导者主要是通过"选贤举能"的方式产生,但处在宝塔最高层级的"天子"则为"天鬼"所立,除了"天"之外,在现实政治结构中,没有任何力量能够制衡"天子"。可见,墨子设想的领导体制,天子是最高统治者,是最有权威的人。而"天子"下一层级的领导者除了"天子",他就是最有权威的人。墨子对领导体制的设想主要包括:

首先,墨子认为某一层级的最高领导者应为是非善恶的最高标准,下层的领导者和整个被统治者都必须以这个最高领导者的是非为是非。墨子把社会价值的实际最高裁判权给了"天子"。有了"天子"才能"一同天下之义",才能实现社会的和谐。《尚同》篇屡次讲"上之所是,必亦是之;上之所非,必亦非之",并强调"尚同义其上,而毋有下比之心"。"尚同"的一个重要内涵就是"尚同义其上",即在下者要以在上者的是非为是非,最高领导者在充分听取意见基础上形成的决定,下属、下级领导者和百姓必须无条件的学习和接受。如果不"上同",就要予以惩罚。显然,墨子设想的领导体制中,某一层级的最高领导者具有最终的裁决权。这是墨子理想的领导体制的一个重要组织原则。

其次,社会最高领导者"天子"之下的所有人具有贡献自己聪明智慧和揭

---

① 孙广德《墨子政治思想之研究》说:"依尚同上篇与中篇观之,墨子将政治区域划分为天下、国、乡及里四级,而依据尚同下篇观,则似分为天下、国、乡或家三级。"(任继愈主编:《墨子大全》第51册,北京:北京图书馆出版社,2004年,第99页)笔者认为,墨子设想的政区划分不管是三级还是四级,除"天子"外不同层级的领导者和主要官员主要是通过"选举"产生。因此,《墨子》较早地提出并论证了一种有别于宗法封建制的国家组织结构系统。荀子批评墨子"上功用、大俭约,而僈差等,曾不足以容辨异,县君臣"。冯友兰认为墨子的"节用"、"节葬"、"非乐"等主张的实际意义"就是反对和批判周礼"(冯友兰:《中国哲学史新编》上册,北京:人民出版社,2007,第152页)。墨子对儒家(或者说是对社会传统)的批评在一定程度上是把由"礼"所彰显的君臣上下父子兄弟之间的贵贱等级取消掉了,这正是荀子所谓的"僈差等"。可以说,墨子理解的社会不是由儒家所谓的"礼"组织起来的。

② 萧公权:《中国政治思想史》,刘梦溪主编:《中国现代学术经典·萧公权卷》,石家庄:河北教育出版社,1999年,第121页。

第四章 墨子以"兼爱尚同"为核心的领导理论

发恶行的责任,说明在下者有"规谏"自己上级的权利。最高领导者"天子"有向下听、向下看的责任,要及时吸收下层传递上来的信息,确保自身判断的权威性。但是,《尚同中》:"天子为发政施教曰:凡闻见善者,必以告其上;闻见不善者,亦必以告其上。……已有善,傍荐之;上有过,规谏之。"可见,下级对上级的"规谏"是出于上级的命令而下级必须履行的责任。"提意见"既然是上级要求的责任,也就说明在上的领导者实际上具有最终的裁决权,至于你的"规谏"是否被采纳,采纳多少,完全基于在上者的主观判断。

最后,在下者是不是愿意"上同",是不是能"上同",取决于在上者是否贤能。《尚同中》说:"乡长固乡之贤者也,举乡人以法乡长,夫乡何说而不治哉?"还说:"国君固国之贤者也,举国人以法国君,夫国何说而不治哉?"还说:"天子者,固天下之仁人也,举天下之万民以法天子,夫天下何说而不治哉?"可见,在下者是否真正能够"上同",除了在上者主观要求在下者"上同"外,"上同"是否能实现取决于在上者是否"贤能"。也就说,墨子所设想的"上同"领导体制是否真正发挥积极作用,根本上取决于在上者是否"贤能"。当有人问:"方今之时,天下之正长犹未废乎天下也,而天下之所以乱者,何故之以也?"(《尚同中》)墨子回答说:"今王公大人之为刑政则反此:政以为便譬,宗于父兄故旧,以为左右,置以为正长。民知上置正长之非正以治民也,是以皆比周隐匿,而莫肯尚同其上。"(《尚同中》)在墨子看来,今天虽有各级"正长",但上级"正长"不能唯贤能是用,老百姓觉得这些人都不是来"治民"的,不是来"为万民兴利除害"的,一句话,这些"正长"不够贤能,所以大家都不"上同",而是"比周隐匿"。这就说明:如果在上者不够贤能,即使有各级正长,体制健全,也不能实现社会的和谐。因此,墨子所设想的领导体制仍是一"人治"的体制。

墨子还认为政治组织都是围绕最高领导者设立的,或者说,全部的官职都是从"天子"自身分化出来的,"天子"之外的所有职位都是帮助天子完成其旨意、实现其功能的,从最高层面的天子,到最基层的里长,他们的权力是一体的。《尚贤下》:"先王之治天下也,必选择贤者,以为其群属辅佐。"可见,君主与臣下的关系,是领导与辅佐的关系。《尚同上》:"天子立,以其力为未足,又选天下之贤可者,置立之以为三公。天子三公既以立,以天下为博大,远国异土之民,是非利害之辩,不可一二而明知,故画分万国,立诸侯国君。诸侯国君既已立，以其力为未足，又选择其国之贤可者，置立之以为正长。"可见，官职和下层权力机构的存在实际上是最高领导者身体的延伸，是最高领导者意志的铺陈。《尚同下》："天子以其知力为未足独治天下，是以选择其次，立为三公。三公又以其知力为未足独左右天子也，是以分国建诸侯。诸侯又以其知力为未足独治其四境之内也，是以选择其次，立为卿之宰。卿之宰又以其知力为未足独左右其君也，是以选择其次，立而为乡长、家君。是故古者天子之立三公、诸侯、卿之宰、乡长家君，非特富贵游佚而择之也，将使助治乱刑政也。"尹桐阳："左右，助也。"① 与《尚同上》相比，《尚同下》这段意思表达得最为完整。这段话可以说明不少问题：每一级的领导者自身的"知力"是有限的，用人必然成为领导者的职能。同时，也说明，三公相对于天子，诸侯相对于三公……他们的作用其实是上级领导者功能的延伸。下级的政府机构及其官员只不过是上级领导者的手足，处在"助治"的地位。一定程度上讲，最高领导者以下的所有官员都是"助手"。从同一层级来看，三公是天子的助手，宰是诸侯国君的助手；从纵向来看，诸侯国君是天子的助手，乡长、家君是诸侯国君的助手。既然是"助手"自然当以"领导者"的意志为意志。《尚同下》还说："一目之视也，不若二目之视也；一耳之听也，不若二耳之听也；一手之操也，不若二手之强也。"还说："唯毋以圣王为聪耳明目与？岂能一视而通见千里之外哉？一听而通闻千里之外哉？圣王不往而视也，不就而听也，然而使天下之为寇乱盗贼者，周流天下无所重足者，何也？其以尚同为政善也。"墨子对理想政治组织的设计无疑是要克服"一人一义"所带来的消极后果，但显而易见的是，在整个组织系统中，下级仅仅是上级延伸和工具，同级组织中，其他职务人员是"正长"的延伸和工具。政治组织在权力运行设计上是以最高领导者为核心的，其他组织或个人相对领导核心而言承当的是辅助、执行角色，仅仅是领导者的"手足"和"眼耳"。由此可见，在这种领导体制内部，所有的权力机构，即使某个组织或个人被委以"规谏"的职责，它的所谓"监督"权实际上是不可能独立的，这种"监督"只能是自体监督。正是从这个角度，我们说墨子设想的领导体制从根本上来说是一种中央集权的大一统权力结构。它必然是一种独裁的体制。只是独裁的程度、独裁的形式会因领导者自身的贤能程度而

---

① 王焕镳：《墨子集诂》，上海：上海古籍出版社，2005年，第277页。

有区别罢了!建立以领导者为核心的权力运行领导体制是墨子所设想的"若使一夫"组织运行境界得以实现的组织基础或制度基础。

但是,墨子清楚地意识到仅有这种组织基础或制度基础,要使组织运行达到"若使一夫"的境界是远远不够的。墨子提倡"兼爱",认为在人与人之间、家与家之间、国与国之间应以"兼爱"精神维系,才能确保组织内部的凝结与和谐。在墨子思想中,"天下"可看作一个社会,一个大组织。"天下"这个大组织是由很多个体的人和不同大小的组织构成的。墨子认为"天下"要和谐,构成天下的大小组织要"治而不乱",就必须树立"兼爱"的组织精神。没有"兼爱"精神涵养的组织,即使有君臣上下之分,要达到治而不乱也是不可能的。《兼爱上》:"圣人以治天下为事者也,不可不察乱之所自起,当察乱何自起?起不相爱。"从《兼爱上》的论证来看,"不兼爱"的表现有:"子自爱,不爱父"、"臣自爱,不爱君"、"父自爱,不爱子"、"君自爱,不爱臣"、"贼爱其身,不爱人"、"诸侯各爱其国,不爱异国"、"大夫各爱其家,不爱异家"。由此,墨子得出天下大乱的是由于"不相爱"的结论。墨子认为:"若使天下兼相爱,国与国不相攻,家与家不相乱,盗贼无有,君臣父子皆能孝慈,若此,则天下治。"在墨子看来,个人与个人之间,上级和下级,不同组织之间,应该树立"兼爱"的精神,有了兼爱的精神,这个组织就和谐了。"兼爱"是整个社会和谐的根本。也就是,国家或天下群体这个大的组织的和谐,不仅要建立结构清晰、职责明确的组织框架,更为重要的是要在人与人、组织与组织之间建立起"兼爱"的精神。所谓"兼爱"即是爱人若己,视人如己,爱自己也爱别人,设身处地为他人着想。"兼爱"就是不仅要看到自己的利益,也要看到别人的利益;不仅要照顾到自己的利益,也要照顾到别人的利益。在下者不仅要看到自己的利益,也要看到在上者的利益;在上者不仅要看到自身的利益,也要看到在下者的利益。由此可引申出:作为领导者,事实上要照顾到全局的利益,而不是只看到个人的利益。从这个角度看,"兼爱"精神是一种全局意识、大局意识。墨子主张在组织内部培养"兼爱"的精神在当下尤其值得提倡,"视人如己"仍然是个人处理好与他人关系的重要原则。

四、"尚贤论"所体现的领导用人思想

墨子对领导者用人职能有比较明确的认识,他可能是最早提出"劳于论人"

命题的学者。

第一,墨子认为领导者有领导者的"分事",即领导者有不同于社会其他成员的特定职能。《非乐上》:"王公大人蚤朝晏退,听狱治政,此其分事也。士君子竭股肱之力,亶其思虑之智,内治官府,外收敛关市山林泽梁之利,以实仓廪府库,此其分事也。农夫蚤出暮入,耕稼树艺,多聚菽粟,此其分事也。妇人夙兴夜寐,纺绩织纴,多治麻丝葛绪,捆布縿,此其分事也。"墨子这段话主要是论证其"非乐"观点的,但是,他无意中肯定了社会分工存在的必然性和重要性①。从中可以看出,由众多的人组成社会的群体是有着不同的分工的。"王公大人蚤朝晏退,听狱治政,此其分事也"一句充分体现出:领导者有着不同于其他人的特定职责。在墨子的思想观念里,一部分人就是来管理或领导众人的,领导或者管理活动从其他社会活动中分离出来是社会发展的必然结果,如果没有这种分工,社会就不能正常运转。

第二,"劳于论人"是领导者重要职能。"论"即"选"的意思,论人即选人。墨子认为领导者要在选人上下功夫,体现出他对领导用人职能的明确认识。《所染》:"善为君者,劳于论人,而佚于治官。不能为君者,伤形费神,愁心劳意。然国逾危,身逾辱。此六君者,非不重其国、爱其身也,以不知要故也。""劳于论人"是墨子对领导者用人职能的明确概括。墨子认为,不会当领导的之所以"伤形费神、愁心劳意"是由于"不知要",没有抓住重点。领导者的重点工作就是"论人"②。墨子"劳于论人"的观点在今本《墨子》中事实上并不孤立!《尚贤上》就说:"得士则谋不困,体不劳。名立而功成,美章而恶不生,则由得士也。"这与《所染》篇的观念是一致的。此话已把"得士"问题作为领导工作的重要内容。《所染》"劳于论人"的命题在先秦诸子中是比较早的。

第三,领导者要重视领导团队的建设。墨子认为"天子"置"三公"是因

---

① 刘泽华:"墨子认为王公大人士君子是专门从事于统治与剥削的人,农民只能从事于生产劳动,并且供养前者。他还认为前者比后者重要得多,因此,前者不应该参加劳动生产。墨子的'分事'论并不像有的学者所说的那样,是社会劳动分工论,其本质是要建立层层的封建统治。"(刘泽华:《先秦政治思想史》,《中国政治思想史集》第一卷,北京:人民出版社,2006年,第416页)笔者不赞同这个观点。

② 《墨子·所染》文与《吕氏春秋·当染》篇关系密切,主旨相合。胡适认为《所染》篇没有一点墨家的味道(胡适:《中国哲学史大纲》,上海:上海古籍出版社,1997年,第108页)。笔者在开始看到《所染》"劳于论人而佚于治官"的命题时,认为它在战国中后期才可能提出。但是,深入阅读《墨子》全书后,笔者改变了这一看法。事实上,《所染》强调领导用人职能的这个观念在今本《墨子》其他篇章也有体现。加上《吕氏春秋·当染》作先秦文献,对墨家的看法应当是有依据的,不能轻易否认。

第四章 墨子以"兼爱尚同"为核心的领导理论

为"力为未足",诸侯立"正长"也是因为其"力为未足"(《尚同上》)。墨子看到了领导者自身能力的有限性与其事业的博大性之间的矛盾。作为"天子"就得有"三公"来辅佐,"三公"就是天子的领导团队。作为"国君"就得有"正长"来辅佐,"正长"就是诸侯国君的领导团队。墨子认为,领导者自己力量有限,要实现对天下、国家的领导就必须建立领导团队。

首先,建设领导团队要本着"尚贤"的原则。他说:"夫尚贤者,政之本也。"(《尚贤上》)还说:"尚贤者,天、鬼、百姓之利,而政事之本也。"(《尚贤下》)"尚贤"是领导为政的根本,是领导者实现"公利"的重要途径和方法。墨子从专业分化的角度阐释"尚贤"的必要性和重要性。墨子已经隐约看出,社会分工不同,有专业化的趋势。墨子说杀牛羊必索良宰,制衣裳必索良工,治病马必索良医,张危弓必索良工,君主在这些问题上都知道用能人、找专家,而在治国问题上,却不知道"尚贤",而是根据个人喜好任用亲戚,这是"明于小而不明于大"①。以墨子思维类推,领导者"尚贤"在一定程度上就是找治理政事的能手和专家。领导者自身不一定是全方位的专家,也不可能是全方位的专家,因此,必须"尚贤"。可见,墨子确实意识到领导者的职能不在于做具体的政务,而在于寻找做具体政务的专家。墨子还从领导环境角度阐释"尚贤"的必要性和重要性。在墨子看来,如果不"尚贤",贤能的人不在领导身边,不肖者势必在其左右。不肖者在左右势必造成决策失误,赏罚失当,进而就会造成民众价值取向混乱,使整个组织人心涣散。从这个角度说,君主尚贤,事关整个组织的精神状态,关乎整个社会的风气②。《所染》认为领导者"所染"得

---

① 《墨子·尚贤下》:"今王公大人有一牛羊之财不能杀,必索良宰;有一衣裳之财不能制,必索良工。当王公大人之于此也,虽有骨肉之亲、无故富贵、面目美好者,实知其不能也,不使之也。是何故?恐其败财也。当王公大人之于此也,则不失尚贤而使能。王公大人有一罢马不能治,必索良医;有一危弓不能张,必索良工。当王公大人之于此也,虽有骨肉之亲、无故富贵、面目美好者,实知其不能也,必不使。是何故?恐其败财也。当王公大人之于此也,则不失尚贤而使能。逮至其国家则不然,王公大人骨肉之亲、无故富贵、面目美好者则举之,则王公大人之亲其国家也,不若亲其一危弓、罢马、衣裳、牛羊之财与?我以此知天下之士君子,皆明于小而不明于大也。"

② 《墨子·尚贤中》:"苟贤者不至乎王公大人之侧,则此不肖者在左右也。不肖者在左右,则其所誉不当贤,而所罚不当暴。王公大人尊此,以为政乎国家,则赏亦必不当贤,而罚亦必不当暴。若苟赏不当贤而罚不当暴,则是为贤者不劝,而为暴者不沮矣。是以入则不慈孝父母,出则不长弟乡里。居处无节,出入无度,男女无别,使治官府则盗窃,守城则倍畔,君有难则不死,出亡则不从。听断狱则不中,分财则不均。与谋事不得,举事不成,入守不固,出诛不强。故虽昔者三代暴王桀纣幽厉之所以失措其国家,倾覆其社稷者,已此故也。"

当就能成就事业,留下美名;"所染"不当,就会导致身败名裂。领导者自身是否有作为,要看他的领导团队,领导团队比较杰出能干,就能促进领导者自身的完善,更好地实现领导目标。领导团队的建设对领导者来说是非常重要的。

墨子认为最高中央政府主要官员主要通过选拔贤能的方式产生。如《尚同中》:"选择天下赞阅、贤良、圣知、辩慧之人,置以为三公。"第二级政府主要官员也是通过选拔贤能的方式产生,甚至国家以下的组织乡、里也是通过选拔贤能的方式产生。如《尚贤中》:"择其国之贤者,置以为左右将军大夫,以至乎乡里之长。"最高中央政府政府官员、国一级的政府主要官员、乡里一级的政府官员是通过选贤能产生,具冲破宗法血缘关系纽带的意义①。

墨子认为领导者"尚贤"要以德能为据,不看身份,不分贵贱,不辨亲疏。墨子提出"尚贤"要"不辩贫富、贵贱、远迩、亲疏"(《尚贤中》),"不党父兄,不偏富贵,不嬖颜色"(《尚贤中》),"虽在农与工肆之人,有能则举之"(《尚贤上》)。不管他是贵是贱,是亲是疏,是美是丑,而要看他是否有能耐有本事,是否"上可而利天,中可而利鬼,下可而利人"(《尚贤下》),这是"尚贤"的基本原则。墨子在战国初期提出"官无常贵,而民无终贱,有能则举之,无能则下之"(《尚贤上》)的观点对打破宗法血缘关系有重要意义,是难能可贵的。

其次,建设领导团队要"众贤"。墨子说:"国有贤良之士众,则国家之治厚;贤良之士寡,则国家之治薄。故大人之务,将在于众贤而已。"(《尚贤上》)贤良之士的多寡是衡量一个国家治理能力和治理水平的标准,作为领导者,他的要务就是"众贤"。"众贤"根本原则是什么?墨子认为贤良之士是"国家之珍"、"社稷之佐","必且富之,贵之,敬之,誉之,然后国之良士,亦将可得而众也"(《尚贤上》)。他紧接着说:

> 古者圣王之为政也,言曰:"不义不富,不义不贵,不义不亲,不义不近。"是以国之富贵人闻之,皆退而谋曰:'始我所恃者,富贵也,今上举义不辟贫贱,然则我不可不为义。'亲者闻之,亦退而谋曰:'始我所恃者,

---

① 可以想见,通过选贤能产生的政府,维系政府的运作自然不能靠宗法伦理,说明墨子所设想的国家组织与周代实行的宗法封建制度是很不一样的,在一定程度上摆脱了宗法血缘关系束缚。需要注意的是"尚同"三篇中并未明确说"国君"是通过"选贤"产生的,认为"天子"之所以分国立君主要是由于地大人多,天子能力有限。这就给"分封建国"留下可能性,这说明墨子理想的国家组织并未完全摆脱传统思想的影响。

第四章 墨子以"兼爱尚同"为核心的领导理论

亲也,今上举义不辟疏,然则我不可不为义。'近者闻之,亦退而谋曰:'始我所恃者,近也,今上举义不避远,然则我不可不为义。'远者闻之,亦退而谋曰:'我始以远为无恃,今上举义不辟远,然则我不可不为义。'逮至远鄙郊外之臣,门庭庶子,国中之众,四鄙之萌人,闻之,皆竞为义。(《尚贤上》)

在墨子看来,领导者"众贤"并不困难,只要"得要"即可。所谓"得要"就是要:"上之所以使下者,一物也;下之所以事上者,一术也。"(《尚贤上》)"一物"就是"义",意思是说:君主驱使臣下就是一种方法,这叫"举义";臣下要得到升任也只有一种途径,就是"为义"。也就是说,在下者人要想得到富、贵、亲、近,只有"为义"一途,这样就能造成社会"皆竞为义"的局面。

"众贤"的根本方法落到实处就是运用"赏罚"手段。他说:

古者圣王甚尊尚贤而任使能,不党父兄,不偏贵富,不嬖颜色。贤者举而上之,富而贵之,以为官长;不肖者抑而废之,贫而贱之,以为徒役。是以民皆劝其赏,畏其罚,相率而为贤者,以贤者众,而不肖者寡,此谓进贤。(《尚贤中》)

可见,"众贤"的方法就是用赏罚,即:对领导者想要的那种人给予"赏",对领导者不想要的那种人就给予"罚"。所谓"赏"就是"举而上之,富而贵之,以为官长",所谓"罚"就是"抑而废之,贫而贱之,以为徒役"。通过"赏罚"就能使人"相率而为贤者",而不敢为不贤。墨子还说:"爵位不高,则民弗敬;蓄禄不厚,则民不信;政令不断,则民不畏。"(《尚贤上》)因此,所谓"尚贤",就要给予贤能者崇高的爵位、丰厚的俸禄,并且充分信任他,让他有任事决断的权限。墨子还认为"高爵而无禄,民不信"(《尚贤中》)。如果仅仅给予其崇高的爵位,而没有相应的俸禄,这也算不上真正"尚贤",仅是用人之"虚名"罢了。墨子还说"事则不与,禄则不分,请问天下之贤人将何自至乎王公大人之侧哉?"(《尚贤中》)不给相应的事权和俸禄,是没有办法把贤能之人吸引过来的。同时,真正的"尚贤"是"法其言,用其谋,行其道"(《尚贤下》),使贤能者真正发挥作用,而不是将之作为花瓶,当作摆设。如果领导者能做到这一点,"尧舜禹汤文武之道可及也"(《尚贤下》)。

对于"贤能"的标准,墨子提出:"贤良之士,厚乎德行,辩乎言谈,博乎道术。"(《尚贤上》)所谓"厚乎德行"就是强调"人才应当是品德高尚者",所谓"辩乎言谈"就是强调"人才应当善于辞令",所谓"博乎道术"就是强调"要有广博的专业技术知识"①。《尚贤下》:"为贤之道将奈何?曰:有力者疾以助人,有财者勉以分人,有道者劝以教人。"所谓的"贤",就是"有力气的赶快帮助别人,有钱财的努力分给别人,有知识的勉力教育别人"②。愿意帮助别人,愿意将自己的见识分享给别人,轻财物,这是人才的重要标准。有些人即使品德和能力都很好,但是只愿意"独善其身",而不太情愿"兼济天下",这样的人没有做领导的冲动,是不宜当领导者的。

对于"用人"原则,墨子也略有论及。他说:"以德就列,以官服事,以劳殿赏,量功而分禄。"(《尚贤上》)意思是:"按照德行分封官职,依照官职处理政事,按照功劳决定赏赐,衡量功绩大小分给俸禄。"③领导用人要坚持能力与官职匹配原则,避免"不能治百人者,使处乎千人之官,不能治千人者,使处乎万人之官"(《尚贤中》),同时要坚持功劳与俸禄匹配原则。墨子的这些用人原则在后来得到继承发展。

五、"上以正下"体现领导者的监督控制职能

墨子认为监督控制是领导者的重要职能。墨子《天志上》明确提出:"夫义者,政也。无从下之政上,必从上之政下。"④孙诒让认为"政"、"正"二字互通,并说:"义者,正也。言义者所以正治人也。"⑤孙中原将此句翻译为:"义是用来匡正人的。不能从下正上,必须从上正下。"⑥在墨子看来,上以"正"下是正当的,匡正下属是在上者的职责所在。《天志上》接着说:"庶人竭力从事,未得次⑦己而为政,有士政之;士竭力从事,未得次己而为政,有将军、大夫政之;将军、大夫竭力从事,未得次己而为政,有三公、诸侯政之;三公、

---

① 王成:《先秦诸子领导思想的现代解析》,北京:中国大百科全书出版社,2006年,第116—119页。
② 谭家健、孙中原:《墨子今注今译》,北京:商务印书馆,2009年,第57页。
③ 谭家健、孙中原:《墨子今注今译》,北京:商务印书馆,2009年,第39页。
④ 可参考《墨子·天志下》:"天欲义而恶不其义者也。何以知其然也?曰义者正也。何以知义之为正也?天下有义则治,无义则乱,我以此知义之为正也。然而正者,无自下正上者,必自上正下。"
⑤ (清)孙诒让:《墨子闲诂》,见《诸子集成》(第4册),上海:上海书店,1986年,第119页。
⑥ 孙中原:《墨子解读》,北京:中国人民大学出版社,2013年,第315页。
⑦ 王焕镳认为:"毕以'次'为'恣'之省文是也。"见王焕镳:《墨子集诂》,上海:上海古籍出版社,2005年,第640页。

第四章 墨子以"兼爱尚同"为核心的领导理论

诸侯竭力听治,未得次己而为政,有天子政之;天子未得次己而为政,有天政之。"《天志上》这段话在根本上强调"天"是最高的裁判者,即使贵为天子,他也"未得恣己而为政",而"有天正之"。不过,非常明显的是,这段话透露出:不同层面的领导者实际上是下级的裁判者,具有"正"下的职责。《天志中》说"义之不从愚且贱者出,而必自贵且知者出也",并认为"义果自天出",还说"天子为善,天能赏之;天子为暴,天能罚之",这和《天志上》旨意一致,认为"天"是最高的裁判,"天"通过赏罚对天子是善是暴的行为进行判决。在《天志中》墨子还肯定"天子之贵诸侯,诸侯之贵大夫"。按照墨子的逻辑,"天子"通过"赏罚"对"诸侯"施加控制,"诸侯"通过"赏罚"对"大夫"施加控制,"以上正下"即体现着上级领导者对下级领导者的监督控制职能。

墨子认为"法仪"是领导者实施监督控制的依据。这与法家思想有相通的地方。《法仪》:"天下从事者,不可以无法仪。无法仪而其事能成者,无有。虽至士之为将相者,皆有法。虽至百工从事者,亦皆有法。百工为方以矩,为圆以规,直以绳,正以县。无巧工不巧工,皆以此五者为法。巧者能中之,不巧者虽不能中,放依以从事,犹逾己。故百工从事,皆有法所度。今大者治天下,其次治大国,而无法所度,此不若百工辩也。"所谓"法仪"确实有制度规则的意思。但此段以下所谓"法"又非此意。从该篇下文看,领导者所法之"法"即是"天志"。《天志上》:"我有天志,譬若轮人之有规,匠人之有矩。轮、匠执其规、矩,以度天下之方圆。"《天志》篇把"天志"说成是规矩,和《法仪》的理解基本上是一致的①。《天志》篇告诉我们领导者赏罚的依据或标准来源于"天","天意"是实施赏罚控制的根据。墨子所谓"法仪"是一种抽象的观念原则,而非一种制度。可见,墨子还没有按照一定的规章制度、名位来要求、检查下属工作情况的思想。

墨子认为"赏罚"是领导者监督控制的基本手段。墨子之所以肯定赏罚的作用,主要有两方面的依据:一是他认为"天"就是赏善罚暴的,或者说赏善罚暴是"天义"本身。领导者应该顺天意,执行天意,在"正"下的过程中势必也要赏善罚恶。从这个角度说,领导者使用赏罚的控制手段是出于"天意"。

---

① 吴毓江说:"《法仪》篇与墨家法天思想尚不相违。"吴毓江:《墨子各篇真伪考》,《墨子校注》,北京:中华书局,2006年,第1012页。

另一方面，墨子强调领导者要使用赏罚实施社会控制，还基于他对人性的认识。从《兼爱》篇可见，他认为"人类的种种罪恶，皆起于自私自利"[①]，但墨子并不认为要达到他所理想的和谐社会就要取消人的自私自利本性。他认为人是趋利避害的，领导者要充分利用人的这个特点。《尚贤中》："民生为甚欲，死为甚憎。"《尚贤下》："今天下之士君子，皆欲富贵而恶贫贱。"《天志上》："我欲福禄而恶祸祟。"《天志中》："人之所不欲者何也？曰病疾祸祟也。"既然人是趋利避害的，那么，运用赏罚手段引导、控制人的行为就是可能的、必要的。在《尚同》、《尚贤》诸篇墨子不止一次地肯定赏罚的这一作用。

墨子认为"赏罚"的有效性基于"上下同义"。墨子认为赏罚要有效果，能发挥积极作用，必须基于"上下同义"这个前提。只有上、下对哪些应该赏、哪些应该罚有共识，在上者对在下者施加的赏罚才能起到预期的积极作用。《尚同中》："赏誉不足以劝善，而刑罚不足以沮暴。何以知其然也？曰：上唯毋立而为政乎国家，为民正长，曰：'人可赏，吾将赏之。'若苟上下不同义，上之所赏，则众之所非。曰人众与处，于众得非。则是虽使得上之赏，未足以劝乎！上唯毋立而为政乎国家，为民正长，曰：'人可罚，吾将罚之。'若苟上下不同义，上之所罚，则众之所誉。曰人众与处，于众得誉。则是虽使得上之罚，未足以沮乎！"《尚同下》："计上之赏誉，不足以劝善；计其毁罚，不足以沮暴。此何故以然？则义不同也。"显然，赏罚要发挥积极的作用是有条件的。上下"同义"，赏罚才能发挥积极作用，才能引导更多的人向领导者期望的方向前进。上下"不同义"，赏罚的积极作用不仅不能充分发挥，而且会败坏风气。

墨子认为"赏罚"是否有效并发挥积极作用在上者要充分了解下面的情况。《尚同下》："上之为政，得之情，则是明于民之善非也。若苟明于民之善非也，则得善人而赏之，得暴人而罚之也。善人赏而暴人罚，则国必治。上之为政也，不得下之情，则是不明于民之善非也。若苟不明于民之善非，则是不得善人而赏之，不得暴人而罚之。善人不赏而暴人不罚，为政若此，国众必乱。"所谓"得下之情"，就是了解掌握下面的真实情况。了解掌握下面的真实情况就知道什么是真善真恶，赏罚才能得人心。

墨子还认为要让"赏罚"发挥积极作用还必须破除一些人执"有命"的思

[①] 梁启超：《先秦政治思想史》，北京：东方出版社，1996年，第145页。

想观念。人通过"力"为就能获得想要的,避免不想要的,赏罚才能起作用。在《非命》篇,墨子认为赏罚对那些执"有命"观念的人来说是命中注定,在上者通过赏罚引导或控制他的行为就成为不可能。因此要"非命","非命"就是肯定人通过主观努力能够实现自己的理想。领导者实施"赏罚"的激励控制政策之所以能够奏效必须基于此。

最后,领导者除了通过赏罚手段进行社会控制外,还应重视"毁誉"的社会控制作用。

六、领导者要具备"兼爱"、"强为"的素养

刘泽华在讨论墨子的政治思想时指出:"君主的好坏决定着政治局面的好坏。在'行政'与'政长'两者之间,'政长'居于主导地位,关键在于执政者的品质。"① 墨子认为领导者品行直接关乎社会治乱兴衰,而现实的领导者却往往不尽如人意。墨子说:"天下之为君者众,而仁者寡"(《法仪》)。墨子对当时君主的品行提出了严厉地批评。王成从"君必惠"、"治必强"、"用需节"三个方面阐发了墨子对领导作风的态度和认识②。这是非常正确的。墨子讲"非乐",认为领导者不能过于奢侈享乐;讲"节葬",认为领导者在作风上应该简朴,不做对百姓没用的事情。墨子对领导者作风方提出的要求到如今也不能说毫无现实意义。除此之外,墨子还认为领导者应该做到以下几点:

第一,"兼爱":领导者应该有爱人如己的道德素质。墨子讲领导者之"仁",讲领导者对人之"爱",既有与儒家相同的一面,也有与儒家不同的一面。相同的是,墨子认为你爱人,人也会爱你。墨子论述这一观念时,一方面从"天志"角度出发,认为"我为天之所欲,天亦为我所欲"(《天志上》),"爱人利人者,天必福之;恶人贼人者,天必祸之"(《法仪》)。你爱天,天就爱你,这是墨子最基本的理论预设之一。另一方面从"经验"角度出发,认为"夫爱人者,人必从而爱之;利人者,人必从而利之;恶人者,人必从而恶之;害人者,人必从而害之"(《兼爱中》),"无言而不雠,无德而不报。投我以桃,报之

---

① 刘泽华:《先秦政治思想史》,《中国政治思想史集》(第一卷),北京:人民出版社,2008 年,第 402—403 页。
② 王成:《先秦诸子领导思想的现代解析》,北京:中国大百科全书出版社,2006 年,第 132—136 页。

以李。即此言爱人者必见爱也，而恶人者必见恶也"（《兼爱下》）。在墨子开来，你爱人，人也会爱你。梁启超认为这"与儒家所言'恕度'殆无异"①。但儒家所讲仁爱是由己及人，由近及远，墨子强调"兼爱"是视人如己，不别亲疏，对人平等看待。在墨子看来，乡里、家国层面领导者若能"兼爱"，就可避免人类的罪恶和社会的争斗。墨子说："天必欲人之相爱相利，而不欲人之相恶相贼也。奚以知天之欲人之相爱相利，而不欲人之相恶相贼也？以其兼而爱之，兼而利之也。"（《法仪》）这是从"天志"的角度阐明领导者必须具有"兼"的品质。刘泽华说"兼相爱是一种精神"②，墨子强调领导者应该"兼爱"，包含"双赢"的理念，即你要好，也要让别人好，对己有利，对别人也要有利。

第二，"兼君"：领导者要先民后己，把民众的利害放在心上。"兼君"这个概念为墨家独有，与"别君"相对。墨子认为"兼君"一定会受到人们的拥戴③。所谓"兼君"，不仅能照顾到自己的利益，也能照顾到人民的利益。甚至可以说，"兼君"把人民的利益放在首位。具体言之，"兼君""譬之日月兼照天下之无有私也"（《兼爱下》），"非以求以重富贵、干福禄、乐耳目也，以求兴天下之利，除天下之害"（《兼爱下》），"贵为天子，富有天下，然且不惮以身为牺牲，以祠说于上帝鬼神"（《兼爱下》），"均分赏贤罚暴，勿有亲戚弟兄之所阿"（《兼爱下》）。概括起来，"兼君"，大公无私，为民勇于牺牲，赏罚公允，兴天下之利，除天下之害。《兼爱下》还说"今吾本原兼之所生，天下之大利者也；吾本原别之所生，天下之大害者也"，"兼者，圣王之道也，王公大人之所以安也，万民衣食之所以足也。"《尸子·广泽》："墨子贵兼"。可见，"兼"而不"别"，是领导者的应该具备的品质，它关系到天下的大利的实现问题。

第三，"非命"：强调领导者当自强有为。《非命》篇一再批评有"命"的观

---

① 梁启超：《先秦政治思想史》，北京：东方出版社，1996年，第148页。
② 刘泽华：《先秦政治思想史》，《中国政治思想史论集》（第1册），北京：人民出版社，2008年，第404页。
③ 《墨子·兼爱下》："姑尝两而进之。谁以为二君，使其一君者执兼，使其一君者执别。是故别君之言曰'吾恶能为吾万民之身，若为吾身，此泰非天下之情也。人之生乎地上之无几何也，譬之犹驷驰而过隙也'。是故退睹其万民，饥即不食，寒即不衣，疾病不侍养，死丧不葬埋。别君之言若此，行若此。兼君之言不然，行亦不然，曰：'吾闻为明君于天下者，必先万民之身，后为其身，然后可以为明君于天下。'是故退睹其万民，饥即食之，寒即衣之，疾病侍养之，死丧葬埋之。兼君之言若此，行若此。然即交若之二君者，言相非而行相反与？常使若二君者，言必信，行必果，使言行之合，犹合符节也，无言而不行。然即敢问：今岁有疠疫，万民多有勤苦冻馁，转死沟壑中者，既已众矣。不识将择之二君者，将何从也？我以为当其于此也，天下无愚夫愚妇，虽非兼者，必从兼君是也。"

点，强调领导者不能取"有命在天"的思想，而应该积极有为，勇于担当。刘泽华："身为君主而相信命运，这种君主必定是'暴王'。他指出，桀、纣胡作非为所依恃的理论便是命定说。"① 通过《非命》篇可以看出：领导者的地位不是一成不变的，而是"强力"所为。领导者不强力执行"天志"，就不能享有领导地位。《非命上》："古者桀之所乱，汤受而治之；纣之所乱，武王受而治之。此世未易，民未渝，在于桀纣，则天下乱；在于汤武，则天下治，岂可谓有命哉！"可见，领导地位是可以更迭的，不是一劳永逸的。《非命下》说得更为明确："夫安危治乱，存乎上之为政也，则夫岂可谓有'命'哉"，"今也王公大人之所以蚤朝晏退，听狱治政，终朝均分，而不敢怠倦者，何也？曰：彼以为强必治，不强必乱；强必宁，不强必危，故不敢怠倦。"要使天下得到治理必须"自强"。如果不自强，就会遭到抛弃。《天志中》："（天）又欲上之强听治也，下之强从事也。"按照天意，"强听治"是领导者当为的。所谓"强听治"就是，勉力而为，而不是偷懒，更不是纵欲，这是"天"的要求。墨子主张君主应当"强听治"，这在形式上与先秦领导理论中君主"无为"说形成鲜明对比。

小 结

最高领导者"天子"应该"顺天意"，当以"天意"为根本价值标尺。"天意"落到实际就要维护社会的整体利益，满足人的物质需要，这是墨子所设想的领导体制下的各级领导者应当遵循的根本的价值标准。从这一点来看，墨子的领导理论在形式上浸透着浓厚的宗教色彩，但实质上又体现出显明的"以人为本"倾向。墨子讲"尚同"，强调领导者的功能是"一天下之义"，认为建立以领导者为核心的权力一统的领导体制，涵养以"兼爱"为内容的组织精神，才能克服"一人一义"带来的消极后果，才能使组织运行达到"若使一夫"的理想境界；墨子讲"尚贤"，提出领导职能是"劳于论人"的观点，认为领导者建立良好的领导团队事关天下治理；墨子讲"以上正下"的领导监督职能，还讲以"兼"为核心的领导素养。从先秦诸子领导理论的发展来看，这些观点都是很有创见的，在先秦诸子领导理论中占据着重要的地位！

---

① 刘泽华：《中国政治思想史论集》（第1册），北京：人民出版社，2008年，第402页。

第五章 慎子以"势位足以屈贤"为特点的领导理论

慎到是先秦重要思想家,《汉书·艺文志》说他"先申韩,申韩称之",《史记·孟荀列传》说他是"赵人,曾游齐稷下学宫",并著"十二论"。从熙祚辑本《慎子》来看他重"势"讲"法",从《庄子·天下篇》的评论来看他受到道家思想的影响,王叔岷曾说他"素习儒书"①,可见慎子的学术背景比较复杂。刘泽华《先秦政治思想史》说慎到:"贵势而不尚独断,尚法而不崇苛严,任术而不贵阴谋。整个思想显得庄重、深沉。慎到又是法家中最先把道法结合起来的人物。所以在法家学派中占有特别重要的地位。"② "势位足以屈贤"的命题体现着慎子领导理论的特点,在先秦领导思想史上有开创之功。同时,慎子还提出了其他一些观点,却没有引起足够的重视。

一、领导者的作用是"止争通理"

慎子对领导者在国家中的作用有明确认识。慎子说:"民之治乱在于上,国之安危在于政。"(《慎子·逸文》)③ 还说:"多贤不可以多君,无贤不可以无君。"(《逸文》)他认为君主在国家治乱中起着关键作用,一国没有君主是不可想象的。概括起来,领导者的作用主要体现在两个方面。

第一,"止争"。慎子说:"立天子者,不使诸侯疑焉;立诸侯者,不使大夫

---

① 王叔岷:《先秦道法思想讲稿》,北京:中华书局,2007年,第187页。
② 刘泽华:《中国政治思想史集》(第1册),北京:人民出版社,2008年,第129页。
③ 以下引用《慎子》语,均只写篇名。

第五章　慎子以"势位足以屈贤"为特点的领导理论

疑焉……疑则动，两则争。"还说："臣有两位者，国必乱，臣两位而国不乱者，君在也，恃君而不乱矣。失君必乱。"（《德立》）这是对春秋时期"并后、匹嫡、两政、耦国，乱之本也"认识的进一步深化。认为一个政治团体之内，必须树立一个有效的权威。如果没有这样一个权威，政局就必然动荡混乱。同时，慎子说："两贵不相事，两贱不相使。"（《逸文》）一个政治团体之内，如果没有贵贱之分，命令和服从便无从谈起。按照慎子的看法，势位不同才有相事、相使的可能。慎子还说："君臣之间，犹权衡也。权左橛则右重，右重则左橛。"（《逸文》）因此，慎子不仅主张应该有"君主一元的独头政治"①，而且，君主还必须时刻注意加强自己权力，确保处于权力的优势地位。因此，从消极方面说，"君之功，莫大使民不争"（《逸文》），有君则可以"止争"；从积极方面说，有君主独大的权威，相事与相使的有序状态才有可能形成。总之，在慎子看来，在一定的团体之内必须有一个最高权威的领导者的存在，领导者的存在客观上是为了防止团体内部的争斗和分裂，也可以说是为了确保团体的统一性。事实上，一个团体如果没有一定程度上的统一性，也就不成其为"团体"了。一定程度上的统一性的存在是团体存在、发展与和谐的基础，领导者在维系团体统一性方面的作用是无法被取消或替代的。

第二，"通理"。慎子说："立天子而贵之者，非以利一人也。"还说："立天子以为天下，非立天下以为天子也；立国君以为国，非立国以为君也。"（《威德》）天下立"天子"，国立"君"是为了"天下"和"国"，而不是为了天子、国君自己，这与立君"止争"意思一致。在此基础上，慎子更进而强调君主"通理"的作用。慎子说："天下无一贵，则理无由通，通理以为天下也。"（《威德》）许富宏据慎懋赏的解释认为"理"是"治理"的意思，还说："理无由通，即国家的治理无法达到。通理，即达到治理。"②还有学者说："通理：指国家的法令能在全国行得通，即得到贯彻执行。"③这些解释尚不足以尽"通理"说的意蕴。简单地说，"通"就是畅通、沟通，"理"就是道理。慎子认为"万物皆有所可，有所不可"④，即是肯定"万物不同，禀性各异"⑤。既然万物各不相同，禀性各异，

---

① 刘泽华：《中国政治思想史集》（第一卷），北京：人民出版社，2008年，第129页。
② 许富宏：《慎子集校集注》，北京：中华书局，2013年，第17页。
③ 高流水等：《慎子、尹文子、公孙龙子全译》，贵阳：贵州人民出版社，1996年，第25页。
④ 《庄子·天下》评论慎子思想之语。
⑤ （清）郭庆藩辑，王孝鱼整理：《庄子集释》（第4册），北京：中华书局，1961年，第1087页。

那么，不同的人就有不同意见，不同利益集团就有不同的诉求。要想维持社会的和谐统一，就必须有"通理"之"君"。"通理"就是使不同意见得到沟通，使道理得以贯通。甚至可以说，"通理"就是凝聚天下的共识。慎子认为"两则争"、"两贵不相事"，要保障社会的有序，必须有一独尊的政治权威，这就是君主，就是社会的最高领导者。有了最高领导者，不同意见就有了最终的裁决者，争端就能得到沟通解决，这样才可以说"民一于君"（《逸文》）。《墨子·尚同上》讲古者"一人一义"，"其人兹众，其所谓义者亦众"，进而"人是其义以非人之义"，结果"离散不能相合"，最后墨子得出结论说"明乎天下之所以乱者，生于无政长"。慎子"通理"说虽不能说本于墨子，但"通理"说与墨子"国君唯能一同国之义"的意思是一致的。"通理"说寓意深刻，从更高的层面回答了为什么要有"领导"的问题，领导者在天下国家中的重要性也因此更加凸显。

总体来看，慎子认为天下之治要有天子，有了天子，才能通天下之理，才能制止争斗。可以说，"通理止争"是慎到对领导者作用的根本规定，在先秦领导思想史有着突出的地位。

二、"权势"是领导控制的根本

刘泽华《先秦法家关于君主专制主义的理论》中指出："慎到最早阐述了权势是政治诸因素中最具有决定意义的东西。"[①] 从领导学角度讲，权势是领导者实现对人及社会控制的根本。可以说，慎子是最早明确肯定领导者实施领导控制的根本是权势的学者。

慎子强调"权势"在领导控制过程中的重要作用是基于其对人性的认识。慎子说："家富则疏族聚，家贫则兄弟离，非不相爱，利不足相容也。"还说："匠人成棺，不憎人死，利之所在，忘其丑也。"（《逸文》）显然，慎子看到了人追求利益的一面，血缘伦理在维系社会关系方面的作用是有限的，即使在有血缘关系的家庭成员之间，其聚合离散的动力来源于对"利"的追求。在《因循》篇中，他从更为抽象层面说："天道因则大，化则细。因也者，因人之情也，人莫不自为也。化而使之为我，则莫可得而用矣。是故先王见不受禄者不臣，禄不厚者，不与入难。人不得其所以自为也，则上不取用焉。故用人之自为，不

---

① 刘泽华：《中国政治思想史集》（第三卷），北京：人民出版社，2006年，第322页。

第五章 慎子以"势位足以屈贤"为特点的领导理论

用人之为我,则莫不可得而用矣。此之谓因。"慎到认为"人莫不自为"是人情的一般特点,这是他对人性的基本认识。人既然莫不"自为",那么"化而使之为我"便不可能。"化"即是感化,教化。"化"即主体通过自己的能力、德性进而改变他人的意志行为。"为我"是一种舍己为人的道德性的表现。"化"固然有其作用,但在慎子看来其作用有限,太过细小,与《天下篇》评论慎子时说的"教则不至"意思一致。由此,慎子不仅否定了儒家主张通过道德教化实现统治民众的方法,而且也否定了老子"自化"的观念。老子认为"侯王若能守之,万物将自化"(《老子·三十四章》),认为万物有"自化"的潜能,从而反对礼乐教化,认为它不仅多余而且有害。慎子"天道因则化"的观念无疑受到老子思想启发,但与老子"民自化"的观念显然不同。既然人情"自为",如果放任人之"自为",其后果不堪设想,显然否定了侯王"无为"进而达到"民自化"的可能性,从而转入了法家进路。

既然"自为"是人情的一般特点,那么让人牺牲自己为我服务,岂不是违背人情而不可能的事情吗?因此,对于君主来说,要让人"为我",就要"因人之情",满足并充分利用人的自为自利需要,只有如此,才能使人真正"为我"。他说:"人不得其所以自为也,则上下不取用。"(《因循》)君主之所以有臣可用,即在于有人为利而活。他说:"不受禄者不臣。"(《因循》)按慎到的意思,如果人家都不愿意拿你的俸禄,你怎么能臣服他?既然"化而使之为我,则莫可得而用",那么,君主要臣服人民、让臣下为己尽忠靠什么?慎子认为靠"势"。"势"是权势。权势基于法定的权位,在一定的权位就有相应的权势。领导者基于权位的权势事实上包括他所掌握的各种资源。慎子说:"贤而屈于不肖者,权轻也;不肖而服于贤者,位尊也。尧为匹夫,不能使其邻家。至南面而王,则令行禁止。由此观之,贤不足以服不肖,而势位足以屈贤矣。"(《威德》)慎子还说:"吾以此知势位之足恃,而贤智之不足慕也。"(《韩非子·难势》)显然,慎子标举"势"的重要性,是对以"贤智"服人观点的否定。儒家讲"君使臣以礼"、主张"以德服人",认为君主靠道德感化使人服从是可能的。慎子认为它靠不住,他认为"政治上谁服从谁,不是以才能、道德、是非为标准,而是看权势的大小"。[①]

[①] 刘泽华:《先秦法家关于君主专制主义的理论》,《中国政治思想史集》(第三卷),北京:人民出版社,2006年,第322—323页。

君在其位，即有相应的权势。慎到认为势位对于领导者是非常重要的。势位是领导者使被领导者臣服效忠根本力量。如果领导者不能善用势位，就不能使人臣服；如果君主不努力巩固势位，君主将要处于危险境地。在他看来，"君臣之间，犹权衡也。权左概则右重，右重则左概。"可以说，慎子势论旨在强调"势位"在领导者臣服被领导者中的作用，这一点显然是有为而发，即领导者不能指望靠伦理道德来约束臣下，而要靠领导者之位所赋予的权力使人臣服。领导者自身是否有贤德并不是最重要的，重要的是自己所具有的"势位"。这也正是后世学者批评慎子"不知贤"（《荀子·解蔽》）、"不尚贤"（《庄子·天下篇》）的原因所在①。

有学者指出："领导权力是领导者实施领导的基础和前提。"②应当说，慎子从人性自利自为角度肯定并论述了这一点。如今我们对权力有不同解释，有人说权力是影响力，这种影响力包括法定职位所赋予的权力影响力和自身德性素养所产生的感染力。慎子无疑看重的是前者，在他看来尧舜即使非常贤能，如果不在被认定的权位上，其影响力几等于无，与儒家孔子主张的"德化说"形成鲜明区别！

三、"无事"是领导者的行为特点

慎子对领导者的行为特点有明确的认识和概括，这是慎子领导理论非常突出的一面。慎子是较早明确提出领导者行为特点是"无事"的学者。黎红雷说："'无为而治'其实是儒、道、法家共同的理想。"③我们知道孔子讲过"无为而治其舜也与"（《论语·卫灵公》），老子讲过"圣人处无为之事"（《老子·二章》），韩非讲过"明君无为于上"（《韩非子·主道》），可见，黎先生的话是道理的。慎子说："君臣之道：臣事事而君无事，君逸乐而臣任劳，臣尽智力以善其事，而君无与焉，仰成而已。故事无不治，治之正道然也。"（《民杂》）慎子从君臣对待关系层面揭示了领导者有着不同于被领导者的行为特点，在先秦领

---

① "不知贤"、"不用贤"并不是说君主不用贤能之人，而是强调君主不要靠自己的"贤"来服人、治国。
② 李成言主编：《领导学基础》，北京：中央广播电视大学出版社，2003年，第37页。
③ 黎红雷：《儒家管理哲学》（第三版），广州：广东高等教育出版社，2010年，第209页。

第五章 慎子以"势位足以屈贤"为特点的领导理论

导思想史上有着特殊重要地位①。

慎子"臣事事而君无事"首先肯定了君、臣有着不同的"分职",同时肯定领导者相对于被领导者而言应该"无事"而"逸乐"。高流水认为"君无事"就是指"君主不做具体的事实。"② 许宏富说:"君无事,意即君不从事某项具体的工作。"③ 今人的这些解释我们是可以理解的。但这些解释已经包含着领导者应该做与"具体"的事相对的"大事"的意思。但这在慎子这段话中是体现得并不明显。

慎子对君、臣有着不同"分职"的理解有天道论层面的思考。《庄子·天下篇》评论慎子思想时说:"齐万物以为首,曰:'天能覆之而不能载之,地能载之而不能覆之,大道能包之而不能辨之。'知万物皆有所可,有所不可。"所谓"万物皆有所可,有所不可"即是肯定"万物不同,禀性各异"④,甚至包括"大道"在内,也是有所可,有所不可。既然万事万物不同,各有特点,各有功用,那么,在社会生活中,君臣的职责定位,也应该是不同的,进而也可推出君主行为特点与臣下行为特点不同的观点。但,这一理论虽为君臣之"分"提供了理论支撑,但并不能证成君主行为特点应该是"无事"的。

君主之所以要"无事"一个重要的原因就是:君主是个有限体。慎子认为君主在智能方面有限的。慎子说:"离朱之明,察秋毫之末于百步之外,下于水尺而不能见浅深,非目不明也,其势难睹也。"(《逸文》)即使如离朱这样眼力好的人,远一点的、水下的事物也会看不清楚,君主当然也不例外!他还说:"君之智,未必最贤于众也,以未最贤而欲以善尽被下,则不赡矣。若使君之智最贤,以一君而尽赡下则劳,劳则有倦,倦则衰,衰则复反于不赡之道也。"(《民杂》)君主既然智能有限,就不可能照顾到方面方面;如果说君主的智能足够强,勉强任事,也会精疲力竭,劳而无功。更为重要的是:"人君自任,而务

---

① 在先秦讲"无为"较早而且将之作为其思想的中心议题的当属老子。不过,老子虽讲"圣人无为",却未从君臣对待关系的层面讲"无为"。《庄子·在宥》明确讲:"无为而尊者,天道也;有为而累者,人道也。主者,天道也;臣者,人道也。"这是明确从君臣对待关系层面讲"君主无为"的例子。学术界一般认为《庄子》外杂篇是庄子后学所为。从《汉书》说慎到"先申韩"的话大致可以肯定,慎子是战国中期人,与庄子可能处在同一时期。由此,我们可以大致推断慎子所谓"臣事事而君无事,君逸乐而臣任劳"(《民杂》)是在君臣对待关系层面讲君主"无事"的较早说法。
② 高流水等:《慎子、尹文子、公孙龙子全译》,贵阳:贵州人民出版社,1996年,第32页。
③ 许宏富:《慎子集校集注》,北京:中华书局,2013年,第34页。
④ (清)郭庆藩辑,王孝鱼整理:《庄子集释》(第4册),北京:中华书局,1961年,第1087页。

为善以先下，则是代下负任蒙劳也，臣反逸矣。故曰：君人者，好为善以先下，则下不敢与君争为善以先君矣，皆私其所知以自覆掩，有过，则臣反责君，逆乱之道也。"（《民杂》）君主既然是个有限个体，如果"自任"事，好为人先，臣下就不敢与君争先，不仅不能有效发挥臣下效用，且容易暴露自己的不足，使自己处于受过之地。亨利·明茨伯格曾通过实证研究得出结论：经理工作具有"无穷无尽的特性"[①]，面对无穷无尽的工作能容，作为领导者的君主是不可能事事亲为的，而且君主要减少犯错，保持足够的精力，就必须处于"无事"的状态。

从现存的《慎子》残篇可见，慎子对君主为何应"无事"在更高的理论层面也有简要说明。慎子说："天有明，不忧人之暗也；地有财，不忧人之贫也；圣人有德，不忧人之危也。天虽不忧人之暗，辟户牖必取己明焉，则天无事也；地虽不忧人之贫，伐木刈草必取己富焉，则地无事也；圣人虽不忧人之危，百姓准上而比于下，其必取己安焉，则圣人无事也。"（《威德》）这段话的大意是：天有光明，百姓自可开凿户牖取得光明，所以"天"就没有必要担忧百姓生活在黑暗之中；地上的物产丰富，百姓自可伐木割草以取己富，所以"地"也没有必要担忧百姓生活在贫困当中[②]；圣人如果具备天地一样之"德"，百姓准于上而比于下自取其安，圣人也没有必要去做什么。王叔岷认为慎子这段话主要是"发明《老子》'圣人处无为之事'（《二章》），及'事无事'（《六十三章》）之意"[③]。从百姓"取己安"、"取己富"等词汇可以看出，慎子肯定人性"自利自为"，认为人在天地中会根据自己的需要获取资源，天地、圣人只要将己"德"充分表现出来即可，而不需要做什么，人就能得到相应的生存和发展。这显然与《老子》"民自化"的观念是一致的。可以看出，君主之所以应"无事"，主要就是因为民有"自化"的特点。从这个角度说，慎子的"无事"说是受到老子思想的明显影响的。但是，其与老子思想的不同也是比较明显的。老子论证君主无为无事的时候，有"道"论的依据，而慎子此段则主要是从天地之"无事"引申出圣人之"无事"。慎子此处基于人性"自为"而主张君主"无事"

---

① （加）亨利·明茨伯格：《经理工作的性质》，孙耀君等译，北京：中国社会科学出版社，1986年，第211页。
② 对此句之理解笔者参考了陈鼓应的解释。陈鼓应：《黄帝四经今注今译——马王堆汉墓帛书》，北京：商务印书馆，2007年，第384页。
③ 王叔岷：《慎子佚篇义证》，《先秦道法家思想讲稿》，北京：中华书局，2007年，第321页。

的说法与上述君主应有"权势"的主张是不协调的。也就是说,权势说的成立是基于人性趋利避害的特点。人如果趋利避害,必然发生矛盾,靠人"自化"而达到天下有序便不可能!也就是说,慎子对君主"无事"的这方面论证与其整个思想体系是矛盾而不协调的。

慎子的领导者"无事"、"逸乐"说在理论上是很不完善的。慎子认为臣下"任劳"、"尽智"而"善其事",君主则"无与"而"仰成"。好像领导者什么事情都可不做,只等着走向成功就行。从现代领导学角度来看,领导者要做的决策、用人、监督等重要工作,他怎么可以"无事"呢?在现实上完全不可能做得到,这说明用"无事"二字概括领导者的应然行为是不切实际的。可以设想,面对领导工作"无穷无尽的特性",领导者完全可以"抓大放小",慎子在理论上没有讲到这一步。《庄子·天道》讲"要在于详",《申子·大体》讲"君治其要",无疑比"君无事"的说法更进了一步,更符合领导实际!

四、"用人"是领导者的重要职能

慎子虽认为君主当处"无事"之境,但他还是强调"得助于众"的重要性。慎子说:"身不肖而令行者,得助于众也。……三王五伯之德,参于天地,通于鬼神,周于生物者,其得助博也。"(《威德》)还说:"治国之君,非一人之力也。将治乱在乎贤使任职。"(《知忠》)还说:"桀之所以亡,尧不能以为存。然而尧有不胜之善,而桀有运非之名,则得人与失人也。"(《知忠》)在他看来,对于君主来说,最重要的活动莫过于"得众",君主应该把得到贤人之资助作为重要的工作内容,这强调的领导者的用人职能。

第一,为下——得众之法。

《民杂》说:"民杂处而各有所能,所能者不同,此民之情也。"也就是说,生活在一起的民众,他们的能力各有差别,各自擅长的能力也不一样。作为最高领导者的君主,就应当"兼蓄下者"。所谓"兼蓄"即是"因民之能为资,尽包而蓄之"(《民杂》)。要做到这一点就要"不设一方以求于人",即"任人之能应不作任何限制"[1],这样才能做到"无不足"(《民杂》)。慎子还说"大君不择其下故足"(《民杂》),这正是《庄子·天下》篇所谓"选则不遍"的意思。

---

[1] 许宏富:《慎子集校集注》,北京:中华书局,2013年,第32页。

"择"与"选"说到底就是以己之好恶选人、用人。如果以己意选人、用人,势必不"周遍"而有遗漏。慎子进而认为"不择其下,则易为下"(《民杂》)。所谓"易为下",即容易处于下。而只有"易为下"才能"莫不容"。《老子》讲"江河之所以能成其大者,以其善下。"慎子讲的"兼蓄"而"无不足",显然受到老子影响。君主的"无事"、"逸乐"只能是建立在其"为下"的基础上。这是为君得人的一大原则。

第二,不自任——用人之道。

慎子《民杂》讲君有君道,臣有臣道,君道是"无事"、"逸乐",臣道是"任劳"、"尽智力以善其事",君主只有"无与"臣事,这才是"治之正道"。这其中就包含着一个重要用人原则,即"不自任"。慎子认为君主"自任",好为人先,臣下就不敢与君争先,不仅不能有效发挥臣下效用,且容易暴露自己的不足,使自己处于受过之地。慎子还说:"昔者,天子手能衣而宰夫设服,足能行而相者导进,口能言而行人称辞。故无失言失礼也。"(《逸文》)可见,君主只有用人之手、足、口,才能使自己处于无过、不失礼的境地。慎子《民杂》认为:君主智能有限,要亲自处理众事势必"劳"而"有倦",更为重要的是,人君自任就会颠倒君臣的分位。总的看来,君主只有不"自任",不用己之智能,臣下的智能才能真正发挥,即君处其道,臣才能真正处其道。所以《民杂》警告说:"人君苟任臣而勿自躬,则臣皆事事矣。是君臣之顺,治乱之分,不可不察也。"这是君主用人最基本的原则。

第三,忠不得过职——官人之法。

慎子说:"忠未足以救乱世,而适足以重非,何以识其然也?曰:父有良子而舜放瞽叟,桀有忠臣而过盈天下。然则孝子不生慈父之家,而忠臣不生圣君之下。故明主之使其臣也,忠不得过职,而职不得过官。"(《知忠》)他认为君臣关系的正常维系,不能指望臣下能对君有"忠",因此,评判臣不能看他是否"忠",而根本上是要看他守职情况。可以看出,慎子并非不希望臣下不"忠",而是强调臣下之"忠"应本于其职守。慎子说:"亡国之君,非一人之罪也;治国之君,非一人之力也。将治乱,在乎贤使任职而不在于忠也。故智盈天下,泽及其君;忠盈天下,害及其国。"(《知忠》)可以看出,用臣的标准是"贤"和他"任职"的情况。慎子所谓"不尚贤"并不是说君主不要用贤能之臣,而是说当君主的不必"贤能"。

第五章　慎子以"势位足以屈贤"为特点的领导理论

第四,"职不得过官"——设官之原则。

用人和设官密切相关,设官情况关涉用人的成效。慎子认为官员所做不能超过官职本身所要求的职责范围。慎子说:"立国君以为国,非立国以为君也;立官长以为官,非立官以为长也。"(《威德》)什么叫"立官以为官"?高流水翻译此句为:"设置官职是为了更好履行职责,并不是设置官职来为长官个人享乐。"① 这个解释让人难于理解。笔者认为此句当理解为:设立官职不是为了官员个人,而是为了更好地发挥官职的作用。或者说,设官分职是为了管理社会事业本身,而不是为了某个人而设个官职,官职的价值和意义由此得以体现。既然设官的目的如此,那么要充分发挥官员的作用,就必须明确对官职责任的界定,让官员熟悉自己的职守,养成践履官职所必备的才能。慎子说:"古者,工不兼事,士不兼官。工不兼事则事省,事省则易胜;士不兼官则职寡,职寡则易守。故士位可世,工事可常。百工之子,不学而能者,非生巧也,言有常事也。今也国无常道,官无常法,是以国家日缪。"(《威德》)"士不兼官"在现存《慎子》中两次被提及。"士不兼官"被理解为"一个人不可以同时兼任多个官职"②。笔者认为,慎子此处并不是要强调一人不能多职的问题,而是在强调官员的专职化。"士位可世"也不是强调官员的职位应该世袭,而主要是强调官应有常守、有常法。"官无常法"大意为:官员没有恒常的规则可守。这段文字主要强调的是:君主对官职应该有比较明确的界定,让在某一职位的官员应该对自己的职位有相当的了解,不能什么人都可随便任某职。官位如果没有比较明确的职责界定,官员如果不能很好履职,行政系统就会瘫痪不中用。慎子强调设官的意义、价值及其原则显地体现着他对建构领导体制问题的探索。

五、"明法"是实现领导控制的方法

明"法"是慎子思想中的比较突出的内容。慎子提出"事断于法"的命题,强调领导者应该将"法"作为作为判断、决策的依据,进而实现领导控制。

"法"是社会共识的体现。慎子说:"蓍龟,所以立公识也;权衡,所以立公正也;书契,所以立公信也;度量,所以立公审也;法制礼籍,所以立公义也。凡立公,所以弃私也。"(《威德》)"权衡"、"度量"皆为称量器具,可见

---

① 高流水等:《慎子、尹文子、公孙龙子全译》,贵阳:贵州人民出版社,1996年,第25页。
② 许宏富:《慎子集校集注》,北京:中华书局,2013年,第14页。

"法"是一种标准;"书契"是"契约之类的文书凭证"①,可见"法"是一种表诸文字的大家共守的约定。"蓍龟"是占卜所用的蓍草和龟甲,占卜是决疑的方法,通过占卜进而消除纷争。通过这些比喻可知,"法"代表着社会的共识,代表着社会的共同价值取向,它具有超越社会个体之上的权威,"法"如果建立起来,人人都该服从,进而解决纠纷,化解分歧,达到"弃私"而"立公"的良好状态。

"法"还是公共行为的标准②。慎子说:"智者不得越法而肆谋,辩者不得越法而肆议,士不得背法而有名,臣不得背法而有功。我喜可抑,我忿可窒,我法不可离。骨肉可刑,亲戚可灭,至法不可阙也。"(《逸文》)"法"作为公共的行为标尺,社会成员都应遵守,即使受刑者与领导者有骨肉之亲,也当以"法"的标准进行处理。在慎子看来,有了这个共同的标准,人的思想和行为就能统一起来,纷争也就消除了。慎子认为"有法度者,不可巧以诈伪"(《逸文》),还说"法之功,莫大使私不行"(《逸文》)。作为公共行为标准,"法"在约束和规范人的行为方面发挥极为重要的作用。

"法"是界定事物归属的一种制度。慎子说:"今一兔走,百人逐之,非一兔足为百人分也,由分未定……积兔满市,过而不顾,非不欲兔也,分已定矣。分已定,人虽鄙不争。"(《逸文》)一旦社会明确了什么是你的,什么是我的,什么是他的,人就不会在把已经有归属对象的事物作为争夺的对象。相反,社会上的事物如果没有确定归属,人们势必会去争夺,进而使之据为己有。"分定"就意味着事物的归属有明确界定。慎子说:"定赏分财必由法。"(《威德》)说明"法"是界定事物归属的制度。

对于领导者来说,有了这个评判的客观标准,做决定就有了能够使大家不能不接受的客观依据,这既是领导者做到"无事"的内在需要,也是去私、立公、一民心达到领导目标的的需要。慎子说:"君人者,舍法而以身治,则诛赏予夺从君心出矣。然则受赏者虽当,望多无穷;受罚者虽当,望轻无已。君舍法而以心裁轻重,则同功殊赏、同罪殊罚矣。怨之所由生也。是以分马者之用策,分田者之用钩,非以钩策为过于人智也,所以去私塞怨也。故曰:大君任法而弗躬,则事断于法矣。法之所加,各以其分,蒙其赏罚而无望于君也。是

---

① 许宏富:《慎子集校集注》,北京:中华书局,2013年,第20页。
② 冯友兰:《中国哲学史新编》(上册)(第二版),北京:人民出版社,2007年,第373页。

第五章 慎子以"势位足以屈贤"为特点的领导理论

以怨不生而上下和矣。"(《君人》)在他看来,领导者应该"事断于法",决策应该有客观的标准,把"法"作为确定赏罚的依据。如果领导者不能做到这一点,"舍法而以身治",则赏罚予夺是从"君心出"。如果这样,即使做得很公平,得赏的人还希望得到更多,受罚的人还希望罚得更轻,这样就给奉承、谄媚、讨好留下了空间。另一方面,如果赏罚出于领导者一时之喜怒,那么,不仅达不到赏罚的预期效果,而且会搞乱社会价值取向。

可看出,慎子清楚地意识到外在制度规范在维护社会秩序中的积极作用。领导者要实现对社会的有效控制,就不能不借助外在的规范制度。这也意味着领导者的一个重要的工作就是根据"法"实施赏罚,这就是现代领导学讲的领导控制的职能。慎子说:"官不私亲,法不遗爱,上下无事,唯法所在。"君臣上下如果都能依法办事,就能达到"上下无事"的良好状态。

六、领导者要成为"无知之物"

在慎子看来,领导者不管是要做到"不自任",还是"事断于法"避免"身治",都需要具备相当的内在素养。慎子对领导者的素养有比较特殊的理解。

慎子认为领导者不必有太多的道德情怀。《威德》篇强调圣人"不忧",用人之自为,人各取其安,圣人就会无事。这其中多少有点老子所谓的"圣人不仁以百姓为刍狗"的味道。可见,领导者没有必要投入过多的道德情怀,与儒家强调君主应具有"仁爱"之德形成强烈反差。同时,从慎子主张"贤智未足以服众"的立场看,他并不期待领导者在道德上有多高的水准。另外,他对领导者"心治"是不抱任何期望的,领导者之"心"并不具有如孟子所谓的"良知"的本能,具有能够识别善恶的能力。慎子对领导者是否有道德在理论上并没有什么诉求!

慎子认为领导者应该"无知"。《庄子·天下》篇说:"无知之物,无建己之患,无用知之累,动静不离于理,是以终身无誉。故曰:至于无知之物而已。"《天下》篇概括慎子思想的这段话正是针对领导者素养而发。慎子认为,"无知"才能不累于物,才能动静循理。为什么要强调这一点?慎子认为"法"要能得到顺利执行,使臣民信守于"法",君主就不能以身坏法。慎子说:"欲不得干时,爱不得犯法。"(《威德》)这就要求君主不能以好恶判断是非、裁决赏罚,凡事当以"法"为据,而不能受领导者自己欲望和个人主观愿望的干扰。同时,君主要能用臣下之能,就不能"好为善以先下",如果"好为善以先下"不仅是越俎代庖，而且给臣下留下钻空子的口实。要做到这一点，君主就要不表现"知"，如此就"无建己之患，无用知之累"。《逸文》说："不聪不明，不能为王；不瞽不聋，不能为公。"聪明是君主应该具备的，但只有"瞽"、"聋"，不用其"智"才能真正聪明，做到不以私害公。他还说："夫德精微而不见，聪明而不发，是故外物不累其内。"（《逸文》）还说："为人君者不多听。"（《君臣》）这正可与《天下》篇的"无知"之说相互印证。也就是说，领导者在主体上只有"无知"，不带偏见、成见，才可能"循理"，才能确保"法"的施行；同时，领导者只有"无知"，才能避免好为人先，越俎代庖，避免错误。从《威德》篇讲"势"一段可见：君主即使无能，只要有势位，就可实现领导控制。在慎子看来，君主在智能方面的素质其实对于整个领导活动的正常开展并不具有决定性作用。这与其主张的"无知"说是内在一致的。

慎子君主"无知"说有着明显的现实针对性，其用意是要避免君主因个人好恶导致"法"不能行的局面，也在于避免用智所带来消极后果。但在理论上是不成熟的。《威德》说："明君动事分功必由慧。"显然，在"无知"与"由慧"之间无疑存在着某种紧张。现实的君主毕竟要有"知"。在"知"与"无知"之间如何权衡，如何克服"无知"说与"由慧"说的理论紧张，从现存《慎子》看不出慎子对这些问题的解答。

小　结

慎子认为社会群体必须要有领导者，有了领导权威，才能止争通理。领导者并不一定要具有较高的道德水准，甚至也不一定有很高的智慧，领导者有了权威就能使人服从。同时，领导者要实现对社会的控制，要依据"法"来判断是非，使"法"作为领导决策的依据。领导者要避免因私废公，确保法制的运行，就要做到"无知"。慎子领导思想体现的是一种刚性的领导控制特点，与儒家强调的柔性领导控制形成鲜明区别。总体上看，慎子的领导思想形成了较为完整的系统，但又显得很不完善。他在强调君主"得众"、"明法"重要性的同时又主张领导者应该"无事"，在理论形式上多少显得有些不协调。这种不协调，或许是由于慎子留下来的文字不够全面所致，也可能是他作为由道家向法家过渡的理论家在理论上不彻底的必然表现。

第六章 商鞅以"刑生德"为核心的领导理论

商鞅作为战国时期卫国贵族在秦国得到孝公的信用,大刀阔斧推行一系列改革举措,推动秦国富国强兵,成为名副其实的政治家!这与先秦诸子多数坐而论道的情形是不大一样的。商鞅不仅是政治家,也是理论家。今本《商君书》虽不能说完全是他的著作,但"这部书的内容都符合商鞅的思想实质,没有重大的自相矛盾之处"[①]。商鞅提出"德生于刑"命题,认为领导者要将领导对象凝结在领导者预期的领导目标上,让领导对象真切感受到领导者之德,要靠领导者手上掌握的强制性力量——"刑",这是商鞅领导理论的特点所在。

一、"贤者型"与"司禁型"的领导形态

商鞅认为领导者对社会国家的治乱起着非常重要的作用。《君臣》[②]说:"臣闻道民之门,在上所先。"《壹言》说:"法之不明者,君长乱也。"《开塞》说:"夫利天下之民莫大于治,而治莫康于立君。"领导者自身的作为对引导民众和法制的实施都发挥着关键的作用。社会要得到治理,最重要的就是要有领导者存在。领导者在社会国家的管理过程中起着非常重要的作用。

《开塞》篇通过总结历史发展规律的方式,阐释了两种领导形态,它说:

天地设而民生之,当此之时也,民知其母而不知其父,其道亲亲而爱

---

① 高亨:《商君书注译》,北京:中华书局,1974年,第7页。
② 指《商君书》的《君臣》篇,以下引《商君书》文只写篇名。

私。亲亲则别，爱私则险，民众，而以别险为务，则民乱。当此时也，民务胜而力征，务胜则争，力征则讼，讼而无正，则莫得其性也。故贤者立中正，设无私，而民说仁。当此时也，亲亲废，上贤立矣。凡仁者以爱利为务，而贤者以相出为道。民众而无制，久而相出为道，则有乱。故圣人承之，作为土地货财男女之分。分定而无制，不可，故立禁。禁立而莫之司，不可，故立官。官设而莫之一，不可，故立君。既立君，则上贤废而贵贵立矣。然则上世亲亲而爱私，中世上贤而说仁，下世贵贵而尊官。上贤者以赢相出也，而立君者使贤无用也。亲亲者以私为道也，而中正者使私无行也。此三者非事相反也，民道弊而所重易也，世事变而行道异也。

《开塞》实际上为我们展示了两种领导类型的替代过程。第一种类型是"贤者型"。在"亲亲而爱私"阶段，民众以"别险为务"，必然导致"力征"而"讼"的混乱状态，"贤者型"的领导通过"立中正，设无私"就能达到"民说仁"的效果。"贤者型"的领导之所以会发生作用，达到领导目标，原因：一是由当时"民愚"的特点决定的。《开塞》说"民愚则力有余而知不足"，同时，"民之性，不知则学"，"民愚，不怀知而问"，所以，民"师其知"。《算地》也说"臣愚，则易力而难巧"，故"知可以胜之"。也就是说，在臣民智力不足而力量有余的时代，之所能结束混乱，就在于"贤者"出，因为民愿意"师其知"。即是说，这时领导者以自身的智慧本身就能使人服从，进而使社会安宁，这正是"上贤立矣"的原因所在。二是由于当时存在着以血缘关系维系社会秩序的现实。《开塞》说"当此之时也，民知母其而不知其父，其道亲亲而爱私。"在"亲亲而爱私"的人群发展阶段，社群范围小，维系社会秩序的动力源泉在于血缘亲疏，这时"先德而治"、"以义教民"的"贤者型"领导才可能成立。《开塞》说："义者，将立民之所好，而废其所恶。"在此阶段，为君当领导比较简单，民之好恶就直接决定着领导者的行为活动。此时，领导者给人的印象是"仁者"、"贤者"形态，领导根本上是"以赢相出"[①]，即通过自己的智慧和"义教"就可使人悦服。

然而好景不长，因为在此时期"民众而无制，久而相出为道"，必然又会导致混乱。为克服此种混乱，随后圣人便"定分"、"立禁"，进而产生了专司的官

[①] "赢"通"能"。见蒋礼鸿：《商君书锥指》，北京：中华书局，1986年，第52页。

第六章 商鞅以"刑生德"为核心的领导理论

职。"官吏已经设置,如果没有人统一支配,也是不行的,所以设立国君。"① 这就是"一官"而司"禁"的类型领导。在商鞅看来,这种类型的领导的出现是历史的必然!因为,"贤者"治民的时候以"爱利为务",以"相出为道"②,导致的结果是"民纵"而"乱"。这一结果的出现和民智开化有关。《开塞》说"世知,则巧有余而力不足",还说"世知,无余力而服",这时候单靠智慧已不能服人,"贤者型"的为君之道就吃不开了。《算地》说:"世知,则力可以胜之。……世巧,则易知而难力。"也就是说,到了这一阶段领导者只能靠"力"来使人服从,"立法制,为度量,以禁之"(《君臣》)的领导方式的施行就势在必行。同时,《开塞》说:"今之民巧以伪。……效于今者,前刑而法。"作者认为"刑生力",为君者只能通过"立禁"才能摆脱"民纵"而乱的局面。这种类型的领导的突出特点是靠刑罚强制使人服从。

通过建构历史发展过程来说明人类历史经过"上世"、"中世"、"下世"三个阶段,这三个阶段的发展是依次推进的过程。商鞅说:"兴王有道,而持之异理。"(《开塞》)在他看来,"贤者"为治的时代,"先德而治"、"以爱利为务,以相出为道"的领导模式是一去不复返了,"贤者型"的领导被取代是历史发展的必然结果。《开塞》还说:"古者,民藂生而群处,乱,故求有上也。然则天下之乐有上也,将以为治也。"也可说,立君就是为了避免人群之"乱"而为"治"。这与慎子立君说无异③。但是,从《开塞》上面所述,商鞅对为何要立君,以及君主的作用有着特殊的认识。在他看来,随着社会的不断分化,为了为了避免混乱,出现了约束人行为的禁止性制度,落实这些禁止性制度,就产生了专门的官职。官职产生以后,势必需要更高层面的统一管理这些官职的领导职位。可见,领导者的直接作用是"一官",即统一管理官员;但是,领导者更深层次的作用实际上通过"一官"进而落实禁止性的制度,从而使社会回到和谐状态。因此,"一官"而司"禁"是商鞅对领导者作用的根本概括,体现出他对强制控制的领导职能的特别重视,这在先秦领导理论中是比较特殊、新颖的。

---

① 高亨:《商君书注译》,北京:中华书局,1974年,第75页。
② "仁者以爱利为务,而贤者以相出为道。"意思是说:"仁者皆努力从事爱人利人,而贤者则以相助作为做人的道理。"贺凌虚:《商君书今注今译》,台北:商务印书馆,1987年,第74页。
③ 这几乎也是先秦诸子"立君"说的一个通识。

二、"刑生德":领导控制的根本原理

对于领导者而言,控制就是"从外部对执行者和执行组织的活动和运行状况进行宏观把握,对其偏离未来目标的行为或活动进行监控、校正、引导,以保证其组织在实现未来目标的过程中保持相对的稳定和有序运动,防止组织运行的失控和组织的瓦解,从而高绩效地实现组织目标。"① 对于商鞅来说,控制从根本上说就是让社会按照领导者的预期目标来运行。商鞅提出的"德生于刑"观点,体现出他对领导控制本质的独特看法。

> 《靳令》:圣君知物之要,故其治民有至要。故执赏罚以壹,辅仁者,心之续也②。圣君之治人也,必得其心,故能用力。力生强,强生威,威生德,德生于力。圣君独有之,故能述仁义于天下。
>
> 《去强》:刑生力,力生强,强生威,威生惠,惠生于力。
>
> 《说民》:刑生力,力生强,强生威,威生德,德生于刑。

这三条材料反映的内容基本一致,揭示了领导者要实现领导目标的基本逻辑。刘泽华《先秦政治思想史》论述《商君书》思想时说:"《商君书》作者认为力量决定着政治关系。"还说:"力量是提高国家和君主地位的最根本的凭借。"③ 强调"力"是《商君书》一个重要特点。《慎法》说:"国之所以重,主

---

① 刘建军:《领导学原理:科学与艺术》(第二版),上海:复旦大学出版社,2003年,第150—151页。

② 关于此句的断句目前有两种,蒋礼鸿以"执赏罚以壹辅"断句,认为"壹辅二字不成义,当改为'辅壹教'三字。"(蒋礼鸿:《商君书锥指》,北京:中华书局,1986年,第82页)其他如高亨、贺凌虚等皆以"执赏罚以壹辅仁者"断句。笔者认为当以"执赏罚以壹"断句。《赏刑》说:"圣人治国也,审壹而已矣。"《商君书》其他篇章也屡言"国作壹",使民"归心于壹"。所谓"审壹"、"作壹"就是让民众归于农战,让民众知道获得利禄只有农战一条道路,使其他言谈游说修身之士没有出路,其根本方法就是"壹赏罚",即通过"赏"使民众知道农战有利可图,通过罚使民众知道言谈游说不可为,"壹赏罚"是君主导民于农战使国家富强的根本手段。而"执赏罚以壹"非常准确地概括了商鞅所主张的君主此种为政策略。因此,蒋先生的断句显然错误。蒋先生书中引用了一种观点认为"辅仁者"以及此句后文之"述仁义"皆显背商子之旨"。这也是没能很好理解此句的错误议论。(蒋礼鸿:《商君书锥指》,北京:中华书局,1986年,第82页)高亨说:"续当读为裕。裕,宽也。"(高亨:《商君书注译》,北京:中华书局,1974年,第109页)贺凌虚说:"续,犹传,传授。"(贺凌虚:《商君书今注今译》,台北:商务印书馆,1987年,第112页)诸家对此句的解释可谓见仁见智。在笔者看来此句"续"不当读为"裕",当本字来读就能读通。《说文》:"续,连也。""执赏罚以壹,辅仁者,心之续"实际是说君主"执赏罚以壹"以辅君主之"仁",它是君主仁心的继续。此句实际隐含着,君主为政是仁心的继续,或者说是仁心的体现,但体现仁心的手段是"执赏罚以壹"。

③ 刘泽华:《中国政治思想史集》(第一卷),北京:人民出版社,2008年,第149页。

之所以尊者，力也。"综观全书，可知"力"的根源是"民力"。但在商鞅看来，君主只有把民众导引于农战，使之戮力于农战，才会形成国家真正的力量。有了这种力量的国家才"强"而有"威"。用什么方法才能使民戮力于农战呢？他认为是要"得其心"（《靳令》）。高亨认为所谓"得其心"是指"赏罚公平而民心悦服，与儒家的'得民心'含义不同。"① 笔者认为，此处正是接上句意思而来，要"得其心""非劫以刑而殴以赏莫可"（《慎法》）。这就是说君主通过"执赏罚以壹"使民悦服于农战，如此国家就力而强。贺凌虚在翻译《靳令》上述一句时说："国家有力则强，强则有威势，威势盛然后人民才感受到政府的德泽。"② "德（惠）生于力"命题的含义即：君主对民众的德惠根本来源于国家的实力，或者说民众能感受到君主的德惠根本源于国家有实力。一句话，国家有力而强威，民众才能感受到君主的德惠。但，特别需要注意的是，"力"则来源于"执赏罚以壹"。即通过赏罚的手段把民众引导到农战上，这样国家才能有"力"。《去强》、《说民》的"刑生力"③ 的观念与此完全一致，只是更加强调"刑罚"在引导民众趋于农战的重要性。总的来看，领导者要实现使民归心于农战的领导目标，必须通过用赏罚的方式来实现。通过用赏罚，使民戮力农战，国家强大有威势，然后人民才能感受到领导者的恩惠。

据此，商鞅认为领导者要实现社会控制不能靠个人的贤能。《弱民》说："今离娄见秋毫之末，不能以明目易人。乌获举千钧之重，不能以多力易人。圣贤在体性也，不能以相易也。"④ 君主靠个人的聪明圣智是达不到"易人"的目的。因为"仁者能仁于人，而不能使人仁；义者能爱于人，而不能使人爱"（《画策》），所以，商鞅认为"仁义之不足以治天下也"（《画策》），而必须有"使天下不得不信之法"（《画策》）。显然，与儒家主张领导者要以德化人的论调是很不一样的。商鞅从历史分析的角度探讨"立君"的问题，正在于揭示儒家所倡导的"德化"领导路线在当下是行不通的。《说民》还说："用善则民亲其亲。任奸则民亲其制。……章善则过匿，任奸则罪诛。过匿则民胜法。罪诛则

---

① 高亨：《商君书注译》，北京：中华书局，1974年，第109页。
② 贺凌虚：《商君书今注今译》，台北：商务印书馆，1987年，第112页。
③ 高亨将"刑生力"翻译为"刑罚产生实力"。（高亨：《商君书注译》，北京：中华书局，1974年，第49、58页）贺凌虚将"刑生力"翻译为"以刑罚驱人民于农战，故能生力"。（贺凌虚：《商君书今注今译》，台北：商务印书馆，1987年，第43—44页）显然，后者解释更为准确。
④ 此句在《错法》也有，文字略有差别。

法胜民。民胜法,国乱。法胜法,国强。"(《说民》)"用善"即用治理良民的方法治理人民,"用奸"即用治理奸邪之民的方法治理人民①。君主应该用治理奸民的方法治理民众,只有这样才能收到好效果。《开塞》还说:"立民之所乐,则民伤其所恶;立民之所恶,则民安其所乐。……夫正民者以其所恶,必终其所好;以其所好,必败其所恶。"商鞅认为以"义教"是"立民之所乐",结果民"纵"而"乱",最终"民伤其所恶"。相反,以"刑治"是"立民所恶",其最终结果是"民安其所乐"。也就是说,君主要让民众真正感到其仁心,既不在于用治理善民之法治理民众,也不在于"立民之所乐",而恰恰在于用治理奸邪之人的手段治理民众,用"立民之所恶"的手段治理民众。既然"仁者能仁于人,而不能使人仁。义者能爱于人,而不能使人爱",那么,君主有"仁义"是根本不可能达到使人治民的效果,而且"慈仁,过之母也"(《说民》),君主以"仁义"治民最终却会伤害民众。在他看来,"执赏罚以壹"虽是"立人之所恶,废人之所乐"的"坏"的手段,但只有如此才能真正导民于农战,使国家富强,达到治理社会的好效果,对民众来说才是真正的"仁",这才是他所谓的"能述仁义于天下",让人民感受到君主的德惠。

要之,领导者之所以能够实现对领导对象的控制,达到预期的领导目标,并不在于领导者有多高的道德水准,因为在商鞅看来这在当下完全是行不通的,而只有通过民众并不喜欢,甚至厌恶的手段,才能真正使民众服从,按照领导者的意志行动。孔子说:"德之流行,速于置邮而传命。"(《孟子·公孙丑上》)儒家强调领导者道德影响的控制作用,而商鞅并不认为君主内在道德有如儒家所说的那么重要,效果那么迅速明显,他也不主张礼乐教化,他把赏罚作为控制社会的利器。这一点与儒家绝异。可以说,商鞅主张通过刑罚的威慑手段和奖赏的刺激手段来实现社会控制,揭示了一种有别于儒家的领导控制类型。

三、领导者实现社会控制的心理依据

商鞅作为务实的政治家致力于探讨"强国之术",认为使民用力于"农战"是君主治国之要务。《农战》说:"国待农战而安。主待农战而尊。"君主只有使民归心、戮力于农战,才能国富民强,达到他认为的理想治国状态。

---

① 贺凌虚:《商君书今注今译》,台北:商务印书馆,1987年,第49页。

第六章 商鞅以"刑生德"为核心的领导理论

领导者怎样才能将领导对象引导到预期的轨道上？怎样才能将领导对象凝结在领导者预期的目标上？商鞅在这方面很有研究，提出了一系列领导控制的心理原则。

刘泽华说："法家认为，人的本性是好利的。……法家用利的观点考察人们的一切活动。"[1] 这是对法家人性观的表层认识，商鞅的人性观要比此复杂得多。《算地》："民之性，饥而求食，劳而求佚，苦则索乐，辱则求荣，此民之情也。"还说："羞辱劳苦者，民之所恶也；显荣佚乐者，民之所务也。"还说："民生则计利，死则虑名。"还说："民之生，度而取长，称而取重，权而索利。"商鞅认为民众不仅有基本的好逸恶劳、求荣索乐之情，更为重要的是民在各种复杂的利害关系中有冷静理性的算计心[2]。现实中民之行事往往不是出于"好恶"的直觉，而是依据算计之后的好恶来选择行为。一国之领导者要"抟民力"于农战，不仅要"审好恶"（《错法》）之情，更要充分运用民众理性的"算计"。伴随着对"抟民力"的不同方式的论述，展现了商鞅对人性不同层面的认识。

第一，"刑生力"与"畏"。

"刑生力"是《商君书》中多次言及的重要命题。在商鞅看来，国家强盛在于抟民力于农战，而使民能归心、戮力于农战，是君主"用刑"的结果，这是"刑生力"的大意。《画策》："凡战者民之所恶也。能使民乐战者王。"《外内》："民之外事，莫难于战。……民之内事，莫苦于农。"显然，如果顺着"民乐生安佚，死难难正[3]"（《弱民》）的情性，让民众去从事自己厌恶的"农战"，那是不可能的。那么，如何才能使民归心农战？《说民》："民怯，则杀之以其所恶。故怯民使之以刑，则勇。勇民使之以赏，则死。怯民勇，勇民死，国无敌者必王。……贫者益之以刑则富；富者损之以赏则贫。"（《说民》）可见，使怯民变成勇民而死力于战，使贫民尽力于农业变成富民，要靠刑罚的威慑力量。因此，他认为使用刑罚的威慑力量使人不敢从事其他活动，只能用力于农战。这是商鞅对"刑生力"给出的最直接说明。这与商鞅对人情的理解有关。商鞅认为，人有厌恶的东西，领导者要做的并非是要尽可能避免做人所厌恶的事情，恰恰

---

[1] 刘泽华：《中国政治思想史集》（第一卷），北京：人民出版社，2008 年，第 123 页。
[2] 这即是其所谓的"世知"之"知"所在、"世巧"之"巧"所在。
[3] 高亨认为"正当作之"，"死难难之"即"拼命赴国家的危难，他们觉得难以做到"。高亨：《商君书注译》，北京：中华书局，1974 年，第 157 页。

相反，而应当"立民之所恶"（《开塞》），因为"立民之所乐，则民伤其所恶；立民之所恶，则民安其所乐"，所以"立其所恶"才最终能实现"其所好"（《开塞》）。正是从此种"立恶"的角度出发，他认为"以刑治则民威[①]，民威则无奸，无奸则民安其所乐"（《开塞》）。这可以看作是他对"刑生力"所做的心理学分析。可以清楚地看出，刑罚之所以能产生力量，就在于民众害怕受到刑罚的惩罚而产生的"畏"，民因此"畏"才度量、选择对自己有利的农战。

第二，"赏生力"与"利"。

抟民力于农战除通过"刑"这种方式以外，他还说："作一则力抟，力抟则强。"（《说民》）"作一"就是使"利出一孔"（《弱民》）。商鞅认为，人好利，有很多欲望，君主要做的并非是要满足民众的所有欲望，而是只给其开导一条满足欲望的途径。《说民》："民之有欲有恶。欲有六淫……从六淫，国弱。……民之所欲万，而利之所出一。民非一则无以致欲，故作一。"商鞅认为让人能"犯其所苦，行其所危"关键在于"利之所出一"，即"利出于地"、"名出于战"（《算地》），"利禄官爵抟出于兵"（《赏刑》），重农抑末让人觉得务农更有利可图，这即是"启一门以致其欲"（《说民》），同时堵塞不通过农战而获得奖赏和官爵的门户，这即是"塞私道以穷其志"（《说民》）。总之，只有让人在权衡各种利害之后知道农战是唯一的获利的通道才能导民于农战。这种劝民于官爵利禄的做法正是基于对人理性的"计利"之心的充分运用。

第三，"属于农"与"朴"。

在商鞅看来，在使民归心农战过程中，导民于农似乎更为重要。《农战》说："圣人知治国之要，故令民归心于农。归心于农，则民朴而可正也，纷纷则易使也，信可以守战也。"可见，民能守战，根本在于使民归心于农。而民归心于农，民心"朴"，"朴"则易使。"朴"与智巧相对，就是"愚"。《算地》："私利塞于外，则民务属于农；属于农则朴，朴则畏令。私赏禁于下，则民力抟于敌，抟于敌则胜。奚以知其然也？夫民之情，朴则生劳而易力，穷则生知而权利；易力则轻死而乐用，权利则畏罚而易苦；易苦则地力尽，乐用则兵力尽。"可以看出，"属民于农"，民"朴"而"畏令"，这样民众也容易尽力于"地"和"兵"。在这个分析中无疑也蕴含着另一种复杂的心理原理。

[①] "威，畏也。"见蒋礼鸿：《商君书锥指》，北京：中华书局，1986年，第56页。

综观《商君书》全书,使民归心于农战,还包括运用一定的财经政策,但说到底,这些政策施行的主要目的是使人觉得参加农战更为有利可图,仍是基于民众理性算计的好利避害心理,这是行赏和用官爵劝民的心理基础。《错法》:"人君①而有好恶,故民可治也。人君不可以不审好恶。好恶者,赏罚之本也。"因此,概括起来,"抟民力"一方面是靠官爵奖赏,让人觉得选择农战有利可图,一方面是靠重刑的手段让人知道非农战不可为。这也就是《靳令》所谓"执赏罚以壹"。商鞅思想中较为特殊的是,主张"刑于九而赏出一",认为"刑于九则六淫止,赏出一则四难行",强调刑罚威慑作用,这在先秦思想史中恐怕是绝无仅有!

四、明法治官:领导者实施社会控制的基本途径

商鞅认为领导者要实现社会控制要有一套明确的制度作为基础。刘建军:"控制包括按照行政法规和规章所进行的规范控制,对组织活动过程中的问题和缺陷加以纠正的组织行为控制,以定期考核和奖惩作为表现形式的个人行为控制,以及通过感情沟通所进行的非正式组织控制。"②商鞅是排斥"通过感情沟通所进行的非正式组织控制的",在他看来,领导者要实现对社会的有效控制,必须有由国家强制实施的明确政策和制度,这就是"法";同时,要对官员进行有效管控。

第一,明法。

在先秦思想史研究领域,一般认为法家"三派"中商鞅是重"法"一派的代表。在商鞅思想中,"法"就是由国家强制实施的政策和制度,而不仅仅指法律,从商鞅在秦国推行变法的内容即可证明这一点。我们这里要讲的"法"主要是指规范性的制度,即作为行为得失、好坏判断标准的一种制度。这种规范性的制度(即"法")应该是"公义"的代表。商鞅说:"法者,国之权衡也……故立法明分,中程者赏之,毁公者诛之。赏诛之法,不失其义,故民不争。授官予爵,不以其劳,则忠臣不进。行赏赋禄,不称其功,则战士不用。"(《修权》)可以看出,"法"是一种代表国家"公义"的赏罚的标准,也是授官

---

① 高亨引陶说:"人君……当作人生。"高亨:《商君书注译》,北京:中华书局,1974年,第88页。

② 刘建军:《领导学原理:科学与艺术》(第二版),上海:复旦大学出版社,2003年,第151页。

予爵的制度凭藉。在他看来，如果建立起明确的"法"，并能得到良好施行，就能达到领导目的。商鞅说："法令者民之命也，为治之本也，所以备民也。"（《定分》）可以说，"法"是领导者实现社会控制的基础。

为何用"法"来实现社会控制呢？商鞅说："圣人知必然之理、必为之时势，故为必治之政，战必勇之民，行必听之令。"（《画策》）什么是"必然之理""必为之势"？《开塞》："圣人承之，作为土地财货男女之分。分定而无制，不可，故立禁。"在商鞅看来"分定而无制"，圣人所作的"土地财货男女之分"①便没有办法得到施行。也就是说，圣人所定之"分"要得到执行，必须通过强制的手段，即"立禁"，明确哪些绝对不能做，哪些必须做，而"法"就是规定这些内容的载体。在他看来，"仁者能仁于人，而不能使人仁。义者爱于人，而不能使人爱"，因此，实现实现社会控制就得靠强制性的"法"，而不能依赖领导者自身的道德。

第二，治官。

"治官"，即控制管理好官员。它是实现社会控制的重要途径，也是领导者的重要职能。商鞅说："地广民众万物多，故分五官而守之。"（《君臣》）这是强调设官的必然性和重要性。他还说"五官分而无常，则乱"，"官修则有常事"。"治官"是事关领导者是否能够实现领导目标的重要问题。怎样才能治好"官"？首先要明法。《壹言》："治法明，则官无邪。"《靳令》："法平则吏无奸。"明法意味着对官职职责权限的明确规定，也意味着对官员奖惩的明确规定。其次是用好赏罚权柄。《开塞》："胜法之务莫急于去奸。去奸之本莫深于严刑。"去除奸邪的根本就在于时刻确保对为奸者以刑罚的高压态势，让官员不敢为非。《赏刑》："圣人以功授官予爵，故贤者不忧。圣人不宥过，不赦刑，故奸无起。"《算地》："刑戮者所以止奸也。而官爵者所以劝功也。……故君子操权一政以立术，立官贵爵以称之，论劳举功以任之，则是上下之称平。上下之称平，则臣得尽其力，而主得专其柄。"儒家讲君使臣以礼，君主想要臣下对己效忠，要靠君主内在的道德。商鞅认为这是或然的。在他看来，治官的根本在于充分使用赏罚的手段，做到"赏随功，罚随罪"（《禁使》），"缘法而治，按功而赏"（《君臣》），即授官、予爵、出禄要以"功"（《靳令》），而不是以君主个人的好恶与

---

① "分"的内涵很丰富。《商君书·君臣》："是以圣人别贵贱，制爵位，立名号，以别君臣上下之义。地广，民众，万物多，故分五官而守之。"

臣下的毁誉。把官爵禄位给予有功者，用刑罚给为奸者以威慑，这样臣下不敢乱来，而尽力职务。最后，要敞开"告奸"之路。在商鞅看来，鼓励告奸也是治官的重要方法。《说民》："有奸必告之，则民断于心。"《开塞》："王者刑用于将过，则大邪不生；赏施于告奸，则细过不失。"告奸之法之所以能行，就在于使人知道不告奸就受罚，告奸免罚甚或得利。有奸必告，就能使臣下处于人人自危的惶恐状态而不敢为非，人就知道如何决定自己的行为。

事实上，"法"作为一种规范性制度，它是否能够得到施行，包括官员是否能够受到赏罚的真正约束，一个重要的条件是君主必须牢牢掌握权力。商鞅说"权者君之所独制也"（《权修》），还说"权制独断于君则威"（《权修》）。也就是说，领导者只有牢牢掌握大权，其所推行的制度和措施才可能得到落实。

五、"赏罚"：领导激励的方法

领导者实现对社会的控制必然要落实在对官员和民众的激励上。《权修》说："凡赏者文也。凡刑者武也。文武者法之约也。"在商鞅看来，"法"的表现形式是赏罚。《禁使》："人主之所以禁使者，赏罚也。"君主要禁止和役使臣民靠的是赏罚。可以说，领导者通过建立法制实施对社会的控制，其控制的效度，实际上基于对赏、罚等激励方法的运用。商鞅所讲的"赏罚"有似于管理理论所讲的"正强化"和"负强化"①。有效实施赏罚是基于对人心理的充分利用，正如商鞅所说："好恶者，赏罚之本也。"（《错法》）商鞅对赏罚的规律很有研究。

赏出于壹。商鞅认为只有抟民力于农战，才能达到强国目的。因此，在行赏方面，首先要注意的就是要保证"利出一孔"，即他所谓的"利禄官爵抟出于兵，无有异施"（《赏刑》），"民之欲利者，非耕不得；避害者，非战不免"（《慎法》）。只有确保对积极耕战的行为予以鼓励和强化，保证赏出于一，才能真正达到"赏"的目的。这也正是他反对辩知、游宦、文学等人活动的重要原因。

---

① 所谓"正强化"即对人的某种行为给予肯定和奖赏，使个人行为巩固、保持和加强；所谓"负强化"即对于某种行为给予否定和惩罚，使之减弱、消退。见俞文钊：《管理心理学》（第三版），大连：东北财经大学出版社，2008年，第96页。

赏罚必信。赏罚必信是实施赏罚是否有效的关键。赏罚必信的基本意思是：该赏的行为一定要得到正加强，该罚的行为一定要得到负加强。如果不能做到这一点，赏罚的可信度必然受到质疑，赏罚的有效度必然受到削弱。《史记·商君列传》讲的"徙木立信"的故事就旨在反映"赏罚必信"的原则。《赏刑》："所谓壹刑者，刑无等级。自卿相将军以至大夫庶人，有不从王令、犯国禁、乱上制者，罪死不赦。有功于前，有败于后，不为损刑。有善于前，有过于后，不为亏法。"这是强调，不管什么人、什么时候，只要犯法，就得有相应的制裁，既不能看他的身份，也不能看他原来是否有功。这是"赏罚必信"原则的应有之意，这很好地体现了法家本色。《弱民》："明主之使其臣也，用之必加于功，赏必尽其劳。人主使其民信如日月，此无敌矣。"一个"尽"字道出，赏的强度必须与其功劳匹配。《错法》："功立而富贵随之。"《禁使》："赏随功，罚随罪。"一个"随"字道出，赏必须及时，不及时的赏会影响赏的效果。

行刑重轻。商鞅基于人的恐惧心，特别强调重刑的威慑力，这在先秦是极为罕见的。商鞅对重刑的论说比较多，有着不同论域。行刑重轻即用重刑治轻罪。《去强》："行刑重轻，刑去事成，国强；重重而轻轻，刑至事生，国削。"还说："行罚：重其轻者，重者不来。"《赏刑》："禁奸止过，莫若重刑。刑重而必得，则民不敢试，故国无刑民。"《垦令》："重刑而连其罪，则褊急之民不斗，很刚之民不讼，怠惰之民不游，费资之民不作，巧谀、恶心之民无变也，五民者不生于境内，则草必垦矣。"《说民》："重轻，刑去。"商鞅认为，只有重刑才能最大限度地发挥刑罚的威慑作用，使民自断于心，最终达到以刑去刑的效果。

刑不善而不赏善。商鞅认为"善治者，刑不善而不赏善，故不刑而民善"（《画策》）。为何会"不刑而民善"，主要原因是"刑重"，因为"刑重者，民不敢犯，故无刑也"。他认为"赏善"之所以不可取犹如"赏不盗"一样可笑。其实，关于刑赏的关系，《商君书》有"先刑后赏"（《壹言》）、"罚多赏少"（《开塞》）、"重罚轻赏"（《去强》）多种说法，论述复杂，这均是如何配合使用刑赏才能达到预期效果的问题，总的来看他认为在刑赏配合使用过程中，刑罚应摆在第一位，赏赐应放在第二位。如《算地》："夫刑者所以禁邪也。而赏者所以助禁也。"赏处于"助"的位置。

六、领导者要有一定的素养

领导者可以平庸,但不可以一无是处。《画策》:"凡人主德行非出人也,知非出人也,勇力非过人也。"《赏刑》:"圣人非能通知万物之要也。"在商鞅看来,君主的德行、智慧、勇力都不一定超出众人,君主也不可能对什么事情都能掌握。同时,在他看来,君主即使有较高的道德水准,具备仁义的品质,在治国过程中也起不了太大的作用①。但是,商鞅并不认为素养对君主而言是无关紧要的。

第一,"法"的施行要领导者有相应的素养。商鞅说:"法之不行,自上犯之。"(《史记·商鞅传》)《壹言》:"法之不明者,君长乱也。"行法最大的敌人往往不是别人,而是君主自己。君主要用好法,要有相当的自制,君主若制法而不尊法,法对臣下而言就是空文。

第二,领导者听政要有相当的素养。《君臣》:"言不中法者,不听也;行不中法者,不高也;事不中法者,不为也。言中法,则辩之;行中法,则高之;事中法,则为之。""言"中不中"法","事"中不中"法",显然都需要君主具有相当的洞察力,如果缺少这种洞察,就可能为言所惑,就可能以言害法。

第三,领导者要避免臣下投其所好需要有相当素养。《修权》:"凡人臣之事君也,多以主所好事君。"显然,臣下"以主所好事君"是常见的现象,如果君主抵挡不住甜言蜜语,臣下必然会"以言事君",结果法就会被抛诸脑后。

商鞅认为领导者应该"不以私害法"(《权修》),做到赏罚必信;主张"不任知虑"(《农战》)而应以法为准。这都说明,领导者在为政过程中,不管是执法还是听言、用人,均要尽可能地避免个人的好恶,要具备相当的明慧和洞察力。对领导者来说,这实际上并不是一个低级的标准或要求。

小 结

商鞅的领导理论有较强的论战色彩。儒家讲以德服人,商鞅讲以力服人。

---

① 《商君书·画策》:"知仁义之不足以治天下也。"《商君书·错法》:"凡明君之治也,任其力不任其德。"甚至,君主若以"仁义"来治国,反而会生出很多祸害,如《商君书·说民》"慈仁,过之母也"。

他基于对人心理的深刻认识,认为领导者要实现富国强兵的领导目标,就要借助人的心理把民力集中到农战上。而要实现对社会成员的领导控制,就必须建立法制,加强治官。在实施控制的过程中,赏罚问题成为诸多设想是否能够实现的关节点,因此,他对赏罚做了深入的分析,强调刑罚在使民治官中的作用。其"重刑"观念凸显出其领导控制论的特点,由此也显示出其理论偏激的一面。

第七章 孟子以"仁者无敌"为最高境界的领导理论

孟子是战国时期儒家的杰出代表。面对诸侯争战、天下大乱的社会局面,孟子以孔子之徒自居,抱"以道事君"之志游说诸侯,其主张虽不见用于当世,但对后世社会却产生了深远影响。从领导思想角度来看,孟子对领导活动的本质和规律有着的深刻认识。孟子认为,领导过程是领导者仁德的扩充、实现过程,这是孟子领导思想的核心。时至今日,孟子的领导思想仍值得我们学习和借鉴。

一、"君有君道":领导者有自己的工作

领导者有领导者自己的工作,这是说领导者有着不同于被领导者的特殊职能。赵靖说"孔子认为:'领导者和管理助手及管理对象之间,应有明确的分工。'"[①] 但是,从先秦儒家思想的发展来看,孔子对这个问题的认识实际上并不明确。相较而言,孟子可能是先秦儒家最早明确提出领导者与被领导者有明确分工的学者。孟子明确提出"欲为君,尽君道;欲为臣,尽臣道"(《离娄上》)观点,在一定程度上反映着他对为君之道和为臣之道的区分。《孟子》一书对"为君之道"有大量探讨,意味着在儒家思想史上,孟子对领导活动的探索在理论上已经有了很强的自觉。

---

① 赵靖:《谈孔子的管理艺术》,《孔子研究》1984年第4期,第112—119页。

孟子认为领导工作不同于领导对象和下属的工作，领导工作有自身的特殊性。最能反映孟子这一观点的是《孟子·滕文公上》一段孟子与许行之徒的对话。在这段对话中，孟子在反驳许行之徒"贤者与民并耕而食"的观点时，指出"一人之身，而百工之所为备"，认为劳动分工是社会发展的必然原则，他由此明确提出："有大人之事，有小人之事……或劳心，或劳力；劳心者治人，劳力者治于人；治于人者食人，治人者食于人，天下之通义也。"对这段话当然可以有不同理解！比如冯友兰就从阶级理论出发，认为孟子所谓的"治人者"是统治阶级，"治于人者"是被统治阶级，并认为"孟子的立场和观点是完全同劳动人民的立场和观点相对立的"。[①] 这种观点是有一定代表性的。但是，必须注意的是，孟子与许行之徒的这段对话皆因对滕君的评价而起，许行之徒陈相认为"滕君则诚贤君也；虽然，未闻道也"，由此引发孟子对社会劳动分工必然性的大段论述。因此，当孟子得出"有大人之事，有小人之事"这样的结论的时候，他着重要强调的是：滕君不可能与民并耕，他作为一国之君有更重要的事情要做。这就凸显出领导者工作的特殊性。领导工作的特点是"治心"，是一种脑力劳动；是"治人"，是来管理民众的。

在孟子看来，不能认为劳心、治人的人就是白吃饭，领导者实际上干着更为重要的事情。孟子说："当尧之时，天下犹未平，洪水横流，泛滥于天下，草木畅茂，禽兽繁殖，五谷不登，禽兽逼人，兽蹄鸟迹之道交于中国。尧独忧之，举舜而敷治焉。舜使益掌火，益烈山泽而焚之，禽兽逃匿。禹疏九河，瀹济漯，而注诸海，决汝汉，排淮泗，而注之江。然后中国可得而食也。当是时也，禹八年于外，三过其门而不入，虽欲耕，得乎？后稷教民稼穑，树艺五谷；五谷熟而民人育。人之有道也，饱食暖衣、逸居而无教，则近于禽兽。圣人有忧之，使契为司徒，教以人伦——父子有亲，君臣有义，夫妇有别，长幼有序，朋友有信。放勋曰：'劳之来之，匡之直之，辅之翼之，使自得之，又从而振德之。'圣人之忧民如此，而暇耕乎？（《滕文公上》）可见，领导者安排人员负责相应的事务，就是忧民的体现，领导者忙于此事，怎能有闲暇去耕种？从这一段话可清楚看到，领导者有领导者的事情要做。甚至，在这段话中也暴露出这样的意

[①] 冯友兰：《中国哲学史新编》（上册）（第二版），北京：人民出版社，2007年，第260页。

思：领导者重要的工作就是"任贤使能"。

总的来看，领导者有由于自身职务所规定的领导工作主要是"心智活动"，是一种脑力劳动。如果一名肩负全国责任的领导者把自己的工作重心放在了与普通老百姓一样的体力劳动上，在孟子看来这是不可能办到的，也是没有必要去这样做。领导者如果这样做了，他也是个不称职的领导者。这是我们讲孟子领导思想首先要说明的。

二、领导过程是领导者"仁心"的扩充

孔子讲"政者正也"，强调领导者的道德素养在领导目标实现中的根本作用。孟子继承了这一点。他引用孔子"德之流行，速于置邮而传命"（《公孙丑上》)，肯定领导者自身道德无形影响作用的威力，与此同时，他进一步认为，领导过程根本上是领导者"仁心"的扩充。

第一，孟子认为天下之安宁系于有德的领导者一人之身。面对当时"天下方务于合纵连横，以攻伐为贤"（《史记·孟子荀卿列传》）的社会背景，孟子对人类社会发展做了一番思考和总结，得出"一治一乱"（《滕文公下》）结论，并认为"历史的一治一乱的原因，是'圣人'出现或不出现；有'圣人'出现则治，没有'圣人'就乱。"① 这就是认为"圣人"（即理想的"领导者"）在社会治乱中发挥关键作用。一次孟子见梁襄王，梁襄王问他："天下恶乎定？"孟子说："定于一。"梁襄王接着问："孰能一之？"孟子回答说："不嗜杀人者能一之。"（《梁惠王上》）梁襄王之问恐怕很能代表当时人们面对诸侯长期争霸、战争频繁状况的共同心声。孟子回答得很肯定，他认为只有天下统一才能安定，而只有不嗜杀人的国君才能统一天下。这种将天下之安宁寄托于"不嗜杀人"的人身上的观念在孟子思想中格外突出。孟子说："天下之本在国，国之本在家，家之本在身。"（《离娄上》）孟子将天下国家之治乱归结在一人之身上，并且认为"政治上至高之为位，必以最大之德居之"②，"君主的品质是维系天下的纽带，君主'身正而天下归之'。因此，君主最为紧要的是修养品质，反身自省，从己做起。"③ 此种观念在《孟子》一书中表现得非常强烈，他把治道问题

---

① 冯友兰：《中国哲学史新编》（上册），北京：人民出版社，2007年，第275页。
② 冯友兰：《中国哲学史》（上册），上海：华东师范大学出版社，2000年，第92页。
③ 刘泽华：《中国政治思想史集》（第1册），北京：人民出版社，2008年，第265页。

的解决最终归结在君主是否有"仁德"上①，这体现着孟子对领导活动的根本思考。

第二，孟子认为领导者为政就是推广自己的"同理心"。这一点集中体现在孟子"与民同之"论上。齐宣王称自己好乐，孟子说"王与百姓同乐，则王矣"（《梁惠王下》）。齐宣王称自己好货，孟子说"王如好货，与百姓同之，于王何有？"（《梁惠王下》）齐宣王见孟子于雪宫，问孟子"贤者亦有此乐乎？"孟子说："乐民之乐者，民亦乐其乐，忧民之忧者，民亦忧其忧。乐以天下，忧以天下；然而不王者，未之有也。"（《梁惠王下》）你喜欢享受，可以！不过，你作为领导者也要想到百姓也喜欢享受，你要做的就是让大家都能享受！领导者要做的事情，实际上就是把自己期望得到的推广开来而已。在你想要怎样的时候，也想着别人也要怎样，这是我们所说的"同理心"。这种"同理心"就是孟子所讲"仁心"的表现之一。在孟子看来，领导工作并不复杂、困难，领导工作从根本上说只是领导者"同理心"的扩充、推广。

第三，孟子认为领导过程是领导者"推恩"的过程。孟子说："老吾老，以及人之老；幼吾幼，以及人之幼；天下可运于掌。诗云：'刑于寡妻，至于兄弟，以御于家邦。'言举斯心加诸彼而已。故推恩足以保四海，不推恩无以保妻子；古之人所以大过人者，无他焉，善推其所为而已矣。"（《惠王上》）孟子认为君主应将自己老老、幼幼之心推及于天下之老与幼，把对己亲之心推广到对待天下人身上。"推恩"的过程即是为政的过程，即是将己之仁德实现于天下的过程。萧公权《中国政治思想史》："仁政者以不忍人之心，行推恩之政，小则一国，大则天下，始于亲亲，及于爱物。"②"仁政"即兼举仁心与政而言。从这个角度说，君主为政不能仅守一己之善，必须将仁心扩充，政乃仁德之延伸，政与心，是一而二，二而一，君主为政之过程乃实现自身仁德之过程。从这个角度看，领导活动只是一事，就是领导者"为仁"之事。

---

① 如《孟子·离娄上》说："三代之得天下也以仁，其失天下也以不仁。国之所以废兴存亡者亦然。天子不仁，不保四海；诸侯不仁，不保社稷。"还说："爱人不亲，反其仁；治人不治，反其智；礼人不答，反其敬。行有不得者皆反求诸己，其身正而天下归之。还说："君仁莫不仁，君义莫不义，君正莫不正，一正君而国家定。"《孟子·尽心下》说："国君好仁，天下无敌焉。"还说："不仁而得国者，有之矣；不仁而得天下，未之有也。"《孟子·公孙丑上》说："以不忍人之心，行不忍人之政，治天下可运之掌上。"

② 刘梦溪主编：《中国现代学术经典·萧公权卷》，石家庄：河北教育出版社，1999年，第77页。

最后，孟子说："人皆有不忍人之心。先王有不忍人之心，斯有不忍人之政矣。以不忍人之心，行不忍人之政，治天下可运之掌上。……凡有四端于我者，知皆扩而充之矣。若火之始然，泉之始达。苟能充之，足以保四海；苟不充之，不足以事父母。"（《公孙丑上》）孟子认为人皆有"不忍人之心"，人皆有"四端"，领导者自然也不例外。领导者为政实际上就是以"不忍人之心"，行"不忍人之政"，领导过程从根本上说就是领导者"扩充"自己"不忍人之心"或"四端"的过程。这就说明，领导者要实现领导目标必须有高度的道德自觉，这是领导者开展领导工作的根本。这是儒家领导思想的特色，在孟子这里得到了重大发展。

需要特别指出的是，领导活动虽在根本上是领导者仁心的推广、扩充，但并不意味着复杂的领导过程仅通过领导者个体修德就能完成。孟子曰："仁则荣，不仁则辱。今恶辱而居不仁，是犹恶湿而居下也。如恶之，莫如贵德而尊士。贤者在位，能者在职，国家闲暇。及是时，明其政刑，虽大国必畏之矣。"（《公孙丑上》）在孟子看来好荣恶辱乃人之常情，如果徒然恶辱而又自居"不仁"，那永远也达不到"荣"的境地。也就是，领导者要得"荣"而远"辱"，就必须"仁"。怎样才能算是"仁"呢？主要是两条：一是选贤任能，一是明其政刑。即：对于领导者而言，真正要达到荣而不辱的境地，必须"进之以强仁之事"，"强仁"之事是通过具体选人用人、制定实行相应的政策才能实现。因此，孟子讲领导工作根本上是领导者扩充同理心、不忍人之心，"扩充"实际上意味着施行相应的为政举措。君主只有做出相应的为政举措，才能算是"仁"，才能说是扩充"仁心"。这就说明，领导者自我"仁德"的完成是与领导目标的实现是同步的，领导者施行失败的或错误的为政举措而能"独善其身"，进而说他在道德上达到了"仁"的境地，那是不可想象的！在孟子看来，领导者真正实现领导者的担当和使命之时，才是领导者个人之"仁德"实现之时！甚至也可说，只有当被领导者自我实现之时（即领导目标实现之时），领导者自身的价值才算真正实现。

三、"仁义"是领导者的根本价值取向

领导价值是判断领导行为善恶好坏的价值标准，为领导活动提供一种意义支撑，是改善领导活动、提升领导水平、影响被领导者实现共同目标的力量源

泉。刘建军说："领导价值在本质上规定着领导技术的正确运用。"① 还说："如果缺乏价值的引导与驾驭，领导行为就可能常规化并最终程序化，最终可能演变为一种统治人、压抑人的异己力量。"在这个意义上说，"领导是一种展现价值的实践"②。领导者应持何种价值观？对此，孟子在继承儒家传统的基础上有所发展，为领导者提出了很高的价值要求，为领导行为树立了明确的道德价值标准。

第一，"为民"是领导活动出发点。首先，领导者得天下还是失天下取决于得民心还是失民心。孟子说："桀纣之失天下也，失其民也，失其民者，失其心也。得天下有道：得其民，斯得天下矣；得其民有道：得其心，斯得民矣；得其心有道：所欲与之聚之，所恶勿施尔也。民之归仁也，犹水之就下、兽之走圹也。"（《离娄上》）君主是得天下还是失天下，根本在于他是得人心还是失人心，而得民心之根本是为民所"欲"，除民所"恶"。君主活动根本上是做民所"欲"之事情。其次，领导者对外征伐的正义性就在于是不是真正为对方之民着想。在攻取燕国的问题上，齐宣王犹豫不决，问孟子是否攻取，孟子说："取之而燕民悦，则取之。古之人有行之者，武王是也。取之而燕民不悦，则勿取。古之人有行之者，文王是也。以万乘之国，伐万乘之国，箪食壶浆以迎王师，岂有他哉，避水火也；如水益深，如火益热，亦运而已矣。"（《梁惠王下》）取与不取，根本上是要看对方之民是否"悦"。齐宣王问孟子"德何如则可以为王矣？"孟子说"保民而王，莫之能御也"（《梁惠王上》）。"保民而王"，把民作为君主为政的出发点和最终归宿的思想可以说是闪耀在两千年中国历史上的一颗明珠。孟子此种思想主要是从历史经验和文化传统中得来的，与黄老君主"养民生"观点的理论依据有所不同，但其旨趣则是一致的。

总的来说，孟子认为领导者要把为"民"作为行为的出发点和归宿点，把"为民"作为领导活动得失的标准。结合孟子"与民同之"的说法，他强调领导者要为民所欲，与民同好，领导者当以民之忧乐为忧乐，领导者自身的价值取向应与民众的价值取向统一起来，这无疑是将领导行为定位在领导对象自身价值的实现上，体现出强烈的"民本"观念，这在先秦诸子领导思想中是非常突出的。

---

① 刘建军：《领导学原理：科学与艺术》（第二版），上海：复旦大学出版社，2003年，第40页。
② 刘建军：《领导学原理：科学与艺术》（第二版），上海：复旦大学出版社，2003年，第41页。

第七章 孟子以"仁者无敌"为最高境界的领导理论

第二,"仁义"是领导者的根本为价值取向。领导者的价值取向应与民众的价值取向统一起来,这是孟子领导价值论的大原则。但是,孟子清楚地意识到"无恒产而有恒心者,惟士为能"(《梁惠王上》),而民众往往被欲望牵着走,往往被大环境所裹挟,君主必须"制民之产"(《梁惠王上》)、为民所欲,满足民众基本物质需要。与此同时,君主应当以"仁义"为根本价值取向,培养、营造以"仁义"为导向的价值精神。《孟子》开篇记载孟子见梁惠王,他一开口便说:"王!何必曰利?亦有仁义而已矣。王曰,'何以利吾国?'大夫曰,'何以利吾家?'士庶人曰,'何以利吾身?'上下交征利,而国危矣!万乘之国弑其君者,必千乘之家;千乘之国,弑其君者,必百乘之家。万取千焉,千取百焉,不为不多矣;苟为后义而先利,不夺不餍。未有仁而遗其亲者也,未有义而后其君者也。王亦曰仁义而已矣,何必曰利?"(《梁惠王上》)在孟子看来,领导者如果"后义而先利",就会导致"上下交征利"。从领导者到领导对象如果都把取"利"当作首要追求目标,整个群体的所有成员势必努力实现个人利益的最大化,在这种情况下所有人的行为标准都是"利"字当头,遇到大是大非的问题,让他坚持原则,服从真理,几乎是不可能的。在孟子看来,之所以出现"弑君"现象,从根本上说是领导者逐"利"的结果。因此,领导者首先应以身作则,有意识地引导领导对象树立以"仁义"为核心的正确的价值取向。同时,领导者还必须通过教育,有意识地培养人伦道德。孟子说"明人伦于上,小民亲于下"(《滕文公上》),他还多次讲"谨庠序之教,申之以孝悌之义"(《梁惠王上》),强调人伦道德教育的重要性,目的是要营造"君臣有义,父子有亲"(《滕文公上》)的道德的、和谐的人际关系。在上者如果领会并践行这些人伦道德,就会对领导对象产生良好的示范效应,促进整个社会组织的和谐。

第三,领导活动要基于领导者的仁心。为民所"欲"在一定程度上把领导行为的价值取向定位在"民"的欲望满足方面,与民同"乐"在一定程度上把领导行为的价值取向定位在"民"之精神愉悦方面,说到底,这都是从领导对象的角度定位领导行为的价值取向。这在先秦诸子中算是很突出的了。孟子认为这还不够,他希望领导者实施领导活动时是出于领导者的仁心。一定程度上讲,这就要求领导者实施领导活动不仅要看领导对象满意不满意,还要看领导者实施领导活动的动机、出发点是不是好的。孟子认为领导者实施领导活动必须以"仁心"为基础。他说:"作于其心,害于其事;作于其事,害于其政。"

(《滕文公下》)还说:"是以惟仁者,宜在高位,不仁而在高位,是播其恶于众也。"(《离娄上》)没有"仁心"作为基础的"政"其消极后果是很严重的。孟子说:"今之事君者皆曰,'我能为君辟土地,充府库。'今之所谓良臣,古之所谓民贼也。君不向道,不志于仁,而求富之,是富桀也。'我能为君约与国,战必克。'今之所谓良臣,古之所谓民贼也。君不向道,不志于仁,而求为之强战,是辅桀也。由今之道,无变今之俗,虽与之天下,不能一朝居也。"(《告子下》)君主为政若无仁心作为基础,为政举措不是出于仁心,而仅是为了"富强",这就失了为政的根本,这就是"贼民"。事实上,孟子强调领导者实施领导活动整个过程必须把"仁心"贯穿始终,认为良善的动机与良好的效果的高度统一才是最好的。孟子这种思想的重要意义在于:君主始终应以"爱人"为出发点,当官的如果没有仁心,即使能搞出很多政绩,客观上对民有利,但在根本上说,其政绩观是错误的。君主施政行为的动机和施政行为过程中的存心非常重要。强调"仁心"在领导者实施领导活动过程中的基础性作用是孟子领导思想的显著特点。孟子强调这一点,不仅宣判了有意为私、为恶的领导者的"死刑",也宣判了通过诈伪、权谋等非道德手段实现领导目标的领导者的"死刑",这就给领导者提出了很高的道德要求。

四、推行"仁政"是领导者的要务

孟子认为领导者作为"大人"应该为"大人之事",许行之徒主张领导者"与民并耕"观点看似高妙,实则不可取。那么,领导者到底应该做什么事情?他认为,作为一国之君的领导者应该把推行"仁政"作为要务。领导者推行"仁政"是实现自我本心的内在需要。这在一定程度上体现着孟子对领导职能的洞见。

孟子认为作为领导者不能做些小恩小惠的事情去赢得人的好感。《孟子》中记载了这样一段故事:"子产听郑国之政,以其乘舆济人于溱洧。孟子曰:'惠而不知为政。岁十一月,徒杠成;十二月,舆梁成,民未病涉也。君子平其政,行辟人可也,焉得人人而济之?故为政者,每人而悦之,日亦不足矣。'"(《离娄下》)《孟子注疏》说:"此章言,重民之道,平政为首也。"[①] 在孟子看来,子

---

① (清)阮元校刻:《十三经注疏(清嘉庆刊本)》,北京:中华书局,2009年,第5928页。

第七章 孟子以"仁者无敌"为最高境界的领导理论

产以舟渡人,是有仁心的表现,值得肯定。但是,作为政治家,此种以己之舟渡人之方法只能算是小恩小惠,要让人人得而济之,要靠"政"。这个例子很有意思。一方面说明,作为领导者不能将心思花在通过搞些小恩小惠去赢得人心上,而应该从大处着眼,从"政"层面采取措施使更多的人真正受到恩惠。同时,它也说明,领导者单有仁心实际上是不够的,领导者个人的力量是有限的,要真正领导一个国家,就必须从"政"的层面采取措施,这才是领导者应该做的事情。对于一个群体的领导者来说,老想着通过小恩小惠笼络民心,虽不能说是坏,但毕竟是失职。

在《孟子·离娄上》中的一段话对领导者的要务是推行"仁政"讲得最为明确透彻。孟子说:

> 离娄之明、公输子之巧,不以规矩,不能成方圆;师旷之聪,不以六律,不能正五音;尧舜之道,不以仁政,不能平治天下。今有仁心仁闻而民不被其泽,不可法于后世者,不行先王之道也。故曰,徒善不足以为政,徒法不能以自行。《诗》云:'不愆不忘,率由旧章。'遵先王之法而过者,未之有也。圣人既竭目力焉,继之以规矩准绳,以为方员平直,不可胜用也;既竭耳力焉,继之以六律正五音,不可胜用也;既竭心思焉,继之以不忍人之政,而仁覆天下矣。

孟子首先认为做事必须有个规矩方圆,而平治天下的规矩方圆就是"仁政",而"仁政"也是先王为治之道①。为什么要学先王而用"仁政"?孟子认为有两个理由:第一是"徒善不足以为政"。朱熹说:"有其心,无其政,是谓徒善。"② 在他看来只有"仁心仁闻"而没有与之相应的"政",民就感受不到君主真正的"仁心"所在,必须有相应的"政",民才能"被其泽"。第二是君主耳目之聪明是有限的。这个意思孟子没有明说,他只说"圣人既竭目力焉,继之以规矩准绳"。隐含的意思就是,君主的耳目聪明是有限的,领导者个人能力要得到延长,必须借助"规矩准绳",也就是说,你要想让自己的"仁德""覆"天下,就必须行"不忍人之政",与其对子产以舟渡人的批评是一致的。均说明:圣人的眼、耳、心的力量是有限的,若单靠圣人个体官能的有限能力平治

---

① 朱熹说:"先王之道,仁政是也。"(宋)朱熹:《四书章句集注》,北京:中华书局,1983年,第275页。

② (宋)朱熹:《四书章句集注》,北京:中华书局,1983年,第275页。

天下是远远不够的，他要有相应的工具将其自身的德性外化实现，这个工具就是"政"。所以，在孟子看来，君主要让己之"仁心"覆盖整个天下，就必须有"仁政"相配合。君主要表现"仁心"必须继之以"仁政"。孟子说："天子能荐人于天，不能使天与之天下，诸侯能荐人于天子，不能使天子与之诸侯；大夫能荐人于诸侯，不能使诸侯与之大夫。昔者尧荐舜于天而天受之，暴之于民而民受之。故曰：'天不言，以行与事示之而已矣。'"还说："使之主祭而百神享之，是天受之，使之主事而事治，百姓安之，是民受之也。"（《万章上》）大意是说，天子、诸侯等所荐之人能否被天、天子等接受，最终要看"民"是否接受，而民是否接受，不是凭空的，而是要看他的"行"与"事"。可以推断，君主要想让民众接受必须让民众看到你的"行与事"。这个"行与事"说到底就是《离娄上》所谓的"仁政"。

因此，孟子屡讲"仁者无敌"，并非是说仅有仁心就能无敌于天下，往往是兼体用而言。他说："诸侯之宝三：土地，人民，政事。"（《尽心下》）孟子何以屡次告诫君主要行"仁政"，把"政事"看作是君主"三宝"之一？除他说"无政事，则财用不足"（《尽心下》）外，更为重要的是，在他看来，君主的内在德性要靠具体的政事才能体现出来，才能让民众感受得到君主"德"之所在。可以说，"政"是君主仁德得以实现的重要媒介。这正是他大讲"取民有制"、"设庠序学校"、"正经界"等一系列政治、经济等为政举措的原因所在。

概括起来，领导者不需要事必躬亲，搞些小恩小惠如子产那样。作为一国的领导者必须从大处着眼，从全局的高度推行"仁政"举措，这才是领导者的要务。领导者是否有德，领导者是否称职，不只看他内心是否有仁德，也不是看他是否有那种略嫌虚伪和做作的亲民举动，而是要看他采取、并推行了哪些实实在在的全局性的举措。

五、"尊贤使能"是领导者的重要职能

如《离娄上》所言，一国的领导者就其个人能力而言是非常有限的。作为领导者，他没有必要直接面对每个领导对象个体，他也不可能通过直接解决每个领导对象个体的需要来最终实现领导目标，领导者除了通过推行全局性的"仁政"举措将己德覆盖于整个群体外，必须借助领导团队的力量。孟子提出"为天下得人者谓之仁"（《滕文公上》）命题，认为"得人"是领导者的一项重

第七章 孟子以"仁者无敌"为最高境界的领导理论

要工作,领导者是否真"仁",就体现在能否"得人"上。孟子说君主如果好荣恶辱,"莫如贵德而尊士",因为只有"仁"才能得荣而不辱。说到底,领导者要真称得上是"仁",领导者要真的得到"荣"而不是"辱",就必须"贵德尊士"。这都体现着孟子对领导者用人这一职能的肯定和强调。对于领导用人问题,孟子把重点放在:怎样才能把人才吸纳到自己手下、怎样才能让人乐于贡献忠诚等问题上。

第一,领导者只有以德服人、礼贤下士,才能真正赢得人的拥戴和效忠。孟子说:"以力服人者,非心服也,力不赡也。以德服人者,中心悦而诚服也,如七十子之服孔子也。"(《公孙丑上》)本章初言"以力假人者霸",意在讲"王"、"霸"之别,所以朱熹解释"力"时说:"力,谓土地甲兵之力。"① 但在章末又举孔子与弟子相服之事,故此处所谓"以力服人"的"力"就可理解为"势位","势位"包括职位高低、钱财多少等。"势位"是一种使人服从的主体德性之外的在客观力量。应该说,孟子是看到了"势位"在君主制人中的作用的,但要让人心悦诚服,就不能靠"势位",靠"力",而要靠"德"。孟子还说:"古之贤王好善而忘势,古之贤士何独不然?乐其道而忘人之势,故王公不致敬尽礼,则不得亟见之,见且由不得亟,而况得而臣之乎?"(《尽心上》)此章虽主要是针对在下者的,但"贤王好善而忘势"的命题就与法家特别强调君主服臣在于"势"的观点形成鲜明区别。在孟子看来,对士人来说,"王公不致敬尽礼,则不得亟见之",强调士人见君之义,但也更说明,君主只有靠"德"而不是"势"才能赢得士之认同和支持。

第二,领导者要赢得臣下的诚心效忠必须在内心敬重臣下。孟子说:"君之视臣如手足,则臣视君如腹心;君之视臣如犬马,则臣视君如国人;君之视臣如土芥,则臣视君如寇仇。"(《离娄下》)君主如果没有内心敬重臣下的态度,视臣如犬马,不仅不可能得到臣子的芳心,甚至有可能遭到臣下的仇恨和暗算。孟子说:"欲见贤人而不以其道,犹欲其入而闭之门也。夫义,路也,礼,门也;惟君子能由是路,出入是门也。"(《万章下》)以礼义为准乃待臣下之基本原则。孟子说:"食而弗爱,豕交之也。爱而不敬,兽畜之也。恭敬者,币之未将者也。恭敬而无实,君子不可虚拘。"(《尽心上》)朱熹引程子语说:"恭敬虽

---

① (宋)朱熹:《四书章句集注》,北京:中华书局,1983年,第235页。

因威仪币帛而后发现,然币之未将时,已有此恭敬之心,非因币帛而后有。"①这更是强调:待臣应以礼,不能流于形式,而应真心实意,以敬意贯穿始终。

第三,领导者要让臣下能贡献自己的智能、效忠于己,就应在内心深处把他当老师看待。孟子说:"将大有为之君,必有所不召之臣;欲有谋焉,则就之。其尊德乐道,不如是,不足与有为也。故汤之于伊尹,学焉而后臣之,故不劳而王;桓公之于管仲,学焉而后臣之,故不劳而霸。"(《公孙丑下》)君主只有以学习的态度待臣,臣才能竭尽所能。君主只有以尊师重道的态度和精神,才能真正赢得臣下的效忠。

第四,领导者要激发臣下出色履职必须充分运用示范效应。这是儒家的领导思想的一个共同特点。《滕文公上》记载,滕定公死后,滕文公征询孟子意见后下定决心"定三年之丧"。当时,腾国上下对之表示怀疑,并搬出先例认为三年之丧没法实行。孟子则说:"君薨,听于冢宰,歠粥,面深墨,即位而哭,百官有司莫敢不哀,先之也。上有好者,下必有甚焉者矣。君子之德,风也;小人之德,草也;草尚之风,必偃。"(《滕文公上》)孟子认为丧事是否能办得好,不能求于别人,而"上有所好,下必有甚焉者也"(《滕文公上》)。结果如孟子所言,滕文公的丧礼办得很成功。通过这样的实例可以看到,领导者没有必要担心下属能不能做得好,主要看领导者是否有决心,领导者是否能做到表率。领导者要下属做得好,自己必须首先做得好。这是我们今天仍在运用的重要领导用人原则。

第五,领导者在用人、去人问题上要充分听取意见。《梁惠王下》说:"国君进贤,如不得已,将使卑逾尊,疏逾戚,可不慎与?左右皆曰贤,未可也;诸大夫皆曰贤,未可也;国人皆曰贤,然后察之;见贤焉,然后用之。左右皆曰不可,勿听;诸大夫皆曰不可,勿听;国人皆曰不可,然后察之;见不可焉,然后去之。左右皆曰可杀,勿听;诸大夫皆曰可杀,勿听;国人皆曰可杀,然后察之;见可杀焉,然后杀之。故曰,国人杀之也。如此,然后可以为民父母。"君主进贤、杀人听于国人的观点正是针对君主在用人方面容易出现的问题而发,有现实意义。其主要用意是,在选人用人问题上,领导者要广泛听取意见,其立意不可谓不高。

---

① (宋)朱熹:《四书章句集注》,北京:中华书局,1983年,第360页。

第七章 孟子以"仁者无敌"为最高境界的领导理论

最后，孟子认为领导用人事关领导环境好坏，领导者要注意建立有助于发挥领导者积极作用的领导团队。《滕文公下》中有这样一段记载：

> 孟子谓戴不胜曰："子欲子之王之善与？我明告子。有楚大夫于此，欲其子之齐语也，则使齐人傅诸？使楚人傅诸？"曰："使齐人傅之！"曰："一齐人傅之，众楚人咻之；虽日挞而求其齐也，不可得矣；引而置之庄岳之间数年，虽日挞而求其楚，亦不可得矣。子谓薛居州，善士也，使之居于王所。在于王所者，长幼卑尊皆薛居州也，王谁与为不善？在王所者，长幼卑尊皆非薛居州也，王谁与为善？一薛居州，独如宋王何？"

应当说，孟子这段话不是一般地强调外在环境对人的影响，也就是说他并不是一般地在谈论教育问题。从句首"子欲子之王之善与"即可看出，其着眼点是说：戴不胜想让宋"王"是能够向"善"的，必须考虑他所处的环境。如果宋王周围只有薛居州一个"善士"，其他"长幼卑尊"一杆人都是坏的，就不能指望宋王能向"善"。这实际上强调的是：领导者要能充分发挥领导者的功能，必须有一个好的环境。这个环境就是领导者的团队。领导团队如果"善士"少而坏人多，那么，领导者就可不能正常工作，不可能真正发挥领导作用。在孟子看来，领导者要能"善"而不"恶"，必须让领导者处在一个整体上呈现着"善"的领导团队中。如果在整个领导团队中只有如薛居州那样的一位"善士"，团队其他人员都不如此，要确保领导行善几乎是不可能的。这从一个侧面反映出，领导者周围只有是形成由"善士"组成的"场"，领导者才能趋善。这段话充分反映出：领导者必须注意领导团队的建设。领导团队一班人离心离德，表面一团和气，暗地里互相拆台，领导者要充分履行领导职能是困难的。

总的来说，在孟子看来领导者要把贤能之才吸纳到自己手下，让下属尽力工作出色履职，并不在于他对臣下施加了多大的外在压力，而要看他对臣下采取了什么样的态度，要看臣下在内心深处是不是接受。领导者单纯凭借自己的势位给人施加压力，是永远也得不到下属的芳心的。而孟子强调的领导用人要注意广泛听取意见，注意领导团队的建设等观点也是值得借鉴的。

六、领导者要修炼以"仁"为核心的道德素养

在孟子看来，领导者仁与不仁是天下国家治乱的根本，他对领导者的道德修养有不少论述，值得借鉴。

领导者应该具备什么样的"德"?《告子下》载:鲁欲使乐正子为政,孟子听到此事很兴奋。孟子之所以兴奋并不在于乐正子这个人"强"、"有知虑"、"多闻识",而在于这个人"好善"。而所谓"好善"就是"喜欢听取善言"[①]。朱熹说:"此章言为政,不在于用一己之长,而贵于有以来天下之善。"[②] 在孟子看来,强、有知虑、多闻识对于领导者来说并不是最重要的,最重要的是"好善"。"好善"实际上体现的是道德品质。总体来看,孟子认为领导者应该具备"仁"德。这从他所讲的"君仁莫不仁"等一系列强调君德重要性的话中就可得到证明。同时,孟子还说"仁也者,人也"(《尽心下》)。按冯友兰的解释,这句话的意思说:"'仁'这种道德品质是人之所以异于其它动物者","'仁'这种道德品质,只可在人中体现"[③]。可以说,"仁"是人之所以为人的特性或本质。孟子说:"夫仁,天之尊爵也,人之安宅也。"(《公孙丑上》)因此,对于君主来说,为"仁"本身就是作为人的内在需要,当然也应该是君主所应具备的核心素养。

第一,"四端"是人所固有。孟子说:"恻隐之心,仁之端也;羞恶之心,义之端也;辞让之心,礼之端也;是非之心,智之端也。人之有是四端也,犹其有四体也。……苟能充之,足以保四海。"(《公孙丑上》)"四端"是人心所固有。既然"四端"是人所固有,君主爱己之亲,爱人之亲,进而爱天下之人,就是可能的。这就为其"推恩"说提供了心性论上的依据。君主要做的无疑是将此"四端"由己亲扩充以及天下之人[④]。孟子说:"君子之于物也,爱之而弗仁;于民也,仁之而服亲;亲亲而仁民,仁民而爱物。"(《尽心上》)孟子虽主张"爱有差等",但对于君主而言必须扩充此心以及于民物,这是为君的内在需要。扩充己之"四端",对君主而言除了通过推行"仁政"以及"得人"等重要途径以外,最重要的莫过于通过自我修养以提升德性。

第二,孝悌是领导者仁德的基础。孟子说:"尧、舜之道,孝弟而已矣。"(《告子下》)还说:"不得乎亲,不可以为人;不顺乎亲,不可以为子。舜尽事

---

① 杨伯峻:《孟子译注》,北京:中华书局,1960年,第297页。
② (宋)朱熹:《四书章句集注》,北京:中华书局,1983年,第347页。
③ 冯友兰:《中国哲学史新编》(上册),北京:人民出版社,2007年,第267页。
④ 《孟子·梁惠王下》记载梁惠王、齐宣王等,要么好利,要么好乐,要么好游,要么好色。这是很现实的问题,君主如何才能克服好利、好乐等带来的消极后果?孟子说要"与民同之",亦即推己而及人的"扩充"之意。

第七章 孟子以"仁者无敌"为最高境界的领导理论

亲之道而瞽瞍厎豫;瞽瞍厎豫而天下化,瞽瞍厎豫而天下之为父子者定,此之谓大孝。"(《离娄上》)这是通过舜的事迹强调领导者具备"孝"德的重要性。孟子还说:"仁之实,事亲是也;义之实,从兄是也。"(《离娄上》)还说:"亲亲,仁也;敬长,义也。"(《尽心上》)仁、义的实质内容就主要体现在"事亲"、"从兄"这样的"孝悌"之德上;或者说,具备"亲亲"、"敬长"这样的"孝悌"之德,才能称得上是"仁义"。因此,领导者要具备"仁"德,具体说就是具备孝悌之德。

第三,推己及人是领导者仁德的体现。孟子说:"老吾老,以及人之老;幼吾幼,以及人之幼;天下可运于掌。……故推恩足以保四海,不推恩无以保妻子;古之人所以大过人者无他焉,善推其所为而已矣。"(《惠王上》)因此,对领导者来说,所谓"仁"并非仅限于孝悌己亲,而应"以天下养",推恩及于四海。这种由己及人的推恩是大孝,才是仁德之全体。

领导者如何进行修养?孟子说:"养心莫善于寡欲。其为人也寡欲,虽有不存焉者,寡矣。其为人也多欲,虽有存焉者,寡矣。"(《尽心下》)养心的最好办法是"寡欲"。为什么必须"寡欲",如何"寡欲"呢?

首先,要充分发挥"本心"的主导性作用。孟子说:"体有贵贱,有小大。无以小害大,无以贱害贵。养其小者为小人,养其大者为大人。"(《告子上》)《孟子注疏》:"以贵大,则心为一体之贵者大者;以贱小,则耳目口鼻形为一体之贱者小者。"[1] 体之贱与小者,即指人体之感觉器官;体之贵而大者,即指人之心。如果没有很好地处理感官欲望,就会失了[2]人所固有"本心",从而成为小人。因此,他认为不能"以小害大"、"以贱害贵",只有"养其大者"人才不会为物欲所夺。公都子问孟子说:"钧是人也,或从其大体,或从其小体,何也?"孟子说:"耳目之官不思,而蔽于物。物交物,则引之而已矣。心之官则思,思则得之,不思则不得也。此天之所与我者。先立乎其大者,则其小者不能夺也。此为大人而已矣。"(《告子上》)感官是与外在事物接触的管道,能帮助人提高认识水平,但也是"蔽"的根源。要摆脱感官欲望之"蔽",孟子强调"思"的作用。徐复观:"思包含反省与思考的两重意思。"[3] 也就说,主体通过

---

[1] (清)阮元校刻:《十三经注疏(清嘉庆刊本)》,北京:中华书局,2009年,第5989页。
[2] "失了"不是说没有了,而是被遮蔽了。
[3] 徐复观:《中国人性论史》(先秦篇),上海:上海三联书店,2001年,第148页。

反省和思考能够使感官从物"蔽"中解放出来,而在此反省思考之中,仁心就会得到发明。孟子认为"求则得之,舍则失之"(《尽心上》),领导者只有有意识地去"求"才能将本心从小我中解放出来,解除外在事物对本心的障蔽。

其次,领导者要持志养气。孟子认为:"志一则动气,气一则动志也。"(《公孙丑上》)"气"与"志"相互影响,从这个角度说,"志""气"应该交相为养。但现实的情况往往是"志动气者什九,气动志者什一"①,所以孟子更为重视"志"对"气"的主导作用。他说:"夫志,气之帅也;气,体之充也。夫志至焉,气次焉。故曰:'持其志,无暴其气。'"(《公孙丑上》)很显然,"志"是"气"的统帅,"志至"则"气次","志一则动气"。这也正是朱熹所说的:"若论其极,则志固心之所之,而为气之帅;然气亦人之所以充满于身,而为志之卒徒者也。"②孟子"持志养气"说对君主来说是很现实的。比如君主滥用"勇气"、逞匹夫之勇,就是"气"动了"志","气"动"志"不能说完全都是坏结果,但毕竟不甚可靠。而在现实中君主之决策,以及对自我好利、好货等利欲之克服,恐怕更多地需要做"持志"的功夫。

德鲁克说:"领导工作是通过品质才能贯彻实施的。好的品质才会树立起好的榜样,人们才会效仿。"还说:"如果他缺乏正直的品质——无论他的知识多么渊博,多么聪明,多么成功——他具有破坏的作用。……他破坏组织精神,损害企业绩效。"③在先秦诸子中,孟子领导修养思想最能体现这一点!

小 结

孟子认为,领导工作有一定特殊性,领导者有自己的工作。从根本上看,领导过程就是领导者扩充本心的过程。推行仁政是领导者的要务,尊贤使能是领导者的重要职能。通过推行仁政,尊贤使能,领导者本有的"仁心"才能真正体现出来。从另一个角度说,领导者只有推行仁政,尊贤使能,才能真正实现自我。与此同时,孟子认为领导者应该树立"为民"的价值取向,要把"仁心"贯穿在领导活动的整个过程,并注意引导领导对象树立以"仁义"为核心

---

① 朱熹引程子语。(宋)朱熹:《四书章句集注》,北京:中华书局,1983年,第231页。
② (宋)朱熹:《四书章句集注》,北京:中华书局,1983年,第230页。
③ (美)彼得·德鲁克:《管理的实践》,齐若兰译,北京:机械工业出版社,2009年,第128页。

的价值取向。最后,孟子认为领导者应有"仁"德。以"四端"为代表的本性之"善"就是仁德,这是每个人都有的,领导者也不例外,领导者要有意识地将本有的"善端"发扬光大。领导者不断扩充仁心,就能达到"仁者无敌"的理想领导境界。

第八章 荀子以"明分使群"为基础的领导理论

荀子是战国后期的重要思想家。《史记·李斯传》说李斯"从荀卿学帝王术"。讲为君之道在《荀子》一书中占很大篇幅,相比孔、孟,荀子对为君之道论之甚详,其中蕴含着着丰富而深刻的领导理论。谭嗣同说"二千年来之学,荀学也"①,虽不免夸张,但可见荀子思想对后世的重要影响。荀子认为"分"是"群"的前提和基础。荀子强调"分",意味着君臣上下之分,领导者的存在及其作用于此凸显,领导者与被领导者的功能定位也于此凸显。同时,荀子强调"明分使群",领导者"管分"的职能也由此得以确立。领导者要"能群"、"善群",前提是能"明分"。总体来看,"明分"才能"使群"的观念是荀子领导理论的基石。

一、"势齐则不壹":为什么要有"领导者"?

荀子对为什么要有领导这一问题有深刻见解。他提出"势齐则不壹"(《王制》)的命题,认为势力相当就不可能形成统一的群体。只有保持"势"的不齐,才能维持群体的统一性。"不齐"即是其强调的"分",有了"分",人才能"群"。因此,"势齐则不壹"观点与其所讲的"明分使群"观点是内在一致的,或者说是"明分使群"命题的另一种表达形式。它从理论上就回答了一个群体、一个社会为什么要有领导者这个问题。具体来看,荀子对这一问题的论述主要

---

① 见谭嗣同《仁学·二十九》。

是从以下两个角度展开的。

第一,从人性角度出发,必须要有领导。

荀子明确提出"立君上,明礼义,为性恶也"(《性恶》)的观点,认为正因为人性恶,所以要有领导者。

在荀子看来"人生来就具有恶性"、恶性是"人性非常突出的一个方面"①,是人的天性(或自然属性)。他说:"若夫目好色,耳好听,口好味,心好利,骨体肤理好愉佚,是皆生于人之情性者也。"(《性恶》)感官的欲望是人之情性所在,是普遍存在的,这是人的自然属性。还说:"从人之性,顺人之情,必出于争夺,合于犯分乱理,而归于暴。"(《性恶》)如果顺着人性的好恶、欲望而不加约束、规范,就会导致争夺、混乱。所以荀子说:"古者圣人以人之性恶,以为偏险而不正,悖乱而不治,故为之立君上之势以临之,明礼义以化之,起法正以治之,重刑罚以禁之,使天下皆出于治,合于善也。"(《性恶》)在荀子看来,正是因为人性"恶",所以才要立"立君上"(领导者)、"明礼义"、"起法正"、"重刑罚"。如果取消领导者,取消礼义等制度,势必造成弱肉强食的争夺与混乱。因此,要设立领导者,给领导者一个特殊"势位",就是要限制、引导人之"恶",进而使人能够群居和一,而不至于悖乱相亡。荀子还认为"贵为天子,富有天下,是人情之所同欲",如果顺着人的这种欲望,那么,"势不能容,物不能赡"(《荣辱》)。在他看来,天子的富贵岂是人人都能享受得到的?如果人人都想当天子,岂不是彻底乱套?所以要有贵贱、长幼等等之"分",把人的欲望规范在一定的范围之内。在贵贱、长幼"分"的过程中领导者与被领导者的关系就产生了。荀子还认为人性中"恶"的因素是普遍存在的。如他说:"尧、舜之与桀、跖,其性一也;君子之与小人,其性一也。"(《性恶》)而且,人满足欲望的动机是没有止境的。如他说:"夫人之情,目欲綦色,耳欲綦声,口欲綦味,鼻欲綦臭,心欲綦佚。此五綦者,人情之所必不免也。"(《王霸》)但,少数贤能之人以其高度的社会责任感能从欲望中超拔出来,通过"制礼义",定出"度量分界",从而避免因人人都为满足欲望而陷入争夺的窘境(见《礼论》)。从历史发展的角度来看,我们当然不能承认荀子把"制礼义"的功劳

---

① 廖名春:《〈荀子〉新探》,北京:人民大学出版社,2014年,第75页。按:廖明春认为:"荀子在强调性恶的同时,他还承认并且一再肯定过人性中还有非恶的一面存在。"(廖名春:《〈荀子〉新探》,北京:人民大学出版社,2014年,第77页)笔者赞同这一观点。

全部都归结到"先王"身上的英雄主义观点，但由此也可看到：为避免人性之恶而导致的争夺混乱，领导者的产生是历史的必然。荀子认为天下"至大也，非至辨莫之能分"（《正论》），"天能生物，不能辨物也；地能载人，不能治人也；宇中万物生人之属，待圣人然后分也"（《礼论》）。只有"圣王"、"至辨者"，才具有"分"天下的能力。人性恶，追求欲望的满足没有止境，有一种具有社会担当、且具有非凡能力的"圣王"通过自己的努力能够实现社会的秩序。这就从另一个角度回答了为什么要有领导的问题。

总体来看，荀子认为人性恶，有欲望，而且欲望没有止境，必须有领导者与被领导者之"分"，使领导者与被领导者分别处在一定的势位之上，使不同层次、范围的人具有相应的可欲范围，进而就能实现天下人之"群"；同时，有一些人虽然也性恶，有欲望，但能够摆脱欲望的束缚，肩负起明"分"的使命。荀子说："无分者，人之大害也；有分者，天下之本利也。"（《富国》）从人性的角度讲，社会要和谐，就必须分出上下，必须要有领导者。有了领导者进行一定的领导活动，才能解决因欲望不断膨胀导致的争夺混乱问题。

第二，从物理角度出发，必须要有领导者。

荀子认为万物同宇，既相互差别，又相互联系。《富国》："万物同宇而异体，无宜而有用为人，数也。人伦并处，同求而异道，同欲而异知，生也。皆有可也，知愚同；所可异也，知愚分。势同而知异，行私而无祸，纵欲而不穷，则民心奋而不可说也。如是，则知者未得治也；知者未得治，则功名未成也；功名未成，则群众未县也；群众未县，则君臣未立也。"意思是说，万物同处一宇而形体各异，虽于人无常定之宜，但皆可有用于人，这是个基本道理。人类群居相处，所求同而其法有异，所欲同而所知有异，这是人性使然。人都具备一定的能力，这对智的、愚的来说都一样；但具体能干什么，则智愚有别。如果势位相同，而智慧知识又不一样，人民按照自己的想法去行动，势必纵欲无穷，民心竞奋而得不到解脱。如果这样，智慧的人就不可能让社会得到治理，而社会得不到治理，智慧的人的功名也就体现不出来。智慧的人的功名体现不出来是因为没有上下等级的差别。没有上下等级的差别是因为没有君臣之分。荀子接着说："无君以制臣，无上以制下，天下害生纵欲。欲恶同物，欲多而物寡，寡则必争矣。故百技所成，所以养一人也。而能不能兼技，人不能兼官。离居不相待则穷，群而无分则争；穷者，患也。争者，祸也。救患除祸，则莫

第八章 荀子以"明分使群"为基础的领导理论

若明分使群矣。"(《富国》)荀子从万物的差异性以及万物之间的相互依赖出发,论证了必须有权力与服从、领导与被领导关系的存在。荀子还说:"夫两贵之不能相事,两贱之不能相使,是天数也。势位齐,而欲恶同,物不能澹则必争。争则必乱,乱则穷矣。"(《王制》)两个地位一样尊贵的人不可能相互事奉,两个地位一样低贱的人谁也不会听谁的使唤,这是个"自然"规律。势位相当,都有好恶欲望,必然会引起争夺。由此荀子认为:"分均则不偏,势齐则不壹,众齐则不使。有天有地而上下有差;明王始立而处国有制。"(《王制》)"分均则不偏"就是"明分相等就无法统属","势齐则不壹"就是"权势相等就不能统一集中了"①。这一命题意蕴深刻。权势相当,就不能相互侍奉,二者之间就不能形成统一。因此,必须遵循"分"规律,造就不同的"势",才能让人相互隶属形成权威与服从的关系。

总体来看,荀子认为在某一群体当中,必须有一个势位独尊者。只有这样才能形成服从与被服从的关系,领导才有可能,社会和谐统一才有可能。《致士》:"君者,国之隆也;父者,家之隆也。隆一而治,二而乱。自古及今,未有二隆争重而能长久者。"杨倞:"隆,犹尊也。"② 这是荀子的基本理论预设。《仲尼》:"少事长,贱事贵,不肖事贤,是天下之通义也。"说明等差格局的存在对于社会秩序的重要性。亚里士多德:"一切事物如果由若干部分组合而成一个集体,无论它是延续体或是非延续体,各个部分常常明显地有统治和被统治的分别。"③ 还说:"世上有统治者和被统治者的区分,这不仅事属必需,实际上也是有利益的。"④ 亚里士多德的观点和荀子的上述观点是一致的。

要之,人的欲望是没有极限的,如果不分君臣上下,不制礼义,就会导致争夺混乱;礼通过节制人的欲望,涵养人的欲望,进而实现人群的和谐,而制礼者则是"先王";没有差别就没有隶属的关系,没有势位的分别就不能形成统属关系。立君臣上下,制礼义,形成差别,其核心要义都是"分",只有"分"才能"群"。在"分"的过程中领导者就产生了,同时,领导者也是制分的主体。从荀子《富国》、《君道》、《王制》诸篇讲的"明分使群"观点完全可以得

---

① 蒋南华等:《荀子全译》,贵阳:贵州人民出版社,1995年,第143页。
② 王天海:《荀子校释》,上海:上海古籍出版社,2005年,第596页。
③ (古希腊)亚里士多德:《政治学》,吴寿彭译,北京:商务印书馆,1965年,第14页。
④ (古希腊)亚里士多德:《政治学》,吴寿彭译,北京:商务印书馆,1965年,第13页。

出："人之'群'能否正常发挥作用的关键是'君'。"① 领导者、领导活动在人类之能"群"方面发挥着极为关键的作用。有学者指出"领导产生和领导权威的存在是人类社会发展的要求","社会群体劳动和社会群体的各类活动都必然产生指挥协调的领导活动,领导者的一定领导权威对任何形态下的任何群体活动都是必要的、普遍的、永恒的。"② 荀子强调君主应有独尊之势的论述自然有其历史背景,但从领导学观点来看,他确实意识到了领导存在的必然性,与现代领导学的这一观点在一定程度上是不谋而合的。

二、"治之源"：领导者的地位及其作用

荀子强调君主（领导者）在天下国家治乱中发挥关键性作用。荀子说："有治人,无治法。"还说："法不能独立,类不能自行；得其人则存,失其人则亡。法者,治之端也；君子者,法之原也。故有君子,则法虽省,足以遍矣；无君子,则法虽具,失先后之施,不能应事之变,足以乱矣。"（《君道》）从下文"明主急得其人"可判断,此处的"君子"主要指"知法义"而能坚决执法应变的臣下,认为君主有了这样的臣下就能"身佚而国治"。但"有治人,无治法"的命题则带有普遍性,对于君主来说也是适用的。荀子说："合符节,别契券者,所以为信也；上好权谋,则臣下百吏诞诈之人乘是而后欺。探筹、投钩者,所以为公也；上好曲私,则臣下百吏乘是而后偏。衡石称县者,所以为平也；上好倾覆,则臣下百吏乘是而后险。"（《君道》）在荀子看来,各种制度本身是为确立信用、实现公平而设,但在上者因其所"好",制度不仅成为空架子不能发挥其预期的好作用,而且还会被臣下利用变成为恶的工具。所以,制度再重要,它是否能发挥有效的、积极的作用,最终还在于君主本身。概括起来,荀子对君主（领导者）的地位和作用的认识主要有以下几点：

第一，领导者处在社会治乱的源头。荀子说：

> 君子③者，治之原也。（《君道》）
> 君者，民之原也；原清则流清，原浊则流浊。（《君道》）

---

① 谭绍江：《荀子政治哲学研究》，武汉：华中科技大学出版社，2014年，第87页。
② 何孝瑛主编：《马克思主义领导理论概论》，北京：人民出版社，2008年，第4页。
③ 据陶鸿庆、包遵信等，"君子"当作"君"或"君人"。见王天海：《荀子校释》，上海：上海古籍出版社，2005年，第531页。

君师[①]者，治之本也。(《礼论》)

汤武存，则天下从而治，桀纣存，则天下从而乱。(《荣辱》)

国之所以安危臧否也，制与在此，亡乎人。王、霸、安存、危殆、灭亡，制与在我，亡乎人。(《王制》)

可以说，领导者的一举一动对社会产生全局性影响，他是社会治乱的总开关。这是荀子对领导者及其领导活动在社会中的地位和作用的根本性认识。

第二，领导者是下属效法的榜样。荀子说："上者，下之师也。夫下之和上，譬之犹响之应声，影之像形也。"(《强国》)在荀子看来，对在下者而言，在上者如同老师一样，他的行为是在下者效法的榜样，在上者的好恶直接影响着在下者的好恶和行为。荀子还说：

人主不公，人臣不忠也。人主则外贤而偏举，人臣则争职而妒贤，是其所以不合之故也。(《王霸》)

上宣明，则下治辨矣；上端诚，则下愿悫矣；上公正，则下易直矣。(《正论》)

臣或弑其君，下或杀其上，粥其城，倍其节，而不死其事者，无它故焉，人主自取之也。(《富国》)

凡奸人之所以起者，以上之不贵义，不敬义也。(《强国》)

可见，臣下是否能很好履职，其主要责任不在臣下，而在君主自己；臣下犯上作乱是君主自己咎由自取。在荀子看来，君主对于臣民而言，始终起着主导作用。荀子还说：

君者，仪也；民者，景也。仪正则景正。君者盘也，民者水也，盘圆而水圆。君者盂也，盂方而水方。(《君道》)

主者，民之唱也；上者，下之仪也。彼将听唱而应，视仪而动……故上者下之本也。(《正论》)

可见，君主是臣民的表率，臣民的行为取向取决于君主的行为取向。从这个角度讲，领导过程就是上行下效的过程。

第三，领导使社会得到凝结。荀子："百姓之力，待之而后功；百姓之群，

---

① 梁启雄："师，亦君也。"见梁启雄：《荀子简释》，北京：中华书局，1983年，第256页。

待之而后和；百姓之财，待之而后聚；百姓之势，待之而后安；百姓之寿，待之而后长；父子不得不亲，兄弟不得不顺，男女不得不欢。少者以长，老者以养。故曰：'天地生之，圣人成之。'此之谓也。"（《富国》）百姓有力，只有通过领导才能形成合力，创造出大的事业。百姓生活在一起，只有通过领导才能和谐相处。百姓创造财富，只有通过领导，才能聚集在一块。百姓的地位靠领导才能安定。百姓的寿命，靠领导才能长久。父子兄弟的亲顺，靠领导的教化才能达到。年少者靠领导的教育才能成长，年老者靠领导才能得以奉养。就领导者及其领导活动的作用而言，领导者有效实施领导活动关涉到每个个体生命的安顿和社会力量的凝结。

第四，领导使得天地和谐。《王制》："天地者，生之始也；礼义者，治之始也；君子者，礼义之始也。为之，贯之，积重之，致好之者，君子之始也。故天地生君子，君子理天地；君子者，天地之参也，万物之总也，民之父母也。无君子则天地不理，礼义无统。"领导者实际上是万事之源头，他的地位是非常突出和特殊的。在天地之间，如果没有领导活动，没有领导者，整个社会乱如团麻，有了领导，天地之间才有秩序。《王制》："君者，善群也。群道当，则万物皆得其宜，六畜皆得其长，群生皆得其命。"领导得恰当有效，就能使万物的生命得到申遂。这道理是很明白的。如果国家领导无力，社会混乱，万民之命就无法切实地安顿。于此可见，领导活动在整个人群生存、发展、和谐方面的巨大作用。

总之，荀子对领导者在社会管理中的地位和作用有明确深刻的认识。领导者处在社会治乱的源头，地位特殊，作用固大。既体现着荀子"尊君"的意向，也反映着荀子对于领导者的地位和作用的重视。

三、领导者的行为特点

领导者地位和作用的特殊性，决定了领导者行为、领导者工作的特殊性。荀子对领导者行为特点的认识主要有如下几点：

第一，"养原"：抓根本。在《君道》篇，荀子认为领导者是"治之原"，认为"原清则流清"。针对领导者这一特殊地位和作用，他说："官人守数，君子养原。"（《君道》）从"官人"和"君子"的对待关系中透显出：领导者的主要工作是"养原"。蒋南华等认为"守数"即"掌握度量器具的规定"，"养原"即

第八章 荀子以"明分使群"为基础的领导理论

"把握着根本"①。按笔者理解,既然君主处在治乱的源头,他举手投足都影响全局,那么,相对于官员来说,领导者其实要做的事情就是把"源头"性的工作做好,即抓住根本,具体的事情由下属去做。领导者面对和要解决的问题矛盾非常之多,他应该梳理出哪些是根源性、根本性的问题,而不是眉毛胡子一把抓,或者本末倒置找不到重点。

第二,"治一":抓住核心,抓住战略,影响全局。《王霸》:"主道治近不治远,治明不治幽,治一不治二。主能治近则远者理,主能治明则幽者化,主能当一则百事正。""治近不治远"是说:远处的事情你无能为力,不可能直接控制,对领导者来说,首先应该抓近处的事情。"治明不治幽"是说:管好看得见的、明处的事情,看不见的、幽隐的问题就会得到辐射。但,近处的、明处的事情,应该是战略性、影响全局性的事情,领导者抓住了它,远处的、幽隐的事情就自然得到控制,即使不能彻底控制,也无关大局。北大组说:"一,指主要的事。二,指繁杂的事。"② 王天海说:"治一,谓治任贤之事。治二,谓治其它之事。"③ 王注把"治一"的内涵坐实了,不对。"一"与"多"相对,所谓"治一不治二"强调的是抓住核心,抓住纲领,就是《王霸》所谓的"明主好要",《不苟》所谓的"操约"④。

第三,"兼足":着眼整体,照顾各方。荀子说:"兼足天下之道在明分:掩地表亩,刺中殖谷,多粪肥田,是农夫众庶之事也。守时力民,进事长功,和齐百姓,使人不偷,是将率之事也。高者不旱,下者不水,寒暑和节,而五谷以时孰,是天下之事也。若夫兼而覆之,兼而爱之,兼而制之,岁虽凶败水旱,使百姓无冻馁之患,则是圣君贤相之事也。"(《富国》)开垦田地、除草施肥是农夫庶人之事,掌握农时、督促生产是将率之事⑤,或干旱、或下雨、时令更替是老天爷的事情,而兼覆、兼爱、兼制则是圣君贤相的事情。三个"兼"字凸显出:作为领导者,你不能只看到"农"而不见"将率",你得照顾天时、地

---

① 蒋南华等:《荀子全译》,贵阳:贵州人民出版社,1995年,第243页。
② 王天海:《荀子校释》,上海:上海古籍出版社,2005年,第515页。
③ 王天海:《荀子校释》,上海:上海古籍出版社,2005年,第515页。
④ 《荀子·王霸》:"明主好要,而暗主好详。主好要,则百事详;主好详,则百事荒。"《荀子·不苟》:"操弥约,而事弥大。五寸之矩,尽天下之方也。故君子不下室堂,而海内之情举积此者,则操术然也。"
⑤ 俞樾说:"盖古之为将率者,平时即州长、党正之官。"章诗同说:"将率,即将帅。古时将帅兼管军民。"见王天海:《荀子校释》,上海:上海古籍出版社,2005年,第439页。

利、人和诸因素。领导工作"兼"的特点，即是强调要着眼整体、全体，是要照顾全局的。"兼足天下"一般解释为"使天下普遍富足"①、"使天下人都富足"②，大致可通。笔者认为"兼足"就是使各方面都能充分发展。要做到这一点领导者应有"明分"的自觉，使"各就其分所当为而努力"③。

第四，"以一行万"：要抓住原则，以不变应万变。《王制》："以类行杂，以一行万。始则终，终则始，若环之无端也。舍是而天下以衰矣。"久保爱说："既得其一，则万可治。"④"以一行万"观念来源于道家。领导者要解决处理的问题事情非常多，他不能拘泥于某一个方面，而必须圆通、流转，以不变应万变。"环之无端"如《吕氏春秋·圜道》所讲之"圜"。领导工作是琐碎的，即时性的，如果执着于一事，必挂一漏万，就无法履行领导者关照全局的特定工作职责。"以一行万"揭示出：领导活动高度的随机性和应时性特点。领导活动的综合性和复杂性要求他能够"体常而尽变"（《解蔽》）。

第五，"至佚"：领导者的最高境界是逸而不劳。荀子说：

人主者，守至约而详，事至佚而功，垂衣裳不下簟席之上，而海内之人莫不愿得以为帝王。夫是之谓至约，乐莫大焉。（《王霸》）

天子不视而见，不听而聪，不虑而知，不动而功，块然独坐而天下从之如一体，如四支之从心，夫是之谓大形。（《君道》）

天子者，势至重而形至佚，心至愉而志无所诎，而形不为劳，尊无上矣。（《正论》）

理想的领导状态下，与臣下做具体的事情相比，领导者是"至约"、"块然独坐"、"至佚"的。这些说法恐怕并非是说领导工作是异常轻松的，而是从另一角度说明领导工作是应该抓住重点、源头、战略性工作的，而不是掉进事务性工作不能自拔。也可说，优秀的领导者要给自己留下闲暇空间，去思考全局性、战略性的事情；优秀的领导者在做领导工作的过程中，不仅使万物性命得遂，而且自己的生命也得到伸张，价值得到实现，在领导工作中享受到真正的"乐"。

---

① 蒋南华等：《荀子全译》，贵阳：贵州人民出版社，1995年，第184页。
② 王天海：《荀子校释》，上海：上海古籍出版社，2005年，第438页。
③ 这是熊公哲对"明分"的解释。见王天海：《荀子校释》，上海：上海古籍出版社，2005年，第438页。
④ 王天海：《荀子校释》，上海：上海古籍出版社，2005年，第374页。

上述观点有明显的来自道家领导思想的影响。不过荀子明确讲"主道利明不利幽,利宣不利周。故主道明,则下安;主道幽,则下危。……故主道莫恶乎难知,莫危乎使下畏己。"(《正论》)这与申韩主张君主应该"无形"的观点是对立的。荀子不认为领导者应刻意隐藏自己,神秘其道。荀子上述观点固然有深刻的历史烙印,但要旨是明确的,即:领导者是要照顾全局的,是要抓根本的;领导者在做工作的过程中应该是圆转的、流通的,而不是停留在某一点上。

四、"以义为本":领导者的价值取向

荀子说"人生不能无群"(《王制》),并进一步说"君者,善群也"(《王制》)。他认为君主应是善于把人们组织起来的人①。刘建军说:"领导活动的本原体现为公共使命的承担。"② 荀子"君者,善群也"的命题说明了领导者的社会性功能。君主要承担起公共的使命,就必须"以义为本"。荀子认为"为天下之要,义为本"(《强国》),领导者要以"道义"为价值旗帜来引导民众行为,把"道义"作为领导活动的根本价值标尺,把"止争养生"作为领导目的,实现道德人格的建立,使社会成为有道德的社会。

第一,领导者要以"道义"来感召世人。荀子说:"无土则人不安居,无人则土不守,无道法则人不至,无君子则道不举。故土之与人也,道之与法也者,国家之本作也。君子也者,道法之揔要也,不可少顷旷也。"(《致士》)王天海:"道,礼义也。法,法度也。"还说:"揔要,犹关键也。"③ 在荀子看来,土地、人民是重要的,但是,没有"道法"土地守不住、人也留不住。所以,"道法"所彰显的正义价值原则是立国的根本。"道法"犹如组织精神,是将组织成员凝聚在一起的根本。领导者则是"道法"是否能够落实于人群的关键。领导者作为"道法"的总要,就要以"道法"为旗帜感召世人,赢得人心。

荀子进一步认为领导者应以"义"作为领导社会的最高价值导向。《王霸》:"用国者,义立而王,信立而霸,权谋立而亡。"在荀子看来,君主以"权谋"立国必定要亡国,以"信"立国可以称霸,而以"义"立国才能王天下。《王

---

① 蒋南华等:《荀子全译》,贵阳:贵州人民出版社,1995年,第159页。
② 刘建军:《领导学原理:科学与艺术》(第二版),上海:复旦大学出版社,2003年,第45页。
③ 王天海:《荀子校释》,上海:上海古籍出版社,2005年,第592页。

霸》:"挈国以呼礼义而无以害之,行一不义、杀一无罪而得天下,仁者不为也。擽然扶持心国,且若是其固也。之所与为之者,之人则举义士也;之所以为布陈于国家刑法者,则举义法也;主之所极然帅群臣而首乡之者,则举义志也。如是,则下仰上以义矣,是綦定也。綦定而国定,国定而天下定。""以义立国"就是说领导者的行为要符合道义,所举之人是"义士",所用之刑法是"义法",激励臣下的是"义志",在下者期待在上者的也是"义",这样的国家是最为牢不可破的。《王霸》:"取天下者,非负其土地而从之之谓也,道足以壹人而已矣。"在他看来,领导者能够得到天下,最根本的就是能够以"道"来引导、凝聚人心。

既然"道义"应该是领导者根本价值追求,那么,领导者不能仅仅把有利无利作为领导的价值导向。《君子》:"以义制事,则知所利矣。"在"义"导引下的"利"才是真正符合群体发展的"利"。荀子讲"义"并非不重视"利",荀子义利并提,强调的是正义的领导或导向作用,即领导者要高举正义的大旗,用高尚的价值领导社会,上行下效,使整个群体以"义"为价值取向才有可能。《大略》:"上好富则民死利矣。"领导者以"利"为旗帜,上行下效,人就会不惜代价唯利是图。《王霸》:"挈国以呼功利,不务张其义、齐其信,唯利之求,内则不惮诈其民而求小利焉,外则不惮诈其与而求大利焉,内不修正其所以有,然常欲人之有。如是,则臣下百姓莫不以诈心待其上矣。上诈其下,下诈其上,则是上下析也。"领导者如果以"功利"为根本价值导向,不择手段,就会引导民众唯利是图,上下之间势必为利而以诈伪相待,其后果是极为严重、恶劣的。刘建军说:"领导是依靠价值的力量为人们创造理想并使之付诸现实的活动,是一种借助于集体组织行动以显示一种崇高价值的行动。"[①] 荀子主张"以义为本",以"义"为领导活动的根本导向,主张"先义后利",而不主张用纯粹的"功利"引导民众的行为,体现的就是以崇高价值引导民众的道德领导模式。"君子也者,道法之揔要","义立而王"强调"道义"的价值领导的至关重要性,显然是对孔子"导之以德"的道德领导理论的继承。

第二,"止争养生"应是领导活动的目的。领导者以"道义"为根本价值导向,要落实在具体的民生上。荀子说"群而无分则争"(《王制》),"分"的目的

---

① 刘建军:《领导学原理:科学与艺术》(第二版),上海:复旦大学出版社,2003年,第36页。

第八章 荀子以"明分使群"为基础的领导理论

不是为"分"而"分",最终目的是为了"止争",为了人之"群"。所以他说:"救患除祸,则莫若明分使群矣。"(《富国》)君主"明分"才能真正地"救患除祸",才能达到"群"的目的。因此,"止争"就是让人得到安全保障,它必然成为领导者实施领导活动内在目的之一。荀子说:"君者何也?曰:能群也。能群也者何也?曰:善生养人者也,善班治人者也,善显设人者也,善藩饰人者也。"认为:"四统者俱而天下归之,夫是之谓能群。"(《君道》)"四统"指"善生养人"、"善班治人"、"善显设人"、"善藩饰人"。他说:"省工贾,众农夫,禁盗贼,除奸邪:是所以生养之也。天子三公,诸侯一相,大夫擅官,士保职,莫不法度而公:是所以班治之也。论德而定次,量能而授官,皆使人载其事,而各得其所宜,上贤使之为三公,次贤使之为诸侯,下贤使之为士大夫:是所以显设之也。修冠弁衣裳,黼黻文章,雕琢刻镂,皆有等差:是所以藩饰之也。"(《君道》)所谓"生养人"是通过具体的农工政策和社会治安政策来实现的;所谓"班治人"是通过设官分职来实现的;所谓"显设人"是通过选拔德能之人来实现的;所谓"藩饰人"是通过礼仪制度来实现的。这四个方面是君主"能群"的具体表现。"四统"是君主"分"而"群"物最为重要的方式和手段,"四统"说到底是止争养生的具体办法。

"善群"既然是君主承担社会公共使命的体现,那么,君主活动从根本上说决不能以自我利益和价值的实现为目的,而应以群体、民的利益与价值的实现为归宿。《大略》:"天之生民,非为君也;天之立君,以为民也。""立君为民"必然成为君主"善群"的应有之意。《君道》:"有社稷者,而不能爱民,不能利民,而求民之亲爱己,不可得也。民不亲不爱,而求为己用,为己死,不可得也。"君主如果不能把"民"作为实施领导活动基本指向,那么,要想赢得民之"爱"、民之"用"是不可能的。换句话说,领导者如果不以爱民、利民为目的,领导者自身的价值和功能就无法显现。

领导者为人之"群"而生,他不应仅着眼于民的"生存",满足人的基本生存的需要,更应该把个体生命的安顿与实现作为目的。荀子说:"君者,善群也。群道当则万物皆得其宜,六畜皆得其长,群生皆得其命。"(《王制》)君主作为"善群"者,通过他的恰当领导,要使"万物"都处在恰当的位置上,群生的生命得到伸遂。《强国》:"人莫贵乎生,莫乐乎安。"可以想见,真正的领导、伟大的领导,应该使人肉身得到生养的同时,还应使人的精神得到安适。

这无疑是个伟大的领导目标,很高的领导境界。

第三,"好义克好利":领导要使人和社会更道德。荀子认为好"义"和好"利"是人所共有的倾向,但是,好的领导者应该能够引导民众以"好义"战胜其"好利"。《大略》:"义与利者,人之所两有也。虽尧、舜不能去民之欲利,然而能使其欲利不克其好义也。虽桀、纣不能去民之好义,然而能使其好义不胜其欲利也。故义胜利者为治世,利克义者为乱世。上重义则义克利,上重利则利克义。"荀子虽然讲"人性恶",民有"欲利"之心,但仍然认为即使在桀纣这样的暴君的统治之下,也不能取消或阻止人们好"义"的倾向。好的领导者应该是让人们"好义"克"好利",而不是相反。《强国》:"夫桀纣何失?而汤武何得也?曰:是无它故焉,桀纣者善为人所恶也,而汤武者善为人所好也。人之所恶何也?曰:污漫、争夺、贪利是也。人之所好者何也?曰:礼义、辞让、忠信是也。今君人者,譬称比方则欲自并乎汤武,若其所以统之,则无以异于桀纣,而求有汤武之功名,可乎?故凡得胜者,必与人也;凡得人者,必与道也。道也者,何也?礼义、辞让、忠信是也。"如果用马斯洛的需要层次理论分析,人有贪利等物质层面的需要,但也有追求正义、道德的更高层次需要。在荀子看来,作为领导者应该想办法满足人的这种需要,"为人之所好",而要尽量避免拂逆人性,"为人之所恶"。

最后,荀子认为领导者要做出"义"的表率,才能实现民众所需要的"义"。《强国》:"夫义者,所以限禁人之为恶与奸者也。今上不贵义,不敬义,如是,则天下之人百姓,皆有弃义之志,而有趋奸之心矣,此奸人之所以起也。"领导者的行为对下属有强劲的"示范"作用,领导者不贵、不重"义",民众就更容易作恶事而毫无羞耻。《强国》:"夫义者,内节于人,而外节于万物者也;上安于主,而下调于民者也;内外上下节者,义之情也。"领导者"内节"于"义",就能"下调于民",实现社会关系的和谐。

五、"人主之职":领导者的主要职能

荀子说:"治国有道,人主有职。"(《王霸》)荀子提出"人主之职"命题,明确指出领导者与下属相比有自己特定的职能,这在先秦儒家中是最为明确、最为深入的对领导职能的认识。荀子认为领导者的职能主要有如下几点。

第八章 荀子以"明分使群"为基础的领导理论

第一,"管分":领导者的组织管理职能。

荀子对领导者的组织管理职能有明确的认识,他提出"人君者,所以管分之枢要"(《富国》)①、"君者,治辨之主"(《礼论》)等命题,强调领导者的重要职能就是进行组织管理。荀子说"宇中万物生人之属,待圣人而后分"(《礼论》)。说明只有"圣王"(最优秀的领导者)才能从根本上担当起"管分"的责任。荀子所讲"分"有丰富的内容②,"管分"的组织管理思想要义主要包括如下几点:

首先,"义而分"是人群区别于动物群体的根本。人有别于它物在于"义而分"。荀子说:"(人)力不若牛,走不若马,而牛马为用,何也?曰:人能群,彼不能群也。人何以能群?曰:分。分何以能行?曰:义。"(《王制》)人之所以能群,在于有"分"。事实上,人"能群",其他许多动物也"能群"③,荀子也说过"禽兽群焉"(《劝学》)的话。而且,人以外的不少动物之所以"能群"也是基于一定的"分"(分工)的。但是,人群区别于动物群体的根本则在于"义而分"。据荀子"人有气、有生、有知,亦且有义"(《王制》)的说法,可见,人和万物区别的最紧要处是"有义"。何谓"义"?④ 笔者认为,此处的"义"和《非相》篇"辨"的意思一致。荀子说:"人之所以为人者何已也?曰:以其有辨也。"(《非相》)"以其有辨"的"辨"怎么理解?张觉将此句翻译:"因为他们对各种事物的界限都有所区别。"⑤ 蒋南华等竟将之译为"由于他与其他万物有区别。"⑥ 蒋等的翻译完全错误不待辩证而明,而张觉实际认为人之所

---

① 黎红雷指出:"荀子认为,社会管理者的主要任务就在于掌握社会组织的划分,即所谓的'管分'。"黎红雷:《儒家管理哲学》(第三版),广州:广东高等教育出版社,2010年,第192页。

② 黎红雷认为,荀子所谈作为组织结构的"分"包括:社会等级结构、社会伦理结构、社会职业结构、国家管理结构等内容(黎红雷:《儒家管理哲学》(第三版),广州:广东高等教育出版社,2010年,第195页)。廖名春认为荀子"明分使群"的"分"主要包括三个方面的主要内容:第一,它指的是社会的分工分职。第二,"分"是社会伦理关系。第三,"分"的核心是封建等级关系。他还说:荀子所谓"分"不但指政治上的等级区分,还包括对分配物质财富的"度量分界"。(廖名春:《荀子新探》,北京:中国人民大学出版社,2014年,第97—99页)这是很有见地和价值的观点。

③ 克鲁泡特金以大量的例子证明:"群居生活在动物界中并不是个别的例外;它是通例,自然的通例,而且,它在更高级的脊椎动物中获得了最充分的发展。"(俄)克鲁泡特金:《互助论》,李平沤译,北京:商务印书馆,1963年,第58页。笔者相信荀子对于此种"通例"并非一点没有觉察到。

④ 杨倞说"义谓裁断也"(王先谦:《荀子集解》,见《诸子集成》第2册,上海:上海书店,1983年,第105页),有学者将之理解为"道义"(张觉:《荀子译注》,上海:上海古籍出版社,2012年,第106页),这些观点值得商榷!

⑤ 张觉:《荀子译注》,上海:上海古籍出版社,2012年,第47页。

⑥ 蒋南华等:《荀子全译》,贵阳:贵州人民出版社,1995年,第76页。

以为人在于人类有辨别的能力。笔者认为这也不对！道理很简单：人以外的动物实际上也有很强的辨别区分事物的能力，荀子不会连常识都注意不到。"辨"是"别"的意思，荀子所说的"辨"并非要凸显人具有"辨别"的理性，而是有特定的指谓。他说："人之所以为人者，非特以其二足而无毛也，以其有辨也。夫禽兽有父子，而无父子之亲，有牝牡而无男女之别。故人道莫不有辨。"（《非相》）禽兽有父子但没有父子的伦理，禽兽有牝牡但没有男女的伦理。荀子的意思很明白，人类之所以和禽兽不一样就在于人类建立起了父子、夫妇、男女等等伦理关系。荀子说："辨莫大于分。"（《非相》）杨倞注："有上下亲疏之分。"[①] 在人类众多的伦理关系中，上下亲疏是根本，是最大的"辨"。因此，人群所特有的"义"，其主要内容正是儒家一贯强调的"伦理"。实际上，荀子重点要说的是："人能群"在于"义而分"。牛马能群也有"分"，但人群的"分"是基于"义"的"分"。"义而分"强调人群组织起来的根本是人群中建立了人伦价值关系，通过人伦关系的纽带，人群就比其他动物群体更为有力。因此，强调以人的伦理支撑起来的社会组织是荀子组织建设的一个基点。

因此，领导者"管分"就是要明确社会成员各自的伦理分位，强化父子、男女、夫妇等伦理分位。通过明伦理之"分"，进而充分落实"少事长，贱事贵，不肖事贤"的"天下之通义"（《仲尼》）。《君道》："请问为人君？曰：以礼分施，均遍而不偏。请问为人臣？曰：以礼侍君，忠顺而不懈。请问为人父？曰：宽惠而有礼。请问为人子？曰：敬爱而致文。请问为人兄？曰：慈爱而见友。请问为人弟？曰：敬诎而不苟。请问为人夫？曰：致功而不流，致临而有辨。请问为人妻？曰：夫有礼则柔从听侍，夫无礼则恐惧而自竦也。""以礼分施"就是为君之道。领导者"以礼分施"就是要让君臣、父子、兄弟、夫妇等安于各自的伦理分位。社会成员的伦理关系一旦确定，领导与被领导的关系就确定了，领导者实施领导活动就有了组织凭藉。

当然，领导者"管分"在体制上还要明确君臣上下的分职。君臣之"分"，上下之"分"是荀子讲"分"的重要的内容之一。这种"分"既有"伦理"层面的意思，也有"职分"层面的意思。荀子说："无君以制臣，无上以制下，天下害生而纵欲。"（《富国》）荀子认为应该有君臣上下之"分"，有了君臣上下的

[①] （清）王先谦：《荀子集解》，《诸子集成》（第2册），上海：上海书店，1983年，第50页。

第八章 荀子以"明分使群"为基础的领导理论

"职分",有了"职分"之间的相互隶属关系,君主控制臣下、上级控制下级才有可能。荀子说:"职分而民不探,次定而序不乱。"(《君道》)还说:"治国者分已定,则主相臣下百吏,各谨其所闻,不务听其所不闻;各谨其所见,不务视其所不见。"(《王霸》)"分已定"就是意味着君臣上下有明确的分工、职责,明确了各自分工、职责,臣下自然就知道哪些事情该做,哪些事不应该做。领导者"管分"就是要明确君臣上下各自的分工与职责。君臣上下分工、职责以及相互隶属关系一旦确定,组织结构就确定下来,领导与被领导的关系也就确定下来了。因此,领导者进行组织建设过程,就是"明分"过程。《儒效》:"分不乱于上,能不穷于下,治辨之极也。"《君子》:"圣王在上,分义行乎下,则士大夫无流淫之行,百吏官人无怠慢之事,众庶百姓无奸怪之俗。"领导者自己有"明分"的意识,并能使下属、下级"明分",整个组织的秩序就建立起来了。萧公权《中国政治思想史》说"君主之职务为明定全国臣民之权利义务而监督之"① 是有道理的。

最后,荀子认为君臣上下贵贱分位要靠"礼"来实现。不管是君臣、父子、兄弟、夫妇之间的伦理分位,还是君臣上下的职分,要真正落实必须基于一定的制度。这个制度在荀子这里主要指"礼"。领导者"管分"的职能说到底其实是"审礼"。在《君道》篇讲完"以礼分施"后,接着说:"此道也,偏立而乱,俱立而治,其足以稽矣。请问兼能之奈何?曰:审之礼也。"作为君主,要让不同的人都能够安于其伦理分位,就要"审礼"。荀子认为"礼以定伦"(《致士》)、"礼别异"(《乐论》),"礼"就是"贵贱有等,长幼有差,贫富轻重皆有称者也"(《礼论》)。"礼"作为"系统性的等级制度","是礼节,是仪式","是社会成员活动的规定界限和标准"②。通过"审礼",就确定了以君主为核心的等级关系、伦理关系。《君子》:"贵贱有等,则令行而不流;亲疏有分,则施行而不悖;长幼有序,则事业捷成而有所休。"由"礼"所建构的组织系统一旦确定,领导者实施领导活动就有了相应的组织保障。《王霸》:"朝廷必将隆礼义而审贵贱,若是,则士大夫莫不敬节死制者矣。百官则将齐其制度、重其官秩,若是则百吏莫不畏法而遵绳矣。"通过"隆礼",不仅确定了以君主为核心等级

---

① 萧公权,《中国政治思想史》,刘梦溪主编:《中国现代学术经典·萧公权卷》,石家庄:河北教育出版社,1999年,第93页。
② 廖名春:《荀子新探》,北京:中国人民大学出版社,2014年,第102—103页。

关系、伦理关系，而且确定了君臣上下各自的职分。"礼"作为"法之大分，类之纲纪"，包含了所有应"分"之"分"。它把荀子理解的人伦关系、等级关系、职分关系等均纳入其中。君主"管分"就是要确保最为重要的各种"分"的存在以及正常运转，自然也包含"明分"所必要的各种制度规范。如果说"义"是君主制"分"的原则，那么，"礼"就是依"义"而确定的各种确保"分"的制度规范。

第二，"官人"：领导者的用人职能。

荀子对领导"用人"重要性的论述比较多。他说：

> 若夫论一相以兼率之，使臣下百吏莫不宿道乡方而务，是夫人主之职也。（《王霸》）
>
> 人主者，以官人为能者也。（《王霸》）
>
> 论德使能而官施之者，圣王之道也。（《王霸》）
>
> 明主急得其人。（《君道》）
>
> 主道知人，臣道知事。（《大略》）

"论一相"、"官人"、"得人"、"论德使能"、"知人"都是从不同角度强调领导者"用人"的重要性。荀子还说："聪明君子者，善服人者也。人服而势从之，人不服而势去之，故王者已于服人矣。"（《王霸》）荀子认为，领导者"得人"则得其"势"，"得人"决定了领导工作的成败和领导工作的成效。在先秦儒家中，荀子对领导者用人职能的论述最为明确、深入。

首先，荀子认为"人主之职"是"用人"，是由领导者自身的有限性与事业的广大性的矛盾决定的。荀子说："大有天下，小有一国，必自为之然后可，则劳苦耗悴莫甚焉。"（《王霸》）君主的事业广大无穷，如果所有的事情都"自为之然后可"，就是"役夫之道"，而非为君之道。他还说："墙之外，目不见也；里之前，耳不闻也；而人主之守司，远者天下，近者境内，不可不略知也。……耳目之明，如是其狭也；人主之守司，如是其广也；其中不可以不知。如是其危也。然则人主将何以知之？"（《君道》）君主要管控国家天下之事，范围广大，但是耳目视听的能力非常有限，如何才能让君主听得更远、看得更远？如何让君主的德惠传播得更远？如何能处理好与他国的事务？在他看来就要有"国具"：一类是便嬖左右，他们是君主"窥远收众之门户"；一类是卿相辅佐，他们帮助君主"镇抚百姓"、"应待万变"；一类是"喻志决疑于远方者"，

第八章　荀子以"明分使群"为基础的领导理论

他们帮助君主应接诸侯；而那些"谏争辅拂之人"更是"国君之宝"(《君道》)。由此可见，臣下是君主个人身体的延长，是君主德性向外延伸的必备工具。君主如果没有他们就会暗而不明，真正成为孤家寡人！所以，对于君主来说，最紧要的就是"用人"。他认为"尚贤使能，则主尊下安"(《君子》)，"急得其人，则身佚而国治"(《君道》)。他还说："今以一人兼听天下，日有余而治不足者，使人为之也。"(《王霸》)可见，领导者只有通过"用人"才能克服自身的有限性和事业广大性之间的矛盾。

其次，荀子认为用人的要务是"取相"，抓住核心干部队伍。这是领导者用人的基本原理之一①。荀子特别重视"相"等核心干部队伍的选用，在诸子中也是非常突出的。荀子认为："论官此三材者而无失其次，是谓人主之道也。"(《君道》)"三材"指"官人使吏之材"、"士大夫官师之材"、"卿相辅佐之材"等。对领导者而言，"官人"并非要管所有的人事问题，所有官员的任免问题，而是要选拔、任用好这三种人才，把他们安排在恰当的位置上，这才是领导者"官人"的根本。荀子还进一步认为"官人"最为紧要的是"取相"，取好"相"就能收到事半功倍的效果。他说："为人主者，莫不欲强而恶弱，欲安而恶危，欲荣而恶辱，是禹桀之所同也。要此三欲，辟此三恶，果何道而便？曰：在慎取相，道莫径是矣。"(《君道》)还说："彼持国者，必不可以独也；然则强固荣辱在于取相矣。"(《王霸》)荀子认为，君主独自一人不可能把国家治理好，要想实现"三欲"，避免"三恶"，最为根本的就是"慎取相"。他还说："能当一人而天下取，失当一人而社稷危。不能当一人而能当千人百人者，说无之有也。既能当一人，则身有何劳而为？垂衣裳而天下定。故汤用伊尹，文王用吕尚，武王用召公，成王用周公旦。卑者五伯，齐桓公闺门之内，县乐、奢泰、游玩之修，于天下不见谓修，然九合诸侯，一匡天下，为五伯长，是亦无他故焉，知一政于管仲也，是君人者之要守也。"(《王霸》)"不能当一人而能当千人百人者，说无之有也"句意深刻，他是说："不能恰当地任用一个人而能恰当地任用

---

① 荀子说："用人之法，禁之以等。"(《君道》)王天海："'禁之以等'，言用等级职分约束人。"(王天海：《荀子校释》，上海：上海古籍出版社，2005 年，第 553 页)通过明确职分，使官员有了各自的活动范围，这是领导"用人"另一基本原则。荀子在讲领导的"管分"职能时强调明君臣上下分工、职责的重要性，这就包含着领导者"用人"要"禁之以等"、明确分工职责的意思。因此，对"用人之法，禁之以等"这一重要"用人"命题不再赘述。

一千个人、一百个人，在理论上是没有这种事情的。"① 荀子强调君主恰当用"一人"非常重要，这是君主之"要守"。君主如果恰当任用"一人"，就能收到如汤、文武以及桓公为政的效果。君主如果不能恰当任用好"一人"，也很难指望他能任用好更多的官吏。"一人"实即他一再强调的"相"。荀子还说："相者，论列百官之长，要百事之听，以饰朝廷臣下百吏之分，度其功劳，论其庆赏，岁终奉其成功以效于君，当则可，不当则废。"（《王霸》）"相"地位特殊，一人之下，万人之上，既是君主管理臣下的助手，也是君主管理臣下的枢纽。《王霸》："农分田而耕，贾分货而贩，百工分事而劝，士大夫分职而听，建国诸侯之君分土而守，三公总方而议，则天子共己而已矣。出若入若，天下莫不平均，莫不治辨，是百王之所同也，而礼法之大分也。"杨倞："总，领也。"久保爱认为"总方"就是"总百官所掌之政事，而议之以裁断也。"② 对"天子共己"之"共"有的解释为"恭"，有的解释为"拱"。张觉说："共同'拱'，即拱手，形容毫不费力，无为而治，坐享其成。"③ "三公"处在"总方"的位置，总领、裁断百官之事，天子似乎并无需做太多事情。天子"共己"的前提实际上是要把"三公"管好。"三公"实际就是领导者的心腹，是领导者的核心干部队伍。从管理学角度讲，领导者直接管理的下属人员或机构的数目是有限的，荀子强调"慎取相"，抓住核心干部队伍，是很有见地的观点。

再次，领导者"官人"应注意两条原则。一是不避亲戚贵贱，以能用人，而不以自己的好恶听信左右的谗言。他说："人主欲得善射，射远中微者，县贵爵重赏以招致之，内不可以阿子弟，外不可以隐远人，能中是者取之；是岂不必得之之道也哉！虽圣人不能易也。"（《君道》）君主若做不到这一点就是"不公"。他说："然而求卿相辅佐，则独不若是其公也，案唯便嬖亲比己者之用也，岂不过甚矣哉！"（《君道》）在荀子思想中，一面认为"便嬖左右"是君主不可或缺的"国具"，而另一面又警戒君主不要以"便嬖亲比己者"为用，这种矛盾如何克服，在荀子这里实际没有解决好。二是在考核官员的时候要从其道德、智慧、成绩等方面着眼。他说："其取人有道，其用人有法。取人之道，参之以礼；用人之法，禁之以等。行义动静，度之以礼；知虑取舍，稽之以成；日月

---

① 张觉：《荀子译注》，上海：上海古籍出版社，2012年，第156页。
② 王天海：《荀子校释》，上海：上海古籍出版社，2005年，第497页。
③ 张觉：《荀子译注》，上海：上海古籍出版社，2012年，第148页。

积久，校之以功。故卑不得以临尊，轻不得以县重，愚不得以谋知，是以万举而不过也。故校之以礼，而观其能安敬也；与之举措迁移，而观其能应变也；与之安燕，而观其能无流慆也；接之以声色、权利、忿怒、患险，而观其能无离守也。彼诚有之者，与诚无之者，若白黑然，可诳邪哉？故伯乐不可欺以马，而君子不可欺以人，此明王之道也。"（《君道》）以礼考验其行为举措，以成败考其智虑取舍，"接之以声色"似已涉及"官人"的非常手段了。他还说："德必称位，位必称禄，禄必称用。"（《富国》）强调用人要德位相称，禄位相称，禄用相称，既重视道德表现，也要重视实际工作表现。

最后，领导者最终是否能做好"官人"的工作，取决于领导者是否能真正了解人和领导者自身所具备的素养。真正了解人实际就是荀子所谓的"论人"问题，《臣道》一篇从不同角度对各种"臣"的论述，无非是帮助君主能真正识人，进而为用人打好基础。荀子认为"上者下之师"（《强国》），君主个人的表率作用非常重要，君尽"君道"是臣履行"臣道"的前提，这就给领导者自身的素养提出了很高的要求！

第三，"陈法明指"：领导者的决策职能。

荀子说："君者，论一相，陈一法，明一指，以兼覆之，兼炤之，以观其盛者也。"①（《王霸》）如果说"论一相"讲的领导者的用人职能，那么，"陈法明指"讲的就是领导者的决策职能。荀子说："政令制度，所以接下之人百姓。"（《王霸》）有学者将"接"解释为"对待"。②笔者觉得不太恰当，"接"就是连接的意思。意思是说：君主"治近不治远"（《王霸》），通过政令制度来连接百姓。说明政令制度是连接君主和百姓的媒介，而政令制度则是领导决策的成果。用现在的话说，君主是通过制定政策制度来影响群众的。可见，领导决策（政令制度）事关全局，影响深远。荀子对领导决策的论述有以下几点值得注意。

首先，"兼权"：决策应权衡轻重缓急与利弊得失。荀子说："凡人之患，偏伤之也。见其可欲也，则不虑其可恶也者；见其可利也，则不虑其可害也者。

---

① 杨倞注说："论，选择也。指，指归也。一法、一指，皆谓纪纲也。盛，读为成，观其成功也。"（清）王先谦：《荀子集解》，《诸子集成》（第2册），上海：上海书店，1983年，第146页。

② 蒋南华等：《荀子全译》，贵阳：贵州人民出版社，1995年，第228页；周先进编撰：《荀子全本注译》，北京：中国文史出版社，2013年，第176页。

是以动则必陷，为则必辱，是偏伤之患也。"（《不苟》）人往往见其一偏，而不见其全，势必一有举动就失败，一做事就招来耻辱。荀子还说："欲恶取舍之权：见其可欲也，则必前后虑其可恶也者。"（《不苟》）看到"利"，也要看到"害"。"兼权"就是看到事物的两面，进而权衡利害，然后再确定取舍好恶。这是领导决策应当遵循的一般原则。荀子还说："论法圣王，则知所贵矣；以义制事，则知所利矣。论知所贵，则知所养矣；事知所利，则动知所出矣。二者是非之本，得失之原也。"（《君子》）在荀子看来，议论效法圣王，就知道什么是最可贵的；根据道义处理事情，就知道什么是最为有利的。知道什么是最为可贵的，就是知道什么是可取的；知道什么是有利的，也就知道什么是可做的。荀子虽讲"兼权"，仍坚持"法圣王"、"以义制事"价值标准，与兵家、法家着眼功利的倾向是不一样的。

其次，"兼听"：确保领导决策信息渠道的多样性和获取信息的有效性。领导有效决策基于对信息的掌握情况。荀子强调"兼听齐明而百姓不留"（《君道》），认为君主"兼听"才能确保全面掌握情况，处理事务就不会拖沓。"兼听"是全面掌握信息的前提，直接影响着决策效果，进而影响处理政事的效率。荀子告诫说："偏党而无经，听之辟也。"（《王制》）君主听言如果偏向一方不讲原则，这是听言最为恶劣的地方。为此，荀子强调："法而不议，则法之所不至者必废。职而不通，则职之所不及者必坠。故法而议，职而通，无隐谋，无遗善，而百事无过，非君子莫能。"（《王制》）"法而议"就是要允许臣下对成法能够"议论"，"职而通"就是要允许臣下对职务之外的事情有发言权。如果"法而不议"，大家都照章办事，对"法"没有明确规定的事情就没办法做。如果"职而不通"，大家只着眼于职务分内之事，对职务之外的或交叉地带的事情就不会有人做。让臣下对成法之外的事情有发言权，对职务之外的事情也敢想，就能避免有话不敢说的窘境，防止制度缺陷对言路的堵塞。"法而议"、"职而通"是荀子为保障臣下敢于讲话、保障言路畅通所提出的制度建设原则。有了制度保障还不够，荀子还讲："听之经，明其请，参伍明谨施赏刑。"（《成相》）王天海："请，通情，情实也。"还说："参伍，言反复多次验其实也。"[①]君主听政，要弄明白实际情况，就得"参伍"，对臣下进言要反复比较验证，通过验证

[①] 王天海：《荀子校释》，上海：上海古籍出版社，2005年，第1006页。

确定真伪,然后施以"赏刑"。这样做不仅能弄清真相,而且也会让臣下进言之时有所顾忌。他还说:"言有节,稽其实,信诞以分赏罚必。"(《成相》)要让臣下进言有分寸,就要用实际的情况考实其言论,分清虚实然后该赏的必赏、该罚的必罚,就能避免臣下欺蒙。因此,君主要想真正做到"兼听齐明"不仅要保障臣下敢说话,确保言路畅通,还要"会听话",注意鉴别臣下进言的真伪和虚实,这样才能确保获取信息的真实性和有效性。

最后,"公生明":要确保决策正确有效,领导者要有公正平和的素养。全面有效获取信息是领导决策的关键,领导者自身素养、行为方式对全面有效获取信息则有重要影响。《不苟》:"公生明,偏生暗,端悫生通,诈伪生塞,诚信生神,夸诞生惑。此六生者,君子慎之,而禹桀所以分也。"《王制》:"凡听,威严猛厉而不好假道人,则下畏恐而不亲,周闭而不竭;若是,则大事殆乎弛,小事殆乎遂。和解调通,好假道人,而无所凝止之,则奸言并至,尝试之说锋起;若是,则听大事烦,是又伤之也。……故公平者,职之衡也;中和者,听之绳也。其有法者以法行,无法者以类举,听之尽也。""威严猛厉"是说态度严肃刚烈而不温和,"和解调通"是"宽和不拒下"①,"假道"似犹今之听取意见,征求帮助之意。② 大意是说:"听言"者如果"威严猛厉",看不到别人长处,不善于听取别人意见,让人不敢说话,容易阻塞言路;相反,如果"和解调通",来者不拒,以他人的意见为意见,淹没自己,没有主见,就会奸说蜂起。因此,"威严猛厉"、"和解调通"都是不可取的。领导者应该以"公平"、"中和"的态度和方式"听言",既要避免给人以拒人于千里之外之感,也要防止让人说话毫无顾忌,在"兼听"与"独断"之间应当保持恰当的平衡。荀子还提出"以善至者待之以礼,以不善至者待之以刑"(《王制》)、"朋党比周之誉,君子不听"(《致士》)等"听言"原则,事实上给领导者获取信息、进行决策提出了很高的要求。

六、领导者要采取综合性方法激励控制人的行为

如何使人愿意为己所用,使臣下尽心尽力,也是荀子领导理论的重要着眼

---

① (清)王先谦:《荀子集解》,《诸子集成》(第2册),上海:上海书店,1983年,第95页。
② 见鲍遵信对"假道"一语的解释。王天海:《荀子校释》,上海:上海古籍出版社,2005年,第343—344页。

点。荀子对此的解答有着人性论的支撑。荀子认为"在同一个时代中存在着生物群的人、经济群的人、道德群的人这三种不同状态及其合理性"①。荀子还认为,在同一人身上存在既追求"义"也追求"利"的不同倾向及其合理性②。从群体的角度讲,有的人为了生存不顾一切,有的人以利害原则行事,有些人好冲动以感情用事,有些人以道义为行动的出发点。从个体角度讲,人有时求利,有时求义。总体来看,荀子既肯定人天性"恶",也认为人有理性的算计,还肯定人具有为善的"质"。荀子眼里的人是"复杂人"。既然人是"复杂"的,领导者要实现对下属、民众行为的激励控制,就要根据实际情况采取综合性手段。

第一,"以义得人":彰显道义赢得人心。在荀子看来,人群当中有些人好义,人也在不同程度上有好义的特点,作为领导者,就要有意通过彰显道义来"服人"、笼络人,就要通过彰显自身的道德品质来感化人。从领导激励的角度讲,通过激发臣下、民众的道德自觉性进而实现对其行为的引导控制,是领导激励的重要方法和途径。这方面的道理在本文第四部分已有论述,为避免重复,笔者着重论述以下两点:

首先,对领导者而言,"处势行道"是理想的选择,如果有其"势"而无其"道","势"也不能发挥作用,也保不住!《强国》:"处胜人之势,行胜人之道,天下莫忿,汤武是也;处胜人之势,不以胜人之道,厚于有天下之势,索为匹夫不可得也,桀纣是也。然则得胜人之势者,其不如胜人之道远矣!夫主相者,胜人以势也;是为是,非为非,能为能,不能为不能,并己之私欲,必以道夫公道通义之可以相兼容者,是胜人之道也。"在充分利用自己的"势"的基础上彰显道义,这样才能真正赢得人心。如果仅仅凭借自己的"势位"来使人服从,那么,这种"势位"也不会牢固。总的来看,掌握"胜人之道"远比掌握"胜人之势"更为有力!用道义赢得人心,"势"才能更为稳固、持久!《强国》:"夫桀纣,圣王之后子孙也,有天下者之世也,势籍之所存,天下之宗室也;土

---

① 《荀子·荣辱》:"有狗彘之勇者,有贾盗之勇者,有小人之勇者,有士君子之勇者。争饮食,无廉耻,不知是非,不辟死伤,不畏众强,牟牟然惟利饮食之见,是狗彘之勇也。为事利,争货财,无辞让,果敢而振,猛贪而戾,牟牟然惟利之见,是贾盗之勇也。轻死而暴,是小人之勇也。"李慧芬说:"荀子的这段话指出了,在同一个时代中存在着生物群的人、经济群的人、道德群的人这三种不同状态及其合理性。"见李慧芬:《荀子管理思想研究》,山东大学博士学位论文,2010年,第111页。

② 《荀子·大略》:"义与利者,人之所两有也。虽尧、舜不能去民之欲利,然而能使其欲利不克其好义也。虽桀、纣不能去民之好义,然而能使其好义不胜其欲利也。"

第八章　荀子以"明分使群"为基础的领导理论

地之大，封内千里；人之众，数以亿万；俄而天下倜然举去桀纣而奔汤武，反然举恶桀纣而贵汤武。是何也？夫桀纣何失而汤武何得也？曰：是无它故焉，桀纣者善为人所恶也，而汤武者善为人所好也。人之所恶何也？曰：污漫、争夺、贪利是也。人之所好者何也？曰：礼义、辞让、忠信是也。……故凡得胜者，必与人也；凡得人者，必与道也。道也者，何也？曰：礼义、辞让、忠信是也。"桀纣有其势而后亡，归根结底是没有搞清楚得人之道。荀子认为只有礼义、辞让、忠信才能赢得人心！

其次，荀子认为人有君子小人之分，以"义"待君子是有效的。《正论》："有义荣者，有势荣者；有义辱者，有势辱者。志意修，德行厚，知虑明，是荣之由中出者也，夫是之谓义荣。爵列尊，贡禄厚，形势胜，上为天子诸侯，下为卿相士大夫，是荣之从外至者也，夫是之谓势荣。流淫污僈，犯分乱理，骄暴贪利，是辱之由中出者也，夫是之谓义辱。詈侮捽搏，捶笞膑脚，斩断枯磔，藉靡舌纆，是辱之由外至者也，夫是之谓势辱。是荣辱之两端也。"一个人的荣光既可以来自于他的势位，也可来自于他的品行，前者即是"势荣"，后者即是"义荣"。违反道义所受屈辱叫"义辱"，犯刑被处罚这叫"势辱"。人有君子小人之分，在荀子看来"小人可以有势荣，而不可以有义荣"（《正论》），对小人来说他享受不了"义荣"而乐于"势荣"，因此，对待小人就得用"势"。相反，"君子可以有势辱，而不可以有义辱"（《正论》），君子可能会犯错误受到"势辱"，但绝对容忍不了"义辱"，因此，对君子就得用"义"。作为领导者，对下属采取什么样的控制手段，这要看下属的品行和特点。

第二，"导之以礼乐"：通过礼乐仪式塑造人对权力与服从关系的认同。荀子认为"礼"有节"欲"、养"欲"的功能，也有"饰"情的作用。《正名》说："喜怒哀乐谓之情。"还说："情者，性之质也。"在荀子看来，人有喜怒哀乐之"情"，人没有"情"是不可想象的。荀子说："夫民有好恶之情，而无喜怒之应则乱。"（《乐论》）还说："乐者，圣王之所乐也，而可以善民心，其感人深，其移风易俗。"（《乐论》）在荀子看来，礼乐有感化民心、移风易俗的作用，领导者对臣民行为的控制除了靠硬性的"势位"权力和自身道德影响力外，也应注意使用"礼乐"手段。他认为"导之以礼乐，而民和睦"（《乐论》）。喜怒哀乐是人之常情，作为领导者，要赢得人心，就得照顾到人情因素，"导之以礼乐"命题体现出在领导控制方面儒家特别不同于其他学派的人性关切。

首先，荀子认为礼义形式作为等级关系的装饰，能够帮助领导者塑造、强化权威。领导者都希望自己说的话有人听从，希望自己更为威严。荀子说："礼者，贵贱有等，长幼有差，贫富轻重皆有称者也。故天子袾裷、衣冕，诸侯玄裷、衣冕，大夫裨、冕，士皮弁、服。"（《富国》）"礼"是体现等级的仪式，穿戴不同的衣帽，体现不同的身份等级。荀子还说："古者先王分割而等异之也，故使或美或恶，或厚或薄，或佚乐或劬劳，非特以为淫泰夸丽之声，将以明仁之文，通仁之顺也。故为之雕琢、刻镂、黼黻文章，使足以辨贵贱而已，不求其观；为之钟鼓、管磬、琴瑟、竽笙，使足以辨吉凶、合欢定和而已，不求其余；为之宫室台榭，使足以避燥湿、养德、辨轻重而已，不求其外。"（《富国》）荀子认为君主是统领天下分异的枢纽，认为要把人"群"起来就要"分"，最为基本的"分"就是此篇后文所谓的"君子"、"小人"之分①。君子就该享受"美"、"厚"、"佚乐"的待遇，而小人则应遭遇"恶"、"厚"、"劬劳"的对待。王天海："美恶，此指宫室、衣服。厚薄指俸禄多寡。"② 这都是就"礼"而言。在荀子看来，"雕琢、刻镂、黼黻文章"是能"辨贵贱"的，宫室、台榭是能"辨轻重"的，强调君主要充分利用这些"礼数"来强化等级。荀子特别留意到并发挥了"礼"饰"威"的作用。"礼"作为等级身份的装饰，通过潜移默化的方式作用于人的审美情感，进而可以达到对领导者权威的塑造。荀子说："夫为人主上者，不美不饰之不足以一民也，不富不厚之不足以管下也，不威不强之不足以禁暴胜悍也。"（《富国》）因此，通过"礼"的"美饰"，通过行"礼"，可以彰显参与其中的"人"的身份等级，有助于强化领导者的合法性与权威性，增强被领导者对于领导者的身份认同。

其次，荀子认为"礼乐"作为一种仪式、典礼，能帮助领导者增强威信，使下属在参与礼仪形式中增进对领导者的认同。《乐论》："乐在宗庙之中，君臣上下同听之，则莫不和敬；闺门之内，父子兄弟同听之，则莫不和亲；乡里族长之中，长少同听之，则莫不和顺。故乐者审一以定和者也，比物以饰节者也，合奏以成文者也；足以率一道，足以治万变。"领导者对下属的"教"，可以通过音乐舞蹈，激发其对在上者之敬畏。在某一特定场合不同身份的人有不同的礼仪规范，包括服饰、言行，等等。领导者通过这些外在的形式，区分其与被

---

① 《荀子·富国》："君子以德，小人以力。力者，德之役也。"
② 王天海：《荀子校释》，上海：上海古籍出版社，2005年，第432页。

第八章 荀子以"明分使群"为基础的领导理论

领导者之间的差别,进而在被领导者心里建立起对领导者的敬畏之情。这一点儒家最为强调,是儒家领导思想的特殊性所在。荀子于此特别重视,但在各种管理思想史研究著作中却看不到对此的分析。

总之,荀子认为领导者的权威一个重要的方面是靠礼仪形式塑造并得到强化的,通过礼仪形式把上下尊卑秩序固定下来。通过礼乐形式塑造的权威是潜移默化、深入人心的,与通过掌握生杀之柄使人慑服的方式是不一样的。这种权威形式或许更易于为人接受,其效力可能更为持久。

第三,"刑赏之引导":通过赏罚引导欲望实现对人行为的控制。荀子认为人是有欲望的,而且不能被取消。在人群中存在"小人",他们唯利是图,道义、礼乐对他们不起作用。针对人的欲望,可以"礼"养"欲"、以"礼"节"欲",同时,还可通过赏罚来引导人的欲望。《正论》:"以人之情为欲多而不欲寡,故赏以富厚而罚以杀损也,是百王之所同也。"以赏、罚来激励、引导人的行为在不同世代都是要用的!荀子在批评墨子"非乐"、"节用"主张时提出"不足欲则赏不行"(《富国》)的观点,认为"赏"之所以可行就在于人有"欲"。如果像墨子那样主张"大有天下,小有一国,将蘁然衣粗食恶",臣民没有富贵可欲,那么,"赏"不但无法施行,而且有欲望的贤能之人也得不到进用机会。同时,他认为领导者的"威"是建立在有人服侍他的基础上的,如果君臣并耕而食,领导者就没有权威,说话没有人听,"罚"也就没有办法施行。"罚"得不到施行,不肖者就得不到黜退。"罚"之所以可用是建立在领导者之有"威"的基础上的①。总而言之,赏、罚不仅是引导控制人行为的重要方法,而且事关社会的公平正义。

荀子继承儒家传统,主张以教为本、赏罚结合。《富国》:"不教而诛,则刑繁而邪不胜;教而不诛,则奸民不惩;诛而不赏,则勤厉之民不劝。""教"的一个重要方面就是公布法令,让人知所避就。荀子说:"君法明,论有常,表仪既设民知方。"还说:"刑称陈,守其银,下不得用轻私门。罪祸有律,莫得轻重,威不分。"(《成相》)更为重要的是,通过礼义教化,让人形成道德自觉,

---

① 《荀子·富国》:"墨子大有天下,小有一国,将蘁然衣粗食恶,忧戚而非乐。若是则瘠,瘠则不足欲;不足欲则赏不行。墨子大有天下,小有一国,将少人徒,省官职,上功劳苦,与百姓均事业,齐功劳。若是则不威;不威则罚不行。赏不行,则贤者不可得而进也;罚不行,则不肖者不可得而退也。贤者不可得而进也,不肖者不可得而退也,则能不能不可得而官也。"

知道该干什么，不该干什么。因此，"教"是社会控制的根本。如果"不教而诛"，刑罚就会愈来愈繁多，邪恶也不会得到控制。如果只讲"教"，不用刑罚威慑，奸邪之民就得不到惩处。如果只讲"罚"，不用"赏"，那些努力勤勉之民就得不到鼓励。因此，领导者要使用赏、罚进行社会控制，前提是要对被领导者进行充分的"教"。

荀子认为施行赏、罚的根本原则是"恰当"。《君子》："刑当罪则威，不当罪则侮；爵当贤则贵，不当贤则贱。古者刑不过罪，爵不逾德。"刑罚当罪，刑罚的权威性才能得到强化，才能真正起到劝善惩恶的积极作用。赏爵当贤，爵位才会尊贵，被人看重。施刑不应超过罪责，赏爵不应超过德行。这都是强调罪刑相当，赏德相当。《正论》："凡爵列、官职、赏庆、刑罚，皆报也，以类相从者也。一物失称，乱之端也。"王天海："报，当也。"① 荀子认为，爵位、官职、赏庆、刑罚与对象应该是对等的，一旦"失称"，势必造成乱端②。因此，赏、罚事关社会公平正义，领导者用赏、罚要格外严谨、严肃。荀子认为如果做不到"恰当"，至少也应该做到"宁僭勿滥"。《致士》："赏不欲僭，刑不欲滥③。赏僭则利及小人，刑滥则害及君子。若不幸而过，宁僭勿滥。与其害善，不若利淫。"这就是说，赏宁可利及小人，也不能让刑罚伤及无辜。这是领导者用赏、罚的最低标准了。

最后，荀子还认为："治则刑重，乱则刑轻。"④（《正论》）杨倞："治世刑必行，则不敢犯法，故重。乱世刑不行，则人易犯，故轻。"⑤ 所谓"重"，是指刑罚得到尊重；所谓"轻"，是指刑罚得不到尊重。治世整体有秩序，正义伸张，赏罚得到认可；乱世秩序崩溃，没有共同认可的价值标准，赏罚自然也得不到认可。赏罚的有效性基于社会正义，同时，恰当的赏罚又能维护巩固社会正义。说到底，赏、罚仅是手段，目的是惩恶扬善、伸张正义。因此，领导者用赏、

---

① 王天海：《荀子校释》，上海：上海古籍出版社，2005年，第717页。
② 对此荀子有较多论述。《荀子·富国》："诛赏而不类，则下疑俗俭而百姓不一。"《荀子·正论》："夫德不称位，能不称官，赏不当功，罚不当罪，不祥莫大焉。"《荀子·正论》："罪至重而刑至轻，庸人不知恶矣，乱莫大焉。"
③ 熊公哲："僭赏，赏过其功。滥刑，刑浮其罪。"见王天海：《荀子校释》，上海：上海古籍出版社，2005年，第598页。
④ 廖名春说："荀子认为社会安定是由于刑罚重，社会混乱是由于刑罚轻。"（廖明春：《荀子新探》，北京：中国人民大学出版社，2014年，第105页）这种理解不对。
⑤ （清）王先谦：《荀子集解》，《诸子集成》（第2册），上海：上海书店，1983年，第219页。

罚仅仅是实现教化的手段。荀子重视赏罚的积极作用与孔子已有不同，但仍保持了儒家的传统。

七、"积善"与"解蔽"：领导者的素养

礼法政令是否能正常运转、"得人"、"官人"是否有效都取决于君主自身。因此，荀子与先秦其他诸子一样非常重视君主"修身"问题，强调君主有"德"的重要性。

《荣辱》：志意致修，德行致厚，智虑致明，是天子之所以取天下也。

《致士》：今人主有能明其德，则天下归之。

《议兵》：君贤者其国治，君不能者其国乱。

这都是强调领导者自身素养的重要性，认为君主有"德"天下就会归附。荀子还说："请问为国？曰：闻修身，未尝闻为国也。"（《君道》）领导者的治国行为从根本上表现为"修身"，"修身"是领导者实施领导活动的根本。关于领导者修养，荀子主要强调两个方面：一是"积善"求"仁"，二是"虚静"明"智"。

第一，荀子强调领导者的道德素养的重要性。他说："为人上者必将慎礼义、务忠信，然后可。此君人者之大本也。"（《强国》）"慎礼义"、"务忠信"着眼的就是领导者的道德素养。领导者怎样提升道德素养？荀子特别重视"积"的作用，认为"积善"能"化性起伪"。《儒效》："涂之人百姓，积善而全尽，谓之圣人。"荀子认为人皆可为尧舜，尧舜之所以是"圣人"则是"积"的结果。"积善"一靠师的教导，一靠践礼，即其所谓的"师法"。《儒效》："人无师法，则隆性矣；有师法，则隆积矣。"为"学"最重要的是要有"师法"。荀子说："学莫便乎近其人。"（《劝学》）还说："得贤师而事之，则所闻者尧舜禹汤之道也；得良友而友之，则所见者忠信敬让之行也。"（《性恶》）这是强调"师"在修德过程中的重要性。荀子还说："凡用血气、志意、知虑，由礼则治通，不由礼则勃乱提僈；食饮、衣服、居处、动静，由礼则和节，不由礼则触陷生疾；容貌、态度、进退、趋行，由礼则雅，不由礼则夷固、僻违、庸众而野。故人无礼则不生，事无礼则不成，国家无礼则不宁。"（《修身》）"礼"作为一套行为规范，其作用的方式是以节为养，通过践礼，个体素养就能得到整体提高。《儒效》："先王之道，仁之隆也，比中而行之。曷谓中？曰：礼义是也。"很显然，

"仁德"之涵养需要靠践行礼义来实现。《修身》:"礼者,所以正身也;师者,所以正礼也。"要很好地践行礼,最紧要的是得师。师、法(礼)对于君主修德而言二者不可缺一。徐复观说"他(按:指荀子)是把仁当作客观的知识去看,而不是通过自己的精神实践去体认。"① 这是荀子君德修养论与孟子很不相同的一点。

但是,荀子又讲"诚"对"养心"的重要性。《不苟》:"君子养心莫善于诚,致诚则无它事矣。""诚"是主体内在道德心的高度自觉。主体行为若能始终坚持"仁之为守"、"义之为行",以高度的道德自觉精神支配行动,这就是"诚心守仁"。如果能做到这一点,就能达到"化万物"、"化万民"的目的。如果说以"师法"积善德着重强调外在环境对提升道德素养的作用和价值,那么,"养心莫善于诚"则强调的是主体内在精神自觉对完善道德的积极作用。荀子的特点是对前者论之甚多甚详,而对后者仅此一提而已。

第二,荀子强调领导者"智"性素养的重要性。荀子说:"昔人君之蔽者,夏桀殷纣是也。"(《解蔽》)认为桀纣蔽于臣而惑于其心,说明领导者身边的"师"并不必然会帮助领导者提升道德素养,相反,有时还会使人丧失道德变成如桀纣那样的大恶人。荀子说:"欲为蔽,恶为蔽,始为蔽,终为蔽,远为蔽,近为蔽,博为蔽,浅为蔽,古为蔽,今为蔽。凡万物异则莫不相为蔽,此心术之公患也。"(《解蔽》)既如此,外在的"师法"不仅不能帮助人明德,反而会造成人心之蔽②。那么,怎样解"心"之"蔽"则成为领导者修养的关键。荀子主张以"道"为"衡"评判是非才能克服心之"蔽"。正如徐复观所说"要使心的认知能力,成为可信赖的,则必须依靠外在的道,以规正认识的方向。"③ 所以,荀子说:"心不可以不知道;心不知道,则不可道而可非道。"(《解蔽》)人何以知"道"?荀子说:

> 人何以知道?曰:心。心何以知?曰:虚壹而静。心未尝不臧④也,然而有所谓虚;心未尝不两也,然而有所谓壹;心未尝不动也,然而有所谓

---

① 徐复观:《中国人性论史》(先秦篇)上海:上海三联书店,2001年,第227页。
② 荀子一方面讲"师法"在"化性起伪"方面的积极性,但"心术之公患"之说在一定程度上又否认了"师法"的作用和功能,体现出荀子在君主修养理论上的矛盾!
③ 徐复观:《中国人性论史》(先秦篇),上海:上海三联书店,2001年,第213页。
④ 杨倞注"臧"读为"藏"。见(清)王先谦:《荀子集解》,《诸子集成》(第2册),上海:上海书店,1983年,第264页。

第八章 荀子以"明分使群"为基础的领导理论

静。人生而有知,知而有志;志也者,臧也;然而有所谓虚;不以所已臧害所将受谓之虚。心生而有知,知而有异;异也者,同时兼知之;同时兼知之,两也;然而有所谓一;不以夫①一害此一谓之壹。心卧则梦,偷则自行,使之则谋;故心未尝不动也,然而有所谓静;不以梦剧乱知谓之静。未得道而求道者,谓之虚壹而静。

荀子认为人生下来就有智能、有记忆,势必会贮藏信息。但贮藏了信息并不意味着不能再接受信息,所以仍有"虚空"存在。人应该不让已经贮藏在心里的知识智能妨害将要接受的知识和智能,这叫虚心。人生有知,能区别事物,而在区别事物的同时又能认识不同事物,所以人就有"兼知"的能力。人能"兼知",但不能让一种认识妨害另一种认识,这叫专心。人在睡觉或懈怠的时候,心会游荡,不让心思游荡叫作静。"虚壹而静"强调:心能贮藏知识见解,但更要保持进一步接纳外物的"空虚";心能接受来自各方面的信息、考虑多方面的问题,但更要保持精神的"专一";心要随环境的变化而有行动,然而在动的时候又能保持"静"。

荀子认为做到"虚壹而静"的效果是:

虚壹而静,谓之大清明。万物莫形而不见,莫见而不论②,莫论而失位。坐于室而见四海,处于今而论久远,疏观万物而知其情,参稽治乱而通其度,经纬天地而材官万物制割大理,而宇宙裹③矣。

荀子既讲虚、壹、静,又讲藏、两、动。徐复观《中国人性论史》(先秦篇)说:"虚壹而静的观念,从老庄来。……道家讲虚,讲静,是要把心知的活动消纳下去,使其不致影响、扰乱作为人的生命根源的自然。荀子则在于用虚静来保障心知的活动,发挥心知的活动。"④荀子认为"虚壹而静"就能达到"大清明"的境界,此时主体就会避免受外在事物的干扰,有足够的明智判断是非,"体常尽变"(《解蔽》)。荀子讲"虚壹而静"仍是强调领导者应从自我内在

---

① 王先谦说:"夫犹彼也。"见(清)王先谦:《荀子集解》,《诸子集成》(第2册),上海:上海书店,1983年,第264页。

② 郝懿行说:"论读为'伦',伦者,理也。"见(清)王先谦:《荀子集解》,《诸子集成》(第2册),上海:上海书店,1983年,第265页。

③ 杨倞注"裹"当作"理"。见(清)王先谦:《荀子集解》,《诸子集成》(第2册),上海:上海书店,1983年,第265页。

④ 徐复观:《中国人性论史》(先秦篇),上海:上海三联书店,2001年,第218页。

精神出发培养既博闻强识又心胸宽阔，既高度敏锐灵活又高度集中专一的强大心智素养，着力要解决领导者主观上的偏见、执着所导致的行为偏颇。

荀子的领导素养论既强调领导者应该具备相应的道德素养，反对领导者使用权谋。《正论》首章讲"主道利明宣"，《解蔽》末尾也强调"宣"而不"周"，领导者应该光明正大，而不能偷偷摸摸，体现出儒家领导思想的特点。同时，荀子强调领导者应该具备理智上的清明，只有这样才能排除外在客观环境和主观意识对主体认识的羁绊和束缚。荀子还主张"明主者，必将先治其国，然后百乐得其中"（《王霸》），认为君主应该有强烈的忧患意识，如果国家还没治理好，就想着享乐，得到的只能是"百忧"。在领导者素养论方面，可以看出荀子思想的综合性特点。

小　结

"明分使群"论是荀子领导理论的基石。人要能"群"就要分出上下，有领导者与被领导者之分。人要能"群"还要有明确的君臣父子夫妇伦理分位。领导者作为"管分"者应当通过"礼"（"法之大分"）来规范组织结构的职责和组织成员的伦理分位。侯外庐说："荀子是中国古代思想的综合者。"[①] 荀子讲领导者的行为特点和作用，讲领导者控制臣民的方法，讲领导者自身的修养，既明显地体现着儒家思想的特点，也明显吸收了道家等学派的观点。

---

① 侯外庐等：《中国思想通史》（第一卷），北京：人民出版社，1957年，第 582 页。

第九章　韩非子以"循名责实"为核心的领导理论

韩非子是战国后期的韩国贵族，曾师从大儒荀子，被认为是先秦法家思想的集大成者。一般认为秦始皇及其接班人二世在秦代的统治是对以韩非子为代表的法家思想的一次重要实践。不管你喜欢还是不喜欢，韩非子思想在中国古代发生了重大而深远的影响则是确定无疑的。冯友兰曾说韩非子所讲法术势"是对当时的地主阶级提供的一整套统治术"[①]。阅读《韩非子》，我们能深切地感受到韩非子对君主如何巩固领导地位、实现领导目所给予的饱满热情与深沉忠心。难怪秦王嬴政看到他的著作后非常欣赏！韩非子的领导理论丰富且有特色，其核心可用"循名责实"四字概括。

一、"道不同于万物"：凸显领导权威的重要性

韩非子说"国无君不可以为治"（《难一》），还说"世之所以不治者，非下之罪，上失其道也"（《诡使》）。韩非子强调君主个人在国家治乱中的重要作用，认为国家要得到治理必须凸显君主独一无二的权威性。韩非子借用道家理论从"道"与"万物"关系层面阐释了"君主"地位独一无二的重要性。《扬权》："道不同于万物……君不同于群臣。……道无双，故曰一。是故明君贵独道之容。"《韩非子校注》说："容：貌，样子。……英明的君主尊重道的那种独一无

---

① 冯友兰：《中国哲学史新编》（上册），北京：人民出版社，2007年，第588页。

二的样子。"① 韩非子论"道"的目的是论"君"。张觉认为韩非子由"道"的独一无二,推导出"君"的独一无二,体现的是韩非子君主独裁思想。他还说:"平心而论,'国无二君'应该的是政治领域中一条不可违背的普遍法则。放眼当今世界各国,有哪一个民主国家存在两个权势地位相匹敌的国家元首或政府首脑呢?"② 这一看法有一定道理。保持万物的统一性,必须有"道"的存在,没有"道",万物的统一性不可能存在。同样,领导者的存在既是组织统一性的体现,也是组织维持统一性的内在要求。韩非子的"道无双"论从哲学层面为君主独尊奠定了理论基础。韩非子对为什么必须要有领导权威,主要有如下几个方面的论证。

第一,"权威"是领导者赖以存在的基础,是实施领导活动的前提。

韩非子认为"凡明主之治国也,任其势"(《难三》),"民者因于势"(《五蠹》),"有材而无势,虽贤不能制不肖"(《功名》)。领导者实施领导活动必须依托"势",民众是顺着"势"走的,君主有"才"而无"势",就不可能使下属服从。可以说,领导者没有"势",领导活动就没有办法展开。韩非子所谓"势"可理解为现代所讲的"权威"。

韩非子所谓"权威"主要是因职位本身而产生的权力。《功名》:"桀为天子,能制天下,非贤也,势重也;尧为匹夫,不能正三家,非不肖也,位卑也。……故短之临高也以位,不肖之制贤也以势。"桀虽是暴君,但有"天子"之位,就有发号施令的权力,就能使人服从;尧即使贤明,如果不在"天子"之位而为"匹夫",就无法使人服从。因此,"权威"总是和一定的职位联系在一起的。从现代管理学角度看,职位所赋予的权力是"法定"权力。

赏罚权是因职位而产生的权力的集中体现。《二柄》说:"明主之所导制其臣者,二柄而已矣。""二柄"就是"刑、德"。在韩非子看来,君主如果"释其刑、德使臣用之,则君反制于臣矣"(《二柄》)。君主"导制其臣"之所以可能,就是因为抓住了"二柄",具有赏罚的权力。"赏罚"权力所产生的"势"是"胜众之资"(《八经》)。《八经》还说:"君执柄以处势,故令行禁止。"君主掌握了赏罚的权柄,就是"有势",才能做到"令行禁止",说话有人听。《喻老》:"赏罚者,邦之利器也,在君则制臣,在臣则胜君。"《内储说下六微》:"赏罚

---

① 《韩非子》校注组:《韩非子校注》(修订本),南京:凤凰出版社,2009 年,第 52 页。
② 张觉:《韩非子校疏析论》,北京:知识产权出版社,2013 年,第 110 页。

第九章　韩非子以"循名责实"为核心的领导理论

者,利器也,君操之以制臣,臣得之以拥主。"赏罚权如果被臣子攫取掌握,君主就会被臣子控制。由此,韩非子认为"势重者,人主之渊也"(《喻老》、《内储说下六微》),"势重者,人主之爪牙也"(《人主》)。"势重"作为"人君之渊",是君主藏身之所;"势重"作为"人主之爪牙",是君主制臣的武器。君主丢了"势重",不仅无法"制臣",而且会成为臣下猎获的对象。《八经》:"赏罚下共则威分。"《外储说右下》:"赏罚共则禁令不行。"因此,对领导者而言,必须"自用其刑德"(《二柄》),不能与臣下分享,不能假借给他人,必须牢牢地掌握在君主自己手中。

除赏罚权之外,君主还要独自掌握其他一些权力。《主道》:"臣闭其主,则主失位;臣制财利,则主失德;臣擅行令,则主失制;臣得行义,则主失明;臣得树人,则主失党。此人主之所以独擅也,非人臣之所以得操也。"君主要掌握信息渠道,甚至舆论主动权;财权要掌握在自己手里,予、夺都能自己决定;重大决策都由自己拿主意,不能交给别人;施行仁义的事情要掌握在君主自己手里,不能让下属得了便宜;用人权也得牢牢握在自己手里,要不然下属就会坐大。对君主而言"行政权、财政权、制令权、福利权、用人权,都是至关重要的权力,必须牢牢掌握在手"①。

要之,在韩非子看来,权威是生杀予夺的权力,包括使人臣服的各种资源,它是一种让人不得不服从的强制力。韩非子认为"权威"是领导者臣服下属的根本,是领导者赖以存在的基础,是领导者实施领导活动前提。

第二,"权威"是领导者维护领导秩序、实现领导目标的内在需要。

韩非子认为,权势相当的两个人是不能相互臣服的。权势相当意味着没有处于领导地位的权威,权势相当势必造成两个或多个权力中心,进而威胁到群体的统一性。具体说就是:在儿子中只能有一个儿子最有权威,在妻子中只能有一个妻子最有权威,在大臣中只能有一个大臣最有权威,在所有的人当中只能有一个人最有权威。《说疑》:"孽有拟適之子,配有拟妻之妾,廷有拟相之臣,臣有拟主之宠,此四者国之所危也。故曰:内宠并后,外宠贰政,枝子配適,大臣拟主,乱之道也。"庶子取得与嫡子相当的地位,妾取得与妻相当的地位,一般的臣子取得与"相"相当的地位,臣子取得与君主相当的地位,是非

---

① 张觉:《韩非子校疏析论》,北京:知识产权出版社,2011年,第64页。

常危险的,是乱亡之道。《亡征》:"夫两尧不能相王,两桀不能相亡。"两个尧不能相互统治对方,两个桀不能相互灭亡对方①。《内储说下六微》:"参疑之势,乱之所由生也,故明主慎之。"张觉说:"参疑:并比,匹敌,指势力相当。"②在韩非子看来,权势相互匹敌是致乱的根源。这实际上就意味着,在一定的权力范围内,就必须有一个权力中心,必须有一个权威。那么,就一个国家范围来讲,君主必须有不同于众庶的最高权威。

为此,韩非子特别建议君主要时刻防止自身之外的权力中心的出现,要想方设法削弱可能出现的威胁领导者自身权威的势力。从《亡征》篇的论述可见,对君主"权威"可能造成威胁的有:"大家"、"相"、"太子"、"大臣"、"兄弟",等等。这些个人或群体之所以能对君主的权势造成威胁,主要在于他们通过内外勾连,造成利益集团,进而在君主之外形成其他的权力中心。《亡征》:"大臣两重,父兄众强,内党外援以争事势者,可亡也。""大臣两重"意味着权势相当,就可能谁也不服谁,进而在君主之下形成两个权力中心;"父兄众强"意味着在君主之外形成以父兄为核心的多个权力中心。在君主之外形成的两个或多个权力中心,必将导致国家权力运行不畅通,严重一点就会威胁君主的权势。《亡征》:"君不肖而侧室贤,太子轻而庶子伉,官吏弱而人民桀,如此则国躁,国躁者,可亡也。"君主没有才能,而其他兄弟却很贤能,意味着在君主之外会形成另一个权力中心;太子微弱而他的其他儿子却强大,意味着在太子之外形成与太子相互对抗的另一个权力中心。《亡征》:"后妻淫乱,主母畜秽,外内混通,男女无别,是谓两主,两主者,可亡也。"意味着:妻后、太后的势力与君主的权势形成两个权力中心③。《亡征》:"出君在外而国更置,质太子未反而君易子,如是则国携,国携者,可亡也。"君主在外国,而国内又另立新君,显然形成了两个权力中心。《扬权》:"一家二贵,事乃无功。夫妻持政,子无适从。"《爱臣》:"爱臣太亲,必危其身;人臣太贵,必易主位;主妾无等,必危嫡子;兄弟不服,必危社稷。"君主之外的权力中心的形成,势必削弱君权,待其势力大到一定程度,就有取君而代之的可能。因此,对"大家"、"相"、"太子"、"大臣"、"兄弟"等都要防止其坐大进而威胁君权,必须始终保持君主权势的相

---

① 《韩非子》校注组:《韩非子校注》(修订本),南京:凤凰出版社,2009年,第122页。
② 张觉:《韩非子校疏析论》,北京:知识产权出版社,2011年,第587页。
③ 《韩非子》校注组:《韩非子校注》(修订本),南京:凤凰出版社,2009年,第120页。

第九章　韩非子以"循名责实"为核心的领导理论

对优势。《扬权》："欲为其国，必伐其聚；不伐其聚，彼将聚众。"君主必须有意识地强本弱枝，保持君主权威的优势，只有如此才能保有君位。

总之，在韩非子看来，维护君主权势牵涉到领导秩序问题和领导目标的实现问题。从这个角度讲，韩非子极力维护君主权势，就不仅是出于"尊君"，更是出于实现国家秩序①。维护君主独尊之权威，不仅是君主个体安危的问题，更是整个国家安危的问题。《外储说右下》："王良、造父，天下之善御者也，然而使王良操左革而叱咤之，使造父操右革而鞭笞之，马不能行十里，共故也。田连、成窍，天下善鼓琴者也，然而田连鼓上、成窍摊下而不能成曲，亦共故也。夫以王良、造父之巧，共辔而御，不能使马，人主安能与其臣共权以为治？以田连、成窍之巧，共琴而不能成曲，人主又安能与其臣共势以成功乎？"韩非子这段话主要是阐释"赏罚共则禁令不行"的道理。他认为君臣如果都有赏罚的权力，下面的人就会无所适从。张觉评论说："政治核心一旦分裂，政局就会被搞乱。"② 可见，领导者权威独尊是组织统一性的基础。

需要说明的是，职位产生权威，但对于职位上的人来说，他是否有权威并不完全在于职位。领导权威是否有效，实际上是诸多因素综合作用的产物。《八经》："废置无度则权渎。"领导者如果不善用权力，朝令夕改，废置无度，他的权威性也就不复存在了。《亡征》："种类不寿，主数即世，婴儿为君，大臣专制，树羁旅以为党，数割地以待交者，可亡也。""婴儿为君"，虽有君之位，但无君之权，此时，君权虚弱，大臣专权的局面几乎不可避免。这是君有其位而无其权的典型案例之一。领导者是否有权威事实上与民众的接受度是有关系的。《功名》说："人主者，天下一力以共载之，故安；众同心以共立之，故尊。"领导者如果不得人心，其地位、权威是不牢靠的。另外，领导者是否有权威与领导者的自身素质是相关的。《难势》："夫势者，非能必使贤者用之，而不肖者不用之也。贤者用之则天下治，不肖者用之则天下乱。……夫势者，便治而利乱者也。"权威、权势对领导者来说仍然是外在的。领导者如果不能把职位所赋予的

---

① 刘泽华说："韩非的全部政治思想，是以加强君主独裁和维护君主利益而开展的，这是韩非观察问题和处理问题的出发点和归结点。"（刘泽华：《先秦政治思想史》，《中国政治思想史集》，北京：人民出版社，2008 年，第 213 页）按：笔者在原则上赞成这种观点。但是，必须强调的是，在君主制时代，君主权威是否能够得到维护，关乎国家的安全与稳定。从这个角度讲，韩非子为君主着想，出谋划策，维护君主独裁专制，并不能简单地认为仅仅是为君主个人。

② 张觉：《韩非子校疏析论》，北京：知识产权出版社，2011 年，第 825—826 页。

权势转化成让人信服的"权威",这样的权势是没有用的,甚至让坏的领导者用了还会造成恶果。

有学者指出,没有权威就不可能有任何的一致行动①。韩非子认为必须维护君主独尊的权威,权威是君主实施领导活动的前提和基础。应当说,韩非子对领导权威的重视一定程度上是符合领导规律的。不仅如此,韩非子还告诫:君主权威的强弱、作用的大小,不仅要看臣民的接受程度,而且要看君主在领导职位上的具体作为和能耐,认为君主权威并不因领导职位而完全具备。这些观点与现代领导学对领导权威的认识也是契合的。不过,由于历史的局限,韩非子不可能设想君主制之外的其他权威形式,他对君主权威的强调在理论上是与其所一贯肯定的君主独裁专制相互支持和配合的!

二、领导者的行为特点

萧公权《中国政治思想史》说韩非子"于专制政体之弊,几乎备见无疑"②。实际上,韩非子对君主制弊端的透辟分析主要表现为他对君主所面临的危机的深刻认识。韩非子说:"万物莫如身之至贵也,位之至尊也,主威之重,主势之隆也。"(《爱臣》)君主在理论上集"身之贵"、"位之尊"、"威之重"、"势之隆"等"四美"于一身,非他人可比拟。君主崇高的势位是一把双刃剑,它是君主独享尊荣的便利条件,也是众人觊觎的危险源泉。君主一人独操权柄,似乎可以无所不能,但经常也是脆弱无能。君主是一国之君,却经常私欲膨胀胡作非为。可以说,由于君主制的天然特性,君主总是面临着许多潜在危机。面对种种危机,君主只有把握为君之道才能克服。"君臣不同道"(《扬权》)是韩非子重要理论预设,意味着君有君道,臣有臣道,君主有着不同于臣下的行为特点。韩非子对君主行为的特点论述有深入的把握和洞见,主要集中在《主道》、《扬权》和《解老》等篇章。

第一,"执要":抓住要领。

韩非子认为君主行为的根本特点是"执要"。《扬权》:"事在四方,要在中央。圣人执要,四方来效。"这是韩非子对领导活动理想境界的描述。领导者行为特点上的"执要",如果从道论角度来讲,就是"守始治纪","守始治纪"是领导"执要"的理论说明。

---

① 何孝瑛主编:《马克思主义领导理论概论》,北京:人民出版社,2008年,第150页。
② 刘梦溪主编:《中国现代学术经典·萧公权卷》,沈阳:辽宁教育出版社,1999年,第211页。

第九章 韩非子以"循名责实"为核心的领导理论

韩非子认为"道"生万物,是万物的总根源。《主道》说"道者,万物之始","物从道生"①,没有"道",就没有万物。韩非子由此认为"明君守始以知万物之源"。"守始"意味着"守道"。"道"是万物的根源,君主也应处在万事的源头。君主"守始"才能掌握万事的根本。同时,《主道》认为"道"是"是非之纪",是判断是非准则;《解老》认为"道"是"万理之所稽","道"不仅生万物,也赋予万物各自的特点和规律。因此,他说"道者,万物之所然"。既然如此,掌握了"道",就能从根本上具备是非判断的能力,由此才可说明君"治纪以知善败之端"。"道"与"万物"的关系,"道"与"是非"、"万理"的关系,实际上就是君主与臣民的关系。因此,"守始"、"治纪"意味着:抓源头,抓根本。因为,只有"守始"、"治纪","道"才能称之为"道","君"才能称之为"君"。如果"道"不是在源头上发挥作用,它也就不是"道"了。对于君主来说也是一样。由此引申出:领导者行为的特点是"执要",只有"执要"才能掌控万事。

另外,从现实角度讲,君主"力不敌众,智不尽物"(《八经》),"为人主而身察百官,则日不足,力不给"(《有度》)。韩非子认为君主能力有限,要处理的事情繁多,就得"执要"。如果啥事都管,不仅管不过来,而且会被臣下利用。因此,领导者必须抓住要点,抓住根本,这是领导工作的基本规律。

至于什么是领导者所当执之"要",韩非子论之颇多。

"因法数"、"审赏罚"是"执要"。韩非子说:

> 先王以三者为不足,故舍己能而因法数,审赏罚。先王之所守要,故法省而不侵。(《有度》)

> 明主之所导制其臣者,二柄而已矣。(《二柄》)

"因物以治物"、"因人以知人"是"执要"。韩非子说:

> 夫物众而智寡,寡不胜众,智不足以遍知物,故因物以治物。下众而上寡,寡不胜众者,言君不足以遍知臣也,故因人以知人。是以形体不劳而事治,智虑不用而奸得。(《难三》)

"守法责成"是"执要"。韩非子说:

> 人主者,守法责成以立功者也。(《外储说右下》)

"治吏不治民"是"执要"。韩非子说:

---

① 见谢希深对"始"字的注释。张觉:《韩非子校疏析论》,北京:知识产权出版社,2011年,第56页。

善张网者引其纲,若一一摄万目而后得,则是劳而难;引其纲,而鱼已囊矣。故吏者,民之本纲者也,故圣人治吏不治民。(《外储说右下》)

"指挥用人"是"执要"。韩非子说:

救火者,令吏挈壶瓮而走火,则一人之用也,操鞭棰指麾①而趣使人,则制万夫。是以圣人不亲细民,明主不躬小事。(《外储说右下》)

"执要"在君主实施领导活动过程中有不同表现。韩非子说:"国者,君之车也;势者,君之马也。无术以御之,身虽劳犹不免乱;有术以御之,身处佚乐之地,又致帝王之功也。"(《外储说右下》)治国如驾马拉车,君主不需要费多大力气,只要把马控制好就能达到目的。也就是说,君主治国如果能抓住"牛鼻子",就能达到"身处佚乐"而"致帝王之功"的境地。

第二,"无形":以无形应有形。

在韩非子看来,领导者的行为特点应该是"无形"。《八经》:"明主之行制也天,其用人也鬼。"《主道》:"明君之行赏也,暖乎如时雨,百姓利其泽;其行罚也,畏乎如雷霆,神圣不能解也。"君主行为不穷困,要如天、如鬼一样让人捉摸不透,就要表现为"无形"。但是,密藏不露、让人捉摸不透并非"无形"的全部内容。

韩非子对领导者应当"无形"有道论层面的阐释。《解老》:"道者,万物之所然也,万理之所稽也。……万物各异理,而道尽稽万物之理,故不得不化;不得不化,故无常操。"韩非子认为"万物各异理","道"是万物之所以然的根据,是"万理的总汇合"②。"道"要"尽稽万物之理",就不能不随物变化。所以,"道"应该"无常操"。"无常操"即"无一定的操持"③。也就说,"道"要

---

① "指麾"就是"指挥",说明领导者是指挥人的人。据此,韩非子可能是最早在理论上说明领导"指挥"职能的学者。见《韩非子》校注组:《韩非子校注》(修订本),南京:凤凰出版社,2009年,第398页。

② 《韩非子》校注组:《韩非子校注》(修订本),南京:凤凰出版社,2009年,第163页。

③ 陈奇猷解释"不得不化,故无常操"说:"物随理而化,故无一定之操持。韩非此语乃欲击破儒家'无变古,毋易常'(语见《南面》篇)之主张,而建立其'世异则事异,事异则备变,事因于世而备适于事'(见《五蠹》篇)之理论。"(陈奇猷:《韩非子新校注》,上海:上海古籍出版社,2000年,第412页)张觉解释"无常操"时说:"没有永恒的操持,即没有永恒不变的常规。这是韩非'世异则事异'、'事异则备变'的历史发展观以及变法理论的基础。"(张觉:《韩非子校疏析论》,北京:知识产权出版社,2011年,第352页)按:二先生将"无常操"理解为"无一定之操持"、"没有永恒的操持"是正确的,但是据此认为这一命题为其历史发展观和变法理论提供了依据则是错误的,没有弄清楚韩非子此语的真实意图。

第九章 韩非子以"循名责实"为核心的领导理论

发挥"稽"万理的作用,就必须随物而化,必须"无常操"。如果"道"做不到"无常操",就不可能"稽"万物之理,也不可能"核理而普至"(《扬权》)。《扬权》:"夫道者,弘大而无形。"《主道》:"道在不可见,用在不可知。"可见,"道"是大而无形的,它作用万物的方式也是"无形"的。要言之,"道不同于万物"(《扬权》),它不是一具体的"物",也不是一具体的"理",它的作用是"下周于事"(《扬权》),对所有的事物都要发生作用。"道"稽万物的"无常操"方式,决定了君主不能为某一具体的"物",发挥某一"物"的具体作用。"道"及其作用方式的"无形"、"无常操",就决定了君主的活动方式应该是"无形"、"无常操"。君主只有处在没有固定操持的位置上,表现出"无形",才能发挥其面对"全体"、以应众事的作用。这是韩非子"道理论"的真正理论意图。

从现实角度讲,韩非子之所以强调领导者当"无形",是因为其知识、能力有限制。如果领导者表现其智、能、情、意,就容易被臣下利用。《主道》说:"君见其欲,臣自将雕琢……君见其意,臣将自表异。"《有度》说:"上用目,则下饰观;上用耳,则下饰声;上用虑,则下繁辞。"《二柄》说:"人主好贤,则群臣饰行以要君欲。"还说:"君见恶,则群臣匿端;君见好,则群臣诬能;人主欲见,则群臣之情态得其资矣。"同时,君主和常人一样具有七情六欲。亚里士多德说:"让一个个人来统治,这就在政治中混入了兽性的因素"[①]。"兽性"实际上是理智无法控制的"情欲"。《八奸》说:"爱孺子,便僻好色,此人主之所惑也。"还说:"人主乐美宫室台池,好饰子女狗马,以娱其心,此人主之殃也。"《十过》说"不务听治而好五音,则穷身之事也","贪愎喜利,则灭国杀身之本也","耽于女乐,不顾国政,则亡国之祸也"。可见,君主喜好女色、游玩田猎、刚愎自用、贪利都可能导致身败名裂、国破家亡。也就是说,君主不受理智控制的情欲,容易使君主为恶,给国家带来灾难。君主怎样才能克服情欲干扰、防止被利用?《主道》说:"去好去恶,臣乃见素;去旧[②]去智,臣乃自备。有智而不以虑,使万物知其处;有行而不以贤,观臣下之所因;有勇而不以怒,使群臣尽其武。是故去智而有明,去贤而有功,去勇而有强。"去好恶、去成见、去智虑就能让臣下老老实实,进而防止臣下窥探,"有而不"就能充分

---

① (古希腊)亚里士多德:《政治学》,吴彭寿译,北京:商务印书馆,1967年,第165页。
② "旧"意为"成见"。《韩非子》校注组:《韩非子校注》(修订本),南京:凤凰出版社,2009年,第29页。

使用臣下的智能。"去"与"有而不"就是"无形"的表现。《主道》:"不自操事而知拙与巧,不自计虑而知福与咎。是以不言而善应,不约而善增。""不自操事"、"不自计虑"就是君主无具体职务的体现。只有"不自"才能达到"不言而善应"的境地①。一句话,君主只有"无形"才能应"众形",应"万事",避免"有形"带来的消极影响。

领导者的"无形"体现于主体意识上就是不为任何事物所制约,保持主体意识的高度灵活性。韩非子认为领导者应当具备的根本之"德"是"虚静"(见该篇第七部分的论述)。他说:"所以贵无为、无思为虚者,谓其意无所制也。"(《解老》)他强调主体"虚"的核心是"意无所制",即"主观意识不再受到什么制约"②。韩非子用"意无所制"来解释"虚"强调的是:主体的意念应不受制于任何东西,主体的意识应该保持高度的流动性、灵敏性,主体的意念一旦执着于某物,不流动、不灵敏,就不是"虚"。这是"无形"在领导者主体素养方面的一种要求,一种体现。领导者主体之"虚"是摆脱情欲束缚、避免被臣下利用、应付众事的前提,也是领导者保持全局思维、战略思维的根本所在!

领导者的"无形"体现于行为方面就是不为臣下之事。《扬权》:"物者有所宜,材者有所施,各处其宜,故上无为。使鸡司夜,令狸执鼠,皆用其能,上乃无事。上有所长,事乃不方。矜而好能,下之所欺。辩惠好生,下因其材。上下易用,国故不治。"在韩非子看来,万物都有他自己的用处,才能都有它施展的地方,各自处在适当的位置,君主就可"无为"了③。"物有所宜,材有所施"事实上是由"万物各异理"(《解老》)决定的。物各有其理,故各有其用。君主要做的是把各种事物摆放在相应的位置,让其发挥其相应的功能罢了。做到这一点,就叫作"无为"。君主做了臣下应该做的事,刻意体现自身的"长"、"矜"、"辩惠",就会适得其反。因此,"道"的"无形"、"无常操"落实到君主身上,实际上就是不做臣下当做之事,不把自己的聪明才智用在本当发挥臣下聪明才智的地方。君主活动一旦表现为"有形"、"有操",就把自己降为臣下中的一员。

---

① 《韩非子·外储说左上》:"《诗》曰:'不躬不亲,庶民不信。'傅说之以'无衣紫',援之以郑简、宋襄,责之以尊厚耕战。夫不明分,不责诚,而以躬亲位下,且为'下走''睡卧',与夫'掩弊''微服'。孔丘不知,故称犹盂。邹君不知,故先自僇。明主之道,如叔向赋猎与昭侯之奚听也。"按:儒家主张君主应当"亲躬",韩非子是明确反对的。

② 张觉:《韩非子校疏析论》,北京:知识产权出版社,2011年,第315页。

③ 《韩非子》校注组:《韩非子校注》(修订本),南京:凤凰出版社,2009年,第49页。

第九章　韩非子以"循名责实"为核心的领导理论

总的来说，如果说臣下的职务是有"形"，那么，君主则没有具体职务，其职位是"无形"，君主当处"无常操"之位。君主一旦有"形"、有"操"，为臣下所为，君主的角色就成了臣下的角色。同时，"无形"也是不表现自己的情感、智能和意志。"不表现"既有消极的防范的意思，也有积极的充分发挥下属智能的意思。从领导学角度看，君主之"无形"在一定程度上体现的是领导活动的"超脱性"，"超脱性"是"全局性"的基础，君主只有超脱于"万物"，才能从全局角度审视整个领导活动①。

第三，君主活动的综合性特点。

刘建军说："从领导活动的内容来看，综合性是其重要特征。"② 韩非子对领导活动的综合性有清晰认识。《八经》："言会众端，必揆之以地，谋之以天，验之以物，参之以人。四征者符，乃可以观矣。"君主听言必须汇合各方面的情况，一定要根据地利加以衡量，参照天时加以思考，运用物理加以验证，适应人情加以分析。只有四方面的验证都符合了，才可真正了解臣下进言③。因此，君主"听言"决策体现着领导活动的综合性。《功名》："明君之所以立功成名者四：一曰天时，二曰人心，三曰技能，四曰势位。非天时，虽十尧不能冬生一穗；逆人心，虽贲、育不能尽人力。故得天时，则不务而自生；得人心，则不趣而自劝；因技能，则不急而自疾；得势位，则不推进而名成。"君主立功成名是综合因素造成的。从另一个角度说，君主活动事实上要考虑天时、人心、技能、势位等综合性因素，仅仅考虑或具备单方面的因素是无法实现领导目标的。可以看出，君主活动是个复杂过程，具有很强的综合性。君主处在"守始"的位置上最应该、最有可能全方位考虑问题，这样才能照顾到领导活动的全局。但是，韩非子还说：

> 斩敌者受赏，而高慈惠之行；拔城者受爵禄，而信廉爱之说；坚甲厉兵以备难，而美荐绅之饰；富国以农，距敌恃卒，而贵文学之士；废敬上畏法之民，而养游侠私剑之属。举行如此，治强不可得也。国平养儒侠，

---

① 刘建军："从领导活动在组织体系中的地位来说，超脱性和全局性是其重要特点。领导活动的超脱性要求领导者必须超越于各种利益群体之上，在综合扫描的基础上进行整体性的统领和协调。"刘建军：《领导学原理：科学与艺术》（第二版），上海：复旦大学出版社，2003年，第28页。
② 刘建军：《领导学原理：科学与艺术》（第二版），上海：复旦大学出版社，2003年，第28页。
③ 参见《韩非子校注》的解释。《韩非子》校注组：《韩非子校注》（修订本），南京：凤凰出版社，2009年，第539页。

难至用介士,所利非所用,所用非所利。是故服事者简其业,而游学者日众,是世之所以乱也。(《五蠹》)

自愚诬之学、杂反之辞争,而人主俱听之,故海内之士,言无定术,行无常议。夫冰炭不同器而久,寒暑不兼时而至,杂反之学不两立而治。今兼听杂学缪行同异之辞,安得无乱乎?听行如此,其于治人又必然矣。(《显学》)

韩非子认为,君主治国需要"斩敌者"、"拔城者"就要反对"慈惠之行"、"廉爱之说";富国靠"农"就不能要"文学之士";君主需要"畏法之民"就不能容忍"游侠私剑之属"的存在;"用介士"就不能"养儒侠";"杂反之辞"君主不能兼听。可以说,"不相容之事,不可两立也"(《五蠹》)是韩非子的重要思想方法。韩非子这些论述与其特定的价值取向紧密切联系在一起,看起来非常有力,但却经不起考验。事实上,不同职业群体有不同的价值和意义,不同学说有不同的价值和意义,领导者本应处"无形"之位以其"超脱性"做"综合性"的工作,在一定程度上是协调、综合不同利益群体价值取向,进而使不同群体朝向领导目标迈进。但他却以"矛盾"思维,主张非此即彼,从领导学角度看,是违背领导者综合性、超脱性、全局性的工作特点的,与荀子"明分使群"观点形成鲜明差别!

总之,韩非子认为领导者不需要做很多具体的事物,而要抓源头,抓根本,抓纲领。同时,领导者应"无形"以应"有形",克服自身局限。这些观点在一定程度上与现代领导学观点是一致的。但其"不相容之事,不可两立也"的思维方法,则与现代领导学观点相左,不符合领导规律。

三、"循名责实":领导活动的基本原理

"循名而责实"是韩非子在《定法》篇评论申不害思想的用语。在先秦诸子中,明确讲"循名责实"并非只有申、韩,但是在现存诸子著作中,韩非子讲"循名责实"无疑是讲得最系统的。"循名责实"是韩非子领导理论的核心观念。学者一般根据《定法》篇上下文将"循名而责实"解释为"按照官职名分来责求其实际的功效"[①] 是有道理的。但是,纵观《韩非子》全书,显然是将"名"

---

① 张觉:《韩非子校疏析论》,北京:知识产权出版社,2011年,第988页。

第九章　韩非子以"循名责实"为核心的领导理论

的内涵具体化了。"循名责实"就是《韩非子》中多次讲到的"参合形名"、"形名参同"、"同合形名"。"名"在韩非子思想体系中有着丰富的内涵①。"循名责实"的"名"有诸如言论、法令、职务、官位、名分等内涵,"实"所指具体内容随"名"的内涵的变化而变化。"循名责实"的基本意思是:君主根据"名"的内涵检验"名"所对应的"实"的进展、落实情况。这实际上是一种管理控制理论②。从宏观上讲,它是领导者通过"法制"实现群体控制的方法;从微观上讲,它是领导者对臣下进行个体控制的方法。"循名责实"既是领导控制的基本原理,也是领导控制的方法。韩非子认为领导活动的特点是"执要",领导者的主要活动如用人、决策等均可表现为"循名责实",君主能做到"循名责实"就说明他善于"执要"。"循名责实"论在韩非子领导理论体系中带有全局性、辐射性。目前讲韩非子管理思想、领导思想的著作很少对之作深入分析。

第一,"循名责实"的形名论依据。

要了解"循名责实"论的完整内涵有必要对韩非子的刑名论进行解释说明。韩非子讲:"用一之道,以名为首。"(《扬权》)注家多认为"一"是"道"。在笔者看来,"一"与"多"相对,"用一"强调的是抓住根本、要领。句意当为:君主抓住根本、抓住要领的方法就是把"名"放在首要的位置。《扬权》接着说:"圣人执一以静,使名自命,令事自定。"《主道》也说:"虚静以待,令名自命也,令事自定也。"这是韩非子形名论的核心观点。何谓"令(使)名自命"? 张觉说它言外之意是:"君主不要说话,让进说的人来说话。"③ 这无疑是根据下文将这"名"理解为"言说"了。事实上,"名"不仅指臣下之"言"。所谓"令名自命"即让"名"根据其内涵来判断、确定与其相对应的事情的是非曲直。何谓"令事自定"? 张觉说它言外之意是:"君主不要去确定事情该怎

---

① 张觉说:"形名参同,就是把'形'和'名'放在一起加以验证对比,看它们是否相合。这就是所谓的'形名术'。……形名术作为一种政治手段,其含义是十分广博的。如果以言论为'名',那么根据这言论去做的'事'与取得的'功'就是'形',形名术就要求这事情与成绩必须合于言论。如果以法令为'名',那么执法办事就是'形',执法办事就必须合乎法令。如果以赏罚毁誉为'名',那么功罪就是'形',赏罚毁誉必须与功罪相合。如果以名位职务为'名',那么职权与实绩就是'形',职权和实绩必须合乎名位、职务。"张觉:《韩非子校疏析论》,北京:知识产权出版社,2011年,第56页。

② 笔者曾有拙文认为先秦法家形名论其实讲的是管理控制问题。见柴永昌:《从管理控制看先秦法家形名论的实质》,《科学·经济·社会》2013年第3期,第133—136页。

③ 张觉:《韩非子校疏析论》,北京:知识产权出版社,2011年,第56页。

么做，而让该做事的人自己去确定怎么做。"① 陈奇猷将之理解为："君不定其事，使为事者定之。"② 都不对！所谓"令事自定"即让事情本身来说话，来判断当事者是有功还是无功，是该赏还是该罚。韩非子还说："有言者自为名，有事者自为形，形名参同，君乃无事焉。"（《主道》）臣下的"言"自然要表现为"名"，臣下所做的"事"自然要表现为"形"。在韩非子看来，一旦法令确定，一旦"有言者自为名"，一旦"有事者自为形"，那么，君主所要做就是"令名自命"、"令事自定"，即：根据"名"本身的内涵判断、确定与其相应的事情的是非曲直，根据"事"本身所反映的实际情况判断并确定当事者的功过。这就是其所谓的"形名参同"。在"形名参同"的过程中，君主并不需要做太多。韩非子说"君见其所欲，臣自将雕琢……君见其意，臣将自表异"（《主道》）。也就是说：君主在"形名参同"过程中不能把自己的知、情、意掺杂进去，需要做的是根据做事者所显现的"形"来对照其所对应的"名"，用"名"来对照其所对应的"形"，而不是以自己的主观好恶来判断"名"与"形"是否相合。因为，一旦按照自己的主观好恶来判断，臣下就会投其所好，"雕琢"自己的"名"与"形"，从而使得君主根本无法掌握事情的真相，进而导致决策失误。同时，只有不表现自己的好恶，处于所谓的"虚静"状态，才能把臣下所言、所行看得更为清楚③。这就是他讲"执一以静"、"虚静以待令"的意图所在。

总结起来，"循名责实"要求的是：按照"名"和"形"对检的方法开展领导工作，而不能掺杂自己的主观情意。"名"和"形"对检体现的是一种控制原理。对检过程就是领导方法，对检本身就是领导职能。

第二，"循名责实"原理在社会控制面的运用。

韩非子提倡"依法治国"，如《有度》说："以法治国，举措而已矣。""依法治国"的前提是有"法"可依。对臣下而言，应该以"法"为活动范围，以"法"为准绳；对君主而言，要依据"法"对臣下的活动进行裁量，进而确定赏罚。韩非所谓"法治"是君主制定法令，臣民执行法令，君主依据法令检验臣民行为的社会控制过程。

---

① 张觉：《韩非子校疏析论》，北京：知识产权出版社，2011年，第56页。
② 陈奇猷：《韩非子新校注》，上海：上海古籍出版社，2000年，第69页。
③ 《韩非子·主道》："虚则知实之情，静则知动者正。"

第九章　韩非子以"循名责实"为核心的领导理论

韩非子认为"法"是君主治理国家的工具①。《难势》："无庆赏之劝，刑罚之威，释势委法，尧、舜户说而人辩之，不能治三家。"君主个人能力有限，不能靠个人力量管理复杂的事务，必须立法度，审赏罚，才能实现对社会的有效控制。即使像尧舜那样的"贤德"之人，如果不用"法"，他能施加的影响是非常有限的。在韩非子看来，"法"在君主治国中发挥重要作用。《有度》："国无常强，无常弱。奉法者强，则国强；奉法者弱，则国弱。"《饰邪》："明法者强，慢法者弱。"可见，君主"奉法"、"明法"是国家治、强的基础。同时，《有度》说"法审，则上尊而不侵"，可见，"审法"也是维护了君主自身安全和政权稳固的根本！

韩非子认为"法"是判断是非曲直的标准。《饰邪》："镜执清而无事，美恶从而比焉；衡执正而无事，轻重从而载焉。夫摇镜则不得为明，摇衡则不得为正，法之谓也。故先王以道为常，以法为本。"《有度》："绳直而枉木斫，准夷而高科削，权衡县而重益轻，斗石设而多益少。故以法治国，举措而已矣。"可见，"法"是裁量的尺度和标准。同时，"法"也代表着公利公义。《有度》："法不阿贵，绳不挠曲。法之所加，智者弗能辞，勇者弗敢争。"说明"法"对所有人都是公平的，一样的。因此，它是公义的体现。君主"依法治国"就是用"法"矫正为私行为而导民于公义、公利。所以《外储说右下》说："圣人之为法也，所以平不夷、矫不直也。"《诡使》说："夫立法令者以废私也，法令行而私道废矣。"正因"法"是是非曲直的标准，是公义的体现，所以，它也是臣民行为的规范。《有度》："明主使其群臣不游意于法之外，不为惠于法之内，动无非法。"《难三》："法者，编著之图籍、设之于官府而布之于百姓者也。"《说疑》："法也者，官之所以师也。"《定法》："法者，宪令著于官府，刑罚必于民心，赏存乎慎法，而罚加乎奸令者也，此臣之所师也。"可见，臣民必须在"法"规定的范围内活动，"法"自然也是政府权力运行的规范。《二柄》："臣不得越官而有功。"《难一》："一人不兼官，一官不兼事。"可以想见，每个官职的职权应该有明确的边界和职权范围，而且在"法"上有所体现，而且"法莫如

---

①　蒋重跃："中国的法家几乎无一例外地相信法律只能由君主制定……在法家那里，立法是君主权力的体现，不允许他人分享，官吏和人民只有守法和被法律制裁的义务。不管法律多么严谨，文网多么细密，始终有一个人超然于法律之上，法律只是这个人手中统治他人的工具，这个人就是君主。"蒋重跃：《韩非子政治思想研究》，北京：北京师范大学出版社，2010年，第109—110页。

显"(《难三》),必须简易明了让人知晓。"法"对臣民行为的导制作用是通过赏罚劝禁来实现的。《守道》:"圣王之立法也,其赏足以劝善,其威足以胜暴,其备足以必完法。"君主通过施行赏、罚,才能控制、引导人们的行为,最终才能使"法"得到落实!

韩非子认为君主要真正能够"以法治国"就要在执法过程中避免个人私意的介入。《有度》:"人主释法用私,则上下不别矣。"《饰邪》:"夫舍常法而从私意,则臣下饰于智能;臣下饰于智能,则法禁不立矣。""法"往往被践踏不能落实,在根本上是由君主自己造成的。《八经》:"官之重也,毋法也;法之息也,上暗也。"官员之所以会形成尾大不掉之势,就在于不遵守法令,而法令之所以不起作用,则是由于君主自己昏暗不明。因此,君主通过"法"进行社会控制是否有效,最终取决于君主执"法"的自觉性。

要之,"法"是君主制定编织的一张大网,臣民必须遵行。"奉法"、"明法"、"审法"意味着建立明确的法制系统,建立明确的组织运行框架,包括对组织中每个职位职责的明确规范,以及对什么该赏、什么该罚的明确规定。这是领导者有效进行社会控制的前提。对于君主来说,"以法治国"就是按照"法"的规定和要求判断、评价臣民的行为,进而给予赏罚,从而实现对臣民行为的控制。《扬权》:"君操其名,臣效其形,形名参同,上下和调也。""名"若指"法令",那么这句话的意思就是:君主掌握、制定法令,臣下按照法令行事,君主然后按照法令判断臣下的行事,最后就会使上下关系顺畅。因此,君主"依法治国"的过程如果用"形名"理论语言来说就是"形名参同"或"循名责实"。因此,"依法治国"就是"循名责实"在社会控制方面体现。换句话说,君主"以法治国"实际上就是"循名责实",而且时刻要有"循名责实"的高度自觉,如果没有这种自觉性,即使有"法"也同于无"法"。

第三,"循名责实"原理在个人行为控制方面的运用。

君主"以法治国"对社会的控制在具体实践层面主要表现为对臣下的监督控制。君主对臣下进行监督控制的方法概括起来也是"循名责实"。君主对臣下个体行为的控制主要表现在"听言"、"防奸"等方面。

在"听言"方面,韩非子说:"知其言以往,勿变勿更,以参合阅焉。"(《主道》)陈启天:"参合,即参合形名,谓责实也。阅,《说文》云:'一曰察

第九章 韩非子以"循名责实"为核心的领导理论

也'。"① 意思是:君主听了臣下的言论主张以后,不去变更他,而是根据臣下的言论来考察其行为。这里所谓的"以参合阅"实际上就是"参合形名"。所谓的"勿变勿更"就是《八经》所谓的"言陈之日,必有笑籍",即对臣下发表的言论必须进行记录。记录的目的就是要拿它作为日后检验臣下实行其主张的结果,它就成为君主日后实施赏罚的依据。这个过程就是"循名责实",韩非子认为它是君主"听言"的基本要领。

在"防奸"方面,韩非子说:"人主将欲禁奸,则审合刑名;刑名者,言与事也。为人臣者陈而言,君以其言授之事,专以其事责其功。功当其事,事当其言,则赏;功不当其事,事不当其言,则罚。"(《二柄》)此处"刑名者,言与事也"正是《主道》所谓"有言者自为名,有事者自为形"。臣下向君主所陈之言即是"名",君主根据臣下所陈之言把事情交给他办,然后根据其所陈言判断他做事的实际功效。如果做事的功效和事情相当,与所陈之言相当,就给予赏赐;不当,就给予惩罚。这是君主考核臣下、用人的基本方法。这个过程用韩非子的话说就是"审合刑名"的过程。君主如果在管理臣下的过程中能够据此办理,那么,就能达到禁止奸邪的目的。

可以看出,君主对臣下的监督控制过程就是上述所谓"以参合阅"、"审合形名"的过程,也即是我们所说的"循名责实"过程②。

总的来看,"循名责实"是领导者进行社会控制和个人控制的基本原理和方法,而这两者又是二而一的关系。"循名责实"也是韩非子重视实际功效思想观念的体现。《八说》:"尽思虑,揣得失,智者之所难也;无思无虑,挈前言而责后功,愚者之所易也。"绞尽脑汁、考虑得失,这对聪明的人来说都是很困难的。这样的事情应该交给臣下来办,君主要做的就是"挈前言而责后功",相对而言,这对领导者来说是容易做到的。可以说,领导者要做的事情说到底就是"循名责实"。它既是领导者监督控制职能的体现,也是领导者管理国家、臣民的"守要"所在,它体现在领导工作的全过程。下面我们论述韩非子的用人理论和决策理论就能清楚地看到这一点。所以,我们才说"循名责实"是领导工作的基本原理,是领导活动的核心。

---

① 张觉:《韩非子校疏析论》,北京:知识产权出版社,2011年,第61页。
② 在《韩非子》中类似的论说不少。关于此,在后文有专门论述,此处不赘述。

四、"治吏不治民":体现领导者的用人职能

选人、用人是领导者的重要职能,这是由领导活动的特点所决定的。《外储说右下》:"闻有吏虽乱而有独善之民,不闻有乱民而有独治之吏,故明主治吏不治民。""吏"乱了而仍存在"独善"之民,是有可能的;"民"乱了,"吏"还不乱,则是不可能的。因此,乱的源头是总是在出"上面",是"吏"的管理出了问题。"治吏不治民"命题说明:君主虽以治民为目的,但他不用直接面对民众,他要做的是把"吏"管好。这个命题体现出领导者的重要职能是"治吏"。《说疑》:"往世之主,有得人而身安国存者,有得人而身危国亡者。"《有度》:"官之失能者其国乱。"《六反》:"民用官治则国富。"《八说》:"任人以事,存亡治乱之机也。"在韩非子看来,"得人"、"治官"、"任人"事关国家治乱与富强,事关君主安危,必须慎重!

韩非子认为"借人成势"是由领导者自身有限性与领导工作复杂性的矛盾决定的。在韩非子看来,君主如果不能充分利用自身优势,企图"以一人之力禁一国",是很危险的。君主要能够以一人之力"照远奸而见隐微"就必须"借人成势"。他说:"奸必待耳目之所及而后知之,则郑国之得奸者寡矣。不任典成之吏,不察参伍之政,不明度量,恃尽聪明劳智虑而以知奸,不亦无术乎?且夫物众而智寡,寡不胜众,智不足以遍知物,故因物以治物。下众而上寡,寡不胜众者,言君不足以遍知臣也,故因人以知人。是以形体不劳而事治,智虑不用而奸得。"(《难三》)君主如果仅靠个人眼耳的聪明不仅不能觉察到国之奸邪,而且会劳听费神。同时,君主之下的人那么多,自己就一个人,一人之力不可能知道所有人的情况,如果非得那样做,势必劳而无果。以此,君主必须"因物以治物"、"因人以知人",即:君主必须借助臣下之力量才能完成其领导目标!

同时,韩非子认为"劳于使人"是领导用人工作的重点。韩非子对"劳于索人,佚于使人"观点明确提出批评[①]。在韩非子看来,贤能的人就在那里,君主只要"设官职,陈爵禄",人就自然就会根据自己的能力而来。所以,对于君主来说"索贤不难"(《难二》)[②]。对于君主来说,难的是怎样使用人。《难二》:

---

① 荀子讲:"君人劳于索之,而休于使之。"(《荀子·王霸》)韩非子的观点是对其老师观点的明确反动。
② 《韩非子·难二》:"君人者无逆贤而已矣,索贤不为人主难。且官职,所以任贤也;爵禄,所以赏功也。设官职,陈爵禄,而士自至,君人者奚其劳哉!"

第九章 韩非子以"循名责实"为核心的领导理论

"人主虽使人,必以度量准之,以刑名参之;以事遇于法则行,不遇于法则止;功当其言则赏,不当则诛。以刑名收臣,以度量准下,此不可释也,君人者焉佚哉!"可见,"使人"不仅不轻松,而且必须重视!"劳于索人,佚于使人"是个较为普遍的观点,在韩非子看来这个说法不对。因此,韩非子的领导用人理论主要集中在对"使人"问题的探讨上,而且主要是围绕君主如何"防奸"这个问题展开,其详细深入程度在先秦诸子的领导用人理论中是绝无仅有的。

第一,防止重臣擅权是领导者用人的要务。

韩非子认为君主用人的侧重点是"防奸",即防止少数臣子专权擅权的行为。韩非子重视防止重臣擅权与当时君主所面临政治环境有很大关系。《备内》:"犯法为逆以成大奸者,未尝不从尊贵之臣也。"因此,"防奸"事实上主要是防止少数人专权。韩非子认为,臣下擅权就必然导致群臣不能尽智尽忠,官吏不能奉公守法,即:导致政治生态恶化。他说:"国有擅主之臣,则群下不得尽其智力以陈其忠,百官之吏不得奉法以致其功矣。"(《奸劫弑臣》)为什么会这样?他说:"夫安利者就之,危害者去之,此人之情也。"(《奸劫弑臣》)趋利避害是人之常情,一旦国有擅权之臣,臣下就会觉得自己"竭智以陈忠"不仅得不到君主的奖赏,还有可能带来杀身之祸。相反,如果自己"行财货以事贵重之臣"则能得到荣华富贵。既然如此,"人焉能去安利之道而就危害之处哉"?一旦形成这种政治生态,势必导致恶性循环。在这种环境中,奉公守法会遭到打击,结党营私会得到尊荣,进而造成"以私为重人者众,而以法事君者少"、"上欲下之无奸,吏之奉法,其不可得亦明"、"主孤于上而臣成党于下"。一句话,在这种政治生态下没有正义可言!韩非子还说:"我以忠信事上,积功劳而求安,是犹盲而欲知黑白之情,必不几矣。若以道化行正理,不趋富贵事上而求安,是犹聋而欲审清浊之声也,愈不几矣。二者不可以得安,我安能无相比周,蔽主上、为奸私以适重人哉!"还说:"我以清廉事上而求安,若无规矩而欲为方圆也,必不几矣;若以守法不朋党治官而求安,是犹以足搔顶也,愈不几也。二者不可以得安,能无废法行私以适重人哉!"(《奸劫弑臣》)在这种环境下,人被权势利益裹挟,正义心泯灭,为恶容易而为善难!对于身在其中的个体而言不能说不是个悲剧!韩非子由此得出结论:"夫君臣非有骨肉之亲,正直之道可以得利,则臣尽力以事主;正直之道不可以得安,则臣行私以干上。"(《奸劫弑臣》)说到底,臣下是"趋利避害"的,如果走"正直之道"有利,他自然会朝着这个方向努力；如果"正直之道"明知道走不通有危险，他就不会走。臣下选择走歪门邪道是恶劣的政治生态逼迫的结果，而其源头就在于有人擅权，导致君主壅蔽，失去聪明！

在《孤愤》篇中，韩非子认为在政治生活中如果"当涂之人""擅事要"，即使存在有抱负、有正义感的"法术之士"这股力量，"当涂之人"占据各种优势，"法术之士"的失败几乎不可避免！① "当涂之人"之所以在与"法术之士"的政治斗争中能够占据优势，就是因为他们受到君主的信任与欢迎，控制各种资源，内外的人只有通过他们才能得到见用。因"当途之人"而见用的人与其形成利益共同体，进而在舆论方面都说有利于他们的话，君主在这种环境之下受到壅蔽，看不到真实情况，对"当涂之人"反而更为信任。韩非子还说：

> 人臣有大臣之尊，外操国要以资群臣，使外内之事非己不得行。虽有贤良，逆者必有祸，而顺者必有福。然则群臣直莫敢忠主忧国以争社稷之利害。人主虽贤，不能独计，而人臣有不敢忠主，则国为亡国矣。此谓国无臣。国无臣者，岂郎中虚而朝臣少哉？群臣持禄养交，行私道而不效公忠，此谓明劫。鬻宠擅权，矫外以胜内，险言祸福得失之形，以阿主之好恶。人主听之，卑身轻国以资之，事败与主分其祸，而功成则臣独专之。诸用事之人，一心同辞以语其美，则主言恶者必不信矣。此谓事劫。至于守司囹圄，禁制刑罚，人臣擅之，此谓刑劫。"（《三守》）

可以看出，一旦在君主之外形成以"重人"为核心的另外一个权力中心，群臣比周的形势一旦出现，政治生态必定破坏。底下人的人不敢说真话，却唯"重人"马首是瞻。人性在恶劣的政治生态中最易被扭曲，人不敢奉公守法，而更易于投机钻营；下属不敢尽忠，不敢讲原则，唯利是图的信念被加剧！真正贤能或者对重臣能够产生威胁的人要想进用几乎不可能。一旦形成利益集团、

---

① 《韩非子·孤愤》说："当涂之人擅事要，则外内为之用矣。是以诸侯不因则，事不应，故敌国为之讼；百官不因，则业不进，故群臣为之用；郎中不因，则不得近主，故左右为之匿；学士不因，则养禄薄礼卑，故学士为之谈也。此四助者，邪臣之所以自饰也。重人不能忠主而进其仇，人主不能越四助而烛察其臣，故人主愈弊而大臣愈重。凡当涂者之于人主也，希不信爱也，又以习故。若夫即主心同乎好恶，因其所自进也。官爵贵重，朋党又众，而一国为之讼。则法术之士欲干上者，非有所信爱之亲、习故之泽也，又将以法术之言矫人主阿辟之心，是与人主相反也。处势卑贱，无党孤特。夫以疏远与近爱信争，其数不胜也；以新旅与习故争，其数不胜也；以反主意与同好恶争，其数不胜也；以轻贱与贵重争，其数不胜也；以一口与一国争，其数不胜也。法术之士操五不胜之势，以岁数而不得见；当涂之人乘五胜之资，而旦暮独说于前。故法术之士奚道得进，而人主奚时得悟乎？"

第九章　韩非子以"循名责实"为核心的领导理论

利益共同体，就会使君主只能看到、听到一部分情况，即形成"壅蔽"的政治局面，进而对社会公正形成致命的侵蚀。韩非子于此论述颇多，他似乎也比较悲观，比如《孤愤》认为，法术之士的寂寞与无助是一种必然结局。总之，韩非子触及了在君主独裁体制下政治运作的悖论，非常深刻！韩非子虽然有些悲观，但他并未就此止步，而是以极大的热情试图解决这一问题，为君主建言献策。可以说，克服重人擅权，防止出现朋党比周，营造让较多的干部能够忠心为公的政治生态，是韩非子用人思想要着力解决的问题。《孤愤》："智术能法之士用，则贵重之臣必在绳之外矣。"也就是说，要把贵重之人壅蔽君主导致政治生态恶化的趋势扭转过来，其实就是要想办法把"智术"士提拔上来。换句话说就是要能提供给"智术"之士得以上升的可能。"智术"之士一旦能够亲近君主，能够被君主任用，重人和当涂之人的"阴奸"就会被戳破，党同伐异的恶劣政治局面就会被扭转过来。怎样才能给"智术"之士的上升提供可能呢？

第二，"使法择人"是领导者防奸的根本原则。

"使法择人"是韩非子提出的领导选拔任用下属的根本原则，是君主防止臣下擅权、形成朋党的重要手段和方法。"使法择人"的用人理论是对诸如"举尔所知"（孔子的观点）用人论的理论创新。

首先，韩非子明确反对"以誉进能"、"以党举官"，认为这是导致党同伐异的朋党之势的重要原因。《三守》："爱人，不独利也，待誉而后利之；憎人，不独害也，待非而后害之。然则人主无威，而重在左右矣。"在韩非子看来，喜欢一个人，不是自己亲自给予喜欢的人好处，而是等别人赞誉了这个人以后才给他好处；憎恶一个人，不是自己亲自给予憎恶的人坏处，而是等别人非毁了这个人以后才给他坏处，那么，君主的权威就失去了。这对君主来说是有害的！韩非子说："凡奸臣皆欲顺人主之心以取信幸之势者也。是以主有所善，臣从而誉之；主有所憎，臣因而毁之。凡人之大体，取舍同者则相是也，取舍异者则相非也。今人臣之所誉者，人主之所是也，此之谓同取；人臣之所毁者，人主之所非也，此之谓同舍。夫取舍合而相与逆者，未尝闻也。此人臣之所以取信幸之道也。"（《奸劫弑臣》）在韩非子看来，"人们的一般情况是，取舍相同的就相互肯定，取舍不同的就相互反对"[1]，君主和普通人往往没有什么区别，也是

---

[1] 《韩非子》校注组：《韩非子校注》（修订本），南京：凤凰出版社，2009年，第103页。

如此！而奸臣就看准了这一点，专门投其所好，导致的结果就是"同取"、"同舍"，君主所好的、臣下所赞誉的人得到任用，君主不喜欢的、臣下非毁的人舍弃掉了。这实际上就是韩非子所谓"以誉进能"、"以党举官"。这是君主用人易犯的错误。之所以说它错误，就在于没有考虑个人的实际才能，而是听信了其他人的"毁誉"。同时，君主也没有意识到臣下别有用心的恭维和阿谀。在韩非看来，这都是不应该的。韩非子还说："夫奸臣得乘信幸之势以毁誉进退群臣者，人主非有术数以御之也，非参验以审之也，必将以曩之合己信今之言，此幸臣之所以得欺主成私者也。"（《奸劫弑臣》）君主如果没有"术"、不"参验"，奸臣就操纵了官员的进退，势必会导致对君主的壅蔽，奸臣势必会形成自己的党羽，势力也越来越大。君主在进用、黜退人员方面常犯的这一错误的核心就是：君主根据臣下的毁誉来进用或黜退官员。韩非子还认为："今若以誉进能，则臣离上而下比周；若以党举官，则民务交而不求用于法。"（《有度》）"以誉进能"是建立在他人对要进用的人的评价上。这是实际上是把选人的权力交给了他人。一旦交给他人，就给结党营私留下了空间。如果靠朋党关系来任用官员，下面的人自然会热衷于拉拢关系。如果任用了靠这种方式进用的人，这种人即使有了"大过"，为他掩饰的人就很多。如此这般，下面的人就会"数至能人之门，不一至主之廷；百虑私家之便，不一图主之国。属数虽多，非所以尊君也；百官虽具，非所以任国也"（《有度》）。如果再严重一点就会"忠臣危死于非罪，奸邪之臣安利于无功。忠臣危死而不以其罪，则良臣伏矣；奸邪之臣安利不以功，则奸臣进矣。此亡之本也"。总之，"以誉进能"、"以党举官"势必会导致群臣比周的朋党政局的出现，进而破坏政治生态！

为此，韩非子提出"明主使法择人，不自举也；使法量功，不自度也。能者不可弊，败者不可饰，誉者不能进，非者弗能退"（《有度》）。意思是说：官员是进是退，都要根据相应的标准来判定，根据功劳大小来决定。只有这样，贤能的人才不会被掩盖，坏事的人也无法掩饰；徒有虚名的人不会被提拔，被恶意诽谤的人不会被免职。

"使法择人"的核心是反对领导选人用人时靠个人主观喜好。《难四》："非贤而贤用之，与爱而用之同。"张觉解释说："如果任用的只是主观感觉上的贤者而不是真正的贤者，那就与任用宠爱的人没有什么两样了。所以判定一个人是否贤能，一定要根据其实能实绩，而不能凭自己的主观感觉说了算。"[①] 《二柄》：

[①] 张觉：《韩非子校疏析论》，北京：知识产权出版社，2011年，第961页。

"人主好贤,则群臣饰行以要君欲,则是群臣之情不效;群臣之情不效,则人主无以异其臣矣。……君见恶,则群臣匿端;君见好,则群臣诬能。人主欲见,则群臣之情态得其资矣。"意思是说:"君主好贤,群臣就会粉饰自己的行为去迎合君主的欲望,这样群臣的真情就不会表露出来;群臣的真情不表露,君主就无法分辨臣下的好坏了。……君主表现出厌恶什么,群臣就会把这方面的事情隐藏起来;君主表现出爱好什么,群臣就会吹嘘有这方面的才能。君主的欲望表现出来,群臣就会借此表现自己的情态。"① 总的来说:"明君不自举臣,臣相进也;不自贤,功自徇也。论之于任,试之于事,课之于功。故群臣公正而无私,不隐贤,不进不肖。然则人主奚劳于选贤?"(《难三》)领导者自认的贤人不一定就是贤人。所谓的"使法择人"落到实处就是把要任用的人放到具体的工作岗位上,让他做具体的事情,这样就能看出来他的实际表现。这是"使法择人"的要义。韩非子提出:"卑贱不待尊贵而进,大臣不因左右而见。"(《难一》)君主"使法择人"就能避免"尊贵"、"左右"对君主用人的干扰,进而防止朋党比周形势的出现。

"使法择人"在操作层面要注意"迁官袭级",即逐级选拔官吏,逐级晋升。这是韩非子提出的提拔干部的重要原则。哪些人该得到任用擢升,哪些人不能任用而应该被黜退?《八说》:"明主之国,有贵臣,无重臣。……明主之国,迁官袭级,官爵受功,故有贵臣。"《显学》:"明主之吏,宰相必起于州部,猛将必发于卒伍。夫有功者必赏,则爵禄厚而愈劝;迁官袭级,则官职大而愈治。夫爵禄大而官职治,王之道也。"提拔人要看经验能力,重视工作实绩,而不是靠血缘身份、靠关系。

"使法择人"说到底是要做到"唯贤能是举"。《亡征》:"亲臣进而故人退,不肖用事而贤良伏,无功贵而劳苦贱,如是则下怨,下怨者,可亡也。"亲近的、无能的、无功的人被任用,势必造成思想混乱,让人们对在上者失去信心、信任。在这种形势下,没有正义可言,不亡何待?《说疑》:"圣王明君则不然,内举不避亲,外举不避雠。是在焉从而举之,非在焉从而罚之。是以贤良遂进而奸邪并退,故一举而能服诸侯。……然明主不羞其卑贱也,以其能,为可以明法,便国利民,从而举之,身安名尊。"不论是亲戚,不论是仇敌,不论身份

---

① 《韩非子》校注组:《韩非子校注》(修订本),南京:凤凰出版社,2009年,第46页。

卑贱，只要贤能，就要用。《人主》："明主者，推功而爵禄，称能而官事，所举者必有贤，所用者必有能，贤能之士进，则私门之请止矣。"君主必须根据功劳、能力来授予官爵，做到这一点，"私门之请"就该止息了！

总之，"使法择人"是领导者选人、用人的根本原则，即选人用人要根据能力和功劳，而不是根据领导者个人的喜好和与领导者关系的亲疏，也不是依据下属的"名望"或靠某个团伙的推荐。"使法择人"既可以防止下属坐大，进而危害领导权威，也能够把贤能的人放到应有的位置，而不至于选了一批庸人。更为重要的是，"使法择人"能够维护官场的生态环境，让真正忠实的人得到任用、得到赞誉，而不是使小人得志、忠臣危亡。韩非子"使法择人"的选人用人观念是有积极意义的，是很有针对性的。但是，在现实的领导用人中是不可能排除他人评价的，总是要听取一定的意见，考察他在被任用前的各方面实际表现，那么，排除其在被任用前的所谓"名声"几乎很难避免！另外，如果按照韩非子的想法，把人放到位子上让他干具体的事情，进而决定这个人去留升降，在一定程度上也不现实！因为，一旦给了他位置，再要把他拿下来并不容易。同时，任一个，不中用，拿下，这可能还容易，如果所任为多，都不中用，不合适，都拿下来，岂不有损于领导者自身威望？"使法择人"是个好想法，但并不容易落实！这里面就有韩非子不可能意识到的体制问题。韩非子提出这个问题，根本上是要防止朋党，防止出现"团团伙伙"。如果在体制身上不能排除"朋党比周"的问题，韩非子"使法择人"的思想就不可能落实。也就是说，要做到用人上的"五湖四海"得有体制上的保证，仅凭领导者技巧上的提升或改进是不能解决根本问题的。"使法择人"的用人理念实际上对领导者自身提出了非常高的要求，领导者用人最终是否有效，最终是否能避免"以誉进能"、"以党举官"，实际上仍基于领导者个人之"明"。这是韩非子走不出的理论怪圈！

第三，构筑权力差序格局是领导者防奸的制度保证。

防止擅权、维护政治生态环境不可能通过"用人"本身来解决。韩非子认为要防止个体或群体对君主造成威胁，必须形成在一定范围内的等级格局或权力差序格局。一旦权力的差序格局打破，就容易造成朋党比周和对君主的壅蔽。这实际上涉及领导体制的问题。

如前所述，在韩非子看来，权势相当的两个人是不能相互臣服的。权势相当意味着没有处于领导地位的权威，权势相当势必造成两个或多个权力中心，

第九章 韩非子以"循名责实"为核心的领导理论

进而威胁到群体的统一性。《八经》提出:"礼施异等,后姬不疑。分势不贰,庶适不争。权籍不失,兄弟不侵。"意思是说:"礼仪上区分不同的等级,妻和妾就不会混淆界限;权势不分给庶子,庶子就不会和嫡子争夺;权位不丧失,君主的兄弟就不会来侵犯。"① 这就是说,在一定的对待关系中,总是要保持其中的一方具有相对于另一方的权威,这是保持主、从关系的基石。《亡征》:"轻其适正,庶子称衡,太子未定而主即世者,可亡也。"君主正妻之长子地位轻微,其他儿子地位与嫡子抗衡,太子地位没有确定,可以亡国。张觉说:"在古代宗法社会中,作为法定继承人的嫡长子、太子地位不尊贵、不稳定,就会动摇传统的政治格局而造成动乱。"② 这实际上还是要在嫡庶之间形成权势差序,才能确保嫡庶关系的正常。韩非子之所以对维持嫡庶、妻妾、君主与父兄的等级如此重视,就在于这些关系一旦不正常,君主这些所谓的"亲戚"就会与外臣相互利用形成朋党之势,进而对君主和国家的安危造成威胁。韩非子还认为在众臣中也要形成差序格局。《八经》:"大臣两重提衡而不踦曰卷祸,其患家隆劫杀之难作。""大臣两重",意思是说"大臣有两个同时被君主重用"③ 或"君主同时重用两个大臣"④。重用的两个臣子势均力敌,也会导致私家势力强大,进而可能发生劫杀君主的危险。这是强调,在中央层面的核心干部队伍中,君主要注意避免"两重"情况的出现,实际上意味着在众臣当中只能有一个相对权势较大者。"大臣两重"就是《说疑》所谓的"廷有拟相之臣"。《说疑》认为:"四拟者破,则上无意,下无怪也。"所谓"四拟",就是四种对待关系中双方势均力敌。在韩非子看来,应该破除均势,而破除均势即意味着要形成差序。

形成差序格局的核心是要形成以君主为核心的权力运行机制。在这个权力运行机制当中,明确君臣的各自定位。《扬权》:"事在四方,要在中央。""四方"与"中央"既可以理解为地方和中央,也可理解为臣与君。在韩非子看来,中央应该掌握大权,地方是执行者;君主掌握大权,臣下是执行者。《有度》:"为人臣者,譬之若手,上以修头,下以修足;清暖寒热,不得不救;镆铘傅体,不敢弗搏。"权力的差序格局牵涉到政权组织的设计问题。在韩非子看来,

---

① 《韩非子》校注组:《韩非子校注》(修订本),南京:凤凰出版社,2009年,第536页。
② 张觉:《韩非子校疏析论》,北京:知识产权出版社,2011年,第249页。
③ 张觉:《韩非子校疏析论》,北京:知识产权出版社,2011年,第1088页。
④ 《韩非子》校注组:《韩非子校注》(修订本),南京:凤凰出版社,2009年,第537页。

在权力格局的设计上要让臣下处在"手"的位置,臣下始终应该处在执行君主意志、维护君主权威的地位。这是他所认为的权力运行格局的理想状态。

韩非子认为形成差序格局在制度上就是要"明分"、"明法"。"明分"主要是从伦理层面规范君臣、父子、夫妇、男女之别,"明法"就包括对职位权限、赏罚等事宜形成制度上的规定。礼仪、法制在规范臣下权力差序格局方面都能派上用场①。

第四,严赏罚是领导者防奸的基本手段。

赏、罚是明分、明法的进一步落实。即,通过赏罚,"分"才能真正地"明","法"才能真正得到落实。韩非子提出:"明主知之,故设利害之道以示天下而已矣"(《奸劫弑臣》)。所谓的"利害之道"就是"赏罚"二柄,它是君主"导制其臣"的利器,必须抓牢用好。《奸劫弑臣》:"善为主者,明赏设利以劝之,使民以功赏而不以仁义赐;严刑重罚以禁之,使民以罪诛而不以爱惠免。是以无功者不望,而有罪者不幸矣。"韩非子在这方面有大量的论述,提出一系列有关赏罚的原则和方法(后文有专论)。

君主施行赏罚过程实际上就是"循明责实"的过程。《主道》:"同合形名,审验法式,擅为者诛,国乃无贼。"《奸劫弑臣》:"人主诚明于圣人之术,而不苟于世俗之言,循名实而定是非,因参验而审言辞。……是以臣得陈其忠而不弊,下得守其职而不怨。"在韩非子看来,防止臣下擅权,形成良好的政治生态,其实最终还得看君主是否"有术",是否能做到他所谓的"循名实而定是非,因参验而审言辞"。所以韩非子说"人主将欲禁奸,则审合刑名"(《二柄》)。"审合形名"就是"循名责实"。君主如果做不到这一点,官场就会混乱不堪,就会没有正义可言。

第五,领导者用人防奸的技巧。

用人问题相当复杂,在相同的制度背景下,在坚持同样的原则和方法的基础上,用人是否能达到领导者预期,实际上还牵涉到领导者的工作"技巧"。这在整个韩非子领导用人思想中占有一定比重。

《外储说右上》:赏之誉之不劝,罚之毁之不畏,四者加焉不变则除之。

---

① 蒋重跃:"韩非的人性观中剔除了善的因素,因而礼义自然也就随之失去存在的价值和余地,剩下的只有所谓的法政刑罚。"(蒋重跃:《韩非子政治思想研究》,北京:北京师范大学出版社,2010年,第135页)按:以韩非子主张人性自利自为,便推论韩非子不主张用"礼",未免失之简单。

《八经》：其位至而任大者，以三节持之：曰质、曰镇、曰固。亲戚妻子，质也；爵禄厚而必，镇也；参伍责怒，固也。贤者止于质，贪饕化于镇，奸邪穷于固。忍不制则下上，小不除则大诛，而名实当则径之。生害事，死伤名，则行饮食；不然，而与其仇：此谓除阴奸也。

这些看法在先秦诸子中是绝无仅有的。君主用人就是赤裸裸的威逼利诱！如果软硬不吃，干脆就除之而后快！这无疑是"彻头彻尾的法西斯主义"[①]。

《八经》：一用以务近习，重言以惧远使。举往以悉其前，即迩以知其内，疏置以知其外。握明以问所暗，诡使以绝黩泄。倒言以尝所疑，论反以得阴奸。设谏以纲独为，举错以观奸动。明说以诱避过，卑适以观直谄。宣闻以通未见，作斗以散朋党。深一以警众心，泄异以易其虑。

这些言论体现着韩非子"用人也鬼"（《八经》）的观点，明显已涉诡诈。这是韩非子用人思想中非常重要的内容，也可以说是韩非子领导用人思想的特色之一，这方面的内容体现着韩非子领导思想的重要特点。

最后，不管是"使法择人"，还是维护以君主为核心权力差序格局；不管是严赏罚，还是上述用人"技巧"，都对君主提出了非常高的要求，需要君主自己有高度的自觉意识。《难三》："知下明，则禁于微；禁于微，则奸无积；奸无积，则无比周；无比周，则公私分；公私分，则朋党散；朋党散，则无外障距内比周之患。知下明则见精沐，见精沐则诛赏明，诛赏明则国不贫。"可见，防止奸邪，防止群臣比周，根本上在于君主"知下明"。君主如果不具备相应的素养，没有相应的觉悟，不掌握相应的技能，一切都是白说。

五、"决策"是领导者的重要职能

"决策"这个概念在中国古代最早出自《韩非子·孤愤》。"决"是判断，"策"是计谋[②]。现代管理学认为，决策就是做决定，决策是领导者收集、比较、研究信息，最终决定行事方案的过程。《孤愤》之"决策"包含现代决策的意思。决策是领导者职能的集中体现。王成认为"韩非无疑是'决策'理论的原创者"[③]。在笔者看来，中国古代的"决策"理论并非从韩非子始，但韩非子的

---

① 张觉：《韩非子校疏析论》，北京：知识产权出版社，2011年，第764页。
② 《韩非子》校注组：《韩非子校注》（修订本），南京：凤凰出版社，2009年，第88页。
③ 王成：《先秦诸子领导思想的现代解析》，北京：中国大百科全书出版社，2006年，第209页。

决策理论确实内涵丰富而又有创见。

第一，领导者决策的原则。

首先，领导者要牢牢掌握决策权。韩非子从维护君主独裁的角度出发，认为最终决策权应由君主自己牢牢把握。《八说》："酸甘咸淡，不以口断而决于宰尹，则厨人轻君而重于宰尹矣。上下清浊，不以耳断而决于乐正，则瞽工轻君而重于乐正矣。治国是非，不以术断而决于宠人，则臣下轻君而重于宠人矣。人主不亲观听，而制断于下，託食于国者也。"可见，决策要根据自己的判断而不能全权交给其他人，或完全根据别人的看法，最终的决策权要牢牢把握在自己手里。如果什么事情都根据下属的意见来办，由下属来做决定，君权旁落是无疑的！同时，为了确保领导者决策的权威性，一切言谈和行为都要以君主颁布的法令为依归。《问辩》："明主之国，令者，言最贵者也；法者，事最适者也。言无二贵，法不两适，故言行而不轨于法令者必禁。"在韩非子看来，领导者的最终决策应该是最有权威，领导者颁定的"法"是最为恰当的。一切言行都要以此为标准，提出建议的人，不能乱来，瞎蒙。君主如果在这方面没有自觉性，那么大家就会胡说乱道，君主要正确决策就更加困难了。

其次，领导者决策要"以功用为之的彀"。领导者做决定不能凭借个人好恶，不能依据关系亲疏，而是要以选择的方案、做出的决定对实现领导目标是否有用为依据。"听言"是领导者获取信息进行决策的重要环节。"言"是臣下说的话，往往是臣下就某一事项所提出的方案。"听言"的目的就是要在众多的方案中最终选择、确定方案。在韩非子看来，领导者要"听"那些有实际效用的"言"，而不是其他。《外储说左上》："人主之听言也，不以功用为的，则说者多'棘刺'、'白马'之说。"君主"听言"如果不以实际效用作为衡量标准，那么游说的人多半说些"白马非马"之类的话。《六反》："明主听其言必责其用，观其行必求其功，然则虚旧之学不谈，矜诬之行不饰矣。"《问辩》："夫言行者，以功用为之的彀者也。……今听言观行，不以功用为之彀，言虽至察，行虽至坚，则妄发之说也。""听言"必须以实际效果、效用为标准，即使臣下讲的话很深入、有道理，如果不实用，是不能听用的。现实中的君主往往做不到这一点。他说："今人主之于言也，说其辩而不求其当焉；其用于行也，美其声而不责其功。"这样导致的结果是："谈言者务为辩而不周于用，故举先王言仁义者盈廷，而政不免于乱；行身者竞于为高而不合于功，故智士退处岩穴，

第九章 韩非子以"循名责实"为核心的领导理论

归禄不受,而兵不免于弱。"(《五蠹》)在他看来,君主"听言",选择决策方案的过程中是不能听花言巧语的,是不能听那些微妙之言的,不能听那些讲得头头是道却对现实没有用的"仁义"之言的。也可看出,韩非子所谓"功用"主要是指对提升军事、经济实力有用。《八说》:"说有必立而旷于实者,言有辞拙而急于用者,故圣人不求无害之言,而务无易之事。"在韩非子看来"理论有言之成理然而脱离实际的,言论有词句笨拙然而能立即付之实用的。因此,圣人不去追求那些不挑出毛病的空话,而致力于那些一定要那样去做的事情。"① 在决策过程中,有些方案可能讲得头头是道、滴水不漏,但是不切实际,就不能用。选择方案是要切合实际的,而不是听起来最好的。这是领导在决策者必须借鉴的。

再次,决策过程要"权其轻重,出其大利"。决策要权衡轻重利害,以"大利"为出发点。《南面》:"举事有道,计其入多,其出少者,可为也。惑主不然,计其入,不计其出,出虽倍其入,不知其害,则是名得而实亡,如是者功小而害大矣。凡功者,其入多,其出少,乃可谓功。"计其出入,考量成本代价,不能做赔本的买卖,这是君主决策必须坚持的原则。《八说》:"法有立而有难,权其难而事成,则立之;事成而有害,权其害而功多,则为之。无难之法,无害之功,天下无有也。"意思是说:"法制的设立如有困难,估计它虽然困难,但能办成事情,那么就设立它;事情的成功如果包含着有害的一面,估计它虽有害处,但功多于害,那么就去做。不遇到困难的法制,没有害处的事功,天下是没有的。"② 韩非子认为做任何事情都是有困难的,在困难的事情中应当选择能做成的去做;任何事情都是有利有害的,要权衡利害,选择利多害少的事情去做。这强调的是,领导者选择决策方案的过程中不能追求完美主义。韩非子举例子说:"是以拔千丈之都,败十万之众,死伤者军之乘,甲兵折挫,士卒死伤,而贺战胜得地者,出其小害计其大利也。夫沐者有弃发,除者伤血肉。为人见其难,因释其业,是无术之事也。先圣有言曰:'规有摩而水有波,我欲更之,无奈之何!此通权之言也。"(《八说》)韩非子还举例说:"古者有谚曰:'为政犹沐也,虽有弃发必为之。'爱弃发之费而忘长发之利,不知权者也。夫弹痤者痛,饮药者苦,为苦惫之故不弹痤饮药,则身不活,病不已矣。"这就是

---

① 《韩非子》校注组:《韩非子校注》(修订本),南京:凤凰出版社,2009 年,第 526 页。
② 《韩非子》校注组:《韩非子校注》(修订本),南京:凤凰出版社,2009 年,第 526 页。

我们常说的"两害相权取其轻,两利相权取其重"。对于现实的领导者来说,任何方案都是有利有弊,不可能是完美的,但在众多的方案中要选择相对最优者,而不是绝对最优者。"权其轻重,出其大利"(《六反》)这是领导决策的基本原则。韩非子警告说:"人主不察社稷之利害,而用匹夫之私誉,索国之无危乱,不可得矣。"(《八说》)君主在决策的过程中要把对国家是有利还是有害作为首要的标准,以社稷之利害为根本原则。

第二,领导者决策的要领和方法。

首先,领导者决策要尽量扩大信息渠道,防止"听有门户",导致决策失灵。决策的有效性基于决策者获取信息的广泛性和准确性。信息来源没有一定程度的广泛性,是很难保证信息的准确性的。而信息来源的广泛性在一定程度上取决于信息渠道的多元性。有效、正确决策的前提就是要确保信息渠道多元性,从这个角度讲,君主决策要坚决避免"听有门户"。韩非子对臣下障蔽君主及其危害有深认识刻。《亡征》:"用一人为门户者,可亡也。"《内储说上七术》:"听有门户则臣壅塞。"所谓"听有门户"就是"只听信一个人的话,如同出入只经一个门户一样。"①《孤愤》:"人主之左右不必智也,人主于人有所智而听之,因与左右论其言,是与愚论智也;人主之左右不必贤,人主于人有所贤而礼之,因与左右论其行,是与不肖论贤也。智者决策于愚人,贤士程行于不肖,则贤智之士羞而人主之论悖矣。"在韩非子看来,如果君主获取信息的途径主要集中在"左右"之人,君主的明智就会被阻塞。"听有门户"势必导致臣下对君主的蒙蔽。从君主的角度说,势必偏听偏信,决策就很难保证正确。

"听有门户"状况的形成既有君主偏听偏信的主观原因,也是长期积累形成的朋党政局所难以克服的形势影响的结果。《亡征》:"大臣甚贵,偏党众强,壅塞主断而重擅国者,可亡也。"如果朝廷有"甚贵"之臣,就会出现以此人为中心的朋党,这些人就会以其人多势众左右舆论,影响君主的视听,进而对君主决策造成不良影响。《孤愤》:"当涂之人擅事要,则外内为之用矣。"一旦形成这种政治局面,君主被壅蔽,偏听偏信、决策失灵几乎不可避免,这是非常危险的。

要避免"听有门户"就要让所有人成为君主的耳目。《主道》:"明君之道,

---

① 《韩非子》校注组:《韩非子校注》(修订本),南京:凤凰出版社,2009年,第250页。

第九章 韩非子以"循名责实"为核心的领导理论

使智者尽其虑,而君因以断事,故君不穷于智。"英明的君主"使聪明的人绞尽他们的脑汁来出谋划策,而君主便根据他们的考虑来决断事情,所以君主的在智慧方面就不会枯竭"①。《定法》:"人主以一国目视,故视莫明焉;以一国耳听,故听莫聪焉。"君主要用一国的眼睛来看,一国的耳朵来听,这样才最为聪明。可以说,"使智者尽其虑"、"以一国目视"、"以一国耳听"是韩非子提出的破除"听有门户"的大原则。《八说》:"明君之道,贱德义贵,下必坐上,决诚以参,听无门户,故智者不得诈欺。"意思说英明的君主使"地位低的人可以议论地位高的人;上级有罪,下级不告发则同罪;用检验的方法,判明事情的真相;不偏听偏信;因此,智士就不能欺骗君主"②。这是说,要为地位低的人创造能说话、敢说话的环境。这就牵涉到体制机制问题。如建立告奸制度就是一种拓展君主信息渠道方式。只有形成"贱得议贵"的机制才能防止信息渠道单一而造成壅蔽、被人欺骗。

领导决策要多开言论渠道,但并不意味着什么事情都要迁就于民意,而是要有主见。韩非子说:"圣人之治民,度于本,不从其欲,期于利民而已。"(《心度》)韩非子认为,民众往往看的是眼前利益,目光短浅,领导决策要从民众的根本利益出发,而不是一味地"适民心"(《南面》)。只要认定是正确的,"拂于民心"(《南面》)也在所不辞!《奸劫弑臣》:"圣人为法国者,必逆于世而顺于道德。知之者,同于义而异于俗;弗知之者,异于义而同于俗。"圣人在做事的时候不惜"逆于世",始终应该心有定见。《亡征》:"缓心而无成,柔茹而寡断,好恶无决而无所定立者,可亡也。"君主优柔寡断,没有主见,拿不定主意,这种国君可以亡国!《说疑》:"无数以度其臣者,必以其众人之口断之。众之所誉,从而说之;众之所非,从而憎之。"被众人的意见牵着鼻子走,对领导者来说是不应该的。这都说明,领导者在决策的过程中要有"定见",自己要有主意。在韩非子看来"自取一听,则毋堕壑之累"(《八经》),意思是"君主听取众人的意见后,应有主见地取其一种,那么就不会掉入臣下所设的陷坑的危险"③。如果自己没有主意,不仅会被所谓的"意见"包围,而且长此以往就会在领导者之外形成党羽,进而威胁君主权威。可见,在广开言路与乾纲独断之

---

① 张觉:《韩非子校疏析论》,北京:知识产权出版社,2011年,第59页。
② 《韩非子》校注组:《韩非子校注》(修订本),南京:凤凰出版社,2009年,第523页。
③ 《韩非子》校注组:《韩非子校注》(修订本),南京:凤凰出版社,2009年,第535页。

间找到平衡，对领导者来说并不是一件容易做到的事情。

其次，"一听而公会"是领导者决策的重要方法。"使智者尽其虑，而君因以断事"（《主道》）是韩非子提出的一个关于领导决策的大原则。在具体操作上，领导者要学会"一听公会"。在《解老》中韩非子在讲完"理定而物易割"的大道理后提出了"议于大庭而后言则立"的决策论。韩非子说："万物莫不有规矩。议言之士，计会规矩也。圣人尽随于万物之规矩，故曰：'不敢为天下先。'不敢为天下先，则事无不事，功无不功，而议必盖世，欲无处大官，其可得乎？"（《解老》）张觉解释说："大凡议事，不宜抢先发言而应该等待'定理'之机，等先发言的人通过争议而使事情的性质明确后，就'易割'了，此时再作决断就容易正确了，这就是'议于大庭而后言则立'。"① 张觉的解释很有道理。说到底，领导者要集中众智、"尽其虑"就要先听，不要急于发表意见，等大家的意见发完了，问题明朗了，这时候君主对问题就比较明白了，领导者通过综合大家意见最后拍板定案。这就是韩非子讲的领导决策的基本过程。

在《八经》中韩非子对此有进一步论述，提出"上君尽人之智"的命题。同时，他指出要"结"人之"智"就要"一听而公会"。《八经》论述说："听不一则后悖于前，后悖于前则愚智不分；不公会则犹豫而不断，不断则事留。"意思是说"君主如果不首先一一听取意见，就集合众人议论，臣下后来发表的意见就可能参照别人的观点，而改变自己原来的看法，这样君主就分不清臣下的愚智；君主只是一一听取意见而不集合众人议论，就会犹豫而不能决断，事情也就解决不了。"② 可以看出，领导者在最终做决定之前应该分"两步走"：第一步是"一听"，即一个一个地单独听取意见。这样做的好处是能够掌握个人的具体意见，并且待事情做完后能清楚谁说的是对的，谁说的是错的，进而明确各自的责任，为赏罚提供可靠依据。如果不一一听取意见，而是集体讨论，一些人势必会附和或从众，君主就搞不清楚一些人的真实意见和素质水平③。第二步是"公会"，即在一一听取意见后，集合大家一起讨论。这样做的好处是，通过

---

① 张觉：《韩非子校疏析论》，北京：知识产权出版社，2011年，第365页。
② 《韩非子》校注组：《韩非子校注》（修订本），南京：凤凰出版社，2009年，第534页。
③ 《韩非子·内储说上七术》："一听则愚智不分，责下则人臣不参。"按：一些学者认为"不"字为衍文。张觉："'一听'、'责下'，从政治管理上来说，就是强调一种专人负责制，使各人对自己的意见负责。唯其如此，各人的政治才能、是非优劣才易确定，各人的积极性和责任心才能充分调动起来，办事才有成效。"张觉：《韩非子校疏析论》，北京：知识产权出版社，2011年，第529页。

大家讨论、争论，让问题更加明了，进而能够帮助君主提高认识。"一听"和"公会"是决策两个基本环节，缺一不可，也不可颠倒顺序。这与《解老》所谓"议于大庭而后言则立"的理念是完全一致的。

再次，"众端参观"是领导者验证信息对错、真假的重要方法。韩非子认为通过"参验"，排除无用、虚假信息，才能保证决策正确。韩非子说："言之为物也以多信，不然之物，十人云疑，百人然乎，千人不可解也。呐者言之疑，辩者言之信。奸之食上也，取资乎众，籍信乎辩，而以类饰其私。"（《八经》）在韩非子看来，君主听言的时候必须冷静清醒，不能被说话者本身是"呐"还是"辩"、主张此种观点的人是多还是少等表象所迷惑。如果为表象所惑，而不去参验，就会上当受欺骗，给奸臣留下可钻的空子。韩非子还注意到："人臣为主设事而恐其非也，则先出说设言曰：'议是事者，妒事者也。'人主藏是言，不更听群臣；群臣畏是言，不敢议事。二势者用，则忠臣不听而誉臣独任。如是者谓之壅于言，壅于言者制于臣矣。"（《南面》）显然，一些臣子会以权势压人，让其他人有所顾忌不敢言说。《八经》说："听言不参，则权分乎奸。"《八经》说："听不参，则无以责下。"领导者"听言"如果不去考证比较，权力就会分散到奸臣手中。君主"听言"如果不加检验，就没有办法督责臣下。领导者只有通过"参验"的方法，才能防止上当受骗，保证决策有效。

所谓"参验"是把不同的人所说的话或所进之言进行对比验证。经过比较就能掌握哪些是对，哪些是错。在《内储说上七术》提出的"七术"中，"众端参观"位居第一。何谓"众端参观"？陈奇猷说："一人之言有一头绪，则众端参观，犹言参验观察众人之言也。"[①]"参"是"彼此相考也"[②]，即把不同人说的话进行比较。"众端参观"凸显的是决策活动实际上是领导者的心智活动。《韩非子》不止一次强调听言要"参"。因此，在听言决策的过程中对不同意见进行检验不仅关乎决策有效的问题，也关乎君主权威是否能得以维护的问题。

所谓"参验"是把进言者所进之言与其言的执行情况进行对比验证。《八经》："有道之主听言，督其用，课其功，功课而赏罚生焉，故无用之辩不留朝。……言必有报，说必责用也，故朋党之言不上闻。"根据功用考察臣下所进言的虚实真伪是"参验"的重要内容，也是君主"听言"的基本原则。《主道》：

---

① 陈奇猷：《韩非子新校注》，上海：上海古籍出版社，2000年，第560页。
② 张觉：《韩非子校疏析论》，北京：知识产权出版社，2011年，第520页。

"群臣陈其言，君以其言授其事，事以责其功。功当其事，事当其言，则赏；功不当其事，事不当其言，则诛。明君之道，臣不得陈言而不当。"要让进言的人把其所进之言付出实践，才能知道臣下所进之言是对是错，是否有实际效果，并且根据实际效果进而确定赏罚。这样就会形成"言而有责"的局面，让臣下对其所进之言承担相应的责任。在听言的过程中，要明确各自责任就要注意记录进言者所进之言。《八经》："是以言陈之日，必有策籍，结智者事发而验，结能者功见而谋。成败有征，赏罚随之。"记录进言的好处就是让"无用之辩"、"说大而夸"的言没有用武之地。韩非子主张："主道者，使人臣有必言之责，又有不言之责。言无端末，辩无所验者，此言之责也；以不言避责，持重位者，此不言之责也。人主使人臣言者必知其端以责其实，不言者必问其取舍以为之责，则人臣莫敢妄言矣，又不敢默然矣，言、默则皆有责也。"（《南面》）这是相当严苛的听言办法。

第三，有效决策对领导者个人素养提出了很高的要求。

君主听言决策要保持冷静，不能有主观成见。《八经》："明主不怀爱而听，不留说而计。"君主不能带着主观好恶听取意见、谋划事情。《外储说右上》："好恶见则下有因，而人主惑矣。"君主如果在决策时表现好恶，预设立场，臣下势必就会阿谀奉承。另外，韩非子主张"明主之言隔塞而不通，周密而不见"（《八经》），强调君主"听言"时要注意保密，不能轻易把一些臣子所说的话告诉其他人。《三守》说："人臣有议当涂之失、用事之过、举臣之情，人主不心藏而漏之近习能人，使人臣之欲有言者不敢不下适近习能人之心，而乃上以闻人主。然则端言直道之人不得见，而忠直日疏。"特别是臣下提出的批评意见不能轻易泄露出去，如果泄露，即使正直的人也不敢轻易讲话了！韩非子强调"听言之道，溶若甚醉。唇乎齿乎，吾不为始乎；齿乎唇乎，愈惛惛乎"（《扬权》），主张"见而不见，闻而不闻，知而不知"（《主道》）。君主在"听言"的过程中要装出一副"糊里糊涂"的样子，目的是要保持主观上的冷静和中立，排除个人感情和偏见的干扰，只有这样才能充分接纳信息，提升自我认识水平，做到"不言而善应"（《主道》）。

要之，正确的决策是有章可循的。领导决策要基于信息来源的广泛性和准确性，就要尽可能避免"听有门户"，在制度上确保低贱的可以议论尊贵的，让所有的人都能够帮自己看、帮自己听。同时，在方法上要做到"一听公会"、

"众端参观"。当然,决策的有效性往往与决策者的心智成熟度与行为方式密切相关,这就决定了在同一情况下、遵循相同的决策程序,往往决策的结果会因人而异。不预设立场,排除主观成见,同时又要有相当的主见,不能被"民意"牵着鼻子走,有时候甚至不惜拂逆民意,这都给领导者决策提出很高的要求。一定程度上说,决策是领导者高度自觉的心智活动。《八经》:"握明以问所暗……倒言以尝所疑。"这些听言过程中的技巧,如果没有相当的经验,没有相当的聪明劲,是不会用的,用了也用不好。从这个角度说,领导者有效决策根本上取决于自身的明慧,领导者有效获取信息进行决策是一种艺术。

六、"二柄"加"毁誉"的领导激励原理与方法

韩非子主张领导者当以"二柄"为核心,并以"毁誉"与之相配合来激励臣民。《二柄》:"明主之所导制其臣者,二柄而已矣。""二柄"就是赏、罚,有似于管理学所讲激励理论中的正强化和负强化。韩非子认为"二柄"是君主控制臣民行为的根本途径。《五蠹》:"誉辅其赏,毁随其罚,则贤不肖俱尽其力矣。"毁、誉有似于"评价激励"①。在赏罚基础上要配合以毁誉,就能让贤者和不肖者都能尽力。可以说,"二柄"加"毁誉"构成韩非子领导激励思想的主要内容。

第一,使用赏罚、毁誉激励的原因。

首先,韩非子认为道德感化的激励方式效果不好,对多数人不适用,更为重要的是时代变了,"道德"激励在当下不起作用。

韩非子认为用"道德"感化的方式效果不好。他从父母教育子女的角度出发认为,母亲用"爱"的方式教育子女没有父亲用"严"的方式教育子女效果好。同时,父母基于爱心,时刻为子女着想,尚且得不到好的结果,而君主治理民众,让民众做的是出生入死的苦差事,更不可能指望用父母教育子女的方

---

① 刘建军:"评价激励是对人的某种行动作出一定的反应,或肯定的奖励、表扬,或否定的惩罚、批评,以及什么都不做的'沉默'。"(刘建军:《领导学原理:科学与艺术》第二版,上海:复旦大学出版社,2003年,第288页)张觉:"'誉辅其赏,毁随其罚',实质上就是用道德的力量去辅助法制的实施。毫无疑问,人的需求是多种多样的,除了财富、官爵之类与物质利益密切相关的需求外,还有成就感、荣誉感等精神方面的需求。韩非正是看到了这一点,才认为除了钱财等方面的赏罚外,还应该用'毁''誉'来调节人们的行为。精神上的激励措施,不但能鼓舞人们的斗志,启迪人们的心灵,诱导人们的价值取向,培养人们的道德情操,激发人们的智慧和才能,而且能在一定程度上规范大部分人的言行,收到良好的治理效果。所以韩非的主张无疑是合理的。"(张觉:《韩非子校疏析论》,北京:知识产权出版社,2011年,第1122页)从这个角度说,赏罚属于物质激励的范畴,毁誉属于精神激励的范畴。

式①。《显学》说:"夫严家无悍虏,而慈母有败子,吾以此知威势之可以禁暴,而德厚之不足以止乱也。"可见,用慈爱的方式有可能让人变坏,而用严厉方式则能让人不敢为恶。

韩非子认为用道德感化的方式只适用于少数人。他举例说,孝子爱亲只有少数人能做到,在战场上让多数人用孝子爱亲的方式对待在上者是不可能的②。他还说,坏透顶的盗跖与道德高尚的许由、尧、舜都是少数,不能拿对这些少数人管用的办法来管理大多数人③。《显学》还说:"恃人之为吾善也,境内不什数。"在韩非子看来,自觉地为对方做好事,替对方着想,这种人是少数。作为领导者不能依赖人为对方着想、为对方做好事的方式来领导大多数人。他说"自直之箭"、"自圜之木"是百世无一,道德水平高的人很少,领导者治国不可能期待人都如此。因此,作为领导者应当"不务德而务法"(《显学》),而应当"不恃人之为吾善"(《显学》)。也就是说,用众之道不是靠人的道德自觉,有道德自觉性的人是少数,引导多数人不能用只适用于少数人的方法。

韩非子认为即使道德激励有用,那也是很早以前的事情了,就现而言不合时宜!《八说》:"古人亟于德,中世逐于智,当今争于力。"《五蠹》:"上古竞于道德,中世逐于智谋,当今争于气力。"在以前,领导者运用道德引导民众是可能的,现在情况变了,不能用了。同时,当下领导者臣服被领导者靠的是"气力"而不是"道德"和"智慧"。《忠孝》:"古者黔首悗密蠢愚,故可以虚名取也。今民儇诇智慧,欲自用,不听上。"《心度》:"民朴而禁之以名则治,世知维之以刑则从。"这就是说,在过去人比较愚蠢,用"道德"是可以哄一哄的,现在人变聪明狡猾了,"道德"不管用了。《五蠹》强调"夫古今异俗,新故异备",领导者激励下属的方法应当因时而变。

---

① 《韩非子·六反》:"母之爱子也倍父,父令之行于子者十母;吏之于民无爱,令之行于民也万父。母积爱而令穷,吏用威严而民听从,严爱之策亦可决矣。且父母之所以求于子也,动作则欲其安利也,行身则欲其远罪也。君上之于民也,有难则用其死,安平则尽其力。亲以厚爱关子于安利而不听,君以无爱利求民之死力而令行。明主知之,故不养恩爱之心而增威严之势。故母厚爱处,子多败,推爱也;父薄爱教笞,子多善,用严也。"

② 《韩非子·难二》:"孝子爱亲,百数之一也。今以为身处危而人尚可战,是以百族之子于上皆若孝子之爱亲也,是行人之诬也。"

③ 《韩非子·忠孝》:"未有天下而无以天下为者,许由是也;已有天下而无以天下为者,尧、舜是也。毁廉求财,犯刑趋利,忘身之死者,盗跖是也。此二者,殆物之论。治国用民之道也,不以此二者为量。治也者,治常者也;道也者,道常者也。殆物妙言,治之害也。天下太上之士,不可以赏劝也;天下太下之士,不可以刑禁也。然为太上士不设赏,为太下士不设刑,则治国用民之道失矣。"

第九章 韩非子以"循名责实"为核心的领导理论

总的来看,韩非子认为用"德厚"的方式管教臣民没有用严厉的方式效果好;有道德的人是极少数,君主不能指望使用仅对道德水准高的人可能有效的德教方式激励大多数民众;而且,即使说道德激励有作用,但是随着社会的变化,在"争于力"的时代一点也不适用了。所以,韩非子说:"民者固服于势,寡能怀于义。"(《五蠹》)还说:"人臣之于其君,非有骨肉之亲也,缚于势而不得不事也。"(《备内》)民众服于"势"而不是怀"义";君臣之间没有血缘亲情,君服臣靠的是"势"!应当说韩非子发展了慎到"势位足以屈贤"的思想。他认为,领导者不能信任任何人,包括自己的妻子在内,即使对于妻子也要留个心眼,要有所防备。在他看来,下属之所以服从上级是因为他迫于外在的客观压力不得不如此。这样,领导者要让下属能够听从自己,心甘情愿地顺着领导者的意图行事,就得靠"威势",就得用"赏罚"!

其次,韩非子从人性自利自为角度出发,认为君主引导、控制民众的行为不能靠"德教"。韩非子说:"夫安利者就之,危害者去之,此人之情也。"(《奸劫弑臣》)趋利避害、好利恶害,是人之常情,这是韩非子对人的基本看法,与先秦其他诸子并无多大差别。韩非子对人性看法的特殊性在于他特别强调人追求利益而不择手段的一面。韩非子认为人是以追求自我利益最大化为目的,以对自己是否有利作为采取行动的基本动因。《六反》甚至说:"父母之于子也,产男则相贺,产女则杀之。此俱出父母之怀衽,然男子受贺,女子杀之者,虑其后便,计其长利也。"可见,人是自私的,唯利是图的,"算计"的理性支配着人的行为。韩非子特别强调"臣主异利"①,认为臣下给君主做事,完全是出于"利身"的目的,让他做对自身有害而对国家、对君主有益的事情是不可能的②。《备内》甚至说"为人臣者,窥觇其君心也无须臾之休",臣子不仅没有公

---

① 韩非子对人情的认识是透辟的,言人之所不言,但他无疑夸大了"臣主异利"的一面。他说"害身而利国,臣弗为也"(《韩非子·饰邪》)显然是不符合实际的。韩非子自己不就是个不怕害身而有意利国的人吗?(见《韩非子·问田》)另外,如果所有的臣子都是"重利"的,怎么还会有《韩非子·孤愤》所讲的"法术之士"呢?

② 韩非子说:"君臣异心。君以计畜臣,臣以计事君。君臣之交,计也。害身而利国,臣弗为也;害国而利臣,君不为也。臣之情,害身无利;君之情,害国无亲。君臣也者,以计合者也。"(《韩非子·饰邪》)还说:"主利在有能而任官,臣利在无能而得事;主利在有劳而爵禄,臣利在无功而富贵;主利在豪杰使能,臣利在朋党用私。"(《韩非子·孤愤》)还说:"君臣之利异,故人臣莫忠,故臣利立而主利灭。"(《内储说下六微》)还说:"君臣之际,非父子之亲也,计数之所出也。"(《韩非子·难一》)还说:"人臣之情非必能爱其君也,为重利之故也。"(《韩非子·二柄》)

心、全为私欲私利所占据，而且总是在不断窥探、想方设法利用君主的。总之，人与人之间是相互计较利害的，特别是君臣之间，这是人情的一般。韩非子对"人情"的这种分析在先秦诸子中绝无仅有的！

既然人是趋利避害的，既然君臣之间是"异利"的，那么君主对下属的激励、控制就不可能通过"德教"来实现。《六反》："父母之于子也，犹用计算之心以相待也，而况无父子之泽乎？今学者之说人主也，皆去求利之心，出相爱之道，是求人主之过于父母之亲也，此不熟于论恩，诈而诬也，故明主不受也。"父母对子女之间尚且计较算计，君臣之间又没有父母与子女之间的血缘亲情作为纽带就更不能通过"相爱之道"达到和谐的关系。《难一》说："夫以身为苦而后化民者，尧、舜之所难也；处势而矫下者，庸主之所易也。"通过自身的表率来达到"化民"的效果即使对尧舜来说也是困难的！

既然人情好利，趋利避害，以"计"相合，君主就要充分利用这一点。韩非子说："明主之道不然，设民所欲以求其功，故为爵禄以劝之；设民所恶以禁其奸，故为刑罚以威之。"（《难一》）还说："先王明赏以劝之，严刑以威之。赏刑明，则民尽死；民尽死，则兵强主尊。"（《饰邪》）正因为人有好利的欲望，所以通过"赏"就能劝勉人；正因为人有所恶，所以通过刑罚就能震慑人。《八经》："人情者，有好恶，故赏罚可用。"《制分》："夫死力者，民之所有者也，情莫不出其死力以致其所欲；而好恶者，上之所制也，民者好利禄而恶刑罚。上掌好恶以御民力，事实不宜失矣。"民情好逸恶劳，但是又能忍受劳苦而不惜付出生命，还是因为强烈的欲望所支配。因为他知道做了就能得到好处，不做就要受到惩罚。《六反》："夫陈轻货于幽隐，虽曾、史可疑也；悬百金于市，虽大盗不取也。"在韩非子看来，有效的领导并不在于利用被领导者的道德自觉，因为，即使如曾、史那样有道德的人在特定的环境下也可能做非法的事情。这个推论不免有以小人之心度君子之腹的嫌疑，但非常清楚地显示出，韩非子不太相信人具有道德自主性。从这个角度也能反证他特别强调、重视"二柄"这种刚性的控制机制的作用。

最后，在韩非子看来，人不仅好利，也好名声，好荣誉，人很在乎他人、社会对自己的评价。《诡使》："民之急名也，甚其求利也。"《八经》："民之重名与其重赏也均。"《外储说左上》："利之所在，民归之；名之所彰，士死之。"好名声、荣誉也是人好利的一种表现，"好名"与"好利"的区别在于，如果仅仅

第九章 韩非子以"循名责实"为核心的领导理论

"好利",他不会在乎别人的感受和评价,会为所欲为;如果"好名",这虽然仍是"好利"的表现,但他还在乎别人和社会的评价。因此,对于君主来说,也要充分利用人"好名"的心里,通过"毁誉"的方式,在评价上、舆论上满足人的这种较高层次的精神需要。

韩非子的领导激励理论是以其对人性的认识为理论基础的。《八经》说:"凡治天下,必因人情。"人既然好利又好名,还只服从于势,那么君主在激励臣民朝着领导目标前进过程中就得充分"因人情",利用人的这些特点。《诡使》:"圣人之所以为治道者三:一曰'利',二曰'威',三曰'名'。夫利者,所以得民也;威者,所以行令也;名者,上下之所同道也。非此三者,虽有不急矣。""利"就是"赏","威"就是刑罚。在他看来,利益、威势、名声是君主激励控制臣民行为的三大法宝,缺一不可!这就是君主为什么采取"赏罚"和"毁誉"的激励方式的原因所在。

第二,赏罚、毁誉激励的原则与方法。

韩非子迷信"权势"对人的控制作用,他对于君主有效赏罚提出了一系列看法。

其一,"赏功罚罪"是赏罚激励的第一要义。韩非子提出"夫刑当无多,不当无少"(《难二》)观点,认为刑罚得当,受罚的人即使再多也不应该宽免。如果因受罚的人多而宽免,本应受罚的人得不到惩罚,反而会伤害没有犯刑的人[①]。该罚而不罚,就会"惠盗贼者伤良民"、"利奸邪而害善人",侵害社会正义(见《难二》)。《主道》:"明君无偷赏,无赦罚。赏偷,则功臣堕其业;赦罚,则奸臣易为非。"《饰邪》:"主过予,则臣偷幸;臣徒取,则功不尊。无功者受赏,则财匮而民望;财匮而民望,则民不尽力矣。故用赏过者失民,用刑过者民不畏。有赏不足以劝,有刑不足以禁,则国虽大,必危。"韩非子强调,赏过其功,罚过其罪,人感觉不到公平,赏罚就起不到积极作用,反而会失去效力。韩非子再三反对"惠政"就是出于"赏功罚罪"的考虑。《难三》:"惠之为政,无功者受赏,则有罪者免,此法之所以败也。"《难二》:

---

① 张觉:"用刑只要与刑法及其罪行相当,最多也是合宜的;如果不相当,最少也不应该。当然这是从司法者的角度来说的。如果从立法的角度来说,则不可无视其量,因为量有时也可体现质。用刑'太多'往往是由立法'不当'造成的。"(张觉:《韩非子校疏析论》,北京:知识产权出版社,2011年,第892页)可见,韩非子强调"罚"之"当"是真确的,但却忽视产生犯罪更为复杂的社会因素,未免失之偏颇。

"夫发囷仓而赐贫穷者，是赏无功也；论囹圄而出薄罪者，是不诛过也。夫赏无功，则民偷幸而望于上；不诛过，则民不惩而易为非，此乱之本也。"韩非子特别反感领导者对"无功"者给予恩惠，在他看来这违背了"赏功罚罪"的基本原则①。《二柄》甚至说："群臣其言大而功小者则罚，非罚小功也，罚功不当名也；群臣其言小而功大者亦罚，非不说于大功也，以为不当名也，害甚于有大功，故罚。"在他看来，赏罚不仅要其当功罪，而且要当其言说。臣下的言说，由言说而举的事情，由事情而产生的效果，三者必须一致。这是韩非子强调"赏功罚罪"理论的一种延伸。君主如果按照这样严苛的"赏功罚罪"原则进行监督激励臣下，臣下说话必须谨慎小心，赏、罚的激励作用势必大打折扣！

其二，"赏罚必信"是赏罚激励的另一重要原则。赏罚的有效性不仅取决于当不当，而且取决于信不信。领导者在主观上知道何事当赏何事当罚，但他却做不到这一点，那么，赏罚的作用也发挥不出来。《外储说左上》："赏罚不信则禁令不行。"《内储说上七术》："刑罚不必则禁令不行。"信赏罚、必刑罚的目的就是要让赏罚可以预见，进而发挥赏罚积极的激励作用。从赏罚当而必信的角度出发，赏罚就不能夹杂个人感情，对所有人都应该是公平的。《主道》："诚有功，则虽疏贱必赏，诚有过，则虽近爱必诛。疏贱必赏，近爱必诛，则疏贱者不怠，而近爱者不骄也。"只要有功，不管亲疏贵贱都能"必赏"；只要有过，不管远近爱恶都能"必罚"。这样就能使亲疏、贵贱、远近、喜恶的人都得到激励。《内储说上七术》："爱多者则法不立。"排除主观好恶，做到冷静客观，是赏罚必信的前提，也是赏罚必信原则的应有之意。

其三，"厚赏重刑"的激励作用更好。韩非子在《六反》篇批评了"轻刑"观念，明确强调"厚赏重刑"。《六反》："赏厚，则所欲之得也疾；罚重，则所恶之禁也急。……重罚者，盗贼也；而悼惧者，良民也……若夫厚赏者，非独赏功也，又劝一国。"在他看来，赏罚作为鼓励和禁止人行为的方式，厚赏、重罚能够更快实现君主所期望的"劝"、"禁"目的，而且厚赏、重罚的激励震慑不仅对当事者发生作用，而且对整个社会成员都能发生

---

① 韩非子这个观点自然有一定道理，但他忽视了"贫穷者"和"薄罪者"之所以产生的复杂社会原因。从这一点看，让人觉得他缺乏同情心，容易为人非议！

第九章 韩非子以"循名责实"为核心的领导理论

作用。《五蠹》:"赏莫如厚而信,使民利之;罚莫如重而必,使民畏之。""厚赏"更能引导人"趋利",进而达到劝进的作用;"重刑"更能引导人"避害",进而减少、抑止犯法。韩非子认为"厚赏重刑"、"严刑峻法"对臣民才真正有利!

其四,赏罚要明确、可预期。韩非子认为君主应该让臣民明确做哪些事会受赏、做哪些事会受罚。《五蠹》:"法莫如一而固,使民知之。""一"一般解释为"统一","固"一般解释"固定"。法令统一、固定而且让人知道,这一点非常重要。有学者指出:"奖励最好是一种长期奖励,这种奖励最大的好处是可以避免短期行为,使当事人自觉地工作。"① "一而固"强调君主赏罚必须基于一定的稳定的统一制度。《外储说右下》:"爵禄生于功,诛罚生于罪,臣明于此,则尽死力而非忠君也。"臣下对做什么会得赏、受罚非常明确,才能顺着君主设立赏罚的预期目标走。也就是说,对臣民来讲预期的结果越清楚,越可信,赏罚的激励作用就会越大。《外储说左下》:"以罪受诛,人不怨上……以功受赏,臣不德君。"因犯罪而受惩处,被惩处者不会怨恨君主;因功而受到赏赐,受赏的人也不会感恩君主。《难三》:"今有功者必赏,赏者不得君,力之所致也;有罪者必诛,诛者不怨上,罪之所生也。民知诛罚之皆起于身也,故疾功利于业,而不受赐于君。"臣民之所以不会"德君"、不会"怨上"就在于他清楚地知道"有功者必赏"、"有罪者必诛",即对自己采取行动所得到的结果有明确的预期,"法"达到这种"一而固"程度,赏、罚激励实际上已经内化于心,即人们会按照赏罚的要求采取自觉行动。在这种情况下他不担心所作所为是否是上司所需要的或不需要的,不用担心其他外力的干扰。

其五,"赏利一":让民众获取利益的途径只能有一条。《诡使》认为:"常贵其所以乱,而贱其所以治,是故下之所欲,常与上之所以为治相诡也。"君主在主观上想要甲,或者说,做甲对君主有实实在在的好处,但在客观上君主却尊崇乙。结果,君主所期望的和臣民所争取的正好相反。因此,领导者主观上所倡导的必须与实际行为所倡导的相符,不能嘴上倡导、弘扬甲,实际行动上却要的是乙。君主所欲与所为相诡,不仅导致社会价值会取向混乱,而且会削弱领导者的威信,种种激励措施也会失效。为此,韩非子提出"赏利一"的观

---

① 俞文钊:《管理心理学》(第三版),大连:东北财经大学出版社,2008年,第97页。

点。《诡使》:"赏利一,从上出①,所以善制下也;而战介之士不得职,而闲居之士尊显。上以此为教,名安得无卑,位安得无危?"据该句上下文意,"赏利一"是说:臣下从君主那里得到的"赏利"只能有一种途径。君主希望人勇于打仗,却将"赏利"给了"闲居之士",就不可能把人引导到他所期望的途径去。"赏利一"即是《商君书》所讲的"利出一孔"。韩非子在《诡使》、《八说》、《显学》、《五蠹》等文论之颇详。韩非子认为,君主的目的是富国强兵,应该把民众引导到"本务"和"攻战"上,只有这样才能达到领导目的。他认为,人的特点是"皆就安利如辟危穷",如果"无耕之劳而有富之实,无战之危而有贵之尊",人都愿意去做这种事情,谁还愿意做哪些苦差事和危险的事情?相反,"耕之用力也劳",人却愿意做是因为可以得"富";打仗是危险的事情,民众愿意去做,是因为这样做可以得"贵"。因此,君主要把人引导到耕战上,就必须坚持"利出一孔",不能让"末作"之人、文学言谈之人"富"且"贵",只有这样才能把臣民引向"公利"。所以他说:"明主用其力,不听其言;赏其功,必禁无用;故民尽死力以从其上。"(《五蠹》)君主赏有功而禁无用,才能把人引导到耕战上去。可以清楚地看出,韩非所谓"赏功"之"功"事实上主要是指在耕战方面做出成绩。

最后,"赏誉同轨,非诛俱行":赏誉一致,罚毁一致,相互配合,赏罚才能真正发挥作用。韩非子在强调物质刺激引导作用的同时,也非常重视毁誉评价的精神刺激引导作用。《外储说左下》:"誉所罪,毁所赏,虽尧不治。"给予得罪者"誉",而给予得赏者"毁",即使是尧当君主也不可能把天下治理好。因此,对犯罪者给予名誉上的非毁,对有功而得赏的人给予名誉上的赞誉,赏、罚的效果才能显现,领导目的才能达到。《内储说上七术》:"赏誉薄而谩者下不用,赏誉厚而信者下轻死。"可见,韩非子不仅强调厚赏罚,而且强调厚赏誉,即对有功或有罪者除了给予厚赏、厚罚外,精神上、舆论上的赞赏或非毁也要给够、给足!这样才能把人的潜能完全激发出来。《八经》说:"赏者有诽焉,不足以劝;罚者有誉焉,不足以禁。"受赏者未能在精神层面得到赞赏,人就不

---

① 学者一般将此句读为"赏利一从上出",认为"赏利一从上出"意思是"奖赏一律从君主手中发放出来"(见张觉:《韩非子校疏析论》,北京:知识产权出版社,2011年,第1030—1033页)。据该句前后文意,笔者认为"赏利一"断句,"赏利一,从上出"不仅强调"赏利"全部得自君主,而且强调"赏利"不能"二"而应"一"。

可能正真得到激励；受罚者如果得到赞誉，罚要达到的禁止作用就不可能发挥！总之，必须将赏罚与毁誉结合起来，统一起来，才能对臣民发挥真正的、充分的激励作用。张觉在评论韩非子这一思想时说："物质奖励虽然是一种强化性的激励措施，但能激励人的不只是'利'，'名'同样能激励人。出于自尊的需要，人们会有较高层次的精神需求，所以毁誉同样可以成为有效的激励手段。……韩非关于利用毁誉的主张，不但符合古代统治实践的需要，也符合现代管理实践的需要，它对于禁止邪恶的功效绝不亚于赏罚，所以值得我们重视。"① 这可看作韩非子"誉辅其赏，毁随其罚"激励思想的积极意义和价值。

但问题并没有如此简单。韩非子更进一步认为君主应把名誉和奖赏给对国家做有用的事的人，君主应把名誉和奖赏给为君主所设爵禄而奋斗的人。韩非子说"赏必出乎公利，名必在乎为上"（《八经》）②。也就是说，符合君主公法、公利的行为才应该得到奖赏和鼓励！实际上就是要把人引导到君主所设定的追求名利的道路上去。《外储说左下》："臣以卑俭为行，则爵不足以劝赏。"韩非子当然希望臣下廉洁，但并不希望其廉洁到利益都无法打动的地步，如果到了这种地步，爵禄对他不起作用，君主就无法控制他，这是君主所不能容忍的。《八说》："使人不衣不食而不饥不寒，又不恶死，则无事上之意。意欲不宰于君，则不可使也。"赏罚要利用人欲望，对于没有欲望的人，君主所设置的赏罚措施就不起作用，这种人很危险，要不得呀！《五蠹》："境内之民，其言谈者必轨于法，动作者归之于功，为勇者尽之于军。"君主应把民众都引导到耕战上，对民众行为的判断要以是否有用，是否有功劳为标准。君主不应该给隐逸之士、文学之士、养生之士等人群以生存立足之地，也不能鼓励这种行为。张觉说："韩非要使所有的人都投身于农战以求'国富''兵强'，把一切人格、个性都熔铸到君主统一天下的欲望之中，这虽然是政治理论家一贯的思维逻辑，但这种只为君主考虑的功利主义思想无疑太狭隘了。"③ 蒋重跃说"韩非子是把臣民当成了有智力的工具"④，臣民"成为听任王权摆布和驱使的驯服工具"⑤。这些批评仍是值得重视的。从领导激励的角度来看，韩非子"人本观念"是非常淡薄

---

① 张觉：《韩非子校疏析论》，北京：知识产权出版社，2011年，第1101—1102页。
② 韩非子这方面的论述颇多，见《六反》、《五蠹》、《八经》诸篇。
③ 张觉：《韩非子校疏析论》，北京：知识产权出版社，2011年，第1135页。
④ 蒋重跃：《韩非子政治思想研究》，北京：北京师范大学出版社，2010年，第138页。
⑤ 蒋重跃：《韩非子政治思想研究》，北京：北京师范大学出版社，2010年，第141页。

的,他的激励理论总体上是充分利用人好利、好名的心理。这种激励方法和原则虽能收到一时之功,但不可长久!其偏颇之处显而易见!

总的来看,韩非子希望君主通过"赏罚"加"毁誉"的激励手段把臣民引导到君主所设定的公利、公法上,臣民的其他行为是不应该得到奖赏和肯定的。充分体现出韩非子强调功利、强调一元化思想领导的价值取向。与儒家、道家相比,韩非子没有期望通过领导实现人命得遂的价值关怀。

七、以"虚静"为本的领导者素养

不管是领导用人、决策,还是激励赏罚,都要求领导者有很高的素养。韩非子说"明君无为于上","人主之道,静退以为宝"(《主道》)。"无为"、"静退"均可从君主的内在素养方面理解。《扬权》说:"虚静无为,道之情也。"君主既然"贵独道之容"(《扬权》),就该模拟"道"的样子,"道"的本质就是"虚静"。《解老》:"知治人者,其思虑静;知事天者,其孔巧虚。"因此,不管是"道论"出发,还是从个人品质修养来看,领导者的根本素养概括起来就是"虚静","虚静"是君主最可宝贵之"德"。

第一,"虚静"之内涵。

在《解老》中韩非子从"致德"的一般层面说:"凡德者,以无为集,以无欲成,以不思安,以不用固。为之欲之,则德无舍;德无舍,则不全。用之思之,则不固。"落实到君主,则可以说,明君要保全其"德",根本在于"无为"、"无欲"、"不思"、"不用",概括言之即是"虚静"。在韩非子看来,行为、欲望、思虑、耳目根本上影响德之聚散,是心体能否虚静的关键。笔者以为,韩非子所讲"虚静"包含以下几方面意思:

首先,"虚静"即虚其孔窍,无欲无为。韩非子《解老》说:"人有欲,则计会乱;计会乱,而有欲甚;有欲甚,则邪心胜;邪心胜,则事经绝;事经绝,则祸难生。"[①]还说:"视强则目不明,听甚则耳不聪。"还说:"空窍者,神明之户牖也。耳目竭于声色,精神竭于外貌,故中无主。中无主则祸福虽如丘山无从识之。"(《喻老》)还说:"孔窍虚,则和气日入。"(《解老》)在韩非子看来耳目是精神的门户,"欲甚"、"强视"、"听甚",是很危险的;用其耳目、有欲有

---

① 陈奇猷认为"经"、"径"古通,并说"事经绝者,谓不缘理行事也"。陈奇猷:《韩非子新校注》,上海:上海古籍出版社,2000年,第408页。

第九章 韩非子以"循名责实"为核心的领导理论

为则精神竭于外,和气不能入。

其次,"虚静"即静其思虑,循理而动。韩非子《解老》说:"知治人者,其思虑静……思虑静,故德不去。"还说:"思虑过度,则智识乱。"还说:"圣人之用神也静,静则少费,少费之谓啬。啬之谓术也,生于道理。夫能啬也,是从于道而服于理者也。"笔者以为,韩非子所讲"虚静"不是不用思虑神智,也不是少私寡欲,而是将"思虑"、"嗜欲"、"私智"、"用神"置于"道理"之限度内,根本上在于动静有节,依理而动。

再次,"虚静"即掩迹匿端,不显智能。韩非子说:"不见其采,下故素正。"(《扬权》)陈奇猷说"采"即"文彩","一切超乎寻常之表情、动作以及语言等皆是文彩",还说"所欲、意、好、恶、旧、智,皆是超乎寻常之表情,故属于文彩之列"①。《主道》说:"函掩其迹,匿其端,下不能原。"在此,不管是"不见",还是"掩迹"、"匿端",皆是强调不表现,不外露,将主体的知情意藏起来。也就是他所谓的"虚静以后,未尝用己"(《扬权》)。

陈奇猷说:"韩子所谓虚静,有其特殊之意义,非如老氏以无思无欲为虚静也。"② 通过上述分析可以看出,韩非子讲的"虚静"虽有"制欲"、"无为"等与老子相通的一面,但却毫无超越意象,更为重要的是,他强调"虚静"动静有节、循理而动和掩迹匿端、不显智能的一面。在韩非子看来,君主只有以"虚静"为德,虚其孔窍,静其思虑,掩迹匿端,才能生发出积极和消极两方面的效用。

第二,心体"虚静"的积极作用。

一些学者认为,韩非子讲的"虚静"是君主自神之术,有一定道理,但却忽视了君主心体"虚静"的积极作用。笔者认为,在韩非子看来,君主"虚静"至少有两方面的积极作用。

首先,持守虚静,才能用众。韩非子认为君主应该"使智者尽其虑"(《主道》)。那么,怎样才能做到用人之智能呢?韩非子《主道》说:"有智而不以虑,使万物知其处;有行而不以贤,观臣下之所因;有勇而不以怒,使群臣尽其武。是故去智而有明,去贤而有功,去勇而有强。"在韩非子看来,要想用众人之智能,君主就要不表现自己的智能和勇力,这即有"君子以虚受人"(《周

---

① 陈奇猷:《韩非子新校注》,上海:上海古籍出版社,2000年,第147页。
② 陈奇猷:《韩非子新校注》,上海:上海古籍出版社,2000年,第69页。

易·咸卦·大象》）之意。

其次，持守虚静，才能公正。君主如何才能公正呢？韩非子《解老》还说："夫能啬也，是从于道而服于理者也。"所谓"啬"即是不以私欲、智识蔽其心，如此才能"从于道而服于理"，这即是"虚无，服从于道理"（《解老》）之意。服从于道理才能公正。

熊十力《韩非子评论》解释"圣人执一以静，使名自命，令事自定"时说："此中一者谓道。圣人守道以静，静则心虚明，无有私意私欲，故可审合形名也。"[①]韩非子强调"虚静以待令"，实即强调君主只有心体"虚静"才能"令名自命也，令事自定"，才能不以私欲害公法。李泽厚《中国古代思想史论》说："韩非承继道家传统……要求极端冷静；只有冷静，才能心'虚'，才能客观地去认识对象；主观的喜怒情感便容易使人产生成见和偏见。"[②] 可以说，君主只有心体"虚静"才能服从于道理，做到客观公正。

第三，心体"虚静"的消极作用。

韩非在《解老》说："虚者，谓其意无所制也。"还说："虚者之无为也，不以无为为有常"。（《解老》）实即强调"虚"的内在能动性。韩非子讲"虚静"不仅是为君主用众、公正提供内在说明外，更重要的是强调君主应虚以待物，随时而动，时刻准备积极出击。

首先，虚静则知几。《易传》说："几者，动之微。"（《系辞下》）君主如何才能知几微呢？《解老》说："体道则其智深，其智深则其会远。其会远，众人莫能见其所极。"在韩非子看来，体道则心体虚静，心体虚静则"智深"，"智深"则所见所感为人所不及，即是"会远"。"会远"即是知道变化细微处。熊十力《韩非子评论》说："《易》曰'知几其神乎'，非虚静而不离于道者，何可知几？韩子之学，足以语于知几否，吾不能知，然能知致虚静之要，斯可谓立本矣。"[③] 可以说，心体虚静才能知"几"，知"几"才能随物而变。韩非子说："知微之谓明。"（《难四》）韩非子经常讲到的"明主"，即是守持虚静之体、知几善变、神妙莫测之主。

其次，虚静则周密。能"周密"对于君主来说是一件重要的事情。君主如

---

① 熊十力：《韩非子评论·与友人论张江陵》，上海：上海书店出版社，2007年，第30—31页。
② 李泽厚：《中国古代思想史论》，北京：生活·读书·新知三联书店，2008年，第100页。
③ 熊十力：《韩非子评论·与友人论张江陵》，上海：上海书店出版社，2007年，第33页。

第九章　韩非子以"循名责实"为核心的领导理论

何才能"周密"呢?《八经》说:"明主,其务在周密。是以喜见则德偿①,怒见则威分。"可见,"周密"的关键是君主不"见"好恶。"不见"即是退藏于密,也就是韩非子所谓的"虚静"。可见,只有"虚静"才可能"周密"。君主之"周密"与"神"是密切相关的,君主能够虚静周密则神自在其中矣。

再次,虚则知实,静则制动。施觉怀《韩非评传》说:"《韩非子》中的虚静却并不是清静无为,'虚'是要君主处于暗处,仿佛虚空一般,令人不可捉摸,以自己的'虚'了解臣下的'实'。'静'是要君主冷静,从而窥伺臣下的活动,达到以静制动的目标。"② 这是韩非子所讲"虚静"的特别之处。《主道》说:"虚静无事,以暗见疵。"还说:"虚则知实之情,静则知动者正。"在韩非子看来,"虚静"即是掩藏智虑,如此才能以暗见明、以静制动、以虚知实。

总的来看,韩非子强调领导者应该具备"虚静"素养,由"虚静"既可以发出据理做事的冷静与明慧,也可以发出藏而不露的"装"的品质③。韩非子讲"虚静"是其对君主"智能"素养方面的强调。需要注意的是,韩非子强调"赏功罚罪"、"厚赏重刑"。但是,他讲到君主应该以严刑峻法来治国时多次以父母教子为例。他认为,父母对孩子严苛,才能管教好孩子,避免其犯错,这才算是对孩子负责任。《心度》说:"其与之刑,非所以恶民,爱之本也。"这其中多少反映出对臣民的一点爱护。韩非子讲君主应该"不仁不爱",但韩非子反对的"仁爱"主要指"妇人之仁"。《亡征》:"不为人主之孝,不顾社稷之利,而听主母之令,女子用国,刑馀用事者,可亡也。"在韩非子看来,君主对父母的孝,应表现在对国家社稷的绝对忠诚上,如果为了所谓的"孝顺"而不顾社稷的安危,这是不对的。从这些材料来看,韩非子笔下的领导者实际上还是要有一定的道德品质的,只是在他看来,领导者的道德应该是深沉的,表现出来应该是严苛的那种。

韩非子还注意到领导者的个性因素。他认为领导者个性方面的缺陷会导致

---

① 陈奇猷说:"此谓君见其喜于某人(主喜即是德),则臣下资君此德取偿于其人。"陈奇猷:《韩非子新校注》,上海:上海古籍出版社,2000年,第1072页。
② 施觉怀:《韩非评传》,南京:南京大学出版社,2002年,第186页。
③ 领导要防止被利用要具备"不见"的"装"的本领。这一点非常重要,韩非子格外强调。与荀子等儒家主张的"宣明"的观点恰好相反。张觉:"作为一个政治家,必须胸有城府而深藏不露,即使被有些人视为阴森冷漠也不必在意。深沉镇静,应该是政治家的基本素质之一。"(张觉:《韩非子校疏析论》,北京:知识产权出版社,2011年,第246页)因此,韩非子讲"虚静"具有积极的意义。

亡国。在他看来领导者要有强毅的果断力，不能优柔寡断。《亡征》："怯慑而弱守，蚤见而心柔懦，知有谓可，断而弗敢行者，可亡也。"在他看来，领导者不能刚愎自用，过分自信。《亡征》："很刚而不和，愎谏而好胜，不顾社稷而轻为自信者，可亡也。"他还认为领导者心胸狭窄，性情急躁，容易冲动是很危险的。《亡征》："变褊而心急，轻疾而易动发，心悁忿而不訾前后者，可亡也。"在韩非子看来，领导者对个性上的偏执应该高度警惕，力求戒绝。在一定程度上反映出领导成效与领导者个性是有关联的。

韩非子对领导者的作风问题也提出自己的看法，强调领导者不应该为"自节而节"①。《说疑》："为人主者，诚明于臣之所言，则虽罼弋驰骋，撞钟舞女，国犹且存也；不明臣之所言，虽节俭勤劳，布衣恶食，国犹自亡也。"张觉评论说："在韩非看来，为君之道，不求小节，君主只要能明察臣子所言，知人善任，那么即使到处游玩、寻欢作乐，也不会亡国；否则，即使节俭勤劳，也难保政权。……韩非将君主的生活作风与政治品质截然分开，虽然有悖于传统的道德观，其实也是符合政治规律的，因为君主的生活作风固然会影响到政风，但决定政治成败得失的关键还是君主所采取的一系列政治措施而不在其生活作风。"② 这样的评价是有道理的。韩非子这方面的论述与传统观念是有很大分歧的。但是韩非子也说过"人主肆意陈欲曰乱"（《八说》），说明韩非子是反对君主纵欲的，不过要分清主次罢了！在君主制下这是相对比较务实理性的观念。

要做到韩非子笔下理想的领导者事实上并不是件轻松容易的事情。韩非子一面批评"恶自治之劳惮"（《三守》），强调君主应不怕劳累；另一方面又讲"无为于上"，强调君主虚静无为。按照韩非子对君主素养的论述，他对领导者的道德素养确实要求不高，但是，他讲君主应该"行制也天"、"用人也鬼"、"挟智而问"、"倒言反事"，这岂是"中主"所能办得到的？总的来看，韩非子理想的领导者实际上需要高度的聪明智慧。

小　结

韩非子认为领导者必须有独尊的权威，这既是维护自身安危的需要，也是

---

① 《韩非子·难三》："有君以千里养其口腹，则虽桀、纣不侈焉。齐国方三千里而桓公以其半自养，是侈于桀、纣也；然而能为五霸冠者，知侈俭之地也。为君不能禁下而自禁者谓之劫；不能饰下而自饰者谓之乱；不节下而自节者谓之贫。"

② 张觉：《韩非子校疏析论》，北京：知识产权出版社，2011年，第1018页。

维系群体统一性的需要。韩非子认为领导行为的特点是"执要"、"无形",领导者要抓住要点,体现出无形的特点,才能掌控全局。韩非子认为领导者工作的核心是"循名责实",体现在社会控制方面就要"依法治国",建立明确法制系统,让臣民有法可循;君主在用人、决策等方面的工作说到底也是"循名责实",即依照一定的组织结构和法制标准,通过施行赏罚实现对臣下的控制。韩非子认为人性自为自利,父子君臣"以计合",对人的看法太过消极阴暗,由此导致的结果是,他不相信绝大多数人有道德自觉的能力,君主也不可能用道德激励的方式赢得民众的支持,而应通过"势"来使人服从。特别是他认为君臣在利益取向上是根本对立的,没有看到君臣合作共赢的一面,未免失之偏激。韩非子认为君主治国当以富国强兵为目的,应该恰当使用"赏罚"加"毁誉"的激励方式把民众引导到对"公利"有用的事情上来,强调领导在思想价值导向上的一元性,体现出韩非子领导思想的专制性特点。

第十章 《吕氏春秋》以"兼收并蓄"为特色的领导理论

《吕氏春秋》是由吕不韦主持编撰的一部结构严整的著作,《汉书·艺文志》将之列于"杂家"。刘泽华在《先秦政治思想史》中说"《吕氏春秋》的杂,并不是杂糅或杂凑",认为《吕著》之杂是"有见解的,有选择的,因此可以称之为一家"①。牟钟鉴甚至认为"《吕氏春秋》确实能够自立体系,自成一家"②。明确讲"为君之道"在《吕氏春秋》中非常突出,甚至有学者指出:君道思想是"贯通全书的主要线索"③,"君道观思想是全书的核心"④。《吕氏春秋》中大量的君道论包含着丰富而深刻的领导思想。王成说:"《吕氏春秋》作为先秦领导思想的总结性著作,很好地融合了诸子学说之长,建立了比较完善的领导思想体系。"⑤ 吕著领导理论明显地体现着兼收并蓄的"杂家"特点。

一、领导者是人类社会存在和发展的内在需要

《吕氏春秋》认为领导者的存在是国家天下治乱的关键。《先己》:"昔者,先圣王成其身而天下成,治其身而天下治。"《审为》:"身者,所为也;天下者,所以为也。审所以为,而轻重得矣。"《务本》:"安危荣辱之本在于主。"在先秦

---

① 刘泽华:《中国政治思想史集》(第一卷),北京:人民出版社,2008年,第447页。
② 牟钟鉴:《〈吕氏春秋〉与〈淮南子〉思想研究》,北京:人民出版社,2013年,第102页。
③ 崔存明:《试论〈吕氏春秋〉的君道思想》,《中国社会科学院研究生院学报》2005年第5期,第119—124页。
④ 刘传红:《〈吕氏春秋〉君道思想探析》,西南政法大学硕士学位论文,2010年,第3页。
⑤ 王成:《先秦诸子领导思想的现代解析》,北京:中国大百科全书出版社,2006年,第279页。

第十章 《吕氏春秋》以"兼收并蓄"为特色的领导理论

诸子著作中,《墨子》、《慎子》、《商君书》、《荀子》等对为什么要有领导者都做过理性的分析,《吕氏春秋》从多个理论角度对这一问题的进行了综合性分析。

第一,领导者是解决社会纷争的需要。《荡兵》:"未有蚩尤之时,民固剥林木以战矣,胜者为长。长则犹不足治之,故立君。君又不足以治之,故立天子。天子之立也出于君,君之立也出于长,长之立也出于争。"《荡兵》认为"兵之所自来者上矣,与始有民俱",可以说,兵争是自人类产生即有而且长期存在的社会现象。在人类社会早期,谁打胜了,谁就掌握领导权,即其所谓的"胜者为长"。随着社会组织的不断扩大,就需要与之相适应的领导者。可看出,吕著认为人类社会早期的领导者是通过争夺而建立其领导地位的。这与《商君书·开塞》讲的"贤者立中正"解决纷争的说法是不一样的。君主、天子之立是解决兵争问题的历史必然。由于社会有纷争,所以才需要领导者。这是《荡兵》这段话揭示的基本道理。如果从反面说,有了领导者,就能解决纷争。《荡兵》的这一观点与《慎子》立君"通理止争"的说法有一致的地方。

第二,领导者是保障人群共同利益的需要。《恃君》:"凡人之性,爪牙不足以自守卫,肌肤不足以捍寒暑,筋骨不足以从利辟害,勇敢不足以却猛禁悍。然且犹栽万物,制禽兽,服狡虫,寒暑燥湿弗能害,不唯先有其备,而以群聚邪!群之可聚也,相与利之也。利之出于群也,君道立也。故君道立则利出于群,而人备可完矣。"人的身体条件比不上动物,但却能生存发展下来是由于人能"群聚",人之所以会"群聚"则在于"群聚"能使人相互得利。陈奇猷说:"明此文之意,系谓君道之所以立,乃由于群众之利益所促使而然也。"[1] 为了确保利是为了"群",这就需要有道之君。为君之道之所以成立,就在于君主能确保对"群"之利。由此可见,领导者是在人类群聚的过程中产生的,为了保障人群的共同利益需要有领导者。

第三,领导者是保证群体统一性的需要。《不二》:"夫能齐万不同,愚智工拙,皆尽力竭能,如出乎一穴者,其唯圣人矣乎!"人人各有所好,才能智愚也不一样,怎样才能让所有的人都尽力,朝着一个方向前进呢?在吕著看来,必须有个能够统一群体的领导者。《执一》说:"王者执一,而为万物正。军必有将,所以一之也;国必有君,所以一之也;天下必有天子,所以一之也;天子

---

[1] 陈奇猷:《吕氏春秋新校释》,上海:上海古籍出版社,2002年,第1333页。

必执一,所以抟之也。一则治,两则乱。"作者认为天子"执一"所以"抟之也"。"抟"即聚也,群也。天下有天子,一国有国君,才有可能使之"抟"而"一"之。任何团体要凝结为一体,就必须有执持统一标准来凝聚群体的领导者,即其所强调的"一则治,异则乱"(《不二》)。没有领导者,没有领导者施行的统一的标准,一个团体的统一性是不可能存在的。因此,领导者是保证群体统一性的内在需要,也是保证群体存在的内在需要。

第四,现实纷争和历史经验说明要有领导者。《恃君》:"此四方之无君者也。其民麋鹿禽兽,少者使长,长者畏壮,有力者贤,暴傲者尊,日夜相残,无时休息,以尽其类。圣人深见此患也,故为天下长虑,莫如置天子也;为一国长虑,莫如置君也。"吕著认为天下国家要有秩序而不乱,天下就要有天子,一国就要有国君。这是从实例来说明领导者存在的必要性。《谨听》:"乱莫大于无天子。无天子则强者胜弱,众者暴寡,以兵相残,不得休息,今之世当之矣。"《观世》:"今周室既灭,天子既废。乱莫大于无天子,无天子则强者胜弱,众者暴寡,以兵相刬,不得休息而侁进,今之世当之矣。"《慎势》:"先王之法,立天子不使诸侯疑焉,立诸侯不使大夫疑焉。立適子不使庶孽疑焉。疑生争,争生乱。"出处不同篇章的三句话,均在强调天下要有序而不乱就必须要有天子,这可看作是对历史经验的总结。

总体来看,吕著认为领导者的产生是历史发展的必然结果,是制止现实政治争斗的需要,是维护群体共同利益的需要,也是保证群体统一性的需要。由此,领导者的功能和作用也必然体现在为公利、为群体上。

二、"养生"、"为公"、"行理"是领导活动的价值取向

从《吕氏春秋》对为什么要有领导者的理性分析即可看出,它必然将领导者的根本价值取向定位在群体的利益上。这一点在《吕氏春秋》中表现得非常突出。笔者以为主要体现在以下几个方面:

第一,领导者要"养天之所生"。《本生》说:"始生之者,天也。养成之者,人也。能养天之所生而勿撄之,之谓天子①。天子之动也,以全天为故者也。此官之所自立也,立官者以全生也。"此段引人注目的是"能养天之所生而

---

① "之谓天子"应为"为天子"。陈奇猷:《吕氏春秋新校释》,上海:上海古籍出版社,2002年,第23页。

第十章 《吕氏春秋》以"兼收并蓄"为特色的领导理论

勿撄之谓天子"这一命题。字面意思可译为:"能够保养上天创造的生命而不摧残它,这样的人称作天子。"① 这个命题可有两种不同的理解:一是,天地生万物,包括人类在内,天子的职责就是生养天地所生之万物而不摧残它们。二是,天子就是能保全(或养)天所赋予自己的生命而不伤害它的人。如果按第二种方式来理解,那么"立官以全生",就只能理解为:立官是为了全天子之生的。如此理解,官员以及政府机构都是为了君主自身的存在而设,这显然是违背《贵公》所谓"凡主之立也生于公"的意思。有学者认为此处的"官"是"五官"、"器官"的"官",那么,下文"多官而反以害生"就难于解通了②。"立官以全生"的"官"只能当"官吏"的"官"来理解,那么,"养天之所生"的"生"就一定不是指君主个人之"生",而是万物(包括人类)之生。这样,我们只能按第一种方式来理解"能养天之所生而勿撄之谓天子"这一命题了。它揭示的意思就是:能养天之所生的万物才叫天子,天子的活动以养天下万物为出发点和归宿点,天子的一举一动皆以"全生"或"养生"为目的。"立官"也是为了全(或养)天之所生,而不是害天之所生。那么,"能养天之所生而勿撄"这一命题是对领导者的价值取向的根本规定。

第二,领导者要为公。这种观念在吕著中是比较突出。《贵公》:"凡主之立也,生于公。"还说:"天下非一人之天下也,天下之天下也。阴阳之和,不长一类;甘露时雨,不私一物;万民之主,不阿一人。……天地大矣,生而弗子,成而弗有,万物皆被其泽、得其利,而莫知其所有始,此三皇五帝之德也。"君主本身因公而立,既不是为了自己,也不是为了天下之某物,这正是天子养天下之生观念的延伸或另一种说法。而"主之立生于公"观念的产生与作者对天道的体悟有关。《去私》:"天无私覆也,地无私载也,日月无私烛也,四时无私行也。行其德而万物得遂长焉。"可以看出,天地公而无私,就在于它能养万物之生,而没有自己的私欲、私利。圣王效法天道而行,就是为公。从这个角度说,"天下非一人之天下也,天下之天下也"的"公天下"观念,与我们近现代讲的天下为公、主权在民的思想是截然有别的,但此种观念的价值和意义也非常明显,即把"君"的本质定位在"生万物"上,而非为己之"私"上。这无

---

① 张双棣等:《吕氏春秋译注》(修订本),北京:北京大学出版社,2011年,第11页。
② 陈奇猷辨析"官"为官吏之"官",而非五官之"官"。陈奇猷:《吕氏春秋新校释》,上海:上海古籍出版社,2002年,第23页。

疑与道家对"道"的理论预设是一脉相承的。老子讲"道""为而不恃",即体现出"道"生养万物而无私的特性。"道"之所以是"公"而"不私",因为它生养万物,而没有给哪个多哪个少。君主应该顺应天道"生"物的规律,而不偏私某一物,更不能以己之私害群生。"主之立生于公"实际上是对"养天之所生而勿撄为天子"观念的分疏。《恃君》说:"君道何如?利而物利章。"陈奇猷说"利而物利章"即"利而勿利"①。高诱认为"利而勿利"即"务在利民,勿自利也"②。可见,"利而勿利"只不过是"贵公"观念的另一种说法。

第三,领导者要行理。《当染》说:"凡为君,非为君而因荣也,非为君而因安也,以为行理也。""为君行理"是《吕氏春秋》对领导者根本价值取向的另一种概括。应当说是"养天之所生"观念的进一步深化。在吕著看来,领导者是道义的承载者,他的行为目的应该是彰显社会道义。《振乱》说:"凡为天下之民长也,虑莫如长有道而息无道,赏有义而罚不义。"这就给判断领导活动的是非曲直提出了非常高的价值标准。《劝学》说"理胜义立则位尊矣","遗理释义,以要不可必,而欲人之尊之也,不亦难乎?"此语虽针对师道而言,但道理通用。它揭示出,领导者要真正获得人的尊重,根本上在于"理胜义立",如果做不到这一点,是不可能让别人信服的!

总之,领导者的根本价值取向是生养万物,是为公而不是为私,是利物而不自利,是替天行道。《爱类》:"人主有能以民为务者,则天下归之矣。"《吕氏春秋》对领导价值的讨论是深刻的,体现出强烈的人本关怀,在今天也是值得我们借鉴的。

三、"无处"、"无为"是领导者的行为特点

明君臣之"分"是《吕氏春秋》的一贯主张,君臣之分的一个重要内涵就是:君、臣有不同的事情要做,君主作为领导者与臣下相比有着不同的行为特点。《吕氏春秋》从不同理论层面对君臣之分进行了多角度的分析和论述,深刻地揭示了领导者的行为特点,它认为领导活动的特点体现为圆通性、因应性等。

第一,"主执圜":领导者无分职,领导行为周流不息。《圜道》明确提出"主执圜,臣处方"的命题,认为"方圜不易,其国乃昌"。"主执圜"是对君主

---

① 陈奇猷:《吕氏春秋新校释》,上海:上海古籍出版社,2002年,第1336页。
② 陈奇猷:《吕氏春秋新校释》,上海:上海古籍出版社,2002年,第48页。

第十章 《吕氏春秋》以"兼收并蓄"为特色的领导理论

(领导者)行为特点的明确概括。"圜"的内涵是什么?这可从它对"天道之圜"的解释概括出来。《圜道》:"何以说天道之圜也?精气一上一下,圜周复杂,无所稽留,故曰天道圜。""圜周复杂,无所稽留"是天道运行的总规律和总特点,用现在的话说就是:"天道"运行不息,周而复始,没有留止。《圜道》篇进而从日月运行、万物生杀等自然现象层面论证"圜道"存在的普遍性。根据《序意》"有大圜在上,大矩在下,如能法之,为民父母"的逻辑,《圜道》讲天道"圜"的用意是非常清楚的,就是要说明"主执圜"有着"天道"方面的依据。吕著从"圜道"存在的普遍性进而引申出"帝无常处也,有处者乃无处也"的观点,是《圜道》篇的一个重要理论落脚点。如上所说,天道"圜"的特点是运行不息,周而复始,没有留止,那么,作为君主也应效法天道,做到这一点,吕著借用"黄帝"的话说就是"无常处",这就与"臣处方"的有"常处"形成鲜明区别。"无常处"与《审分》所谓的"君者无任"道理也是一致的。

　　从"主执圜"到"无常处"可揭示出很多内容:在领导者主体修养上要保持"九窍"的高度灵敏和效力就不能"有所居",高注说"居犹壅闭也"①,因为"一窍有所闭塞则八窍皆虚而不实"②。从"圜道"角度理解,就是说:主体的情、意、欲不能蔽于一曲,而应是流转畅通的。领导者的主体精神要保持集中、专一的同时,又要随物流转。《圜道》说"唯而听,唯止;听而视,听止",陈奇猷说"此皆说明一窍用而它窍虚"③。作为领导者不可能不听、不说、不视,但根据《圜道》的意思,在说、听、视时都要精神集中专一,同时,视听言动作为一复杂过程,主体又要保持精神的流动性,没有这种流动性,主体掌握到的信息只能是片段,所以《圜道》说"一不欲留,留运为败"。"执圜"即意味着不执着于具体事项,没有偏见。

　　与"万物殊类殊形,皆有分职"不同,"主执圜"还说明,"君主"不是万物殊类中的一员,而是无形无体,没有具体的分职。万物殊类殊形,各自独立,各有功能,"不能相互役作"。从职位上说,"主执圜"说明主无职位,即"无常处"④。"主执圜"突出说明:领导者行为特点是不处、不留。一有留、处,就意

---

① 陈奇猷:《吕氏春秋新校释》,上海:上海古籍出版社,2002年,第180页。
② 陈奇猷:《吕氏春秋新校释》,上海:上海古籍出版社,2002年,第181页。
③ 陈奇猷:《吕氏春秋新校释》,上海:上海古籍出版社,2002年,第181页。
④ 《吕氏春秋·分职》还说:"君者固无任,而以职受任。"

味着领导把自己放在了万物的位置上，使自己有了如"臣"一样的"分职"，也意味着嗜欲充盈看不到全体，照顾不到全局。因此，"主执圜"的命题揭示了领导活动两个方面的特点：一是领导者无分职，无常处；二是领导行为应该是周流不息的。

第二，"因者，主术"：领导行为特点是因应。吕著从领导者自身有限性角度解释君臣之分，认为领导者的行为特点是"因应"。《任数》："耳目心智，其所以知识甚阙，其所以闻见甚浅。以浅阙博居天下，安殊俗，治万民，其说固不行。十里之间，而耳不能闻；帷墙之外，而目不能见；三亩之宫，而心不能知。"领导者自身的知识见闻是非常有限的，而整个天下的事情又非常繁多，领导者单凭自身的智虑去领导天下是不可能的。为此，领导者要善于"因"。《任数》说："因者，君术也；为者，臣道也。""因"就是"因应"。君主之"因"与臣下的"为"相对。《任数》还说："人主以好暴示能，以好唱自奋，人臣以不争持位，以听从取容，是君代有司为有司也，是臣得后随以进其业。君臣不定，耳虽闻不可以听，目虽见不可以视，心虽知不可以举，势使之也。"领导者不能"因"，而"好暴示能"、"好唱自奋"，势必为越俎代庖，不仅有违君道，而且让臣下也没有办法尽职。《任数》："至智弃智，至仁忘仁，至德不德。无言无思，静以待时，时至而应，心暇者胜。""因"的主体条件是"弃智"、"忘仁"、"不德"，即使有智、有仁、有德，也不表现出来，而应"无言无思"，表现出"静"的特点。在主体"静"的基础上做到"时至而应"。"静"的目的是让主体据"时"而能"应"，保持高度机动性。概括起来，"因者，君术也"，其要点有三：静、时、应。"静"是前提，"时机"是要领，"应"是目的。所谓"因"就是主体在"静"的基础上随时而应。陈奇猷："贵因者，贵于因时因势而行事也。"① "时"是个时空概念，"因时"，包含因势的意思。领导者应该根据时间、地点环境随时机动。如果臣有"常处"，那么，君则无"常处"，要根据实际情况随时做出决断！《任数》认为领导者能做到这一点，不仅能克服自身有限性，避免越走代庖，而且能达到"无唱有和，无先有随"领导效果。

第三，"执一"：领导活动的特点是把握根本和整体。"执一"、"知一"观念主要分布在《圜道》《不二》、《执一》、《为欲》、《有度》等篇。《论人》："知一，

---

① 陈奇猷：《吕氏春秋新校释》，上海：上海古籍出版社，2002年，第935页。

第十章 《吕氏春秋》以"兼收并蓄"为特色的领导理论

则应物变化,阔大渊深,不可测也。……故知知一,则可动作当务,与时周旋,不可极也。……知知一,则若天地然,则何事之不可胜,何物之不应!"《为欲》:"圣王执一,四夷皆至者,其此之谓也!执一者至贵也,至贵者无敌。"《有度》:"先王不能尽知,执一而万物治。使人不能执一者,物感之也。"《大乐》:"先圣择①两法一,是以知万物之情。"概括起来,"知一"、"执一"意味着:应物变化,与时周旋,知万物之情,治万物。之所以会有这样的效用是与其对"道"的理论预设是密切相关的。《圜道》:"一也齐(者)至贵,莫知其原,莫知其端,莫知其始,莫知其终,而万物以为宗。"《论人》:"凡彼万形,得一后成。""一"一般解释为"道","道"是万物的宗本,万物都本源于"道"。同时,"道"大"无形"。《大乐》:"道也者,视之不见,听之不闻,不可为状。"概括起来,"一"是事物的本源、根源,"一"也意味着整体与统一。因此,抓住"一",就抓住了根本。"执一"强调领导行为是带有源头性和根本性的,事关事物的整体性和统一性。

概括起来,领导者"执一"把握住事物的源头、总开关,才能确保组织的整体性和统一性;领导者要"执圜",运行不息,圜复不留,让主体处于超越状态;领导者要"因应",不表现智能情意,根据实际情况因应变化。《任数》:"君道无知无为。"《分职》:"夫君也者……能执无为,故能使众为。"还说:"无智、无能、无为,此君之所执也。"《君守》说:"君也者,以无当为当,以无得为得者也。当与得不在于君,而在于臣。"君主所处之位是特殊的是,他"执圜"、处"无常"、处"无当",也即是"无为"。这些观念显然与道家、黄老等思想有密切联系!

需要注意的是,吕著还讲"欲为天子,所以示民,不可不异也"(《功名》),"先圣王成其身而天下成,治其身而天下治"(《先己》),强调领导者以身示范的积极作用,体现出一定的儒家领导思想特点。《应同》依据"类固相召,气同则合,声比则应"原理,讲"君同则来,异则去",认为"尧为善而众善至,桀为非而众非来",强调领导者的表率作用。但《先己》还说:"反其道而身善矣;行义则人善矣;乐备君道而百官已治矣,万民已利矣。三者之成也,在于无为。"显然将在"治身"之上又加了一层"无为",认为"无为"更为根本。

---

① 俞樾认为"择"为"释"之误。见陈奇猷:《吕氏春秋新校释》,上海:上海古籍出版社,2002年,第267页。

吕著一面讲"因",一面讲"表率"、"示范",体现出吕著"杂"的特点。不过,从另一个角度讲,吕著实际上认为领导者的行为特点应该是"无为"和"有为"的统一,把道家理论与儒家理论融合起来的倾向明显!

四、"论人"体现领导者的用人职能

选拔、任用贤能的人是领导者的"要务"。《当染》:"君者,劳于论人,而佚于官事,得其经也。不能为君者,伤形费神,愁心劳耳目,国愈危,身愈辱,不知要故也。"吕著认为"劳于论人"是君主的"要务",强调君主在选人、用人方面的重要性。与《墨子》相比,吕著在这方面讲得更多、更充分。

《士节》:贤主劳于求人,而佚于治事。

《先识》:贤主得贤者而民得,民得而城得,城得而地得。

《求人》:得贤人,国无不安,名无不荣。

《孝行》:凡为天下,治国家,必务本而后末。所谓本者,非耕耘种植之谓,务其人也。

《察贤》:立功名亦然,要在得贤。

《期贤》:凡国不徒安,名不徒显,必得贤士。

"求人"、"得贤"、"务其人"皆是从不同角度强调君主选人用人的重要性。《吕氏春秋》还讲"察忠臣"[①]、求"廉士"[②]、礼贤下士[③]的重要性。这些思想不一定新颖,却比较全面。吕著把选人、用人作为领导者的重要职能是非常明显的!

第一,领导者为什么要将选人用人作为"要务"?刘建军认为"领导活动与组织目标之间的间接性是所有领导活动所共有的特性","通过动员与激励促使别人来实现领导者自己的领导目标,是领导活动与其他活动的最大不同"[④]。吕著提出"用非其有"观点,强调领导者只有善于任人,避免自任,才能实现领导目标。《圜道》:"主也者,使非有者也。"《分职》:"先王用非其有如己有之,通乎君道者也。"庞慧认为《圜道》的"使非有者"与《分职》的"用非其有"

---

① 《吕氏春秋·恃君》:"忠臣察则君道固矣。"
② 《吕氏春秋·离俗》:"人主之欲得廉士者,不可不务求。"
③ 《吕氏春秋·骄恣》:"欲无壅塞,必礼士;欲位无危,必得众;欲无召祸,必完备。三者,人君之大经也。"《吕氏春秋·观世》:"若夫有道之士,必礼必知,然后其智能可尽。"
④ 刘建军:《领导学原理:科学与艺术》(第二版),上海:复旦大学出版社,2003年,第29页。

第十章 《吕氏春秋》以"兼收并蓄"为特色的领导理论

的"意义并无差别"①,其重要内涵是指"君主应该任臣之能而非自任其事"②。这均是从不同角度强调君主用人的重要性。对领导者为什么要"用人",吕著还从不同角度给予了深入的论述。《审分》认为"人主必审分",君主"审分"首先是要审"君臣之分",明确君、臣各自的职责范围。《审分》说:"今以众地者,公作则迟,有所匿其力也;分地则速,无所匿迟也。主亦有地,臣主同地,则臣有所匿其邪矣,主无所避其累矣。"吕著认为,君主和臣下同耕一地,要避免臣下不偷懒是不可能的,而且君主自身不免要负累。因此,它强调"主亦有地",认为即君主有君主特定的事情要做。《审分》进而提出"为善难,任善易"命题,认为君主与其自己为"难为"之"善",不如任他人之"善"。《审分》举例子说,人肯定跑不过马,但是,如果人坐在车上让马来拉,马就不可能比人跑得快。因此,它说:"夫人主亦有居车,无去车,则众善皆尽力竭能矣,谄谀诐贼巧佞之人无所窜其奸矣,坚穷廉直忠敦之士毕竟劝骋骛矣。人主之车,所以乘物也。察乘物之理,则四极可有。不知乘物而自怙恃,夺其智能,多其教诏,而好自以,若此则百官恫扰,少长相越,万邪并起。"也就是说,领导者能力是有限的,什么事情都亲自去做是办不到的,领导者要做的事情是驾车,拉车的工作由马来做。领导者驾马拉车是"任人善"而不是"自为善"。马有人驾,才会被管好,才能竭尽全力。因此,领导者要超越自己能力的有限性就不能自为"难"事,而应"任善"、"乘物"。《用众》:"物固莫不有长,莫不有短。人亦然。故善学者,假人之长以补其短。故假人者遂有天下。"物有长短,人也如此。君主自然也不可能是"全能"的。因此,君主必须"假人之长以补其短",这样才能实现领导天下的目标。《用众》还说"凡君之所以立,出乎众也",认为大凡君主的确立,是出于众人的力量③。因此,它还说"以众勇无畏乎孟贲矣,以众力无畏乎乌获矣,以众视无畏乎离娄矣,以众知无畏乎尧、舜矣。夫以众者,此君人之大宝也"(《用众》)。在它看来,依靠众人的"勇"、"视"、"智"就没有人能抵挡得过!这是强调领导者只有通过"用众"才能实现

---

① 庞慧:《〈吕氏春秋〉对社会秩序的理解与建构》,北京:中国社会科学出版社,2009年,第163页。
② 庞慧说:"战国时人所说的'用非其有'包含两层意思:一指君主应任臣之能而非自任其事,一指圣人能够用人之民,有人之国。……尽管《吕氏春秋》对这两种意义上的'用非其有'都曾采纳,但被它当作一种普遍性的君道原则而一再加以阐说的,其实只是君臣分职意义上的'用非其有'。"庞慧:《〈吕氏春秋〉对社会秩序的理解与建构》,北京:中国社会科学出版社,2009年,第165页。
③ 王范之:《吕氏春秋选注》,北京:中华书局,1981年,第53页。

领导目标。总之，不管是《审分》中的人、马之喻，还是《用众》讲的物有长短，都说明个人能力是有限的。君主必须通过"用人"才能克服自身的有限性，也只有通过"用人"才能实现对社会的领导。

第二，领导者"用人"的核心是管好官员。《务本》："民之治乱在于有司。"《知度》："治天下之要，存乎除奸；除奸之要，存乎治官。"君主要想治理好天下最终要落实在对"有司"的管理上，"治官"是君主用人的核心工作。吕著认为君主应不自任事，而应做到"知百官之要"（《知度》）。做到"知百官之要"就能防止奸邪专权，就会"事省而国治"（《知度》）。怎样才算是"知百官之要"呢？《审分》说："有道之主，其所以使群臣者亦有辔。其辔何如？正名审分，是治之辔已。""正名审分"是君主使臣之"辔"，是君主控制臣下、使之效忠的方法。"正名审分"就是在明确君臣分职基础上，要明确臣下之分职。"正名审分"也可说是君主组织职能的体现。

首先，君主明"君臣之分"是"治官"的前提。《任数》："人主好暴示能，以好唱自奋，人臣以不争持位，以听从取容，是君代有司为有司也，是臣得后随以进其业。君臣不定，耳虽闻不可以听，目虽见不可以视，心虽知不可以举，势使之也。……君臣易操，则上之三官者废矣。"可见，作为君主不能"代有司"，君主自己首先要有明"君臣"之分的自觉意识，弄清楚自己的位置和要做的事情。君臣职分不"定"，君主即使能听能看能虑，势必为臣下壅塞而不明①。可见，君主要做好"治官"的工作，先要自己明确自己的分位，知道自己该干什么！

其次，君主明"臣臣之分"是"治官"的关键。所谓"臣臣之分"是指臣下各自的分位和职责。《圜道》从"天道"层面论述"万物殊类殊形，皆有分职"，进而认为"臣处方"是"天道"之必然。《圜道》说："先王之立高官也，必使之方。"范耕研解释说："方者圜之对也。圜之道在通，方之道在于定。"②王范之译"必使之方"为"必定使其职守分明"③。意思非常明白，君主立官，就要明确官职的职责。官职有明确职责，就明确了为官的具体内容和界限。"立官必使之方"必然意味着，君主在制度上应当对官职的职责及其界限有明确的规定。如果没有制度上的规定，也就无所谓"职守分明"。明"臣臣之分"说到

---

① 《吕氏春秋·分职》："人主处人臣之职，而欲无壅塞，虽舜不能。"
② 陈奇猷：《吕氏春秋新校释》，上海：上海古籍出版社，2002年，第185页。
③ 王范之：《吕氏春秋选注》，北京：中华书局，1981年，第41页。

第十章 《吕氏春秋》以"兼收并蓄"为特色的领导理论

底就是在制度上对官员的职责及其关系给予明确的规范,这是管理官员的根本。《审分》还提出"名正则人主不忧劳","名不正,则人主忧劳勤苦,而官职烦乱悖逆矣"。"名"的内涵丰富。就君臣活动来说,君的活动(形)就有与之相应的君之"名";臣的活动(形)就有与之相应的臣之"名"。在组织系统中,不同职位人员的活动(形)与之相对应的官职就是"名","名正"意味着在组织系统中官员的职位是明确的,官员能够按照"官职"(即"名")来行动。《审分》说:"不正其名,不分其职,而数用刑罚,乱莫大焉。""不正其名"、"名不正"意味着在组织系统中官员活动没有按照其相应的"官职"(即"名")来行事。《审分》说:"至治之务,在于正名。"一个重要的内涵就是强调君主应当对官职的职责及其关系进行明确的规范和界定。从君主的角度说,他要做的是"正名",或者叫"审分",即根据其官职之"名"、"分"审定其行为活动。《圜道》说:"百官各处其职,治其事以待主,主无不安矣。"对君主而言,君臣职权明确,百官各处其职,君主要做的就是督责臣下的行为。这就是《知度》所谓的"督名审实,官使自司"。当然,要实现这一点,除了明确臣下之职责外,还要君主不自智、自巧,做到"去想去意,静虚以待"(《知度》)。这是吕著关于官员管理所提出的基本方法和原则。

需要注意的是,明"君臣之分"、"臣臣之分"不仅包括明确君臣以及臣臣各自的职责,还包括明确君臣上下的伦理分位。《处方》:"凡为治必先定分:君臣父子夫妇。君臣父子夫妇六者当位,则下不逾节而上不苟为矣,少不悍辟而长不简慢矣。"《处方》还说:"同异之分,贵贱之别,长少之义,此先王之所慎,而治乱之纪也。"所谓"定分"显然是肯定由礼所规定的伦理分位。陈奇猷说"定君臣上下之分者,法家家法也"①,显然有失偏颇。《审分》篇讲"正名"虽不涉及伦理分位的内涵,但"正名之说"在理论上能够把此项内容包括进去。

总的来看,"君者固无任,而以职受任。工拙,下也;赏罚,法也;君奚事哉?若是则受赏者无德,而抵诛者无怨矣,人自反而已。此治之至也。"(《分职》)君主管理臣下就这么简单,让臣下做事,自己按照"法"做好赏罚就行了!《处方》:"凡乱也者,必始乎近而后及远,必始乎本而后及末。……其本也者,定分之谓也。"君主治国是"治近不治远",治"近"的关键就是"定分"。

---

① 陈奇猷:《吕氏春秋新校释》,上海:上海古籍出版社,2002年,第1041页。

做到这一点的前提是君臣分职。"正名审分"不仅意味着君主要明确君臣之间、臣臣之间的职责功能之"分",充分发挥组织在官员管理中的作用,也意味着君主要有意识地强化君臣上下各自的伦理分位,发挥伦理在官员管理中的作用。在组织系统中,明确组织成员的岗位职责和伦理要求,领导控制才有可能。这是《吕氏春秋》"兼收并蓄"的表现之一。

第三,"教"是领导者管理臣下的重要方法和原则。《吕氏春秋》除讲通过"正名审分"控制臣下以外,还讲"教"。认为君主通过"教"能获得臣下更好的效忠。吕著认为,君主要像"师"一样有教育臣子的责任。《诬徒》说:"达师之教也,使弟子安焉、乐焉、休焉、游焉、肃焉、严焉。此六者得于学,则邪辟之道塞矣,理义之术胜矣;此六者不得于学,则君不能令于臣,父不能令于子,师不能令于徒。"张双棣等认为此篇"旨在讨论教学的原理"①。但,据"此六者不得于学,则君不能令于臣"之语可知,《诬徒》所理解的"教"和"学"并非一般意义上的"师徒"之间的"教"与"学",它所理解的"达师"之"教"对处理君臣关系也是有效的,说明君主要想有效支使臣下,要掌握为"师"的手段。《诬徒》:"善教者则不然。视徒如己,反己以教,则得教之情矣。所加于人,必可行于己,若此则师徒同体。"很明显,"师"之"教"要达到"使弟子安焉、乐焉、休焉、游焉、肃焉、严焉"理想状态,他就必须"视徒如己,反己以教",强调的是为师者"对待学生如同对待自己,教人时能设身处地"②,在教的过程中应注意"人之情",诱导学生之"乐",发挥其内在积极性。不仅应设身处地,还要成为学生的行为模范。《尊师》:"身成则为人子弗使而孝矣,为人臣弗令而忠矣。""身成"则"为人臣弗令而忠"是个很有意思的命题。显然,君主要想使臣下效忠于己,应该注意成臣下之"身"。"成身"显然是君臣双方的责任,君主应该承担"教"之以"义"的责任。

由此可见,《吕氏春秋》在强调"审分"这种刚性的管理臣下的手段的同时,也注意到应该使用更为积极的方式,即基于人情的"教"。做到这一点,臣下对君主的服从,就不仅仅是基于利害、畏惧心的"威服",而是心悦诚"服"。《应同》说:"物之从同,不可为记。……同气贤于同义,同义贤于同力,同力贤于同居,同居贤于同名。"《吕氏春秋》从"类固相召,其气则合"感应理论

---

① 张双棣等:《吕氏春秋译注》,北京:北京大学出版社,2011年,第92页。
② 王范之:《吕氏春秋选注》,北京:中华书局,1981年,第48页。

第十章 《吕氏春秋》以"兼收并蓄"为特色的领导理论

出发,强调君臣"同气"的重要性。"气"说虽很神秘,但可以看到,君主对臣下的臣服控制最为理想的状态似乎并不在于"审分",而在于"同气",此种理想不能不说是高妙的,而这一点则是申韩讲不出来的。

第四,君主要用敢于直言的人,这是君主用人的重要原则。吕著认为君主寻求贤能的人不要看身份,不管远近,强调君主用人不能被"戚爱习故"所妨碍①。同时,它还认为君主用人要注意"贵直"。《贵直》:"人主之患,欲闻枉而恶直言。"君主爱听好话,不爱听直言,因此必须"贵士",因为"士"敢于"直言"。《直谏》:"不肖主无贤者。无贤则不闻极言,不闻极言,则奸人比周,百邪悉起。若此则无以存矣。"君主如果不用敢于说"极言"的贤人,就会导致奸人比周的情况出现。《壅塞》:"亡国之主不可以直言。不可以直言,则过无道闻,而善无自至矣。无自至则壅。"从听言决策的角度说,君主应该能够听得进"直言",只有这样才能"闻过",才能避免决策失误。《自知》认为"人故不能自知,人主犹甚",因此主张"人主欲自知,则必直士"。君主用"直士"才能帮助自己"自知"。

第五,君主用人是否有效,最终取决于"知人"。要把人放在恰当的位置上,就得对人有深入的了解。吕著《论人》提出"八观六验"之法,讲述观察人、评价人的方法,仍值得借鉴。《举难》提出"以全举人固难,物之情也"的观点,主张用人不能求全责备。

最后,不管是通过"教",还是通过"审分",君主管理控制臣下是否真正有效,都取决于君主自身。《先己》:"欲论人者,必先自论;欲知人者,必先自知。"《知度》:"治官之要,存乎治道;治道之要,存乎知性命。"显然,君主"论人"在于"自知","治官"最终在于养身修德②。

五、"制令"体现领导者的决策职能

决策是领导者的重要职能,吕著对领导者的决策职能有明确认识。《大乐》:"一也者制令,两也者从听。"陈奇猷说:"一是道、是君,两是万物、是臣。为

---

① 《吕氏春秋·求人》:"先王之索贤人,无不以也。极卑极贱,极远极劳。"还说:"贤主之于贤者也,物莫之妨,戚爱习故不以害之,故贤者聚焉。"
② 见陈奇猷对"知性命"的解释。陈奇猷:《吕氏春秋新校释》,上海:上海古籍出版社,2002年,第1109页。

君者制令，为臣者听从。"① 按照陈先生的解释，"一"指君主，君主是"制令"者，"两"是指"臣"，臣是执行命令者。《大乐》这一命题从君、臣对待关系中明确地规定了君、臣的各自职责。君主相对臣下而言，是"制令"者，是决策者。《圜道》："令者，人主之所以为命也，贤不肖安危之所定也。"范耕研解释说："此言号令者，人主恃以为命者也，出于主之口，复归于主所，圜周上下，贤者能之，不肖者不能，此安危之所由定也。"② 发号施令，作出决策，事关全局，是君主权威的体现，是君主的命根子。《重言》："人主之言，不可不慎。"《慎小》："将失一令而军破身死，主过一言而国残名辱，为后世笑。"君主出"言"为"令"，"言"与"令"皆指决策的结果。《论威》："其令强者其敌弱，其令信者其敌诎。"有学者指出"决策决定着组织的整体活动效能"③，应当说吕著对此有明确认识。

第一，领导决策的原则。

首先，"法天地"是领导者决策的基本原则。这一原则在吕著"十二纪"中体现得最为明显。君主不仅要根据天象、物候、时令等特点规划自己的吃穿住行，而且应当实施相应的政令，如果所行之"令"与当月的天地之道运行规律不符合，就会带来负面、消极的后果。显然，"十二纪"强调领导决策必须遵循天地之道，制定决策必须与自然规律相符合。"十二纪"体现的是阴阳家的观点，如果以今天的科学决策观点来看，"法天地"的决策原则多少有些教条和迷信，但它无疑揭示了一个很重要的道理：领导者的决策活动，带有战略性、全局性，其决策活动事关天人和谐，应当谨慎行事。同时也说明，领导者的决策活动必须考虑"天"、"地"这个大环境。

其次，领导者要结合实际情况进行决策。《圜道》："令圜，则可不可、善不善无所壅矣。无所壅者，主道通也。"注家对此句的理解分歧很大，未能把握要领④。

---

① 陈奇猷：《吕氏春秋新校释》，上海：上海古籍出版社，2002年，第267页。
② 陈奇猷：《吕氏春秋新校释》，上海：上海古籍出版社，2002年，第184页。
③ 梁仲明：《领导学通论：理论与实践》，北京：北京大学出版社，2007年，第99页。
④ 注家对此句的解释值得商榷。高注说："不可者能令之可，不善者能令之善，化使其然也。皆通之，故曰：'无所壅。'"陈奇猷认为高注不对，认为"可不可、善不善非谓令之本身"。笔者认为陈说是。但陈先生解释此句时却说："令可之事、令不可之事、令所善之事、令所不善之事，皆能通行无阻，官吏不敢壅蔽。"笔者认为陈先生的解释不对。(陈奇猷：《吕氏春秋新校释》，上海：上海古籍出版社，2002年，第183页) 王范之翻译此句为："号令周遍，反行复归如圆，那么不可的能使其可，不善的能使其善，就无所壅塞了。"(王范之：《吕氏春秋选注》，北京：中华书局，1981年，第41页) 笔者认为此译也不通。

第十章 《吕氏春秋》以"兼收并蓄"为特色的领导理论

笔者认为,"令圜"是吕著提出的关于决策的重要命题。据《圜道》篇可知,"圜"有无"稽留",圆通,流转无息等意思。"令圜"是说君主的决策也应该是"圜",应当与"天道"一样是圆通的,流转不息的。"令圜"实际上强调君主的决策应该根据实际的情况作决定,根据实际情况来决定事情就能体现"天道""不留止"、"无常处"的特点。根据实际情况可以的就"可",不可以的就"不可",善的就"善",不善的就"不善",这样的决策行为才叫"圜",才能通行无阻。君主的决策通行无阻,为君之道就实现了。根据实际情况进行决策的观念并非《圜道》篇独有。《不广》:"智者之举事必因时。"强调举事必须"因时"。《察今》:"世易时移,变法宜矣。"还说:"凡举事必循法以动,变法者因时而化,若此论则无过务矣。"还说:"因时变法者,贤主也。"《察今》所谓"因时变法",实际上强调领导者要根据世事的变化制定相应的法令。《遇合》:"时不合,必待合而后行。""时"有时机的意思,"时"更代表特定时间所关涉的环境。因此,不管是"因时举事"还是"因时变法"都强调领导者决策要根据实际情况,这是领导决策是否有效的根本。《首时》:"圣人之所贵,唯时也。……故人虽智而不遇时,无功。"还说:"天不再与,时不久留,能不两工,事在当之。"领导者根据实际情况进行决策就要掌握时机,抓住机遇,不能等待。

最后,领导决策要以"义理"为本,寻求大利。这是领导决策应持的价值导向。吕著提出"从义断事"命题。《召类》:"凡谋者,疑也。疑则从义断事。从义断事,则谋不亏。谋不亏,则名实从之。"根据事情的道理进行决断是决策的重要原则,只有这样"谋"才不会亏损。在此基础上吕著说:"利不可两……不去小利,则大利不得……故小利,大利之残也。"(《权勋》)还说:"天下之士也者,虑天下之长利,而固处之以身若也。利虽倍于今,而不便于后,弗为也;安虽长久,而以私其子孙,弗行也。"(《长利》)在决策过程中,是求小利还是求大利,是经常发生的事情。吕著认为,领导者决策应该着眼长远,以"长利"为目标。《上德》:"义之为利博矣。"《无义》:"义者,百事之始也,万利之本也,中智之所不及也。不及则不知,不知趋利。"由此,可以看出,利和义应该统一起来,只有以"义"支撑起来的利,才是根本的利,是大利。说到底,领导者决策当以义理为本。

第二,"善听"是领导者决策的要领。

"听"是搜集、综合信息的过程,"善听"是领导者正确决策的前提。《知度》说:"凡朝也者,相与召理义也,相与植法则也。"听朝,是君臣上下一起招致义理、确立法则的过程,即决策过程。《先识》:"人主之务,在乎善听而已矣。"决策是否有效,取决于君主是不是"善听"。吕著将"善听"作为"人主之务"体现着对领导者获取信息在领导决策过程中的重视。

首先,"听言"根本方法是循名责实。《听言》:"听言不可不察。"吕著认为君主听言应该详细审议。它认为人往往不在"所疑"的地方犯错,而在"所不疑"的地方犯错;不在自己"所不知"的地方犯错,而在"所以知"的地方犯错。所以,对于"不疑"、"已知"的,必须"察之以法,揆之以量,验之以数"(《谨听》),只有时刻注意考察审验臣下进言,才能避免决策失误。《淫辞》:"言心相离,而上无以参之,则下多所言非所行也,所行非所言也。言行相诡,不祥莫大焉。"在吕著看来,"言"本来是"谕意"的(《离谓》),但却有"言意相离"、言不由衷的情况,君主如果"无以参",臣下言行不一的情况就会更多,这是不祥的征兆。《审分》:"按其实而审其名,以求其情;听其言而察其类,无使放悖。"《知度》:"有职者安其职,不听其议;无职者责其实,以验其辞。此二者审,则无用之言不入于朝矣。"这均是强调,"听言"时要把进言者所进之言与其实效进行对比核查。另外,领导者听言时,先不要急着发表自己的看法,要做到"言不欲先"(《审应》),否则臣下就不能尽其所言。领导者在听言的时候应该坚持"人昌我和,人先我随"(《审应》)的原则,让进言者畅所欲言①。在此基础上"以其出为之入,以其言为之名,取其实以责其名"(《审应》),把进言者所说作为判断其行为的依据,通过循名责实,判断其进言与其所行是否相合。君主如果能做到这一点,"说者不敢妄言",《审应》篇认为这是君主"所执其要"。

其次,领导者"听言"应秉持相应的态度、具备一定的素养。《审应》:"凡听必反诸己。"领导者"听言"的效果往往取决于自身。吕著认为领导者"善听",就要敢于听"直言"、"逆言"(《壅塞》),避免"不知而矜自用,好愎过而恶听谏"(《似顺》),还要"通乎己之不足"(《谨听》)。当然,领导者获取信息

---

① 《吕氏春秋·谨听》:"愉易平静以待之,使夫自得之;因然而然之,使夫自言之。"陈奇猷解释说:"为君者听臣下言事,当虚心以待之,己不言其事,而事臣下言及之。"还说:"听言之时,然然诸诸,使臣下言之,而己不言说也。"陈奇猷:《吕氏春秋新校释》,上海:上海古籍出版社,2002年,第711—712页。

的效果不仅与其态度有关,也与其学识素养有关。《去尤》:"世之听者多有所尤,多有所尤则听必悖矣。所以尤者多故,其要必因人所喜与因人所恶。"有学者认为"尤"当为"囿","谓有所拘蔽"①。吕著认为,听言者往往为主观成见所蔽,一有所蔽,听必悖谬。因此,要避免决策失误,就要尽可能"去尤"。《听言》:"凡人亦必有所习其心,然后能听说。不习其心,习之于学问。不学而能听说者,古今无有也。"通过"习其心"、"学问"深化认识、提升思维水平是"去尤"的重要方法。领导者只有不断有意识地训练心智,才能善于"听说"。《先己》:"商、周之国,谋失于胸,令困于彼。故心得而听得,听得而事得,事得而功名得。"决策成效取决于听言,而听言则根本在于"心得"。《谨听》讲尧舜都是以"耳"断事而不惑就在于能"反性命之情"②。这给领导者决策提出了很高的要求。

最后,领导者听言的不能被"民意"左右。《乐成》:"民不可与虑化举始,而可以乐成功。"《乐成》:"使民知可与不可,则无所用矣。贤主忠臣,不能导愚教陋,则名不冠后、实不及世矣。……诚能决善,众虽喧哗,而弗为变。"这和商鞅、韩非子的相关论调一致,民众是愚昧无知的,是受教育的对象。君主决策不能为民意所左右。这多少与《顺民》所讲的"凡举事,必先审民心,然后可举"有些矛盾。《不二》:"听群众人议以治国,国危无日矣。"领导者决策如果"听众人之议"就会致乱,这很像是继承韩非子《显学》的思路。

六、"托爱利以行威":领导激励的原理与方法

怎样使人服从、激发人尽心尽力工作,这对领导者来说是永恒的话题。吕著认为"诸众齐民"与"有道之士"是有区别的③,不同的人所看重的东西是不一样的④,"君子"的行径有着不同于流俗的地方⑤,它甚至发出"人心之不同,岂不甚哉"(《介立》)的慨叹。因此,领导者要激励人、控制人的行为,就得采取综合的方式方法,它提出"托爱利以行威"的命题,认为通过"爱"的道德

---

① 许维遹:《吕氏春秋集释》,北京:中华书局,2009年,第289页。
② 高注"反,本"。陈奇猷:《吕氏春秋新校释》,上海:上海古籍出版社,2002年,第714页。
③ 《吕氏春秋·观世》:"诸众齐民,不待知而使,不待礼而令。若夫有道之士,必礼必知,然后其智能可尽也。"
④ 《吕氏春秋·诚廉》:"人之情,莫不有重,莫不有轻。有所重则欲全之,有所轻则以养所重。"
⑤ 《吕氏春秋·高义》:"君子之穷通,有异乎俗者也。"

激励,在满足人欲望基础上,再给予"威"的强制,就能实现对人的激励和控制。吕著对这一问题的论述有着多元的理论依据,明显体现着兼收并蓄的杂家特点。

第一,德义激励是领导激励的根本。

领导者为什么要通过"爱"、通过道德来激励控制人的行为?吕著对此的论述有以下几个方面的依据。

首先,吕著从感应论角度出发,认为人是可以相感而通的。这是领导者以德、义激励人之所以可能的重要依据。《圜道》:"精行四时,一上一下,各与遇,圜道也。""精"是指"精气"①。这是说精气上下流通是天道之所以为"圜"的原因所在。事实上,"精"的观念至战国末期而大为流行,不少学者承认在人的生命之中也有一种可称为"精"的东西,可以与天地之"精"相感通,也可以与天下之人相感通,吕著发扬了这一观念②。可以说,"精气"是人与自然,人与他人相互感通的媒介和基础。徐复观说,吕著"既强调天人相感相应,又强调灾变与政治是否合乎月令的关系,自必更强调同类相感的观念"③。可以看出,吕著强调"天地万物,一人之身也"(《有始》),强调人作为自然的一员,人与人不仅能感通,而且人与自然也是可以感通的。既然人是可以相互感通的,从"类固相召,气同则合,声比则应"(见《应同》、《召类》)理论出发,领导者对民众的激励引导就可以通过"爱",通过"道义"来实现。

《精通》:若草莽之有华实也,若树木之有根心也。虽异处而相通,隐志相及,痛疾相救,忧思相感,生则相欢,死则相哀,此之谓骨肉之亲。神出于忠而应乎心,两精相得,岂待言哉?

《精通》:悲存乎心而木石应之。故君子诚乎此而谕乎彼,感乎己而发乎人,岂必强说乎哉?

《具备》:三月婴儿,轩冕在前,弗知欲也;斧锧在后,弗知恶也;慈母之爱,谕焉。诚也。故诚有诚乃合于情。精有精乃通于天。乃通于天,水木石之性,皆可动也,又况于有血气者乎?

---

① 陈奇猷:《吕氏春秋新校释》,上海:上海古籍出版社,2002年,第178页。
② 徐复观:《两汉思想史》(二),北京:九州出版社,2014年,第43页。
③ 徐复观:《两汉思想史》(二),北京:九州出版社,2014年,第47页。

第十章 《吕氏春秋》以"兼收并蓄"为特色的领导理论

从感通论角度出发,君主必须与臣民相感通。君主要"感通"臣民,就是要"以爱利民为心"(《精通》),以真诚的爱民利民作为行动的出发点,如果能"精通乎民",就能"号令未出,而天下皆延颈举踵矣"(《精通》)。同时,君主要"达民欲",照顾到臣民的内在需要,让臣民能感受到君主的爱惠。如果"主德不通,民欲不达",就会导致"百恶并起,而万灾丛至","上下之相忍"。(《达郁》)诚心地爱民利民这是君主赢得民众的支持与服从的根本,这是吕著领导激励思想的首要出发点。从感通论出发,君主以道义感通人就是可能的。

其次,吕著从血缘亲情角度出发,认为人与人之间是可以相爱的。《节丧》:"孝子之重其亲也,慈亲之爱其子也,痛于肌骨,性也。所重所爱,死而弃之沟壑,人之情不忍为也,故有葬死之义。"孝子对于父母有骨肉之亲,孝子埋葬亲人而不将之"弃之沟壑",是"不忍"之情的体现。由血缘亲情而具有的"不忍"之情是人之自然,这种"不忍"之情就是儒家所讲的"仁"之端。吕著通过对"葬"义的论述肯定了一般人是具有仁心的。《安死》还说:"夫爱人者众,知爱人者寡。"大意是说,主观上爱他人的人是多的,但知道爱的方法的人却很少。吕著批评那种一味追求厚葬的做法虽然体现者"爱人"的精神,但却没有搞明白"爱人"的方法。由此,它肯定一般人是能爱人的。既然一般的人是有"不忍"之心的,是能爱人的,那么,他就势必有被爱的愿望,作为领导者通过"爱"来赢得人心就是可能的。

再次,从社会发展的角度出发,吕著认为领导者必须"长有道"而"息无道"。吕著认为天下存在"暴虐奸诈"之事与"义理"之事的对立,且"其势不俱胜,不两立"(《怀宠》)。作为天下的领导者要"长有道"而"息无道"①。如果领导者"攻无道而伐不义,则福莫大焉,黔首利莫厚焉"(《振乱》),如果领导者"守无道而救不义,则祸莫大焉,为天下之民害莫深焉"(《禁塞》)。作为天下的领导者应该鼓励和发扬社会的正义行为,批评、禁止社会的非正义行为。只有"义理之道彰",那么"暴虐奸诈侵夺之术息"(《怀宠》)!在吕著看来,领导者的工作就是要让民众争着"行义",民众争着行义,这才是治国,否则就是乱国。《为欲》:"凡治国,令其民争行义也;乱国,令其民争为不义也。"同时,领导者要让君臣上下形成相互信任的环境。《贵信》:"君臣不信,则百姓诽谤,

---

① 《吕氏春秋·振乱》:"凡为天下之民长也,虑莫如长有道而息无道。"

社稷不宁。处官不信，则少不畏长，贵贱相轻。赏罚不信，则民易犯法，不可使令。"君臣之间、官民之间要以"信"来维系。如果没有"信"来维系，赏罚政令的作用不可能充分发挥！总的来看，领导者应该通过道义来引领社会，要在君、官、民之间建立信任，这就说明领导者通过道义的激励是可以行得通的，而且是必需的。

同时，吕著还认为人有贵"理义"的一面。《离俗》："世之所不足者，理义也；所有馀者，妄苟也。民之情，贵所不足，贱所有余。"可见，吕著肯定人有贵"理义"的一面，有的人不为权势利益所动，"愈穷愈荣"（《离俗》）。而且，有一种称为"君子"的人"动必缘义，行必诚义"，他们不落流俗（《高义》）[①]。有一种叫作"贤人"的人"不远海内之路，而时往来乎王公之朝，非以要利也，以民为务故也"（《爱类》）。有一种叫作"士"的人"利不足以虞其意"，"名为诸侯，实有万乘，不足以挺其心"（《忠廉》）。既然人有贵"理义"的一面，有些人以"义"为行为守则，以为民为目的，作为领导者通过"义理"来引导民众是可能的，而且也是必需的。

概括起来，既然人是可以相互感通的，既然人也是可以爱人的，既然人是追求向往道义的，那么，领导者就要以"德义"为根本激励、引导、控制人的行为。

《爱士》：行德爱人，则民亲其上；民亲其上，则皆乐为其君死矣。

《上德》：为天下及国，莫如以德，莫如行义。以德以义，不赏而民劝，不罚而邪止。

以"德义"激励人，对领导者来说就要行义，就要爱怜臣民[②]。以"德义"激励人，对领导者来说就要顺民心，就要"取悦于民"[③]。以"德义"激励人，对领导者来说就要礼贤下士。领导者对臣下要以礼相待，充分信任和尊重，臣下就能掏出心窝子为己效劳[④]。这都对君主个人的品行修为提出了很高的要求。

[①]《吕氏春秋·高义》："君子之自行也，动必缘义，行必诚义，俗虽谓之穷，通也。行不诚义，动不缘义，俗虽谓之通，穷也。然则君子之穷通，有异乎俗者也。"

[②]《吕氏春秋·爱士》说："衣人以其寒也，食人以其饥也。饥寒，人之大害也；救之，义也。人之困穷，甚如饥寒，故贤主必怜人之困也，必哀人之穷也。如此则名号显矣，国士得矣。"

[③]《吕氏春秋·顺民》："先王先顺民心，故功名成。夫以德得民心以立大功名者，上世多有之矣。失民心而立功名者，未之曾有也。得民必有道，万乘之国，百户之邑，民无有不说。取民之所说而民取矣，民之所说岂众哉？此取民之要也。"

[④]《吕氏春秋·本味》：说："虽有贤者，而无礼以接之，贤奚由尽忠？"《吕氏春秋·谨听》："若夫有道之士，必礼必知，然后其智能可尽。"

第十章 《吕氏春秋》以"兼收并蓄"为特色的领导理论

总之,吕著从感应论等角度认为,领导者是可以而且必须从道德、爱的层面来激励人的行为。人是可以被爱和道义所打动的,领导者对下属的激励要注意人的道德自觉,同时,也要充分依靠人的道德自觉。以"精诚"动人,"取悦于民"这些观念无疑与儒家的激励思想是相通一致的,是商鞅、韩非等法家学者讲不出来的。同时能够看出,人在这里并不是实现君主领导目标的工具,人是得到尊重的。这是吕著吸收儒家领导思想积极一面的结果。

第二,赏罚是领导激励的辅助手段。

吕著一面讲德义激励,一面讲赏罚激励,它对为什么要进行赏罚激励也有多维度的论述。

首先,吕著从"天道"角度出发,认为春夏长而秋冬杀,所以君主统治民众也应该用赏罚。《圜道》:"物动则萌,萌而生,生而长,长而大,大而成,成乃衰,衰乃杀,杀乃藏,圜道也。"《义赏》:"春气至则草木产,秋气至则草木落。产与落,或使之,非自然也。故使之者至,物无不为;使之者不至,物无可为。古之人审其所以使,故物莫不为用。"君主的庆赏与刑罚是天道之自然。这种观念实际上也蕴藏在吕著"十二纪纪首"。它认为春夏阳气当令,应行庆赏宽仁之政,秋冬阴气当令,应行刑罚。这无疑从天道运行角度论述了赏罚的合理性,当然,也为赏罚的作用给予了根本的定位。

其次,吕著从人性角度出发,认为臣民"欲荣利,恶辱害",所以君主要运用赏罚引导人的行为。吕著认为"民无常处,见利之聚,无之去"(《功名》),因此,对于领导者来说必须注意民众的"趋利"倾向。《用民》篇讲得更为清楚。它说:"用民有纪有纲。一引其纪,万目皆起;一引其纲,万目皆张。为民纪纲者何也?欲也恶也。何欲何恶?欲荣利,恶辱害。辱害所以为罚充也,荣利所以为赏实也。赏罚皆有充实,则民无不用矣。"民众是有欲望的,具体说就是"欲荣利,恶辱害",赏罚之所以可行就是以此为基础的。领导者不仅要抓住人需要什么,欲望什么,还要懂得人厌恶什么,不想要什么。人想要尊荣,想要利益,不想要屈辱,不想要对己有害的事情。领导者抓住这了一点,就抓住了用民的"纲纪",就能收到"纲举目张"的良好效果。《为欲》甚至还说:"人之欲多者,其可得用亦多;人之欲少者,其得用亦少;无欲者,不可得用也。"对君主而言,不怕人欲望多,而怕人欲望少。人的欲望越多,越容易利用;相反,人如果没有欲望,即使你有权有势,他也不为所动,这种人反倒不好对付①。《为欲》还说:"人之欲虽多,而上无以令之,人虽得其欲,人犹不可用也。令人得欲之道,不可不审矣。善为上者,能令人得欲无穷,故人之可得用亦无穷也。"《论威》:"人情欲生而恶死,欲荣而恶辱。死生荣辱之道一,则三军之士可使一心矣。""一"就有"利出一孔"的意思。对于领导者来说,要重视人的欲望,满足人的欲望,开发人的欲望。抓住了人的欲望,抓住了人的需要,就抓住了人心。所以他说"审顺其天而以行欲,则民无不令矣,功无不立矣"(《为欲》)。

再次,领导者"服人"、要让人为己所用要靠实力。《慎势》篇最为典型,显然吸收了慎子、商鞅、韩非子等的观点,强调"势力"、"权势"对人的强制服从作用。《慎势》:"以大使小,以重使轻,以众使寡,此王者之所以家以完也。"这是强调领导者要靠实力说话。《慎势》还说:"权钧则不能相使,势等则不能相并。"还说:"以大畜小吉,以小畜大灭,以重使轻从,以轻使重凶。自此观之,夫欲定一世,安黔首之命,功名著乎盘盂,铭篆著乎壶鉴,其势不厌尊,其实不厌多。多实尊势,贤士制之,以遇乱世,王犹尚少。"既然权势相当就不能相互臣服,那么,就得有独尊之势。"以大畜小"、"以重使轻从"是天经地义!《慎势》最后提出"因势行令"的观点。它说:"位尊者其教受,威立者其奸止,此畜人之道也。"君主权高位重,命令才有人听;君主有权威,才能阻止人干坏事。这仍是强调实力、权势在"服人"方面重要作用。《慎势》:"失之乎数,求之乎信,疑;失之乎势,求之乎国,危。"在此,君主控制臣民根本上要基于"数"和"势"。这种观点已与申韩没有什么差别。

最后,君主"服人"还要有"威"。《一行》说:"强大未必王也,而王必强大。王者之所藉以成也何?藉其威与其利。非强大则其威不威,其利不利。其威不威则不足以禁也,其利不利则不足以劝也,故贤主必使其威利无敌。故以禁则必止,以劝则必为。"可见,有实力也不见得能"王"。王靠的是"威"和"利"。民众重利,又服从实力,又害怕威慑,因此,君主就要用"威"和"利"来引导和控制人的行为。《荡兵》还说:"家无怒笞,则竖子、婴儿之有过也立

---

① 《吕氏春秋·为欲》:"使民无欲,上虽贤,犹不能用。夫无欲者,其视为天子也,与为舆隶同;其视有天下也,与无立锥之地同;其视为彭祖也,与为殇子同。天子,至贵也;天下,至富也;彭祖,至寿也。诚无欲,则是三者不足以劝。舆隶,至贱也;无立锥之地,至贫也;殇子,至夭也。诚无欲,则是三者不足以禁。"

第十章 《吕氏春秋》以"兼收并蓄"为特色的领导理论

见;国无刑罚,则百姓之相侵也立见;天下无诛伐,则诸侯之相暴也立见。故怒笞不可偃于家,刑罚不可偃于国,诛伐不可偃于天下,有巧有拙而已矣。"君主治国就像家长管教子女一样,适当使用暴力手段是必要的。基于此,利用罚激励引导人的行为就是必然的,吕著对此进行了深入的探讨。

赏罚是君主权威的重要表现形式。《当赏》说:"人臣亦无道知主,人臣以赏罚爵禄之所加知主。主之赏罚爵禄之所加者宜,则亲疏远近贤不肖皆尽其力而以为用矣。"显然,赏罚、爵禄是臣下"知主"的媒介,赏罚如果做不好,君主就没有办法施行自己的政令,使臣民效忠。

赏的对象是"善",罚的对象是"不善"。《禁塞》说:"为善者赏,为不善者罚。古之道也,不可易。"这与商鞅、韩非讲的"赏功罚罪"的赏罚观是不一样的。《当赏》:"凡赏非以爱之也,罚非以恶之也,用观归也。所归善,虽恶之,赏;所归不善,虽爱之,罚。"《振兵》说:"凡人之所以恶为无道、不义者,为其罚也;所以蕲有道,行有义者,为其赏也。今无道、不义存,存者,赏之也;而有道、行义穷,穷者,罚之也。赏不善而罚善,欲民之治也,不亦难乎?""罚"能阻止人为不义,而"赏"则能增进人行有道。社会上无道不义"存",而有道行义"穷",一个重要的原因就是赏罚没有用对,该罚的却赏了,该赏的却罚了,以颠倒是非的方式治民是不可能达到预期效果的。

赏罚是手段而不是目的。《义赏》:"赏罚之柄,此上之所以使也。其所以加者义,则忠信亲爱之道彰。久彰而愈长,民之安之若性,此之谓教成。教成,则虽有厚赏严威弗能禁。故善教者,不以赏罚而教成,教成而赏罚弗能禁。用赏罚不当亦然。……故赏罚之所加,不可不慎。"赏罚的目的是要通过这一手段最终使人知道什么该做,什么不该做,进而彰显道义之所在,正是从这个角度,赏罚本身是"教化"的一种手段。而一旦"教成",赏罚也就没有用武之地。赏罚事关社会风气的形成,不可不慎用。

赏罚的运用要区分对象。《知分》:"凡使贤不肖异:使不肖以赏罚,使贤以义。故贤主之使其下也必义,审赏罚,然后贤不肖尽为用矣。"对待不同人群的方法应该不一样,赏罚的对象主要是不肖之人,而贤能之人可能会不吃这一套。

君主要用好赏罚之柄,要避免主观好恶影响,坚持赏罚必信的原则。《贵信》:"赏罚不信,则民易犯法,不可使令。"《慎小》:"赏罚信乎民,何事而不成,岂独兵乎?"赏罚必信强调言必行,行必果,说到做到。如果以己之好恶进行赏罚,赏罚也就失去了真正的权威性。

吕著反对"严刑重赏"。《功名》:"强令之笑不乐,强令之哭不悲。强令之为道也,可以成小,而不可以成大。……桀、纣以去之之道致之也,罚虽重,刑虽严,何益?"《义赏》:"赏重则民移之,民移之则成焉。成乎诈,其成毁,其胜败。天下胜者众矣,而霸者乃五。""重赏"效果好在一时,但激励人为"诈",成得了一时,成不了一世。《上德》:"严罚厚赏,此衰世之政也。"严罚厚赏是"衰世"的体现。这是与商鞅、韩非的激励理论很不一样的地方。《适威》:"乱国之使其民,不论人之性,不反人之情,烦为教而过不识,数为令而非不从,巨为危而罪不敢,重为任而罚不胜。民进则欲其赏,退则畏其罪。知其能力之不足也,则以为继矣。以为继,知,则上又从而罪之,是以罪召罪。上下之相雠也,由是起矣。故礼烦则不庄,业烦则无功,令苛则不听,禁多则不行。"吕著认为,君主发布命令,施行赏罚,要照顾到人性人情,不能太过苛刻!

赏罚固然有用,但它的作用有限,而且它也不是最好的。《用民》:"凡用民,太上以义,其次以赏罚。其义则不足死,赏罚则不足去就,若是而能用其民者,古今无有。民无常用也,无常不用也,唯得其道为可。"理想的服民的措施是"德"是"义",君主能做到这两点,就能"不赏而民劝,不罚而邪止"。总之,赏罚虽然必要,而且确实有用,但是它的作用是有限的,"严罚厚赏"是下等手段。

总体来看,吕著在领导激励方面体现着明显的兼收并蓄的特点①。《召类》:"文者爱之徵也,武者恶之表也。爱恶循义,文武有常,圣人之元也。"这是强调文、武兼用。《用民》:"不得其道,而徒多其威。威愈多,民愈不用。亡国之主,多以多威使其民矣。故威不可无有,而不足专恃。……威亦然,必有所托,然后可行。恶乎托?托于爱利。爱利之心谕,威乃可行。威太甚则爱利之心息,爱利之心息,而徒疾行威,身必咎矣。""威"对君主而言非常重要,但只有"得道"基础上的"威"才是最有效的"威",如果缺少这个前提,"专恃"其

---

① 这种调和体现在很多方面。比如吕著所讲"威"就至少包含两个层面的意思:一是因具备比他人更多更强的资源,进而对他人形成的一种威慑、强制、强力,让人不得不如此,利用人的畏惧,使人服从。这种观点集中在《吕氏春秋·慎势》篇。《吕氏春秋·用民》:"人主之不肖者,有似于此。不得其道,而徒多其威。威愈多,民愈不用。亡国之主,多以多威使其民矣。故威不可无有,而不足专恃。"这个"威"就是通过掌握资源和实力使人不得不服从的"威"。二是"威"是因自身的品质而产生的"威",让人心服口服的那种威望(见《吕氏春秋·论威》)。两种"威"都能产生让人服从的愿望,后者则指使人心悦诚服的威望。

第十章 《吕氏春秋》以"兼收并蓄"为特色的领导理论

"威",这样的"威"是外强中干,不能奏效。在它看来只有"爱利之心谕,威乃可行"。《适威》:"古之君民者,仁义以治之,爱利以安之,忠信以导之,务除其灾,思致其福。"总体来看,仁义、爱利、忠信是导民的基础,用"威"来震慑是辅助的手段。吕著一面讲"以大使小"、用"民欲",与法家观点一致;一面强调"德义",主张以德义导民,与儒家观点一致。儒家和法家观点放在一起论述,目的是调和,总体上则是对儒家"导之以德"观点的继承。但在吸收调和的过程中不免有所抵牾矛盾①。

七、"反诸己":领导者的素养

既然人之"群聚"不能无君,立君才能"止争",克服天下、国家无序状态,强调君主在国家天下治理方面的关键作用就是自然的事。

《精通》:德也者,万民之宰也。……圣人形德乎己,而四荒咸饬乎仁。

《勿躬》:善为君者,矜服性命之情,而百官已治矣,黔首已亲矣,名号已章矣。②

《知度》:治天下之要,存乎除奸;除奸之要,存乎治官;治官之要,存乎治道;治道之要,存乎知性命。③

《上德》:为天下及国,莫如以德,莫如行义。以德以义,不赏而民劝,不罚而邪止。

《达郁》:主德不通,民欲不达,此国之郁也。国郁处久,则百恶并起,而万灾丛至矣。上下之相忍也,由此出矣。

《开春》:王者厚其德,积众善,而凤皇圣人皆来至矣。

《期贤》:当今之时,世暗甚矣,人主有能明其德者,天下之士,其归之也,若蝉之走明火也。

《过理》:亡国之主一贯。……所以亡同者,乐不适也。乐不适则不可

---

① 如《吕氏春秋·用民》说:"今外之则不可以拒敌,内之则不可以守国,其民非不可用也,不得所以用之。不得所以用之,国虽大,势虽便,卒虽众,何益?"这与《慎势》强调的"以大使小"的观点就很不协调。

② 陈奇猷认为"矜当可借为谨",还说"服当训为顺从","'性命之情'即上文所言之养神、修德"。(陈奇猷:《吕氏春秋新校释》,上海:上海古籍出版社,2002年,第1096—1097页)句意是把"百官之治"、"黔首之亲"、"名号之章"最终皆归结到君主"性命之情"的修德问题。

③ 陈奇猷说"治道"应上"去爱恶之心,用虚无为本","知性命"应上"服性命之情",性命之情指"养神修德"。见陈奇猷:《吕氏春秋新校释》,上海:上海古籍出版社,2002年,第1109页。

以存。①

《自知》：存亡安危，勿求于外，务在自知。

《贵当》：治物者不于物于人，治人者不于事于君，治君者不于君于天子，治天子者不于天子于欲。②

可以看出，《吕氏春秋》把治乱的问题最终归结在君主之"厚德"、"服性命之情"、"所乐"、"自知"、"治欲"等上去了。从另一方面看，《吕氏春秋》认为，不管是知人、论人、立法，还是君臣关系的维系，最终都取决于君主个人的素养③。《论人》说："主道约，君守近。太上反诸己，其次求诸人。"陈奇猷说："'君守近'者，犹言为君之操守在于身。"④ 为主之道不在远求，从根本上说在于"反诸己"。也就是说，领导目标是否能够实现，根本上要看领导者"反诸己"的情况。关于领导者应该具备什么样的素养，如何进行修养，吕著有很多讨论，比较复杂。笔者试图从以下几个方面予以说明。

第一，节情欲以全生。

《吕氏春秋》的《本生》、《先己》篇把"全德之人"和"真人"看作君主修养的理想形态。《本生》提出"性"与"物"的问题，它认为"物也者，所以养性也，非所以性养也。"身体感官作为主体与外物接触的媒介，在"全性"的过程中起着至关重要的作用。感官作用的主要表现是情欲。全性养生最基础的工作实际上是要处理好心与感官情欲的关系。要克服感官情欲对主体的消极影响，协调身心的良好关系，最为根本的是发挥心意的作用，节制情欲。《重己》、《贵生》、《侈乐》、《观表》、《情欲》、《有度》、《情欲》、《适音》等篇对情、欲、性、物及其相互关系进行了复杂议论，透射出来的基本信息是：心在情欲表达中起主导作用。人有感官，感官有欲望，在与外物的接触中会产生各种丰富的情欲。情欲应得到一

---

① 张双棣等将此句翻译为："亡国的君主都是一样的。天时虽然各异，行事虽然不同，但他们灭亡的原因相同，都是把不合礼义当作快乐。"（张双棣等：《吕氏春秋译注》（修订本），北京：北京大学出版社，2011年，第708页）这显然是将君主亡国的原因归结于君主"所乐"的行事上。

② 陈奇猷认为此句传抄有误。他解释"治天子者不于天子于欲"时说："犹言治天子者不在于治天子而在于治天子之欲"。（陈奇猷：《吕氏春秋新校释》，上海：上海古籍出版社，2002年，第1640页）这显然是将治事、治人、治君这一天下治理问题最后归结到治天子之"欲"上去了。

③ 《吕氏春秋·先己》："欲胜人者，必先自胜；欲论人者，必先自论；欲知人者，必先自知。"《吕氏春秋·适音》："四欲之得也，在于胜理。胜理以治身，则生全矣；生全则寿长矣。胜理以治国，则法立；法立则天下服矣。"《吕氏春秋·论威》："义也者，万事之纪也，君臣、上下、亲疏之所由起，治乱、安危、过胜之所在也。过胜之，勿求于他，必反于己。"

④ 陈奇猷：《吕氏春秋新校释》，上海：上海古籍出版社，2002年，第163页。

第十章 《吕氏春秋》以"兼收并蓄"为特色的领导理论

定的满足,但不能过度,而应有所节制。身体官能的运用遵循一定的原理,掌控身体官能、处理好官能与外物之关系显然是养生全性最为基础的事情。《圜道》说:"人之窍九,一有所居则八虚,八虚甚久则身毙。故唯而听,唯止;听而视,听止;以言说一。一不欲留,留运为败,圜道也。"这句告诉我们的道理是:心意不能执着("一有所居"即是执着),精神要虚静,欲念要圆通而不留。吕著分析害生的原因,把道家法自然、动得时、不过分等理念具体化了。

第二,知与无知之间。

在对君主主体之"知性"构想方面,《吕氏春秋》表现得比较复杂,一方面它非常清楚地意识到"知"对君主重要性。首先,君主活动本身就需要有相应的"知性"支撑。《先识》说:"人主之务,在乎善听而已矣。"《听言》说:"凡人亦必有所习其心,然后能听说。"人主之要务是听政,而要会听、能听,在于"习其心",突出了君主认知在政务活动中的极端重要性。其次,君主要克服情欲的桎梏,需要"知性"的指引。《本生》强调要"取利舍害",说"利于性则取之,害于性则舍之",《适音》说"适心之务在于胜理",等等,无非是说,要发挥身体官能的积极作用而克服其消极作用,除了强调节欲、节制等意志的力量以外,也需要有主体"知性"的提高,认识到哪些对"生"是有害的,哪些是有利的。也就是说主体之"知"在引导感官情欲取舍是否得宜中发挥着不可替代的作用。在肯定"知"的重要性的同时,吕著还看到主体往往会为"知"所惑。《侈乐》:"人莫不以其知知,而不知其所以知。知其所以知之谓知道;不知其所以知之谓弃宝。弃宝者必离其咎。"《去宥》:"夫人有所宥者,固以昼为昏,以白为黑,以尧为桀。宥之为败亦大矣。亡国之主,其皆甚有所宥邪?故凡人必别宥然后知,别宥则能全其天矣。"《谨听》:"不知而自以为知,百祸之宗也。"《别类》:"知不知,上矣。过者之患,不知而自以为知。"主体之"知"往往囿于一偏,一知半解,就会导致是非不明的消极后果。所以,从根本上讲"智亦有所不至"(《悔过》),即"智"本身又有其极限。

如何能"智"而不"宥"呢?吕著非常重视"学"的作用[①]。认为"学"可

[①] 如:《吕氏春秋·谨听》:"不知则问,不能则学。"《吕氏春秋·劝学》:"不知义理,生于不学。"《吕氏春秋·尊师》:"天之生人也,而使其耳可以闻,不学,其闻不若聋;使其目可以见,不学,其见不若盲;使其口可言,不学,其言不若爽;使其心可以知,不学,其知若狂。"还说:"知之盛者莫大于成身,成身莫大于学。"

以知"理",可以避免感官认知的不足,才能"听说",使认知水平得到提升。而在学习的过程中,不能没有老师的帮助,所以它强调"尊师",如《劝学》说:"疾学在于尊师,师尊则言信矣,道论矣。"而君主要提高认知水平,避免发生错误,也要听得进去臣下的意见,所以它强调"贵直",如《自知》:"人主欲自知,则必直士。"在它看来,尊师用直就能帮助君主提高认识,帮助君主闻过迁善。重学、尊师、用直可以说是君主提高认知水平的有效方法和途径。

应当注意,吕著对君主"知性"的关注并未到此止步。在它看来,"知"本身有长远深浅之分,对于君主来说拥有一般的"知性"是远远不够的。为此,它主张:知故,即不仅要知道其然,还要知道其所以然,最终掌握事物变化发展的原因①;知化,即是能提前预判事物的变化发展路向和趋势②;知精,即把握事物内在本质,而非仅知其表③;察微,即能察微知著④;洞见,即智能所以过人需要有远见⑤;存疑用度,即对于知道的事情不能盲目下结论,而应注意比较考察⑥。应当说,《吕氏春秋》重视君主应该有"智",且对如何有"智"进行了比较多的讨论,而且多是经验之谈。但就在它强调"知"的重要性、君主应该"智"的同时,它又讲"弃智"、"无智"、"藏智",而且"无智"、"藏智"似乎对君主来说更为重要。

《任数》:至智弃智。

君道无知无为。

《分职》:无智,无能,无为,此君之所执。

《君守》:得道者必静,静者无知,知乃无知,可以言君道也。

善为君者无识,其次无事。有识则有不备矣,有事则有不恢矣。

---

① 如《吕氏春秋·审己》说:"凡物之然也,必有故。而不知其故,虽当,与不知同,其卒必困。"
② 如《吕氏春秋·知化》说:"凡智之贵也,贵知化也。人主之惑者则不然。化未至则不知;化已至,虽知之,与勿知一贯也。"《决胜》:"智则知时化,知时化则知虚实盛衰之变,知先后远近纵舍之数。"
③ 如《吕氏春秋·异宝》说:"其知弥精,其所取弥精;其知弥粗,其所取弥粗。"
④ 如《吕氏春秋·察微》说:"治乱存亡,其始若秋毫。察其秋毫,则大物不过矣。"
⑤ 如《吕氏春秋·长见》说:"智所以相过,以其长见与短见也。"
⑥ 如《吕氏春秋·谨听》说:"人主之性,莫过乎所疑,而过于其所不疑;不过乎所不知,而过于其所已知。故虽不疑,虽已知,必察之以法,揆之以量,验之以数。若此则是非无所失,而举措无所过矣。"

第十章 《吕氏春秋》以"兼收并蓄"为特色的领导理论

思虑自心伤也,智差自亡也。

"善为君者无识"、"思虑自心伤"、"智差自亡"等说法,好像它主张君主应不要"知识"、不要"思虑"、不要"智慧"。事实则并非如此!笔者认为,上述"知化"、"知精"、"知故"等是从主体认知事物的规律方面立言的,而此处讲的"弃智"、"无智"、"藏智"等则是从如何"用智"的层面来立说的。在它看来,君主不管有多聪明,他所能知的事情是有限度的。那么,君主如何才能以有限之"智"掌握控制范围广大的事物呢?除了具备组织和人事的客观条件以外①,它强调君主应该"一不欲留"(《圜道》),"以无当为当"(《君守》),这样才能以一应万,以不变应万变。《君守》说:"夫一能应万,无方而出之务者,唯有道者能之。"应当说,此种以不变应万变之"无智"恰是以主体高度的"智"作为内在支撑的。重学、尊师、用直的观念可能与自孔子以来强调"学"的重要性的传统有密切关系。"藏智"、"无智"之说显然与道家黄老思想关系密切。

第三,孝仁与感通。

吕著君德论吸收了儒家"孝"、"仁"、"诚"等观念。《孝行》:"夫执一术而百善至,百邪去,天下从者,其惟孝也!"还说:"人主孝,则名章荣,下服听,天下誉。"强调君主"孝"德的重要性是对由遵循家庭伦理并向外推广即能收获臣下效忠的效果的确认,这无疑是基于政治生活中宗法血缘关系的存在才可能实现的。《处方》强调"君臣父子夫妇六者当位",《恃君》感慨民"知母不知父,无亲戚兄弟夫妻男女之别,无上下长幼之道"之乱,进而确认立"君臣之义"的必要性,《执一》讲"家为而国为"的为治思路,皆与在君德方面凸显"孝"的重要性是内在关联的,这显示出其与儒家思想的密切关系。在强调君主应具备"孝"德的同时,吕著亦强调君主具备"仁"德的重要。《爱类》:"仁也者,仁乎其类者也。故仁人之于民也,可以便之,无不行也。"吕著屡言君主"仁民"之意思,显然是对儒家思想的吸收。吕著在君德修养的此种倾向,与老子讲"圣人不仁"相比,更多地突显出对君主温情之德的重视,同时,对此种"德"的强调重视也为君主运用礼乐教化开辟了空间。

须注意的是,在《吕氏春秋》肯定基于人的同情心的感通作用的同时②,也

---

① 《吕氏春秋·任数》:"君臣不定,耳虽闻不可以听,目虽见不可以视,心虽知不可以举,势使之也。"定君臣之分,即考虑到组织人事在君主知万物中的作用。

② 如《吕氏春秋·精通》说:"君子诚乎此而谕乎彼。"主体若能"诚",则能收到感通他人之效。

有精气贯通万物的同气同类相感通的思想。认为,精气可以贯通天人,没有精气,生命就要生病或终止。精气说把宇宙理解为一个有生机的统一体。万物虽异形,物类虽有分职,但在根本上是相互贯通的,从而为"类固相召,气同则合,声比则应"(《应同》)的"感应"说提供了理论支撑,使君主内修己德进而通于天地成为可能。《本生》:"圣人之制万物也,以全其天也。天全则神和矣,目明矣,耳聪矣,鼻臭矣,口敏矣,三百六十节皆通利矣。若此人者,不言而信,不谋而当,不虑而得;精通乎天地,神覆乎宇宙;其于物无不受也,无不裹也,若天地然;上为天子而不骄,下为匹夫而不惛;此之谓全德之人。"《吕氏春秋》认为天子之所以是天子,他能全天之所生。在此,通过内在修养,"全德"之人不仅全己之生,也使自我与天地俱生,这是一天人合一之境界。

小　结

牟宗鉴认为吕著的一大特点是"能够以积极客观的态度对待先秦的文化遗产,自觉地公开地申明要采集诸家之所长,超出学派门户之成见,力图吸收和包容各家学说中在它看来有价值的成分,并把它们归集在一起"[①]。《吕氏春秋》不管是讲为什么要立君,还是讲领导用人决策,还是将领导激励修养,都明显地体现着这种积极吸收各家之长的特点。君主领导国家是一复杂系统工程,是一个动态过程,需要具备很多要素,君主自己也不可能无时无刻是个"仁者",而在应对一些事情的时候势必需要黄老所主张的静慧。吕著兼收并蓄的特点在理论形式上不免有些驳杂,但对于复杂的、实际的领导工作而言则更具现实性、实用性。

---

① 牟宗鉴:《〈吕氏春秋〉与〈淮南子〉思想研究》,北京:人民出版社,2013年,第11页。

附录一：《大学》的领导理论

《大学》是小戴《礼记》中的一篇，到宋代，《大学》受到广泛重视，被学者认为是"为学纲目"。孙中山认为《大学》八条目是"最有系统的政治哲学，在外国的大政治家还没有见到，还没有说到那样清楚的。"① 可以说，《大学》文章虽短，但在思想史上影响却很大。笔者认为《大学》讲的是培养领导者的学问。《大学》讲"欲明明德于天下"，而"明德于天下"的主体只能是君主或欲为圣人的君主，或者是有志于"治人"的人。真德秀说："为人君不可以不知《大学》，为人臣者不可以不知《大学》。为人君而不知《大学》，无以清出治之源；为人臣而不知《大学》，无以尽正君之法。"② 朱熹虽认为"大学之书，古之大学所以教人之法也"③，但他又说"大学者，大人之学也"④。孟子不是说过"有大人之事，有小人之事"（《孟子·滕文公上》）吗？"大人"就是"治人者"，而"小人"就是"治于人"者。因此，《大学》立言的对象是社会领导者或潜在的社会领导者，即政治领导者。这也正是笔者从领导思想角度审视《大学》的原因所在。

一、《大学》强调领导者的道德"示范"作用

现代领导学认为领导活动包括领导者、被领导者、领导环境和领导目标等要素，它是一种复杂的社会实践活动。纵观《大学》，它格外强调领导者的示范

---

① 孙中山：《孙中山选集》（第二版），北京：人民出版社，1981年，第684页。
② （宋）真德秀撰，朱人求点校：《大学衍义》，上海：华东师范大学出版社，2010年，第1页。
③ （宋）朱熹：《四书章句集注》，北京：中华书局，1983年，第1页。
④ （宋）朱熹：《四书章句集注》，北京：中华书局，1983年，第3页。

效应,复杂的领导活动过程在一定程度上被看作领导者道德"示范"的身教过程!

领导者在"家"中躬行人伦道德就能达到"国治"之效。《大学》认为"齐家在修身",君主"齐家"实际上靠的是躬行孝、悌、慈等基本人伦道德。君主于"家"中能躬行此"德",就能"不出家而成教于国人"。它说:"孝者,所以事君也;弟者,所以事长也;慈者,所以使众也。"朱熹说:"孝、弟、慈,所以修身而教于家者也。"① 孝、悌、慈皆指君主于"家"中事亲、敬长、爱子之事,《大学》认为君主于"家"中履行好了人伦道德,民就知道如何事君、如何事长,也愿意受君上指使。这其中蕴含着一个曲折的道理。《礼记·祭义》说:"立爱自亲始,教民睦也。立敬自长始,教民顺也。教以慈睦,而民贵有亲;教以敬长,而民贵用命。"这就是说,领导者要"教民睦",就要先爱己"亲";要"教民顺",就要先敬己"长"。这即是强调君主要以身作则,在自家中能孝亲、敬长、慈幼,就能使得"民心和顺,不有悖逆"。换句话说,君主"示范"于家,就能"成教于国",进而达到预期的领导目的。朱熹在讲到"孝者所以事君,弟者所以事长,慈者所以使众"时说:"此道理皆是我家里做成了,天下人看着自能如此,不是我推之于国。"② 这实际上是把领导过程看成"上行下效"的"身教"的过程。《大学》讲"其为父子兄弟足法,而后民法之也",其实也是这个道理。《论语》讲"孝慈则忠"(《为政》)与"慎终追远,民德归厚矣"(《学而》)即有这方面的意思,《大学》无疑更进一步强化了君主作为"模范"的身教功能。

在"国"中施行仁政就能达到"平天下"之效。《大学》讲"平天下"时说:"所谓平天下在治其国者:上老老而民兴孝,上长长而民兴弟,上恤孤而民不倍。"《管子·入国》篇讲到"九惠之教",其中就有对所谓的"老老"、"恤孤"、"慈幼"的具体说明。可以说,《大学》讲"老老"、"长长"、"恤孤"并不仅意味着君主在对待老者、长者、孤弱者时应具有尊敬、慈爱的态度和品质,还包含着君主应当采取一系列能够让这些群体真切感受到尊敬和恩惠的社会福利政策。也即是说,"老老"不仅意味着君主在态度上、语言上敬老,更为重要

---

① (宋)朱熹:《四书章句集注》,北京:中华书局,1983年,第9页。
② (宋)黄士毅编,徐时仪、杨艳汇校:《朱子语类汇校》,上海:上海古籍出版社,2014年,第374—375页。

附录一：《大学》的领导理论

的是要采取尊老、养老的社会政策。君主只有采取这些实质性的养老社会政策，才可能叫真的"老老"，才能劝导整个天下之民众去"老老"①。但不管怎样，《大学》此句仍是强调，领导者在自己治理的"国"中老老、长长、恤孤，就能收到天下之民兴孝、兴悌、不倍之效！朱熹解释此句时说："此三者，上行下效，捷于影响。"②《大学》在根本上仍是把"平天下"的复杂问题当成是领导者的"示范"的过程。

《大学》特别强调领导者的"示范"作用，虽不能说它完全把领导过程仅看作一个领导者不断提高道德修养的"修身"过程，但它重视或强调领导者自身道德水平在治国平天下中的重大作用则是非常明显的。《大学》特别强调君主"诚心"的作用就明显地体现着这一点。它说："心诚求之，虽不中，不远矣。未有学养子而后嫁者也！"它引《诗》说："乐只君子，民之父母。"有了诚心，把民真心当作自己的子女，即使不学什么"养子"之法，也知道怎样爱护民众，而民知道父母之诚心，也不会计较父母对他的具体手段如何。君主为政的领导过程似乎有了"诚心"这一点就足够了。

《大学》强调领导者的"示范"作用说到底是强调领导者自身行为对民众的引导作用。《大学》讲："尧舜率天下以仁，而民从之；桀纣率天下以暴，而民从之。"领导活动从根本上说是领导者上行下效的"教"的过程。从领导者的角度讲，领导过程实际上就是领导者自觉发挥"示范"效应的过程。从被领导者角度讲，领导过程就是被领导者学习、效法领导者的过程。强调领导者行为的"示范效应"，说明领导过程在一定程度上讲是激发被领导者的道德自觉性过程。领导对象被认为是可以感动的，是有道德上的自主性的，是能够通过教育而朝着好的方向前进的。领导者承担的则是涵养、激发、引导被领导者道德觉醒的重要角色。领导者要达成领导目的不是暴力威胁或利益诱惑能实现的，而是要熔铸组织成员积极向上的道德精神。《大学》讲："自天子以至于庶人，一是皆以修身为本。"领导目标的实现要通过组织的每个成员的修身来完成。这其中无疑包含着强烈的人本观念，也非常典型地反映出儒家领导理论不同于法家的显著特色。

---

① 按：朱熹说："此老老、长长、恤孤是就自家身上切近处说。"（《朱子语类汇校》，上海：上海古籍出版社，2014年，第379页）可能不完全正确。
② （宋）朱熹：《四书章句集注》，北京：中华书局，1983年，第10页。

需要指出的是,《大学》讲领导"示范"与孔子有一定区别。孔子讲领导者的示范效应时,强调领导者应在"践礼"的过程中进行"示范",即君主通过在一定的具体的礼仪活动中的"示范"。领导者通过"践礼"彰显长幼尊卑之序,从而实现对被领导者的领导。而《大学》更强调领导者的道德水准所发挥的直接示范效应,领导者在"家"中践行孝亲、事长、慈幼之德,不仅会实现"家"内的秩序,也能实现在"国"中的教化,显然把孔子"德化"的理念进一步扩大了。

二、"立德得众"是领导者的首要任务

现代领导学对领导者的职能有很多讨论,一般认为领导者的职能包括决策、用人、监督控制等。先秦诸子对此有不少讨论,与现代领导学观点有很多契合的地方。但是,《大学》的观点比较特殊,它认为"立德得众"是领导者的首要任务。它把领导者的职能牢牢地定位在通过立德而得民心上,领导者做到这一点,其他事项都不在话下。

领导者活动的根本是"明明德"。《大学》讲"物有本末,事有终始"。"本末"强调事有轻重;"终始"强调事有先后。朱熹明确说:"明德为本。"① 彼得·德鲁克认为有效的管理者知道:"要事第一。重要的事情先做,不重要的事情放一放,除此之外也没有其他办法,否则反倒会一事无成。"② 在《大学》看来,领导者工作的"本"就是"明明德",这是领导活动、领导工作的原点,领导工作是在"明明德"基础上的扩大,即其所谓的"明明德于天下"。"明明德"、"修身"是领导者的根本工作。《大学》还讲:"得众则得国,失众则失国。是故君子先慎乎德。有德有此人,有人有此土,有土有此财,有财有此用。德者本也,财者末也,外本内末,争民施夺。"这里的"得众"与先秦诸子一般提到的为政在"得人"是不同的。为政在"得人"是指领导者治国要把选拔和任用人才放在首位,强调领导者实施领导活动过程中选拔干部的重要性。此处的"得众"指的是"得民心"。《大学》认为"得众"才能"得国","失众"必然"失国"。要"得众"、"得国"首先要"慎乎德"。国家要得到治理,根本是要得民

---

① (宋)朱熹:《四书章句集注》,北京:中华书局,1983年,第3页。
② (美)彼得·德鲁克:《卓有成效的管理者》,许是祥译,北京:机械工业出版社,2009年,第23页。

心，而要得民心则领导者首先要有明德。领导者"立德"才能得到民众拥护，才能最终保全领土和有财可用。如果颠倒了这种关系就会失掉人心，领土、财用等都无法得到真正保全。显然，《大学》把领导者的根本任务定位在自身"立德"上，定位在"得民心"上。通过领导活动要实现的物质利益和功利目标都应被看作是领导者立德得众的副产品或者必然结果！

在"得人"的方法上，《大学》强调"推己及人"的重要性。《大学》无疑继承了儒家君君、臣臣、父父、子子的尊卑有别、上下有序的等级观念，但比较突出的是，《大学》认为君臣、父子、夫妇等关系的有效维系既不是靠"礼"，也不是靠"刑罚"，而是靠领导者以什么样的态度对待对方。君臣、父子、夫妇虽在关系上有主导和被主导的关系，但要维系这种关系和谐顺畅，要靠在上者对在下者有相当的推己及人的观念和习惯。《大学》认为领导者处理与被领导者的关系要有推己及人之心，只有如此才能赢得被领导者的真心拥护，这就是《大学》所讲的"絜矩之道"。《大学》说："所恶于上，毋以使下；所恶于下，毋以事上；所恶于前，毋以先后；所恶于后，毋以从前；所恶于右，毋以交于左；所恶于左，毋以交于右：此之谓絜矩之道。"葛晋荣解释说："从认识论看，'絜矩之道'是一种重要的思维方式——换位思考。主体在认识客观事物的过程中，一般习惯于站在主位的立场上进行单向思维，难免带有某些主观性、片面性和武断性，不能全面地、客观地获得真理性认识。要获得对主客体及其关系的全面认识，必须跳出单向思维，采取换位思考方式，即将认识立场从主位换到客位和旁位进行思考，这样才能比较准确地认识客体与主体以及二者之间的关系。从伦理学看，推行'絜矩之道'，可以达到人与人之间的相互理解与同情，求得人际关系的和谐。"① "絜矩之道"说到底是强调领导者应该有推己及人之心。这种人际交往理念用在君主治国上，其思路必然是：君主让臣下敬爱自己，君主首先要反观自身，要有"道"；只有敬爱臣下，最终才能使臣下尽忠于己，才能真正赢得被领导者的认可和拥护。"絜矩之道"之所以成立则在于"君子见人之心与己之心同"②。作为领导者，要立德得众就是要实践这种推己及人的同理心。比如朱熹讲"絜矩"时说"如自家好安乐，便思他人亦欲安乐，当

---

① 葛晋荣：《中国管理哲学导论》（第二版），北京：中国人民大学出版社，2013年，第293页。
② （宋）黄士毅编，徐时仪、杨艳汇校：《朱子语类汇校》，上海：上海古籍出版社，2014年，第380页。

使无'老稚转乎沟壑，壮者散而之四方'之患"①。他还说："上面人既自有孝弟，下面民亦有孝弟，只要使之自遂其孝弟之心于下，便是絜矩。若拂其良心，重赋横敛以取之，使他不得自遂其心，便不是方。"② 可见，领导者践行"絜矩之道"首先是在心理上对被领导者要有同情心、同理心。领导者要在施政过程中采取能够使被领导者得以"自尽"的物质条件，让被领导者切实地感受到他是受到理解、同情、尊重的。领导者做到这个才叫真"絜矩"！否则对被领导者来说只能算是假惺惺的演戏而已。

领导者对待领导对象像对待自己一样，才能赢得支持、服从、效忠。"絜矩之道"观念的价值和重要性在于：真正的领导者应该把被领导者的愿望、欲求看作与领导者自己的愿望和欲求是一致的。《大学》说："民之所好好之，民之所恶恶之，此之谓民之父母。"还说："好人之所恶，恶人之所好，是谓拂人之性，菑必逮夫身。"这都是强调领导者应该把被领导者的好恶作为自己的好恶，领导者如果不能把被领导者的好恶当作自己的好恶，甚或将被领导者之所"恶"作为己之所"好"，肯定不会有好结果的。

孔子讲"己欲达而达人，己欲立而立人"，还讲"己所不欲勿施于人"，这是孔子讲的"恕道"！《大学》讲的"絜矩之道"与孔子的这一思想是一脉相承的。《大学》在当时等级森严的社会历史环境下讲絜矩之道是非常可贵的，在一定程度上透露出领导者与被领导者在道德主体上应是平等的，包括被领导者在内，每个人都享有自我得遂的权利。人民喜好的就是领导者应该做的，人民厌恶的也是领导者应该厌恶的。"立德得众"是领导者的首要任务，领导者的作为应以民众的好恶为标准，这体现着强烈的人本观念。

三、《大学》推崇以血缘关系为纽带的组织理念

组织是领导活动得以实现的制度凭借。《大学》强调治国平天下当以领导者修身为本，在一定程度上与它对社会组织的理论预设是密切联系在一起的。《大学》讲"治国在齐家"透露出其对以血缘为纽带的社会组织理念的推崇，显示

---

① （宋）黄士毅编，徐时仪、杨艳汇校：《朱子语类汇校》，上海：上海古籍出版社，2014 年，第 384 页。
② （宋）黄士毅编，徐时仪、杨艳汇校：《朱子语类汇校》，上海：上海古籍出版社，2014 年，第 388 页。

着其特殊的社会组织结构观念!①

首先,"治国在齐家"命题是有着深厚历史文化意蕴的命题。当今,领导者经常被告诫在实施领导活动过程中要避免家庭成员和亲属对自己的干扰,可见"齐家"在现实领导活动中仍发挥重要作用。但是,现在我们在使用"治国在齐家"这一命意时,目的是要把领导者"家"的血缘关系排除在正常的领导活动实施过程之外,显然与《大学》这一命题的初衷完全有别。《大学》讲"治国在齐家"恰恰是要发挥以"家"为形式的组织在领导者实施领导活动中的积极作用。

重视"齐家"在领导治国中的作用是儒家的一个传统。孔子讲"孝友于兄弟,施于有政"(《论语·为政》),孟子说"国之本在家"(《孟子·离娄上》),《周易·家人·彖辞》说"父父、子子、兄兄、弟弟、夫夫、妇妇而家道正。正家而天下定矣",皆体现出治"家"在君主治理国家中的重要作用。"齐家"在《大学》严整的君主为治系统中占据极为重要的位置,它明确指出"欲治其国"要"先齐其家","家齐而后国治"。《大学》说:"一家仁,一国兴仁;一家让,一国兴让。"意思是说:"人君行善于家,则外人化之,故一家一国皆仁让也。"②可见君主"齐家"在整个治国活动中的重要地位。《大学》说:"治国必先齐其家者,其家不可教而能教人者,无之。故君子不出家而成教于国。"认为君主于"家"中履行好了人伦道德,民众就知道如何事君、如何事长,也愿意受君上指使,君主"齐家"是治国的根本,甚至可说,君主"治国"的过程就是"齐家"。

为什么《大学》会对"齐家"如此重视呢?周予同说:"当时所谓'家',是指贵族的'家',就是《论语》上所谓鲁国的贵族'三家'的'家',也就是《孟子》上所谓'不得罪于巨室'的'巨室'。'家'和'国'既然有这样密切的关系,所以'齐家'的结果确能'治国'。我们只要看《左传》里许多'国'政败坏的故事,每源于'家'纪的不振,便是明证。"③可以说,《大学》重视"齐家"与它对宗法封建制度的认可有密切关系。只有在宗法封建制度这个大环境

---

① 对儒家管理思想中的"组织"思想的研究,学者往往多留意于荀子的"群论"。需要明确的是,在儒家内部,其他人物或著作所体现的组织结构观与荀子并不完全一样,荀子的组织结构观不能代表整个儒家对社会组织结构的理解。

② (清)阮元校刻:《十三经注疏(清嘉庆刊本)》(三),北京:中华书局,2009年,第3637页。

③ 周予同著,朱维铮编校:《群经通论》,上海:上海人民出版社,2012年,第151页。

中，君主治国活动中的"齐家"才能具有如此重要的位置。也就是说，《大学》强调"齐家"在治国中的重要地位，实际上预设了一套以血缘亲疏为纽带的组织领导体制。

《大学》对领导者"齐家"在治国平天下中的重视，是作者对周代施行过的宗法封建制度的理想化。许倬云说："周人是用宗族结构使得王室和各地的领袖建立起一个很密切的关系网。同姓的永远与周代的大宗、王室的大宗，保持亲族的亲密关系，也保持大宗和小宗、本宗与分宗之间的从属关系。而本家或大宗对分出去的家，分出去的氏，总是给以相当大的帮助。这个宗法制度，将周人的姬姓联系在一起；但这还不够，还有许多异姓，即不同姓的国家、不同姓的部落，于是周代就用婚姻将他们联系在一起。……这个办法，使得其他国家的领袖都变成周人的亲属：女婿，或者外甥，姐夫、妹夫，或者内兄、内弟，舅舅，阿姨。"① 在宗法封建制度下，整个社会组织从大的方面说是个亲戚网络。对周天子来说，领导整个天下犹如领导一个大"家"。把治国平天下理解为是领导者"齐家"的过程就容易理解了。

宗法制度通过确定长幼嫡庶关系，确定权力和财产继承权，进而确定谁应该是发号施令者，谁是服从者，就为君主开展领导活动奠定了体制上的基础。这个体制的特点是以血缘亲疏确定权利和义务，确定领导者和被领导者的权利和义务关系。"家"是血缘组织形态，是"不平等的一种模式"②。在这个亲戚网络体制中，有明确的等级关系，而等级关系又蒙着厚厚一层血缘亲情。王利平说："家族组织和泛化家族组织是中国传统管理的基本组织特点。"③ 还说："建立在血缘关系基础上的'长幼尊卑'，成为中国家族组织中以身份为基础的等级森严的一套人际关系规则，也成为中国组织中权力关系的基础。"④《大学》讲治国平天下是领导者"齐家"扩大，是将领导者"齐家"之德的向外推演，领导者对待民众犹如对待子弟。《大学》夸大了领导者在家庭中践行的伦理情谊在治

---

① 许倬云：《从历史看领导》，桂林：广西师范大学出版社，2006年，第81—82页。
② （法）莫里斯·迪韦尔热：《政治社会学：政治学要素》，杨祖功等译，北京：华夏出版社，1987年，第109页。
③ 王立平：《中国人的管理世界：中国式管理的传统与现实》，北京：中国人民大学出版社，2010年，第50页。
④ 王立平：《中国人的管理世界：中国式管理的传统与现实》，北京：中国人民大学出版社，2010年，第52页。

国中的作用,掩盖着父对子、夫对妇、兄对弟拥有绝对主导权的这一历史事实,把领导者与被领导者在权力上的服从关系美化为伦理关系,这是《大学》领导思想的重要特点。

《大学》强调领导"齐家"的作用应该说是很陈旧的观念。战国时期,随着诸侯国的不断改革,社会组织形式发生了很大的改变。从中央与地方关系来看,郡县制的实施就否定了封建制,意味着中央领导者对地方领导者的管理,不再立足于血缘关系,不再依赖血缘亲情来赢得地方领导者的服从。中央政权组织随着底层社会成员的不断涌入,贵族实力的不断削弱,中央政权组织中的血缘因素也必然减弱,国君对中央政权组织中的官员的领导,就不再完全依赖血缘亲情了。面对这样的变化,单纯依靠领导者在"家"中的道德示范来控制社会显然是不够用的。事实上,完全依据血缘关系确定领导体制,即使在西周也不可能完全实现。也就是说,从天下角度看,周王对诸侯国君的臣服也是要有实力作为后盾的。《大学》如此强调"齐家"承续着社会的惰性,是相当落后、保守的观念。

四、领导要以"修身"为本

《大学》继承了孔子"为政以德"的为治思路,把复杂的治国平天下问题归结为领导者修身问题,把天下国家的治乱归结在领导者"身"上。《大学》说:"一人贪戾,一国作乱。"还说:"一言偾事,一人定国。尧舜帅天下以仁,而民从之;桀纣帅天下以暴,而民从之。其所令反其所好,而民不从。"此处"一人"是就人君而言的①。领导者在国家天下治理中发挥着关键作用,如何修身就不能不成为《大学》领导思想的核心。

领导修身首先要"知止",树立"亲民"以及"止于至善"之志。《大学》讲:"物有本末,事有终始,知所先后,则近道矣。"朱熹说:"知止为始,能得为终。"②《大学》说:"知止而后有定,定而后能静,静而后能安,安而后能虑,虑而后能得。"朱熹认为:"止者,所当止之地,即至善之所在也。知之,则志有定向。"③ 在朱熹看来,领导修养有个先后顺序,首先要知其所当"止"。而

---

① (清)阮元校刻:《十三经注疏(清嘉庆刊本)》(三),北京:中华书局,2009年,第3634页。
② (宋)朱熹:《四书章句集注》,北京:中华书局,1983年,第3页。
③ (宋)朱熹:《四书章句集注》,北京:中华书局,1983年,第3页。

"止"就是《大学》所谓"止于至善","知止"就是要把"志"定在这个目标上,做到这一点才叫"知止"。这是领导修身的起点。朱熹认为《大学》"外有以极其规模之大,而内有以尽其节目之详"。(见《大学章句序》)他解释说:"所谓规模之大,凡为学便当以'明明德'、'新民'、'止于至善'及'明明德于天下'为事。"作为领导者或想要做领导者,不能仅只独善其身,而应有将己之"明德"明于天下的决心,有"止于至善"之勇气和耐力。这是领导者不同于一般人的重要素质所在。一个领导者如果没有这种志向,最多也只是个独善其身的普通君子,是无法承担起领导社会的重任的。

领导者修身就是要避免主体情意的偏执。在《大学》看来,君主要具备"仁"德,在"家"内躬行人伦道德,最大的障碍其实来自于主体情意的偏执,所以它说"欲修其身者,先正其心"。因为,情意偏颇和执着会导致心不能正。《大学》说:"身有所忿懥,则不得其正;有所恐惧,则不得其正;有所好乐,则不得其正;有所忧患,则不得其正。"朱熹说:"盖是四者,皆心之用,而人所不能无者。然一有之而不能察,则欲动情胜,而其用之所行,或不能不失其正矣。"① 愤怒、恐惧、好乐、忧患,人不能无,但若"欲动情胜",不加干预,就会失其正。《大学》还说:"人之其所亲爱而辟焉,之其所贱恶而辟焉,之其所畏敬而辟焉,之其所哀矜而辟焉,之其所敖惰而辟焉。故好而知其恶,恶而知其美者,天下鲜矣!"朱熹说:"五者,在人本有当然之则;然常人之情惟其所向而不加审焉,则必陷于一偏而身不修矣。"② 亲爱、贱恶、畏敬、哀矜、敖惰之情,人不能无,但若执着于一偏,也会失其正。若主体不能摆脱此种执着与偏颇,就不可能真正有效践行其应践行的人伦道德。

领导者修身的根本是要"诚意"。《大学》说:"所谓诚其意者:毋自欺也,如恶恶臭,如好好色,此之谓自慊,故君子必慎其独也。"诚意即意念真诚无欺,即使在人所不知之时亦使意念保持好好恶恶之本色。如何"诚意"呢?又要在"格物致知"上下功夫。朱熹认为它就是"即物穷理",王阳明认为是"格除私欲"。要"诚意"恐非知识问题,"意"有不"诚"可能更多的是由于私欲的障蔽或牵引造成的。《大学》似乎认为排除私欲牵引与障蔽,使意念真诚无妄,心就能正而不偏。领导者应该真实无妄,即使在没有人知道而自己独自知

---

① (宋)朱熹:《四书章句集注》,北京:中华书局,1983年,第8页。
② (宋)朱熹:《四书章句集注》,北京:中华书局,1983年,第8页。

道的情况下，也应如此，不能自欺欺人。在《大学》看来，人的内心世界和言表世界是息息相通的，如果自欺欺人，是没有办法掩饰而一定能被发现的。对领导者的这种品质的强调是儒家所独有的。

领导者应当是个仁慈长者。《大学》说："为人君，止于仁。"需要注意的是，此处所谓"仁"并非是与智、勇二德相提并论之"仁"，而是"作为统摄其他诸德性的最基本，也是最高的德性"①。这是儒家领导修养论的突出特点。"仁"本于血缘亲情，而又高于血缘亲情。《礼记·祭义》说："贵老，为其近于亲；敬长，为其近于兄也。慈幼，为其近于子。"对天下之老、长、幼者之贵、敬、慈实本于对己亲之孝、敬、慈。《大学》讲："民之所好好之，民之所恶恶之，此之谓民之父母。"始终强调君主对民应有仁慈之心，就像对待自家亲人那样。"未有学养子而后嫁人者"，强调君对于民应具有父母之于子女那样的拳拳诚心即是最好！儒家理想的领导者一定是个软心肠的人，与道家和法家对君主内在德性的要求是很不一样的。

《大学》在说完齐家、治国、平天下在于"修身"后，认为"修身"在于"正心"，而"正心"则需要进一步在"诚意"、"致知"上下功夫。说明，《大学》在孔子"正身"论基础上有了进一步的深化，把治国平天下的问题，最终内化为"心"的修养问题。可以说，《大学》"修身"论总是在个体精神世界打转，过分夸大了个体"自省"功能和作用。人心之偏，意念之不真诚，是多方面的原因造成的，要保证心正、意诚不能只从心、意之本身去着手，必须考虑外在的因素。外在的强制性规范、外在的舆论、外在的礼仪规范，等等，都可能对正心诚意产生积极作用，而《大学》似于此茫然不觉，纯粹从心意本身以求心意之正，不能否认其中有一定的道理和实践上的意义，但其导向之偏狭是罕见的。不过，对于现实的君主来说，他身处最高之位，无拘无束，要克服心意之偏，只能靠"自省"！从这个角度看，《大学》将修身问题一股脑地内化到主体精神世界也就不是无的放矢。

小 结

总体看来，《大学》在理论上没有引入利益诱惑的机制，也没有引入强权压

---

① 徐复观：《中国人性论史》（先秦篇），上海：上海三联书店，2001年，第107页。

制的机制，强调领导者通过"示范"效应激发被领导者的自我控制，突出地体现着柔性领导的特点，这一观念虽越千年，仍值得借鉴。总体上看，《大学》从格物致知到治国平天下形成了一条明确的因果关系链条，体系严整，非常罕见。在此体系中，实施领导活动所需的政事、礼法制度等几乎未被提及，它把领导者治国平天下的问题归结为领导者的修身问题，复杂的领导活动，在《大学》这里显得非常简易。

附录二：申不害的领导理论

申不害是与商鞅同时期的政治家和思想家。据《史记·老子韩非列传》记载，申不害在韩昭侯时期任韩相十五年，有较卓著的政绩，著书二篇，号《申子》。现在能看到的申子言论总共不过一千多字[①]。近现代学者一般认为申不害属先秦法家重"术"的一派，刘泽华认为申不害是"战国中期法家三大巨擘"之一[②]，其在思想史上的地位由此可见一斑！但是，学术界对其思想的认识和评价则存在较大分歧。如刘泽华认为申不害讲的"术"是"官场尔虞我诈、你争我斗的理论表现"[③]，而美国学者顾立雅则认为申不害讲的是一种"关于官僚制的理论"，或者说是一种"关于组织的理论"[④]。笔者认为后者学术视野要宽阔一些，更具启发意义[⑤]。应当说，与大致处在同一时代的先秦法家另一代表商鞅相比，申不害思想的着眼点是不一样的，他要解决的问题是：在一系列治国方案都已经有了的情况下，君主如何能有效驾驭臣下才能将之实施的

[①] Herrlee G. Creel, Shen Pu-Hai: A Chinese Political Philosopher of the Fourth Century B.C, The University Chicago Press, 1974. 按：顾立雅该书附录对申不害的言论有专门辑录。本文所引申不害言论主要参考该书。
[②] 刘泽华：《中国政治思想史集》（第一卷），北京：人民出版社，2008年，第140页。
[③] 刘泽华：《中国政治思想史集》（第一卷），北京：人民出版社，2008年，第143页。
[④] （美）本杰明·史华兹：《中国古代思想的世界》，程刚译，南京：江苏人民出版社，2004年，第348页。
[⑤] 笔者认为从为君之道角度审视申不害思想更符合实际一些。笔者《申不害思想新论》（《宁夏社会科学》，2013年第3期）一文认为，申不害讲的主要是"为君之道"。这也正是本文从领导思想角度解读申子的原因。目前，在中国古代管理思想史研究领域，几乎看不到有关申不害管理思想的专门文章，田广清等著的《中国领导思想史》有申不害领导思想一节，但与一般的政治思想史叙述却没有什么区别。

问题①。申不害领导思想的核心就是围绕君主如何能够有效控制臣下，实现为政目标。

一、申子领导思想的理论出发点

战国时期，随着诸侯争霸愈演愈烈，诸侯国国境不断扩大，官僚制度逐渐施行，领导环境发生深刻变化，君主（领导者）面临来自外在和自身的多重挑战。

第一，君主面临大臣"专君"的危险。申子说："夫一妇擅夫，众妇皆乱，一臣擅君，君臣皆蔽，故妒妻不难破家也，乱臣不难破国也。是以明君使其臣并进辐凑，莫得专君。今人君之所以高为城郭而谨门闾之闭者，为寇戎盗贼之至也。今夫弑君而取国者，非必逾城郭之险而犯门闾之闭也，蔽君之明，塞君之听，夺之政而专其令，有其民而取其国矣。"（《大体》）申子充满危机感！在他看来，对君主的威胁主要是臣下，而臣下对君主的威胁可能并不是通过激烈的暴力方式，而是潜移默化的"障蔽"。保卫君主安危的"城郭"、"门闾"可能依旧牢不可破，但臣下通过"蔽君之明，塞君之听"的方式，使君主看不到、听不到任何真实情况，慢慢将权力攫为己有，最终使君主成为徒有其名的孤家寡人。因此，大臣专君，势必造成大权旁落，甚至出现政权更迭、内部分裂等严重局面。

第二，君主面临来自"自身"有限性的威胁。申子说："上明见，人备之。其不明见，人惑之。其知见，人饰之。不知见，人匿之。其无欲见，人司（伺）之。其有欲见，人饵之。故曰：吾无从知之，惟无为可以规（窥）之。"②（《韩非子·外储说右上》）君主掌握着全部的资源，人人都想从他那里得到好处，时时刻刻都在揣摩君主的意图。君主与常人一样，爱听顺耳的话，这样一来，君主往往就被迷惑了，看不清真实情况。君主如果有某种嗜好，情况就会更糟，它会成为君主的陷阱，让他掉进去永远也看不到整个天空。君主如果嗜欲充盈，

---

① 史华兹说："商鞅的方案中遗失了什么成分呢？依据韩非子的观点，至少忽略了这一事实，即整个方案必须有统治者执行，而统治者只有通过官僚机器才能使之付诸实施。在他全神贯注于更宏大的社会方案时，已经忽略了无数的问题，其中包括：（1）统治者如何控制那些他要凭藉其帮助才能实现其方案的官员们？（2）他如何能够确保实施方案的官员是胜任的？这是韩非子的韩国同胞、韩国昭侯的相国申不害似乎为他填补了这样的空缺。"（美）本杰明·史华兹：《中国古代思想的世界》，程钢译，南京：江苏人民出版社，2004年，第348页。

② 申子此语见今本《韩非子》。需要说明的是，本文凡引《韩非子》中有关申不害言论，其释文主要从陈奇猷著《韩非子新校注》（上海：上海古籍出版社，2000年）。

附录二：申不害的领导理论

一定会成为孤家寡人。可见，君主自身不够强大，足以留下让臣下利用的把柄。

第三，君主面临自身能力的有限性和其所掌控资源的广大性的矛盾。申子说："今使乌获、彭祖负千钧之重而怀琬琰之美，令孟贲、成荆带干将之剑卫之，行乎幽道，则盗犹偷之矣。今人君之力非贤乎乌获、彭祖而勇非贤乎孟贲、成荆也，其所守者非特琬琰之美，千钧之重也，而欲勿失，其可得耶？"（《大体》）君主所掌控的资源非"琬琰之美"所能比拟，而君主的智能却不一定比得上乌获、彭祖，君主自身能力的有限性和其所掌控资源的广大性形成严重矛盾。君主怎样才能保证所掌控的资源是按照自己的思路来发挥效用的，而不被别人把它们拿走？

君主怎样才能有效管控亲幸，防止臣下"专君"？君主怎样才能克服自身有限性与所掌控资源的广大性之间的矛盾？君主怎样才能克服自身局限性，他需要具备什么样的素养？这都是申子领导理论要解决的问题。申子对为君之道（即申子的领导理论）的阐发就是针对君主所面临的危机和挑战提出来的解决方案。概括起来，维护君主地位和权威，防止大权旁落，提高君主防范壅蔽的能力，实现有效控制，这是申不害领导思想的理论出发点。

二、建立有效的领导体制

建立有效的领导体制是君主实现领导控制目标的基础①。由于资料有限，我们不可能掌握申不害有关领导体制思考的详细理论细节，但我们大概归纳出这一体制的运作原则。

第一，君主为中心的权力运行机制。申子说："明君如身，臣如手。君若号，臣如响。君设其本，臣操其末。君治其要，臣行其详。君操其柄，臣事其常。"（《大体》）这段话在一定程度上揭示了申子以君主为核心的君主制权力运作机制的构想。在申子看来，理想的权力运作机制应该是：君主掌握大权，发号施令，把握大方向，臣下主要是执行君主的意图与决策。从根本上说，君主是最高权力机关，是最高的决策者，臣下则是君主意图的执行者。整体的权力格局就像一个灵活健康的身体，臣下是手足，手足的作用就是满足身体的需要，使身体正常健康运转。总体上看，这种领导机制，就是君主独裁的自上而下的

---

① 邱霈恩说："领导体制是指领导主体为保证领导活动正常进行并实现领导职能而建立的组织机构形式和有关规章制度系统的有机统一体，是领导活动中由领导机关制定的领导权限划分及相应组织机构设置等构成的制度体系。"邱霈恩：《领导学》（第三版），北京：中国人民大学出版社，2011年，第220页。

高度集权的权力运作机制。

第二，官员只能在自己的职权范围内活动。申子说："治不逾官,虽知不言。"(《韩非子·难三》) 意思是说："处理事情不超越自己的职责,分外的事情即使知道了也不说。"① 据今本《韩非子》,韩非子曾两度批评申子"虽知不言"观念,但仍肯定"治不逾官"观念。按照上述领导机制的总体构想,要确保这一领导机制的正常运行,就必须给予臣下——"手"以明确的职责界定,让臣下知道自己该干些什么。"治不逾官"意味着,每一个官员应该有其相应的职位,每一职位应有其相应的职责,官员要做职责分内的事情。

第三，对官员和政府机构的职权范围和关系有明确的制度规定。显而易见的是,要使官员做到"治不逾官",前提是要有对官员职责、权限及其相互关系有明确规定。有了明确的规定,官吏才能明确自己的职权和责任,"治不逾官"才有可能。因此,申子重视法制,重视法制的明晰性是可以肯定的。从遗留下来的申子的只言片语也能看到这一点。申子说："尧之治也,盖明法审令而已。""明法"的过程实际上是君主通过制度建设的授权过程,是将官员职责、政府机构职能及其相互关系制度化和法律化的过程。

第四，根据才能任用官员。韩非子认为申子"言术"的一个重要内容就是"因任授官"②。"任"的意思是"能力"、"才能"③。"因任授官"的意思是根据能力授予官职。隐含的意思就是：君主授官不能根据血缘亲疏、个人好恶来授予臣下官职,而应根据职位与能力匹配的原则来授予官职。这在当时应当是一种进步的思想。

概括起来,申子试图建立的是这样一套领导机制：根据能力授予官职,每个官职应有明确职责范围,每名官员都要在自己的职责范围内活动,而官员的岗位职责、机构职能以及关系都应有明确的法制规定。同时,君主是所有政权组织的核心,具有最高的决策权力,所有的官职都是执行君主意图的执行机关。

三、掌握领导行为的特点和领导职责

要实现领导控制目标,君主要对自身作为领导者的行为特点和领导职责有

---

① 张觉：《韩非子校疏析论》,北京：知识产权出版社,2011年,第938页。
② 《韩非子·定法》："今申不害言术而公孙鞅为法。术者,因任而授官,循名而责实,操杀生之柄,课群臣之能者也。"《韩非子·外储说右上》载：申子曰："法者,见功而赏,因能而授官。"可见,"因能授官"是申子的重要观点。
③ 张觉：《韩非子校疏析论》,北京：知识产权出版社,2011年,第334页。

附录二：申不害的领导理论

深刻而明确的认识。如果做不到这一点，即使有健全的领导体制，也会因领导者自身不作为或乱作为而失去效力。君主行为的特点是什么？申子从君臣对待关系中对君主活动的特点有明确的概括和说明，如果用一个词概括就是"无形"或"无为"。刘向《新序》说："申子之书言人主当执术无刑。""无刑"即是"无形"①。申子认为善为主者应该"示天下无为"（《大体》）。"无形"、"无为"应该说是对领导者行为特点的根本规定。申子讲："鼓不与五音而为五音主，有道者不为五官之事而为治主。"（《大体》）显然，君主的工作与臣下的工作是不一样的，君主不为"五官"之事，才能为"治主"。道家讲"无"生"有"，无形才能制有形，无为才能无不为。申子将君主行为的特点定位于"无形"、"无为"，显然有着来自道家以及黄老思想的影响。

但是，领导者"无形"、"无为"，并不意味着什么都不做。在申子看来，君臣职责明显有别，君主职责主要包括以下几个方面：

第一，操控大局。申子说："君设其本，臣操其末。君治其要，臣行其详。君操其柄，臣事其常。"（《大体》）在先秦"设"有"陈列、安排"和"开设、建立"的意思②。"本"，有根本的意思。"君设其本"就有君主创设根本、君主拿大主意、把握要领之意思；"臣操其末"就是臣下做具体的事情，臣下负责执行。"君治其要，臣行其详"有似于申子所讲的"主处其大，臣处其细"、"君知其道也，臣知其事"（《大体》），蕴含的基本意思就是：君主要掌握全局性的、根本性的事项，臣下负责具体执行。君主虽有最终的决策权，也意味着他对所有的事情都可做决定，但是，君主没有必要什么事情都由自己决定，而是要在事关根本的大事上操心、拿主意。这强调的是：君主要把注意的重心放在"少数重要的领域"③ 和"最有决定意义的问题和动作上"④。因此，"操控大局"意味着不仅要牢牢掌握大权，而且要在工作中把重心放在影响全局的事情上。后

---

① 顾立雅将"执术无刑"翻译为"use technique rather than punishmengt"。（见 Herrlee G. Creel, Shen Pu-Hai: A Chinese Political Philosopher of the Fourth Century B.C, The University Chicago Press, 1974. P391.）可见其将"刑"理解为"刑罚"。这是完全错误的！

② 辞源修订组、商务印书馆编辑部：《辞源》（合订本），北京：商务印书馆，1988年，第1566页。

③ 彼得·德鲁克说："有效的管理者集中于少数重要的领域。"（美）彼得·德鲁克：《卓有成效的管理者》，许是祥译，北京：机械工业出版社，2009年，第23页。

④ 毛泽东说："任何一级的首长，应当把自己注意的重心，放在那些对于他所指挥的全局说来最有决定意义的问题或动作上，而不应当放在其他的问题或动作上。"毛泽东：《中国革命战争的战略问题》，《毛泽东选集》（第一卷），北京：人民出版社，1991年，第176页。

一层面的意思学者往往没有注意到。按申子对领导体制的设想,君主"操控大局"的思想自然与君主独裁的思想是一贯的,但不可否认的是,他强调"操控大局",有抓大放小的意思,这对提高领导效能来说是现实的,是积极的,仍值得当今做领导工作的人去借鉴。

第二,善于决策。尼克松甚至说:"大人物是被请来作重大决策的,而不是要他们把时间和精力浪费在小事情上的。"① 这实际上强调的是领导的决策职能的重要性。申子对此有明确认识。申子说:"君若号,臣如响。"(《大体》)"号"在先秦有"号令"、"命令"的意思②,"君若号"意味着君主是"发令"者和最高的决策者,"臣如响"意味着臣下是君主号令的响应者、执行者。因此,申子所讲"君若号"体现着君主的一个重要职能就是"决策"。申子还讲:"一言正而天下定,一言倚而天下靡。"君主出言为令,"言"即代表君主的决策。君主之"言"事关大局,与普通人说一句不关痛痒的话的影响有天壤之别。所以申子说:"君之所以尊令。令不行是无君也,故明君慎之。"君主之所以是至尊的,就在于他发布的命令能得到执行。可以看出,领导者要维护决策权,确保决策的有效性,就要慎重决策,不能乱决策。申子还讲:"去听无以闻则聪,去视无以见则明,去智无以知则公。"(《吕氏春秋·任数》)意思是说:只有去己之聪明智慧,才能听到更多,看到更多,知道更多,才能真正的聪明、公正。这一方面意味着领导者决策要做到明智公正,就得保持主观冷静,多听多看多想。可以推断,申子肯定不会反对决策要听取臣下意见、充分掌握各种信息这一正确决策的基本常识。与此同时,申子讲"三独"更为引人注目,他说:"独视者谓明,独听者谓聪,能独断者,故可以为天下主。"(《韩非子·外储说右上》)申子一面强调"三去",肯定充分掌握信息对决策的重要性,一面强调决策者在决策过程中保持主见的重要性。"独断"就是"独自作出决断"③,"三独"强调的是君主不能过多地受到外在因素的干扰,强调君主决策过程中自己不能六神无主,而是要有主见。

第三,监督控制。申子说:"为人君者操契以责其名。"(《大体》)王叔岷说:"契谓要领,犹言本。《说文》:'责,求也。'此谓人主执本以求名,盖取正

---

① (美)理查德·尼克松:《领导者》,尤勰译,北京:世界知识出版社,1997年,第498页。
② 辞源修订组、商务印书馆编辑部:《辞源》(合订本),北京:商务印书馆,1988年,第1495页。
③ 张觉:《韩非子校疏析论》,北京:知识产权出版社,2011年,第795页。

名之义。"① 王先生对此句的解释不对。老子讲"执左契而不责于人"(《老子·七十九章》),陈鼓应解释说:"'契'即券契,就像现在所谓的'合同'。"② "契"在此可作两方面的解释,一是君臣公守的"法度"、"法律",法规一旦颁定,就是一份大家共守的"合同",臣下应该遵循;一是臣下的"承诺",臣下所说的话。臣下就某一事项向君主所说的话、所作的承诺就是在某一事项上双方达成的"合同"。"名"就是岗位"名称"及其所赋予的职责。所谓"操契以责其名"就是,按照"法"规定的职责责求岗位名称赋予职责的履行情况。"名"还可指臣下向君主承诺的内容。若如此,那么,"操契以责其名"就是君主按照臣下承诺的内容来责求其承诺履行的状况。"操契以责其名"即是"循名而责实"之意。申子还说:"以其名听之,以其名视之,以其名命之。"(《大体》)大意是,按照其"名"来听,来看,来要求他,然后给予赏罚,这也是"循名责实"的意思。这实际上就是现代管理学所谓的"控制"③。君主要做到循名责实,前提是已经有了一套健全的法制规范,臣下已经明确自己的分位职责。

概括起来君主的职责:把握大方向,抓住重点,慎重决策,会决策,然后按照一定的规则要求、督责臣下的行为。君主如果能做到这些,就能防止臣下的障蔽,就能达到如其所说的"身与公无事"(《大体》)的良好领导境界。申子说:"失之数而求之信,则疑矣。"(《韩非子·难三》)君主对人的控制是靠他所能掌控的"数",而不是依赖控制对象对自己"信任"。依赖控制对象对自己的信任、信赖,这在申子看来是靠不住的。所谓的"数"就是控制对象不得不为我所用的一套机制。这套机制既不靠血缘亲情来维系,也不靠工作友谊来维系,而是一种人不得不服从的"势"。这无疑透露出明显的法家本色。

四、修炼"示无为"的领导素养功夫

建立完备的领导体制,明确领导者的职责所在,对一个领导者来说固然重要,但领导体制能否正常运行,君主是否能够把握住领导活动特点和领导职责,关键在于领导者自己是否具备一定的修养功夫。申子说:"明君治国三寸之机运

---

① 王叔岷:《先秦道法思想讲稿》,北京:中华书局,2007年,第341页。
② 陈鼓应:《老子注译及评介》(第二版),北京:中华书局,2009年,第341页。
③ 法约尔说:"控制就是要证实一下是否各项工作都与已定计划相符合,是否与下达的指示及已定原则相符合。"(法)H. 法约尔:《工业管理与一般管理》,周安华等译,北京:中国社会科学出版社,1982年,第119页。

而天下定，方寸之基正而天下治。"可见，国家治乱的根本在于君主内心的修为。如果用一个词来概括申子所谓领导者的修为功夫，就是"示无为"。

第一，"示无为"就是要把自己的知情意藏起来。在申子看来，领导者如果不把这些东西藏起来，就会被臣下利用。申子说："上明见，人备之。其不明见，人惑之。其知见，人饰之。不知见，人匿之。其无欲见，人司之。其有欲见，人饵之。故曰：吾无从知之，惟无为可以规（窥）之。"（《韩非子·外储说右上》）"见"即"现"，申子主张君主应该"三不现"。但不表现"明"、"知"、"欲"，并不是不要这些东西，而是要将之藏起来，让别人看不见，只有这样才能避免臣下的"窥伺"。申子说的"示人有余者，人夺之；示人不足者，人与之"（《大体》）实际上强调的也是这个意思。申子还说："善为主者，倚于愚，立于不盈，设于不敢，藏于无事；窜端匿疏，示天下无为。"（《大体》）这实在是存心地"装"。当然，"装"也不是一件容易的事，除了要几分天才外，恐怕还要有意识地去修炼。在申子看来，要实现领导目标，避免臣下的威胁，从领导个人的素养角度说，就要练就"装"的本领，做到这一点就不会被臣下利用，臣下也就没有机会攫取本应由君主掌握的领导权。

第二，"示无为"就是不受干扰，保持心智清明。申子说："镜设，精，无为而美恶自备。衡设，平，无为而轻重自得。凡因之道，身与公无事，无事而天下自极也。"（《大体》）"镜"、"衡"是两个比喻。意思是君主也要像"镜"和"衡"一样。镜子放正，擦亮，美恶就会自见；用一杆好秤去称东西，就能得到物件的轻重。前面说，君主职责是能操要，慎决策，善控制。事实上，君主要准确把握自身的职能，真正做到循名责实，实际上需要主体的高度自觉。主体的高度自觉用《大体》的话说就是"精"、"平"，它包含精洁、精明、平正等意思。在申子看来，领导者主体达到这种心理品质，才能客观地判断是非，作出正确的决定。申子说："天道无私，是以恒正。天道常正，是以清明。"还说："地道不作，是以常静。地道常静，是以方正。举事为之，乃有恒常之静者，符信受令必行也。"由仅存的这条对天道和地道的论述可以推测，申子是主张君主应该"无私"而"常静"的，这与上述"精"、"平"之说是内在一致的，其基本用意都是：领导者要尽力排除外界的干扰，保持主体精神冷静、客观。《韩非子·外储说左上》载，韩昭侯谓申子曰："法度甚不易行也。"申子曰："法者，见功而与赏，因能而受官。今君设法度而听左右之请，此所以难行也。"昭侯曰:"吾自今以来知行法矣,寡人奚听矣。"显然,法度难行,从君主修养角度说,就是因为君主缺少清明、冷静、客观的品质。如果具备这种素养,就能排除干扰,"法"就好行了。由此可见,申子讲"示无为"的现实意义和正面价值。

申子从"天道无私"引申出君主应该"无私",在一定程度上与儒家从天道出发论证君主应该具备"无私"之德有一致之处。申不害"示无为"的领导修养功夫论并没有提高领导者主体的道德素养的过多诉求,应该说,他强调的是领导者如何提高主体的洞察能力和应变能力。事实上,人们对申不害"示无为"的领导修养功夫论有很多批评,认为申不害作为先秦法家重"术"的代表,讲的就是阴谋诡计。我们说"示无为"一定程度上是一种"装",与儒家主张的"诚"完全两样。儒家讲领导者以"诚"待人,才能得到人的信赖。申不害不讲这一套,认为它靠不住。尼克松以自己的领导经验和观察,认为"大多数伟大领袖,都是造诣颇深的演员"①。事实上,领导活动在一定程度上就是一种表演。对于一个成熟的政治家来说,诚实当然重要,但诚实往往不够用。领导者不能像普通人那样可以任性地表达自己的感情和意见。因此,"示无为"包含着政治领导者必备的能够体现包容的素养。

总体来看,申不害领导思想的主旨是要维护君主的绝对领导权,他所设想的领导体制是以君主为首的高度集权的独裁体制,这与申不害身处的历史文化背景密不可分。这一点我们无法认同!但是,申不害对领导活动的特点、领导职能和领导者素养的探讨深刻地影响了韩非子,其中不少观点如果从现代领导学角度来看,仍有值得我们借鉴的积极成分。

---

① (美)理查德·尼克松:《领导者》,尤勰译,北京:世界知识出版社,1997年,第483页。

附录三:《管子》"君臣篇"的领导理论

《君臣上》、《君臣下》是《管子》书中具有融合儒、道、法思想特点的重要篇章。胡家聪曾说:"《君臣》上下篇作者能写此宏篇长论,自是具有很高政治思想水平的高手。"① 还说:"其内涵以君臣分工为主线,对君主专制政体的诸矛盾作了多侧面的剖析,在先秦同类文献中是独一无二的,由此显示其重要性。"② 胡先生表彰"君臣篇"的理论水平与重要性是值得肯定的,但他着力对其所显示的"专制政体的诸矛盾"的剖析似并未触及"君臣篇"主旨。有学者认为"君臣篇""主要论述为君之道、为臣之道及君臣之间的相互关系。"③ 实际上,"君臣篇"主要讲的是"为君之道",其对"为臣之道"的讨论只不过是在君、臣对待关系中突显"为君之道"而已。现代领导学认为,领导活动是一种特殊的社会实践活动,它与人类社会相伴而生。"为君之道"是关于为"君"的道理。"君臣篇"在对"为君之道"的长篇、集中论述中展现出丰富的领导思想,对领导活动特点与领导职能有着深刻的把握④。

一、"独立无稽":领导活动的重要性与特殊性

"君臣篇"认为君主在国家治乱中起着非常重要的作用。《君臣上》篇明确

---

① 胡家聪:《管子新探》,北京:中国社会科学出版社,2003年,第296页。
② 胡家聪:《管子新探》,北京:中国社会科学出版社,2003年,第128页。
③ 周瀚光等:《管子直解》,上海:复旦大学出版社,2000年,第223页。
④ 目前,研究《管子》管理思想的论著已经不少,但以"君臣篇"管理思想为专门研究并对象的学术成果则不多见。另外,以"中国领导思想史"为研究对象的论著也几乎看不到对"君臣篇"领导思想的专门论述。

附录三：《管子》"君臣篇"的领导理论

提出"治乱在主"的命题，认为"治官化民，其要在上"（《君臣上》），"上惠其道，下敦其业"（《君臣上》），认为"君道不明，则受令者疑"（《君臣上》），"君失其道，无以有其国"（《君臣上》）。在它看来，君主不管是在"治官"还是在"化民"方面，都起着主导作用；君主行为如果能遵循一定的"道"，就能够收到"饰官化下"之效。相反，君主行为不明确官吏就不可能获得明确的"指令"；君主行为无常就会使臣下不知所措，君主如果"失道"就会有失去政权的危险。"君臣篇"对君主在国家治乱中的重要作用的肯定，体现着对领导活动在政治、社会正常运作中极端重要性的认识。更为中重要的是，"君臣篇"对领导活动的特殊性有着明确而深刻的认识。

"独立无稽"强调领导活动的超脱性。"君臣篇"说："官人不官，事人不事，独立而无稽者，人主之位也。"（《君臣上》）旧注解释"独立而无稽"说："独立于无过之地，臣下莫得而稽之。"① 张佩伦据《说文解字》认为旧注解释不对，"稽"当为"留止"意②。笔者认为张佩伦对"稽"字的理解是正确的。"独立无稽"是"君臣篇"对君主在整个社会或整个组织系统中的地位的根本定位。对"独立无稽"之理解应结合《君臣下》篇"主制则圆，圆者运，运则通，通则和"一句。旧注说："圆，谓主道也。圆而不滞，必运而无碍，通者必畅，故和之也。"③ 无独有偶，《吕氏春秋·圜道》说"精气一上一下，圜周复杂，无所稽留，故曰天道圜"，进而引申出"主执圜"的命题。显然，《君臣下》与《圜道》皆认为君主当执"圆"、"圜"，而不应为"方"。"稽"若理解为"留止"，"无稽"即"无留止"之意，正与《君臣下》、《圜道》对君主当执"圆"、"圜"的认识一致。事实上，"独立"意味着不受任何其他事物的支配，君主行为是绝对自由的，既突显出君主活动不受控制、无限创生的特点，也突显出君主相对于被领导者的独一无二的重要地位。"无稽"则意味着君主活动具有不专注于某一具体事项的圆通性、超脱性。有学者指出："领导者只有超脱于各种利益群体之上，才能从根本上、宏观上把握领导活动的整个过程，这是领导者能够对组织进行战略规划、引发组织产生变革的前提所在。"④ "君臣篇"强调君位"无

---

① 黎翔凤：《管子校注》，北京：中华书局，2004年，第565页。
② 郭沫若：《管子集校》，《郭沫若全集（历史编）》（第六卷）：北京：人民出版社，1984年，第160页。
③ 黎翔凤：《管子校注》，北京：中华书局，2004年，第583页。
④ 刘建军：《领导学原理：科学与艺术》（第二版），上海：复旦大学出版社，2003年，第28—29。

稽"、"圆"的特性，正是对领导者在领导活动中的超脱性的认识。可以说，"独立无稽"是"君臣篇"是对领导活动特殊性的根本性理论概括。

"坐万物之原"强调领导活动的本原性和全局性。"君臣篇"说："为人君者，坐万物之原，而官诸生之职者也。"（《君臣上》）黎翔凤认为"坐"犹"守"，"官者，管也"，"诸生"犹言"群生"①。意思是说，君主是处在万事之源头上管理群生的。"坐万物之原"强调君主活动相对于整个群体活动具有的本源性，因其本源性进而具有全局性。《君臣下》说："君之在国都也，若心之在身体也。"如果把国家比作人身，君主就是人身之"心"。正因君"坐万物之原"，对群体活动具有本源性和全局性作用，所以它对维系群体统一性、有序性、和谐性有着根本作用。"君臣篇"对君主活动"坐万物之原"特性的解释进一步深化了其对领导活动的特殊性认识。

"兼而一之"强调领导活动的综合性。"君臣篇"提出："天有常象，地有常形，人有常礼，一设而不更，此谓三常。兼而一之，人君之道。"（《君臣上》）旧注说："人君无官，兼统众官，故曰：兼而一之。"②笔者认为，旧注对"兼而一之"的内容理解过于偏狭。"兼而一之"紧承上述"三常"而来，君主"兼"的内容应该包括天、地、人三个方面，非仅指"兼统众官"。"兼而一之"强调君主地位的特殊性不仅是"坐万物之原"，处于治理群生的源头，而且负有综合天、地、人诸因素的责任。君主在施政过程中，要在最大范围内考虑人为因素，以及天时、地利等因素，把天、地、人诸种因素兼摄起来，形成统一为政举措。君主处"万物之原"，只有他最有条件做到这一点，这是由君主独一无二的地位决定的。"兼而一之"体现的是领导活动综合性、复杂性、权变性特点。

有学者指出："从领导活动在组织体系中的地位来说，超脱性与全局性是其重要特征。"③"君臣篇"对君位、君主活动的"独立无稽"、"坐万物之原"、"兼而一之"等特点的阐释，不仅揭示了领导活动超脱性、全局性特点，还深刻揭示了领导活动的综合性特点，有着深刻的理论价值。领导活动的特殊性，决定了领导者具有有别于被领导者的特定职能。

---

① 黎翔凤：《管子校注》，北京：中华书局，2004年，第556页。
② 黎翔凤：《管子校注》，北京：中华书局，2004年，第550页。
③ 刘建军：《领导学原理：科学与艺术》（第二版），上海：复旦大学出版社，2003年，第28页。

二、领导者的决策、用人、控制职能

现代领导学认为领导者有决策、用人、控制等职能,《管子》"君臣篇"对之也有明确深刻的认识。

第一,"主画之":领导者的决策职能。

现代领导学认为"决策是领导各种行为的核心"①,"决策"作为领导主体的一种认知活动,"是领导在观念中对组织未来实践的目标、方法、手段、结果所做的观念设计、评估、选择和修正"②。"君臣篇"对君主决策行为的重要性有着明确认识。

"君臣篇"说:"君人也者,无贵如其言。人臣也者,无爱如其力。言下力上,而臣主之道毕矣。"(《君臣上》)旧注说:"君以言制下,无言,则下无所禀令,故言最为贵。"③ "言"指君主的决策、命令,包括君主决定发布的各项制度规定。可以说,"言"是君主认知活动的表现,也是决策的结果。君主对臣下发挥领导作用要通过"言"来实现,君主如果"无言",则"下无所禀令",即无法施加对臣下的控制和影响。君主作为"独立无稽"的最高统治者,"以言制下"是领导活动的基本方式。君主出言为令,影响全局,"无贵如其言"突出君主在制定政策、发布命令等决策活动方面的重要性。

"君臣篇"还说:"主画之,相守之;相画之,官守之;官画之,民役之。"(《君臣上》)旧注说:"画,谓分别其所授事。君既画其事,相则守而行之。"④ 按"旧注"解释,"画"有似于现在讲的布置、安排工作,显然把"画"的内涵缩小了。"画"是计划、规划、筹划,"分别其所授事"仅是君主计划、规划、筹划等主体决策活动的一部分。"画"属于现代领导学所讲的"决策"范畴。"主画之"即说明君主是负责计划或规划(即决策)的人。虽然"相"、"官"的活动在其职权范围之内也有"画"的属性,但"相"和"官"相对于君主而言,始终处在"守"的位置,是君主指令、决策的执行者。有学者指出:"一切形式的领导,都专门从事决策,而不是决策的执行、操作。"⑤ 因此,相对于"相"、

---

① 王霁、彭新武:《领导哲学》,北京:高等教育出版社,2008年,第154页。
② 王霁、彭新武:《领导哲学》,北京:高等教育出版社,2008年,第155页。
③ 黎翔凤:《管子校注》,北京:中华书局,2004年,第553页。
④ 黎翔凤:《管子校注》,北京:中华书局,2004年,第553页。
⑤ 刘建军:《领导学原理:科学与艺术》(第二版),上海:复旦大学出版社,2003年,第25页。

"官"兼有决策与执行的双重职能而言,君主活动则是"专门从事决策"的,它是领导职能的特殊性所在。"主画之"说明君主是发号施令者,是活动事项的策划导演者。君主通过"言",通过"决策"实现其操控全局的目标,体现出了君主治理国家的特殊作用方式。"主画之"命题体现出"君臣篇"对领导决策职能的深刻把握。

第二,"官人不官":领导者的用人职能。

现代领导学认为"用人行为是领导行为的典型表现。"①"君臣篇"明确提出:"官人不官,事人不事,独立而无稽者,人主之位也。"(《君臣上》)"官人不官"即"与人之官而不自官","事人不事"即"授人之事而不自事"②。"君臣篇"把君主活动定位在"与人之官"、"授人之事"上,深刻地把握到了君主的另一重要职能即"用人"。强调君主用人的重要性是先秦诸子共识,但从"人主之位"层面给予君主"用人"活动以清楚定位实不多见!

君主"官人"职能是由君主自身的有限性决定的。"君臣篇"说:"虽有明君,百步之外,听而不闻。闲之堵墙,窥而不见也。而名为明君者,君善用其臣,臣善纳其忠也。信以继信,善以传善。是以四海之内,可得而治。"(《君臣上》)显然,君主自身能力是有限的,要让四海之内"可得而治",就要"善用其臣"。也就是说,君主只有通过"用人"才能突破领导行为与领导目标之间的"间接性"③,通过"用人"才能实现"信以继信,善以传善",才能最终使君德之明流布于天下。有学者指出:"正是由于领导的能力有限,所以要实现其对组织的全盘控制,就必须通过用人。"④"君臣篇"揭示了君主视听能力的有限性与"善用其臣"的必然性,与现代领导学观点不谋而合!

君主"官人"最为要紧的是要善于掌控中央要臣。"君臣篇"说:"为人上者,制群臣百姓,通中央之人和。"(《君臣下》)旧注说:"中央之人,谓君之左右也。"⑤"君臣篇"还说:"中央之人,臣主之参。制令之布于民也,必由中央

---

① 王霁、彭新武:《领导哲学》,北京:高等教育出版社,2008年,第181页。
② 黎翔凤:《管子校注》,北京:中华书局,2004年,第565页。
③ 有学者指出:"领导活动不同于其他社会活动的一个特点是,领导行为和领导目标之间存在着间接性关系。"刘建军编著:《领导学原理:科学与艺术》(第二版),上海:复旦大学出版社,2003年,第264页。
④ 王霁、彭新武:《领导哲学》,北京:高等教育出版社,2008年,第182页。
⑤ 黎翔凤:《管子校注》,北京:中华书局,2004年,第578页。

之人。"(《君臣下》)可见,"中央之人"作为君主的亲近要臣,是君主与臣民沟通的枢纽。君主"制群臣百姓"靠的是"中央之人",但在它看来,"中央之人"若"兼上下以环其私"(《君臣下》)则是对君主的最大威胁。因此"通中央之人"即是强调君主要掌控亲近要臣。所谓"通"就是沟通、协调。君主处在人群的最高位置,他的一个重要作用就是统理众官、协调众官,特别是要统理、协调"中央之人",如果不能使"中央之人"处于"和"的状态,君主就有危险了①。君主"坐万物之原",维护左右要臣、亲幸之"和",是确保整个组织统一性、协调性的根本。

"君臣篇"在强调君主"通中央之人和"的重要性同时,特别注意对"相"的选拔和任用②,认为"相"具有"守要"的特殊重要性。这表明,君主"官人"、"授事"并非是要插手所有职位人员的选拔任用,而主要地则是选拔任用好"相",确保核心干部队伍的和谐稳定。

"君臣篇"明确提出了"德能兼备"的用人原则,认为君主在"官人"方面应立公废私。"君臣篇"还说:"主身者,正德之本也;官治者,耳目之制也。身立而民化,德正则官治。"(《君臣上》)它把"治官"的问题归结于君主"治身"的问题,也显示出儒家思想对"君臣篇"的特殊影响。毛泽东说:"领导者的责任,归结起来,主要是出主意,用干部两件事。"③ 如果说毛所谓的"出主意"即"君臣篇"的"主画之",那么,毛所谓的"用干部"就是《君臣》篇讲的"官人"。

第三,"稽之以度":领导者的控制职能。

君主作为制订计划、发号施令、擘画全局的人,要确保其制令能够得到落实,使臣下"守职"而"役于上",就要履行监督控制的职能。许倬云认为领导者应至少具备五种功能,其中之一就是:领导者应该"是个监督者、奖惩的裁判者"④。

---

① 丁士涵"疑'通'为道之误",认为"道,由也"。并认为"和"为衍文。这种看法是不对的,未能把握作者旨在强调君主掌控中央之人的用意。郭沫若:《管子集校》(二),《郭沫若全集(历史编)》(第六卷)北京:人民出版社,1984年,第182页。

② 如《君臣下》说:"其立相也,陈功而加之以德,论劳而昭之以法,参伍德而周举之,尊势而明信之。是以下之人无谏死之悲,而聚立者无郁怨之心。如此,则国平,而民无悬矣。"

③ 《毛泽东选集》(第二卷),北京:人民出版社,1991年,第527页。

④ 许倬云说:"一个领导者的领导范围有哪些?首先,他是个构思者,即具有独到的眼光来构思。其次是个决策者、设计者、观念沟通者,不论用号令下达的方式、讨论之方式或者说服之方式,任何方式的运用都是将其构思与决策与下属沟通。同时,他是收集各种资讯、意见、市况、产销的资讯集中者,也是个监督者、奖惩的裁判者,领导者至少须具备这五种功能。"许倬云:《从历史看领导》,桂林:广西师范大学出版社,2006年,第23页。

领导者根据一定的标准对其决策的执行情况进行监督检查，进而作出裁判，这一活动过程用管理学术语说就是"控制"①，它是领导职能的重要组成部分。

"君臣篇"对君主的控制职能有着明确的认识。"君臣篇"说："道也者，万物之要也。为人君者，执要而待之，则下虽有奸伪之心，不敢试也。"（《君臣上》）还说："相总要者，官谋士，量实议美，匡请所疑。而君发其明府之法瑞以稽之，立三阶之上，南面而受要。"（《君臣上》）君主实际上并不需做很多具体事情，他的"要务"是"执要而待之"、"发其明府之法瑞以稽之"，这即体现着"君臣篇"对君主控制职能的重要认识！

"君臣篇"讲"稽之以度"，强调君主依照法度进行控制的重要性。《君臣上》说："为人君者因其业，乘其事，而稽之以度"（《君臣上》）。按旧注，二"其"字分别指该篇提到的"人啬夫"和"吏啬夫"，他们分别是"检束百姓之官"和"检束群吏之官"②。在笔者看来，君主要实现对民众和官吏的控制，主要的职责就是"以国之法度考此二者"③。《君臣下》说："君之所以为君者，赏罚以为君。"赏、罚是君主实现控制的一种重要方式。君主通过对"有善者"进行"赏"，对"有过者"进行"罚"，就实现了对二者的"稽考"。"稽之以度"可看作对领导者通过建立法度对被领导者进行控制的理论概括。

要实现"稽考"，前提是要有一套明确的"法度"，所以"君臣篇"明确指出"唯有明法，而下有常事也"（《君臣上》）。建立法度，确立是非判断的标准，是君主实现控制的前提。同时，君主要实现对臣下的有效"稽考"，不仅要有明确的法度，而且要确保法度的统一性。《君臣上》说："权度不一，则循义者惑。"法度是君主"一民心"的工具，如果法度不统一，君主以私意用法度，在法度适用上因人而异，势必使人无所适从，法度本身亦失去权威。所以《君臣上》说："法度有常，则民不散而上合，竭情以纳其忠。"总结起来，君主要以法度实现对臣下的控制，履行"稽考"的领导职能，不仅要有明确的"法"，也要有统一的"法"，更要有对"法"的严肃执行。强调君主通过法度实现对臣民的控制，是"君臣篇"法家思想意味最为明显的体现之一。

---

① 管理学家法约尔说："控制就是要证实一下是否各项工作都与已定计划相符合，是否与下达的指示及已定的原则相符合。"（法）H. 法约尔：《工业管理与一般管理》，周安华定译，北京：中国社会科学出版社，1982年，第119页。

② 黎翔凤：《管子校注》，北京：中华书局，2004年，第545页。

③ 黎翔凤：《管子校注》，北京：中华书局，2004年，第546页。

附录三：《管子》"君臣篇"的领导理论

同时，要实现"稽考"，还要"明分"，即明确分工。《君臣上》说："别交正分之谓理，顺理而不失之谓道。道德定而民有轨矣。"旧注说："别上下之交，正君臣之分。"①"别交正分"一定程度上即是强调分工的重要性。明确君臣分工，臣臣分工，是君主稽考官员的基础。在作者看来，君臣上下各有分工②，各有职责，即各有其"理"，君臣上下按照其职责办事，"顺理不失"，就是"道"。对于君主而言，要实现对臣下的控制，就是时刻要有"别交正分"的自觉性。"君臣篇"强调"别交正分"过程中把儒家强调的"正名分"③思想巧妙地吸纳进来，"礼"在君主"稽考"臣下的过程中就有了派上用场的可能④，体现出一定的儒家思想色彩！

三、建立以"君"为首的领导体制

胡家聪认为"君臣篇"以"以君臣分工为主线"是正确的，但要注意的是，"君臣篇"不仅讲"君臣之分"，也讲"臣之分"，即臣下的分工。同时，"君臣篇"不仅讲"分"，也讲"合"，讲从高高在上的君主到普通老百姓如何组成运作协调的有机体的问题。管理学认为组织是两个以上的人在一起为实现某个共同目标而协同行动的集合体，为了保证目标与计划的有效实现，管理者必须设计合理的组织架构，组织设计的核心实际上是对组织中成员职权的分配⑤。从领导学上讲这属于领导体制问题⑥。"君臣篇"的一个重要内容就是向我们展示了一幅以君主为首的"君—相—官—民"为结构的领导体制组织图式。君主处于组织图式的最高位置，以君主为首的领导体制是实现领导目标的组织基础，这是"君臣篇"领导理论的一个重要内容。

第一，分职。

《君臣下》开篇分析君臣上下之"分"的历史必然性。《君臣下》："古者未有君臣上下之别，未有夫妇妃匹之合，兽处群居，以力相征。……名物处违，

---

① 黎翔凤：《管子校注》，北京：中华书局，2004年，第557页。
② 按："君臣篇"讲君臣分工，臣臣分工，比较多，限于篇幅，此处不列举材料。
③ 如《君臣上》说："名正分明，则民不惑于道。"
④ 《君臣下》："君臣上下之分素，则礼制立矣。"还说："君子食于道，则义审而礼明。义审而礼明，则伦等不逾，虽有偏卒之大夫，不敢有幸心，则上无危矣。"按：皆强调"礼"在维系君臣之分方面的重要作用。
⑤ 周三多主编：《管理学》，北京：高等教育出版社，2010年，第164—165页。
⑥ 刘建军：《领导学原理：科学与艺术》（第二版），上海：复旦大学出版社，2003年，第93页。

是非之分，则赏罚行矣。上下设，民生体，而国都立矣。"它认为，在没有君臣上下之分，没有夫妇父子之分①的远古时代，是"以力相征"的混乱状态，这种状态最终为"上下设，民生体"的有序状态所代替。所谓"上下设，民生体"是说，有了上下君臣之分，民即有了各自的分位，也就有了安身立命的立场。实际上《君臣下》首段主要是想说明"分"的历史必然性，在人群不断分化、职事不断分化的过程中，君主也就有了存在的必要，而历史在此"分"的过程中渐从混乱走向有序。"分"即代表人群有组织状态。"君臣篇"对人群之"分"的组织状态有多角度的论说。

《君臣上》：君明、相信、五官肃、士廉、农愚、商工愿，则上下体而外内别也。

《君臣上》：道德出于君，制令传于相，事业程于官，百姓之力也，胥令而动者也。

《君臣上》：主画之，相守之；相画之，官守之；官画之，民役之。

《君臣上》：是故岁一言者，君也。时省也，相也。月稽者，官也。务四支之力，修耕农之业以待令者，庶人也。

《君臣下》：有道之君者执本，相执要，大夫执法，以牧其群臣。群臣尽智竭力，以役其上。四守者得则治，易则乱，故不可不明设而守固。

上述话语虽语际不同，但均展示了一幅从上到下、从"君"到"民"的纵向组织图式。这个组织图式大体可概括为"君—相—官—民"这样一个组织系统。君、相、官、民在这一系统中有着各自的分位和职责。特别值得注意的是，"君臣篇"对"相"的地位和作用的论述在先秦诸子文献中是非常突出的。在整个组织系统中，"相"被赋予君与官之间的枢纽地位，其职责主要是"传制令"和"总要"，即一方面把君主的意图向百官布置落实，另一方面把监督百官行政情况向君主呈报。"官"在这一纵向系统中，相对于"民"而言，虽亦有"画"之的责任，但主要是执行上意，使之落实于民众。

与"君—相—官—民"社会纵向组织配合运作的还有一套横向组织系统。《君臣上》："吏啬夫任事，人啬夫任教。教在百姓，论在不枉，赏在信诚，体之以君臣，其诚也以守战，如此则人啬夫之事究矣。吏啬夫尽有訾程事律，论法

---

① "未有夫妇妃匹之合"即是社会尚未进化到有明确父子夫妇伦理关系的状态。

附录三：《管子》"君臣篇"的领导理论

辟衡权斗斛，文劾不以私论，而以事为正，如此则吏啬夫之事究矣。人啬夫成教，吏啬夫成律之后，则虽有敦悫忠信者不得善也，而戏豫怠傲者不得败也。如此则人君之事究矣。"旧注："吏啬夫，谓检束群吏之官也。"① 结合句意，"人啬夫"工作对象是民，"吏啬夫"的工作对象是"官"。"吏啬夫"工作职责就是"论法辟衡权斗斛，文劾不以私论，而以事为正"，即依据相关制度规定纠察官吏之行事，其职责类似《商君书·定分》中所谓的"法官"。"吏啬夫"的配置也很有可能如《定分》所说那样，不同层级的官就有相应的"啬夫"。《君臣上》："上有五官以牧其民，则众不敢逾轨而行矣。下有五横以揆其官，则有司不敢离法而使矣。"旧注："横，谓纠察之官得入人罪者也。五官各有横，曰五横。"② 此处，"五横"配"五官"。"五横"和上述"吏啬夫"的职责是一样的。《君臣下》："君者执本，相执要，大夫执法，以牧其群臣。"从这条材料似可判断，在中央官僚系统中，也有专门的负责"执法"之官。从这几条材料可以看出，在以君主为首的组织系统中，除了有"君—相—官—民"纵向系统外，在君以下各层级组织系统有与职事官相配的执法官系统，其职责是协助君主执法而纠察百官。当然，与"相"相对的执法官在"君臣篇"并未提及。可以想见，君主的一项重要工作就是管理最高层级的执法之官。

第二，一体。

纵向和横向的组织图式确立，社会成员在整个图式中的分工与职责就确定了，这是整个社会顺利运行的基石。作为君主，其职责在一定程度上就是"别交正分"，规划、区分社会成员各自的角色。但是，需要注意的是，"君臣篇"在不断强调君主应该"别交正分"，强调"君臣上下之分"的同时，则着力向我们展示组织系统"一体不分"的以君主为首的大一统组织观念。

在"君臣篇"作者看来，组织目标的实现是组织内所有人（君、相、臣、民）共同努力的结果，但显而易见的是，君主处于"万物之原"、"独立不稽"的至高无上地位。"相"地位很高，虽被定位在"执要"、"总要"的层面，但总体来看，他最大的职责仍是"专意一心，守职而不劳"③（《君臣上》）。《君臣

---

① 黎翔凤：《管子校注》（中），北京：中华书局，2004年，第545页。
② 黎翔凤：《管子校注》（中），北京：中华书局，2004年，第559页。
③ 黎翔凤认为"不劳"即胜任愉快之意。黎翔凤：《管子校注》，北京：中华书局，2004年，第554页。

上》:"为人臣者,受任而处之以教①。"臣下的职责是顺承君命而任事。《君臣上》:"有道之君,正其德以荫民,而不言智能聪明。智能聪明者,下之职也。"君主不用聪明智能,并非否定"主画"的角色,而是强调,君主制定了规划,臣下的责任就是竭尽自身聪明才智加以实施。《君臣上》:"天子出令于天下,诸侯受令于天子,大夫受令于君,子受令于父母,下听其上,弟听其兄,此至顺矣。"此句亦说明,臣下就是顺承君令而已。一句话,在君臣对待关系中,"君据法而出令,有司奉命而行事"(《君臣上》)。因此,在"君臣篇"中"相"虽被赋予了特别重要的意义,但根本上仍是一执行角色。与君主"画之"的角色相对,他基本仍是个"传令"的角色。"相"以外的其他官员的职责更是传令、执行的角色。

《君臣下》:君之在国都也,若心之在身体也。

《君臣上》:官治者,耳目之制也。②

《君臣下》:四肢六道,身之体也。四正五官,国之体也。四肢不能,六道不达,曰失。四正不正,五官不官,曰乱。

《君臣下》:君臣上下之分素,则礼制立矣。是故以人役上,以力役明,以刑役心,此物之理也。心道进退,而形道滔迁。进退者主制,滔迁者主劳。

显然,在作者看来,如果将国家比作"身体",君就是"心",臣下就是"四肢六道"。一方面作者强调"四肢六道"尽职的重要性,另一方面讲"心道进退,而形道滔迁",强调"心"对"形"③的主导支配作用。"君臣篇""心"、"体"之喻实际上反映了一种理想组织运行模型,即:君臣之职虽应有所分,但君主如身之"心"一样始终应处于主导地位,臣下就像耳目手足一样是执行心发出的指令而已。在"指令——执行"这一行政运行体系中,整个组织系统应该是协调一体的。《君臣上》:"上之人明其道,下之人守其职,上下之分不同任,而复合为一体。"可以说,"分职一体"这是作者理想的君主政体运行机制。

"相"在"君臣篇"受到重视,这在先秦诸子中不多见。但相权不可能有制

---

① 刘师培认为"教"字疑当作"敬"。黎翔凤:《管子校注》,北京:中华书局,2004年,第552页。
② 于省吾说"今文'治'与'司'同用。制谓制度。言国家之有官司犹人身之有耳目,其制度正同。"见郭沫若:《管子集校》(二),《郭沫若全集》(第六卷),北京:人民出版社,1984年,第148页。
③ "形"若分开说即是"四肢六道"。

衡君权的地位,他始终是一"顺承"角色。可以想见,以君主为首的整个组织框架无疑也都是因分职而具有的执行机关。这是一典型的以君主为首脑的大一统权力格局。在这大一统的权力格局中,君主应该找准自己的位置,同时,亦当对百官之职务有相当之安排,这样整个组织才能顺畅运行。这在一定程度上又体现着领导者的组织管理职能!

四、"赏罚"与"德教"并重的领导激励思想

在领导激励的方式上,"君臣篇"体现出明显的齐法家特点。孔子说:"齐之以礼,道之以德,民有耻且格;齐之以政,道之以刑,民免而无耻。"显然,孔子崇尚前者,于后者虽不明确反对,但认为它并非一种理想的方式。"君臣篇"明确讲"齐民以政刑",显然与孔子有别,但它又讲德教,又显示出与商鞅韩非法家不同的特点。"君臣篇"在领导激励方式上对赏罚和德教均给予肯定。

第一,"赏罚以为君":强调赏罚的激励作用。

《君臣下》明确提出"君之所以为君者,赏罚以为君"的命题,与儒家思想不太一样。《君臣下》:"名物处违,是非之分,则赏罚行矣。"此句断句颇有争论。黎翔凤《管子校注》认为"处"、"违"当从其本意来理解,并据《说文》,"处,止也";"违,离也"①。笔者认为"名物处违"断句,也不用删改,意思就能通。名,即名称、名分;物即是与名相对的事。此句的大意是:名物相符或相离的现象产生了,是非有了分别,赏罚也就有了用武之地。试想,在"未有君臣上下之别,未有夫妇妃匹之合"之际,不会有君臣、上下、父子、夫妇等社会伦理观念,也就无所谓是非对错的问题。一旦社会由混沌走向分化,有了君臣、上下的社会关系,有了父子、夫妇的伦理关系,就有了不合君臣上下职分的现象,就有了行为恰当与否的问题和是非问题,有了此种区分,赏罚的存在就有了基础。《君臣下》此命题,实际是从历史的角度说明"赏罚"存在的必然性。既然"赏罚"是历史发展的必然结果,君主运用"赏罚"就有了历史的合法性和现实的合理性。

"君臣篇"虽强调"赏罚",但并不认为"赏罚"是万能的。《商君书·开塞》讲"分定而无制,不可,故立禁"与《君臣下》讲"名物处违,是非之分,

---

① 黎翔凤:《管子校注》(中),北京:中华书局,2004年,第570页。

则赏罚行矣"意蕴相通,均强调"立禁"、"刑罚"产生的历史必然性。但二者对于刑罚的地位、作用认识则有明显不同。商鞅认为君主应利用民好利恶害之情通过赏罚手段控制人的行为。《君臣下》则说:"致赏则匮,致罚则虐。财匮而令虐,所以失其民也。……夫赏重则上不给也,罚虐则下不信也。"许维遹:"'致'与'至'同,至,极也。"① 意思是说,赏罚当适中,极赏、罚即可理解为重赏、重罚。它认为"致赏"、"致罚"会导致"失其民",并不认为"赏罚"的控制作用是全能②。这与商鞅主张利用人心好利恶害的特点强调赏罚的利诱、威慑控制作用形成了显著区别③。

在笔者看来,"君臣篇"讲"赏罚以为君",首先是肯定"赏罚"的合理性、必要性。其次就是认为君主应掌握赏罚之权柄,而不被要臣窃取。《君臣下》:"威惠迁于下,则为人上者危矣。"但并不能因此认为"赏罚以为君"这一命题即是说:君主之所是君主,只有用赏罚。如果这样理解就错了。如果说典型的儒家对待赏罚采取的消极态度,认为用赏罚是不得已而为之;"君臣"篇对赏罚则采取积极态度,主张应充分运用赏罚。而"赏罚以为君"之说则很有可能是直接针对儒家把政、刑放在较为次要的位置而发的。

第二,"且怀且威":强调德教的激励作用。

《管子·形势》:"且怀且威,则君道备矣。"无独有偶,《君臣下》也认为:"德之以怀也,威之以畏也,则天下归之矣。""君臣篇"虽讲"赏罚以为君",认为赏罚是必要的,但也肯定"以德怀之"的可能性。"君臣篇"之所以肯定"以德怀之"的可能性,在于它有着与商君对人的心理的不同认识。《君臣上》:"以其所欲者能得诸民,其所恶者能除诸民。"《君臣下》:"知得诸已,知得诸民,从其理也。知失诸民,退而修诸已,反其本也。"这一说法有似于儒家讲的"恕道"。"恕道"之成立是基于对人"同理心"的认识和肯定。君主应该推己及

---

① 郭沫若:《管子集校》(二),《郭沫若全集(历史编)》(第六卷),北京:人民出版社,1984年,第165页。
② 如《君臣下》说:"将与之惠,厚不能供;将杀之严,威不能振。"
③ 在笔者看来,这很有可能是针对商鞅"重赏"、"重刑"之说而发。何如璋说"《商君》有《君臣篇》,首句有'古者未有君臣上下之时',殆即此文所本"(郭沫若:《管子集校》二,《郭沫若全集(历史编)》第六卷,北京:人民出版社,1984年,第163页)。《君臣下》首段与《商君书》之《开塞》、《君臣》讲从君臣未分到君臣之分,在理论认识上有一致处,此或可证《君臣下》作者吸收了《商君书》的一些观点,但通过比较,很显然《君臣下》与《商君书》观点有很大差别。"君臣篇"作者很有可能是在不同意《商君书》相关观点而写作此篇的。

人,使己之所欲、恶与民之所欲、恶相契合。显然,"君臣篇"认为君民之间是可"感通"的。《君臣下》:"君之在国都也,若心之在身体也。道德定于上,则百姓化于下矣。戒心形于内,则容貌动于外矣。正也者,所以明其德。"心与身体是感通的,君主与民也是感通的,君主"心形于内"、"容貌动于外"就会起到"化民"的作用。《君臣上》:"主身者,正德之本也;官治者,耳目之制也。身立而民化,德正而官治。""君臣篇"强调君主"正德"、"立身",显示出明显的儒家味道,与商韩法家形成鲜明区别。既然君臣之间可以"同理心"互喻,君主以"德"化民是可能的,这既否定了"赏罚"的全能作用,也为其肯定礼教奠定了理论基础。

《商君书·开塞》说"分定而无制,不可,故立禁",认为"分"之落实要靠"立禁"。显然,没有给礼、教留下发挥作用的空间。而"君臣篇"虽认为有了"分"之后,"赏罚"必不可免,但却肯定礼教在落实"分"方面的作用。《君臣下》:"夫赏重则上不给也,罚虐则下不信也。是故明君饰食饮吊伤之礼,而物属之者也。是故厉之以八政,旌之以衣服,富之以国禀,贵之以王禁,则民亲君可用也。民用,则天下可致也。"此句承"致赏"、"致罚"而来,认为赏罚过度不仅不能达到预期效果,反而会生弊端。而真正能使民为上所用的一个重要方式就是"饰礼"。此处的"礼"涉及饮食、丧祭、衣服等礼仪制度。显然,在它看来,这些礼仪制度在规范君臣上下关系方面发挥着赏罚所不能替代的作用。《君臣上》还说:"朝有定度衡仪以尊主位,衣服辉绤尽有法度,则君体法而立矣。"《君臣下》虽说"威无势也无所立",但君对臣之"威"非仅依其位所有的权力而存在,实际上具体的礼仪制度恰具有"饰"君之威的作用。君主由此所得之"尊"非用"刑"能比拟,君对臣之臣服由"礼"之运用而得到强化。《君臣上》说:"国无常法,则大臣敢侵其势。"虽强调"法"在防止大臣"侵权"方面的作用。但《君臣下》则说:"君子食于道,则义审而礼明。义审而礼明,则伦等不逾,虽有偏卒之大夫,不敢有幸心,则上无危矣。"无疑,这又强调义礼在防止奸臣窃权方面所独有的防微杜渐的"诛心"之效。《君臣下》:"君臣上下之分素,则礼制立矣。"许维遹认为"分素"即是"分定"[①]。"分定"与"礼立"互为因果:强化君臣上下之分,有利于礼之运行,而强化礼之落实,

---

① 郭沫若:《管子集校》(二),《郭沫若全集(历史编)》(第六卷),北京:人民出版社,1984年,第186页。

亦有利于强化君臣上下之分。

总的来说，在《君臣》篇看来，领导者服人单靠因势位而有的权力是不够的，而必须重视践行礼制所产生的无形教化作用，这一点很显然是吸收了儒家思想而与商韩法家形成鲜明区别。

五、"上之人务德"：领导者的素养

《君臣上》讲"上之人务德"，"道德出于君"，"主德不立，则妇人能食其意"，还讲"主身者，正德之本也"，"身立而民化，德正而官治"，"道德定而民有轨矣"。君主应当"务德"、"立德"的思想在"君臣篇"比较突出，特别是"道德定于上，则百姓化于下"（《君臣下》）的命题体现出极为浓厚的儒家思想味道。那么，对于"君臣篇"所强调的君主所应具备的"德"应如何理解？《君臣下》："神圣者王，仁智者君，武勇者长，此天之道，人之情也。"显然，它认为君主应该仁、智、勇。《君臣下》还说："君人者制仁。"因此，可以断定，"君臣篇"讲君主应具备之"德"在内容上确有与儒家一致的地方，强调领导者的道德修养。而《君臣上》又说："有道之君，正其德以莅民，而不言智能聪明。智能聪明者，下之职也。所以用智能聪明者，上之道也。""不言"说明君主要不表现"智能聪明"，但并非说君主不要"智能聪明"。《君臣上》："君身善，则不公矣。"作者并不主张君身"善"，认为"身善"就会以己之所有妨害执法的客观性和公平性。我们似乎又可推断，"君臣篇"主张君主应该有仁智勇，但又不应该用自己的仁智勇，颇有由道家而来的君主"无为"而臣"有为"的色彩。

小　结

在先秦，受道家思想影响，君"无事"、"无为"而臣"事事"、"有为"的观点较为普遍①。事实上，君主不可能无事可做，也不可能真正"无为"。"君臣篇"认为君主活动有着"独立无稽"、"坐万物之原"、"兼而一之"的鲜明特点，君主有着非常重要的事情要做，那就是决策、用人、控制。君主认识到其职位

---

①　如《庄子·在宥》讲："无为而尊者，天道也；有为而累者，人道也。主者，天道也；臣者，人道也。"《慎子·民杂》说："臣事事而君无事，君逸乐而臣任劳。"这种把君主活动的特殊性定位于"无为"、"无事"看法，有着明显的来自《老子》的思想影响。

的特殊性，抓住为君的基本职能，就掌握了为君之道。从领导学角度看，"君臣篇"对君主领导活动的认识是非常很深刻的，不仅在先秦诸子领导思想中独树一帜，也与现代领导学的许多观点不谋而合。当然"君臣篇"具有不可避免的历史局限性。"君臣篇"讲"为人臣者，仰生于上者也"（《君臣上》），与现代领导学基于领导者与被领导者人格平等的认识格格不入。"君臣篇"强调君主在治乱中的关键作用，对强调君主活动的特殊性有深刻把握，但不可否认的是，这与当时的君主制历史文化背景密不可分。这是需要我们一分为二地进行客观分析的。"君臣篇"对君主活动的把握简洁深刻，既有来自道家思想影响，也有来自儒家思想的影响，总体上看，其领导理论体现出综合、平正的特点。

参考文献

(一) 古籍类

(汉) 司马迁撰, (南朝·宋) 裴骃集解, (唐) 司马贞索引, (唐) 张守节正义: 《史记》, 北京: 中华书局, 2014年。

(汉) 贾谊撰, 阎振益等校注: 《新书校注》, 北京: 中华书局, 2000年。

(汉) 韩婴撰, 许维遹校释: 《韩诗外传集释》, 北京: 中华书局, 1980年。

(汉) 曹操等注, 黄朴民等点校: 《孙子兵法集注》, 长沙: 岳麓书社, 1996年。

(魏) 王弼撰, 楼宇烈校释: 《王弼集校释》, 北京: 中华书局, 1980年。

(晋) 郭象注, (唐) 成玄英疏, 曹基础等点校: 《南华真经注疏》, 北京: 中华书局, 1998年。

(宋) 朱熹: 《四书章句集注》, 北京: 中华书局, 1983年。

(宋) 黄士毅编, 徐时仪、杨艳汇校: 《朱子语类汇校》, 上海: 上海古籍出版社, 2014年。

(清) 阮元校刻: 《十三经注疏 (清嘉庆刊本)》, 北京: 中华书局, 2009年。

(清) 孙星衍撰, 陈抗等点校: 《尚书今古文注疏》 (第二版), 北京: 中华书局, 2004年。

(清) 朱彬撰, 饶钦农点校: 《礼记训纂》, 北京: 中华书局, 1996年。

(清) 王聘珍撰, 王文锦点校: 《大戴礼记解诂》, 北京: 中华书局, 1983年。

(清) 魏源撰, 黄曙辉点校: 《老子本义》, 上海: 华东师范大学出版社, 2010年。

（清）郭庆藩辑，王孝鱼整理：《庄子集释》（第4册），北京：中华书局，1961年。

（清）陈立撰，吴则虞点校：《白虎通义疏证》，北京：中华书局，1994年。

周秉钧：《尚书易解》，长沙：岳麓书社，1984年。

杨伯峻：《春秋左传注》（第三版），北京：中华书局，2009年。

徐元诰撰，沈长云点校：《国语集解》，北京：中华书局，2002年。

黄寿祺、张善文：《周易译注》，上海：上海古籍出版社，1989年。

杨伯峻：《论语译注》（第三版），北京：中华书局，2009年。

王卡点校：《老子道德经河上公章句》，北京：中华书局，1993年。

陈鼓应：《老子新注及评介》（第二版），北京：中华书局，2009年。

高亨：《老子正诂》，北京：古籍出版社，1956年。

蒋锡昌：《老子校诂》，成都：成都古籍书店，1988年。

高明：《帛书老子校注》，北京：中华书局，1996年。

彭裕商、吴毅强：《郭店楚简老子集释》，成都：巴蜀书社，2011年。

李零：《吴孙子发微》（典藏本）北京：中华书局，2014年。

中国人民解放军军事科学院战争理论研究部《孙子》注释小组：《孙子兵法新注》（第二版），北京：中华书局，2005年。

吴九龙主编：《孙子校释》（无外文本，第二版），北京：军事科学出版社，1991年。

郭化若：《孙子译注》，上海：上海古籍出版社，1984年。

吴毓江撰，孙启治点校：《墨子校注》（第二版），北京：中华书局，2006年。

王焕镳：《墨子集诂》，上海：上海古籍出版社，2005年。

谭家健、孙中原：《墨子今注今译》，北京：商务印书馆，2009年。

厉时熙：《尹文子简注》，上海：上海人民出版社，1977年。

李守奎、李轶：《尸子译注》，哈尔滨：黑龙江人民出版社，2003年。

高亨：《商君书注译》，北京：中华书局，1974年。

蒋礼鸿：《商君书锥指》，北京：中华书局，1986年。

贺凌虚：《商君书今注今译》，台北：商务印书馆，1987年。

许宏富：《慎子集校集注》，北京：中华书局，2013年。

高流水等：《慎子、尹文子、公孙龙子全译》，贵阳：贵州人民出版社，

1996 年。

郭沫若：《管子集校》（一、二、三），《郭沫若全集（历史编）》（第五、六、七卷），北京：人民出版社，1984 年。

郭沫若：《管子集校》（四），《郭沫若全集（历史编）》（第八卷），北京：人民出版社，1985 年。

黎翔凤撰，梁运华整理：《管子校注》，北京：中华书局，2004 年。

陈鼓应：《管子四篇诠释——稷下道家代表作解析》，北京：商务印书馆，2006 年。

吴则虞：《晏子春秋集释》，北京：中华书局，1962 年。

余明光：《黄帝四经（校注今译）》，长沙：岳麓书社，2005 年。

陈鼓应：《黄帝四经今注今译——马王堆汉墓出土帛书》，北京：商务印书馆，2007 年。

魏启鹏：《马王堆汉墓帛书〈黄帝书〉笺证》，北京：中华书局，2004 年。

邓球柏：《帛书周易校释》，长沙：湖南人民出版社，2002 年。

李零：《郭店楚简校读记》（增订本），北京：中国人民大学出版社，2009 年。

魏启鹏：《简帛文献〈五行〉笺证》，北京：中华书局，2005 年。

杨伯峻：《孟子译注》，北京：中华书局，1960 年。

梁启雄：《荀子简释》，北京：中华书局，1983 年。

王天海：《荀子校释》，上海：上海古籍出版社，2005 年。

张觉：《荀子译注》，上海：上海古籍出版社，2012 年。

蒋南华等：《荀子全译》，贵阳：贵州人民出版社，1995 年。

周先进：《荀子全本注译》，北京：中国文史出版社，2013 年。

许宏富：《鬼谷子集校集注》（第二版），北京：中华书局，2010 年。

黄怀信：《鹖冠子汇校集注》，北京：中华书局，2004 年。

张震泽：《孙膑兵法校理》，北京：中华书局，1984 年。

梁启雄：《韩子浅解》（第二版），北京：中华书局，2009 年。

陈奇猷：《韩非子新校注》，上海：上海古籍出版社，2000 年。

《韩非子》校注组：《韩非子校注》（修订本），南京：凤凰出版社，2009 年。

张觉：《韩非子校疏析论》，北京：知识产权出版社，2013 年。

许维遹：《吕氏春秋集释》，北京：中华书局，2009 年。

陈奇猷：《吕氏春秋新校释》，上海：上海古籍出版社，2002年。

张双棣等：《吕氏春秋译注》（修订本）（第二版），北京：北京大学出版社，2011年。

王范之：《吕氏春秋选注》，北京：中华书局，1981年。

《诸子集成》（1—6册），上海：上海书店，1986年。

（二）论著类

梁启超：《梁启超国学讲录二种》，北京：中国社会科学出版社，1997年。

梁启超：《梁启超论中国法制史》，北京：商务印书馆，2012年。

章太炎：《国学概论》，北京：中华书局，2009年。

胡适：《中国哲学史大纲》，上海：上海古籍出版社，1997年。

蔡元培：《中国伦理学史》，高平叔编：《蔡元培全集》（第二卷），北京：中华书局，1984年。

蒋伯潜：《诸子通考》，长沙：岳麓书社，2010年。

冯友兰：《中国哲学史》，上海：华东师范大学出版社，2000年。

冯友兰：《中国哲学史新编》（上册）（第二版），北京：人民出版社，2007年。

梁漱溟：《东西文化及其哲学》（第二版），北京：商务印书馆，1999年。

梁漱溟：《中国文化要义》（第二版），上海：上海人民出版社，2011年。

柳诒徵：《国史要义》，长沙：岳麓书社，2010年。

柳诒徵：《中国文化史》（上册），长沙：岳麓书社，2010年。

钱穆：《先秦诸子系年》，北京：九州出版社，2011年。

钱穆：《现代中国学术论衡》，北京：生活·读书·新知三联书店，2001年。

钱穆：《中国历代政治得失》，北京：生活·读书·新知三联书店，2001年。

许倬云：《中国古代社会史论——春秋战国时期的社会流动》，桂林：广西师范大学出版社，2006年。

许倬云：《中国古代文化的特质》，北京：新星出版社，2006年。

吕思勉：《吕思勉文集：中国文化思想史九种》，上海：上海古籍出版社，2009年。

沈玉成：《左传译文》，北京：中华书局，1981年。

蒙文通：《先秦诸子与理学》，桂林：广西师范大学出版社，2006年。

傅斯年：《性命古训辩证》，桂林：广西师范大学出版社，2006年。

傅斯年：《傅斯年"战国子家"与〈史记〉讲义》，天津：天津古籍出版社，2007年。

徐复观：《中国人性论史》（先秦篇），上海：上海三联书店，2001年。

徐复观：《两汉思想史》（二），北京：九州出版社，2014年。

徐复观：《学术与政治》，上海：华东师范大学出版社，2009年。

郭沫若：《十批判书》，北京：科学出版社，1956年。

郭沫若：《青铜时代》，北京：中国人民大学出版社，2005年。

侯外庐：《中国思想通史》（第一卷），北京：人民出版社，1957年。

金景芳：《先秦政治思想史讲义》，天津：天津古籍出版社，2007年。

杨东莼：《中国学术史讲话》，北京：东方出版社，1996年。

牟宗三：《政道与治道》，桂林：广西师范大学出版社，2006年。

杜国庠：《杜国庠文集》，北京：人民出版社，1962年。

梁启超：《先秦政治思想史》，北京：东方出版社，1996年。

杨幼炯：《中国政治思想史》，上海：上海书店出版社，1984年。

吕振羽：《中国政治思想史》，北京：人民出版社，2008年。

陶希圣：《中国政治思想史》，北京：中国大百科全书出版社，2011年。

刘梦溪主编：《中国现代学术经典·萧公权卷》，沈阳：辽宁教育出版社，1999年。

童书业：《春秋史》（校订本），上海：上海古籍出版社，2006年。

伍非百：《中国古名家言》，北京：中国社会科学出版社，1983年。

余英时：《文史传统与文化重建》，北京：生活·读书·新知三联书店，2004年。

任继愈：《中国哲学发展史》（先秦卷），北京：人民出版社，1983年。

张岂之：《中国思想学说史》（先秦卷），桂林：广西师范大学出版社，2007年；

张岂之：《中国思想史》（上卷），西安：西北大学出版社，2012年；

张岂之：《儒学·理学·实学·新学》，西安：陕西人民教育出版社，1994年。

劳思光：《新编中国哲学史》（一卷），桂林：广西师范大学出版社，2005年。

王叔岷：《先秦道法思想讲稿》，北京：中华书局，2007年。

周予同著，朱维铮编校：《群经通论》，上海：上海人民出版社，2012年。

李泽厚：《中国古代思想史论》，北京：生活·读书·新知三联书店，2008年。

李泽厚：《己卯五说》，北京：中国电影出版社，1999年。

刘贻群编：《庞朴文集（第二卷）：古墓新知》，济南：山东大学出版社，2005年。

刘宝才：《求学集》，西安：陕西人民出版社，2004年。

刘泽华：《中国政治思想史集》，北京：人民出版社，2008年。

张分田：《民本思想与中国古代统治思想》，天津：南开大学出版社，2009年。

陈来：《古代思想文化的世界——春秋时代的宗教、伦理与社会思想》，北京：生活·读书·新知三联书店，2002年。

常金仓：《穷变通久——文化史学的理论与实践》，北京：人民出版社，2014年。

（美）史华兹：《古代中国的思想世界》，程刚译，南京：江苏人民出版社，2004年。

（日）池田知久：《道家思想的新研究——以〈庄子〉为中心》（下册），王启发等译，郑州：中州古籍出版社，2009年。

张舜徽：《周秦道论发微》，北京：中华书局，1982年。

钱穆：《庄老通辨》（第二版），北京：生活·读书·新知三联书店，2005年。

陈鼓应、白溪：《老子评传》，南京：南京大学出版社，2001年。

陈鼓应：《老庄新论》（修订版），北京：商务印书馆，2008年。

陈鼓应：《道家的人文精神》，北京：中华书局，2012年。

谢扬举：《道家哲学之研究——比较与环境哲学视界中的道家》，西安：陕西人民出版社，2003年。

尹振环：《重识老子与〈老子〉——其人其书其术其演变》，北京：商务印书馆，2008年。

梅珍生：《道家政治哲学研究》，北京：中国社会科学出版社，2010年。

罗根泽：《管子探源》，长沙：岳麓书社，2010年。

陈来：《竹简〈五行〉篇讲稿》，北京：生活·读书·新知三联书店，2012年。

王杰：《先秦儒家政治思想论稿》，北京：人民出版社，2011年。

任剑涛：《伦理王国的构造——现代性视野中的儒家伦理政治》，北京：中国社会科学出版社，2005年。

成云雷：《先秦儒家圣人与社会秩序建构》，上海：上海古籍出版社，2007年。

张亲霞：《先秦儒家王权思想的历史演变》，西安：陕西人民出版社，2007年。

蔡尚思：《孔子的思想体系·孔子哲学之真面目》，上海：上海古籍出版社，2013年。

匡亚明：《孔子评传》，南京：南京大学出版社，1990年。

赵维森：《孔子的精神世界——〈论语〉思想的体系化解读》，北京：中国社会科学出版社，2014年。

胡家聪：《管子新探》，北京：中国社会科学出版社，2003年。

余明光：《黄帝四经与黄老思想》，哈尔滨：黑龙江人民出版社，1989年。

张增田：《黄老治道及其实践》，广州：中山大学出版社，2005年。

丁原明：《黄老学论纲》，济南：山东大学出版社，1997年。

孙以楷等：《道家与中国哲学》（先秦卷），北京：人民出版社，2004年。

孙广德：《墨子政治思想之研究》，任继愈主编：《墨子大全》（第51册），北京：北京图书馆出版社，2004年。

谭家健：《墨子研究》，任继愈主编：《墨子大全》（第80册），北京：北京图书馆出版社，2004年。

蔡尚思主编：《十家论墨》上海：上海人民出版社，2008年。

任继愈：《墨子与墨家》，北京：北京出版社，2012年。

孙中原：《墨子解读》，北京：中国人民大学出版社，2013年。

廖名春：《荀子新探》，北京：中国人民大学出版社，2014年。

谭绍江：《荀子政治哲学研究》，武汉：华中科技大学出版社，2014年。

熊十力：《韩非子评论·与友人论张江陵》，上海：上海书店出版社，2007年。

蒋重跃：《韩非子的政治思想》，北京：北京师范大学出版社，2000年。

施觉怀：《韩非评传》，南京：南京大学出版社，2002年。

牟宗鉴：《〈吕氏春秋〉与〈淮南子〉思想研究》，北京：人民出版社，2013年。

庞慧：《〈吕氏春秋〉对社会秩序的理解与建构》，北京：中国社会科学出版社，2009年。

黄俊杰：《东亚儒学史的新视野》，上海：华东师范大学出版社，2008年。

商国君：《先秦儒家仁学文化研究》，西安：陕西师范大学出版社，1998年。

王晖：《商周文化比较研究》，北京：人民出版社，2000年。

解文超：《先秦兵书研究》，上海：上海古籍出版社，2007年。

李零：《兵以诈立：我读〈孙子〉》（增订典藏本），北京：中华书局，2012年。

中共中央文献编辑委员会：《毛泽东选集》，北京：人民出版社，1991年。

（英）李约瑟：《中国古代科学思想史》，陈立夫等译，南昌：江西人民出版社，1999年。

（古希腊）柏拉图：《理想国》，郭斌和等译，北京：商务印书馆，1986年。

（古希腊）亚里士多德：《政治学》，吴寿彭译，北京：商务印书馆，1965年。

（俄）克鲁泡特金：《互助论》，李平沤译，北京：商务印书馆，1963年。

（法）莫里斯·迪韦尔热：《政治社会学：政治学要素》，杨祖功等译，北京：华夏出版社，1987年。

（英）勃兰特·罗素：《权力论》，吴友三译，北京：商务印书馆，2012年。

（意）加埃塔诺·莫斯卡：《政治科学要义》，任军锋等译，上海：上海人民出版社，2005年。

（意）马基雅维利：《君主论》，潘汉典译，北京：商务印书馆，1985年。

（法）孟德斯鸠：《论法的精神》，许明龙译，北京：商务印书馆，2012年。

（意）贝卡利亚：《论犯罪与刑罚》，黄风译，北京：中国法治出版社，2005年。

（美）费正清：《美国与中国》，孙瑞芹译，北京：商务印书馆，1971年。

（英）乔纳森·沃尔夫：《政治哲学导论》，王涛等译，长春：吉林出版集团有限责任公司，2009年。

（美）斯蒂芬·P.罗宾斯等：《管理学》（第九版），孙健敏等译，北京：中国人民大学出版社，2008年。

（美）彼得·德鲁克：《卓有成效的管理者》，许是祥译，北京：机械工业出版社，2011年。

（美）彼得·德鲁克：《管理的实践》，齐若兰译，北京：机械工业出版社，2009年。

（法）H.法约尔：《工业管理与一般管理》，周安华等译，北京：中国社会科学出版社，1982年。

（加）亨利·明茨伯格：《经理工作的性质》，孙耀君等译，北京：中国社会科学出版社，1986年。

（美）丹尼尔·A. 雷恩、阿瑟·G. 贝德安等：《管理思想史》（第六版），孙建敏等译，北京：中国人民大学出版社，2014年。

（美）理查德·尼克松：《领导者》，尤勰译，北京：世界知识出版社，1997年。

周三多：《管理学》（第三版），北京：高等教育出版社，2010年。

刘建军：《领导学原理：科学与艺术》（第二版），上海：复旦大学出版社，2003年。

梁仲明：《领导学通论：理论与实践》：北京：北京大学出版社，2007年。

李成言：《领导学基础》，北京：中央广播电视大学出版社，2003年。

吴维库：《领导学》，北京：高等教育出版社，2006年。

王霁、彭新武：《领导哲学》北京：高等教育出版社，2008年。

奚洁人：《中国领导学20年》，上海：华东师范大学出版社，2007年。

冯秋婷：《西方领导理论研究》，北京：人民出版社，2008年。

赵麟斌等：《领导科学新论》，上海：同济大学出版社，2010年。

赵麟斌等：《领导文化新探》，上海：同济大学出版社，2010年。

汪来杰：《中西方视域下的领导理论》，开封：河南大学出版社，2010年。

邱霈恩：《领导学》（第三版），北京：中国人民大学出版社，2011年。

王乐夫：《领导学：理论实践与方法》（第四版），广州：中山大学出版社，2013年。

俞文钊：《管理心理学》（第三版），大连：东北财经大学出版社，2008年。

王雪峰：《领导学学科体系》，北京：人民出版社，2013年。

蔡怡：《道德领导——新型的教育领导者》，北京：教育科学出版社，2009年。

何孝瑛主编：《马克思主义领导理论概论》，北京：人民出版社，2008年。

陈占安主编：《毛泽东领导理论研究》，北京：人民出版社，2008年。

李翔海、邓克武编：《伦理与管理：成中英文集（三卷）》，武汉：湖北人民出版社，2006年。

许倬云：《从历史看领导》，桂林：广西师范大学出版社，2006年。

葛荣晋：《中国管理哲学》（第二版），北京：中国人民大学出版社，2013年。

刘云柏：《中国管理思想通史》（第一卷），上海：上海人民出版社，2010年。

才金城：《中国古代管理思想与智慧》，北京：清华大学出版社，2014年。

苏东水：《中国管理学术思想史》，北京：经济管理出版社，2014年。

潘承烈、虞祖尧：《中国古代管理思想之今用》，北京：中国人民大学出版社，2001年。

王忠伟、费素斌：《中国远古管理思想史：传说时期管理思想的萌芽》，北京：经济科学出版社，2010年。

王忠伟、李奇志：《中国上古管理思想史：夏商周时期管理思想的产生》，北京：经济科学出版社，2010年。

吴照云：《中国管理思想史》，北京：经济管理出版社，2012年。

姜杰：《中国管理思想史》，北京：北京大学出版社，2011年。

赵光辉：《中国古代管理思想的现代应用》，北京：科学出版社，2012年。

朱永新：《管理心智：中国古代管理心理思想及其现代价值》，北京：经济管理出版社，2012年。

王利平：《中国人的管理世界——中国式管理的传统与现实》，北京：中国人民大学出版社，2010年。

曾仕强：《管理大道：中国管理哲学的现代化应用》，北京：北京大学出版社，2004年。

任志安：《中外管理思想比较研究》，贵阳：贵州人民出版社，2002年。

周桂钿、邓行习：《中国传统管理思想的现代价值》，北京：中国人民大学出版社，1993年。

徐万发等：《中国古代管理思想史概论》，郑州：中州古籍出版社，2004年。

杨先举：《向四子学管理》，大连：东北财经大学出版社，2011年。

龚贤：《秦汉管理思想史》，北京：经济管理出版社，2011年。

周建波等：《先秦诸子与管理》，济南：山东人民出版社，2008年。

王海粟：《中国古代的领导艺术》，合肥：安徽人民出版社，1988年。

田广清等：《中国领导思想史》，上海：上海交通大学出版社，2007年。

李锡炎主编：《中国古代、近代领导思想评述》，北京：人民出版社，2008年。

王成：《先秦诸子领导思想的现代解析》，北京：中国大百科全书出版社，

2006年。

曹军：《道家的战略管理：先见之明的境界》，北京：中国广播电视出版社，2007年。

曾宪年：《老子的领导思想》，长沙：湖南师范大学出版社，2005年。

赵保佑、高秀昌主编：《老子思想与现代管理》，北京：社会科学文献出版社，2013年。

杨先举：《老子管理学》，北京：中国人民大学出版社，2005年。

姚荻琳、甘胜军：《道德经与领导力》，北京：经济管理出版社，2013年。

王丽平：《道德经的柔性领导力》，北京：人民日报出版社，2013年。

黎红雷：《儒家管理哲学》（第三版），广州：广东高等教育出版社，2010年。

孙聚友：《儒家管理哲学新论》，济南：齐鲁书社，2003年。

索宝详：《〈论语〉中的领导文化》，上海：上海财经大学出版社，2015年。

刘云柏：《中国兵家管理思想》，上海：上海人民出版社，1993年。

李贵生：《兵家管理哲学》，上海：上海古籍出版社，2011年。

李庆全等：《中国古代兵家智慧与现代领导艺术》，南京：南京大学出版社，2014年。

钟尉：《先秦兵家思想战略管理特质研究》，北京：经济管理出版社，2012年。

潘乃樾：《韩非子与现代管理》，北京：中国经济出版社，1995年。

孔雁：《〈韩非子〉管理思想研究》，北京：清华大学出版社，2013年。

后　记

　　从2006年留校工作到现在整整十年了！这十年主要做的是学生、党务工作，日常事务繁杂，轻松的时间少，忙碌的时间多。每当忙完一天的工作，身心疲惫，晚上一个人关在房子看书，感觉是最放松、惬意、充实的时候。多年的行政工作下来，时常感到，如果不努力，原来的专业就要彻底荒废了。看到周围的同龄人多在自己的领域有所创获，常为自己的愚钝心急如焚、焦躁难安。时不我待呀！十年如白驹过隙，人生还能有多少个十年？这本小书就是在工作之余的夜晚、周末、假期写作完成的。近几年，为了能够把自己的一点想法写出来，成就一本可能并不尽如人意的小书，牺牲了很多陪伴家人的时间，错过很多应尽的家庭义务，这是常感愧疚和自责的。我的妻子偶尔还会反问：你花时间写人看不懂、不会看的东西有什么用？我知道，最亲近的人说这话当然不是故意要刺痛我，但也确实让我经常反思自己的所作所为：自己到底在干什么？到底干什么是有意义的？对此，到现在我自然还不能有真确的回答，但内心却有一种声音在不断回荡：必须坚持！

　　记得在大三那会已自信找到了读书兴趣点，随后义无反顾地考了研究生，有幸在商国君老师门下能够继续当时所谓的"兴趣"，硕士三年很快结束，当以韩非子"术论"为研究对象的学位论文被评为"优秀"的那一刻，自己还真以为找到了学术门径。然而，随着时间的推移，收获的除了更多的见闻之知和工作经验外，再就是越来越不敢自信了。在西北大学中国思想文化研究所师从张岂之先生攻读博士学位的四年，可能是自己读书生涯最不自信的时候。博士学位论文写得虽辛苦认真，学位也顺利拿到，但说实话，论文本身并不让人满意。一旦深入到先秦诸子思想内部的时候，越来越感到，要想在学术研究上有所创获实在不易。再加上历史文化学院浓厚的学术氛围,众多业有专精的老师的有形、无形影响,让我对学术研究更加敬畏!目前的这本小书,虽说是多年积累的结果,自觉有一点心得,但其中的观点是否能成立,论述是否够严密、完善,真的没有底气,很是惶恐!

最后,这本小书能够出版得益于陕西师范大学历史文化学院的大力支持,得益于师友、同学的帮助。在此,向支持、帮助我的学院领导、老师,还有朋友、同学,表示真诚的感谢!

柴永昌

2016 年 9 月 10 日

于陕西师范大学历史文化学院学工组